国家化、农民性与乡村整合

徐 勇 著

江苏人民出版社

图书在版编目(CIP)数据

国家化、农民性与乡村整合 / 徐勇著. -- 南京：
江苏人民出版社，2019.6
ISBN 978 - 7 - 214 - 23270 - 0

Ⅰ. ①国… Ⅱ. ①徐… Ⅲ. ①城乡建设-研究-中国
-现代 Ⅳ. ①F299.21

中国版本图书馆 CIP 数据核字(2019)第 043305 号

书　　　名	国家化、农民性与乡村整合	
著　　　者	徐　勇	
责 任 编 辑	汪意云	
责 任 校 对	陈俊阳	
责 任 监 制	王　娟	
装 帧 设 计	徐立权	
出 版 发 行	江苏人民出版社	
地　　　址	南京市湖南路 1 号 A 楼,邮编:210009	
照　　　排	江苏凤凰制版有限公司	
印　　　刷	江苏苏中印刷有限公司	
开　　　本	652 毫米×960 毫米　1/16	
印　　　张	26.25　插页　4	
字　　　数	350 千字	
版　　　次	2019 年 8 月第 1 版	
印　　　次	2022 年 6 月第 3 次印刷	
标 准 书 号	ISBN 978 - 7 - 214 - 23270 - 0	
定　　　价	78.00 元(精装)	

(江苏人民出版社图书凡印装错误可向承印厂调换)

城乡区别就是社会最现代和最传统部分的区别。处于现代化之中的社会里政治一个基本问题就是找到填补这一差距的方式，通过政治手段重新创造被现代化摧毁了的那种社会统一性。

——亨廷顿

目　录

绪论　乡村治理的现代国家整合视角　1

　　一、视角:自下而上与自上而下　6

　　二、定位:国家成长与国家转型　18

　　三、结构:国家一体化与离散的农民社会　38

　　四、功能:国家改造乡村与乡村回应国家　50

第一章　政权、政党与群众:乡村的政治整合　62

　　一、集中与渗透:政权下乡　62

　　二、政权整合的官僚制与理性化　74

　　三、组织与动员:政党下乡　81

　　四、政党整合的精英制与社会化　88

　　五、吸纳与参与:民主下乡　96

　　六、群众整合的草根性与行政化　104

第二章　土地、产品与劳动:乡村的资源整合　108

　　一、统一归公:土地的国家化　108

　　二、"责任田":主人的重构　115

三、统一征购:产品的国家化 120

四、"瞒产私分":无权者的抵制 129

五、统一调配:劳动的国家化 134

六、"出工不出力":弱者的武器 140

第三章 动员、任务与命令:乡村的行政整合 146

一、动员:行政机制的渗透 146

二、群众运动与运动群众 152

三、任务:行政机制的介入 157

四、任务的贯彻、落实与应付 161

五、命令:行政机制的扩张 165

六、"一刀切"与多样化 168

第四章 政策、法律与规约:乡村的制度整合 172

一、伴随"政党下乡"的"政策下乡" 172

二、"土政策"与政策整合的复杂性 179

三、伴随"政权下乡"的"法律下乡" 186

四、"国家法"与"民间法"的同一、冲突和整合 194

五、伴随"民主下乡"的"村规民约" 202

六、"破家为国"与家庭制度的重建 209

第五章 计划、市场与服务:乡村的经济整合 213

一、自然自由到计划干预 213

二、突破大一统体制的自主行为 219

三、重建农民认同的市场化改革 225

四、市场化进程中的国家调控 228

五、国家对乡村经济的服务性渗透 230

六、完善公共服务中实现国家的再建构 237

第八章　汲取、分配与投入·乡村的财政整合　242

　　一、"皇粮国税":国家的汲取与渗透　242

　　二、负担:财政合法性与国家认同　251

　　三、"集体经济":草根财政　258

　　四、草根财政的自治与他治　262

　　五、农业财政向公共财政的转变　266

　　六、公众治理:乡村公共财政的建构　271

第七章　宣传、教育与文艺:乡村的文化整合　275

　　一、"宣传下乡":阶级、政党和国家意识　275

　　二、改造与重构乡土意识形态的机制　281

　　三、"教育下乡":从私塾到普及教育　289

　　四、乡村教育的政治社会化机制　295

　　五、"文艺下乡":底层农民成为文艺主角　301

　　六、被政治形塑的农民形象及其机制　307

第八章　阶级、集体与社区:乡村的社会整合　317

　　一、"划成分":家族社会到阶级社会　317

　　二、"摘帽子":阶级社会的极化与消解　324

　　三、"集体化":个体社会到集体社会　330

　　四、"大包干":家庭基础上的集体社会　333

　　五、"社区化":家庭社会到社区社会　336

　　六、"流动性":城乡一体化的社会整合　340

第九章　消费、生育与健康:乡村的生活整合　345

　　一、"公共食堂":生活集体化　345

　　二、"大锅饭":散伙与回归　350

　　三、"计划生育":生育行为国策化　355

四、"超生游击队":逃避与适应 *361*

五、爱国卫生运动:医疗下乡 *363*

六、"移风易俗"与文明健康生活 *368*

第十章 话语、交通与信息:乡村的技术整合 *376*

一、全民扫盲:汉字简化 *376*

二、推广普通话:"官话"与方言 *381*

三、条条大路通首都:官道与小道 *384*

四、"村村通":国家与农民的互动 *388*

五、信息传递:直接听到国家声音 *390*

六、互联互通:信息主体的生长 *392*

结语 成长中的现代国家与消逝中的传统农村 *395*

一、从国家改造到新农村建设 *395*

二、单向的国家化与复杂的农民性 *399*

三、简单整合与有机整合 *401*

主要参考文献 *405*

后记 *409*

绪论　乡村治理的现代国家整合视角

　　20 世纪是一个充满着变化、变革、变动的世纪。在人类历史上没有哪个世纪发生的变化有 20 世纪那么广泛、那么深刻、那么巨大。有着近十亿人口的中国乡土社会的变化,便是其中之一。

　　直到 20 世纪,中国都是一个农民占大多数的国家。对于中国历史有着深刻洞见的美国学者费正清于 20 世纪上半期在中国学习和生活过。他在 20 世纪中叶出版的《美国与中国》一书中写道:"自古以来就有两个中国:一是农村中为数极多从事农业的农民社会,那里每个树林掩映的村落和农庄,始终占据原有土地,没有什么变化;另一方面是城市和市镇的比较流动的上层,那里住着地主、文人、商人和官吏——有产者和有权势者的家庭。"至今,"中国仍然是个农民的国家,有 4/5 的人生活在他们所耕种的土地上。所以社会的主要划分是城市和乡村,是固定在土地上的 80％以上的人口,和 10％到 15％的流动上层阶级人口之间的划分。这种分野仍旧是今天中国政治舞台的基础,使国家统治权难以从少数人手里扩散给多数人"。①

　　近代中国进入到全球化的世界体系之时,处于"四分五裂"的状态,

---

① ［美］费正清:《美国与中国》,张理京译,世界知识出版社 1999 年版,第 20—21 页。

其中最突出的是迅速崛起的少数现代城市与广大传统乡村的并存与分裂。传统国家的城乡上下分立分裂形态尚未改变,近代以来的城乡横向分立分裂形态又接踵而至。这是近代以来中国的基本国情,而往往不被人所理解。费正清对此反思:"当时我们美国人接触到的那个现代中国,是轻敷在古老文明表面的一层粉饰。在这层虚饰底下,旧中国仍在半个大陆的农村里继续存在。"近代以来的"新中国的生活和我们外国的生活相互渗透,但在它的下面和后面却潜藏着古老的中国社会","这是西方人所不能理解的,而且往往现代的中国人也不能理解"。"我们不能理解的部分原因,在于我们误认为中国现代那层虚饰的薄盖就是中国生活的全部。"①

中国的基本国情决定了,国家的统一性、城乡的一体化,成为 20 世纪中国的重大任务。20 世纪以来,传统乡村社会发生着重大变化。人们经常用"改天换地"一词形容乡村的巨变。

在中国,改天换地不仅仅是对自然的改变,更是对社会的改变。从中国的传统政治语境看,"天"意味着至高无上的国家权力,"地"意味着亿万民众及其存在的乡土社会。进入 20 世纪,崛起的现代国家正在取代数千年以来的传统国家:一方面是散落在社会中的权力向国家集中,国家的统一性高度集聚。另一方面是高度集聚的国家权力力图将历史上长期处于分散状态的乡村社会与国家整合为一体,力图根据其意志改造和改变传统乡村社会。那种以往"是松弛的和微弱的,是挂名的,是无为的"国家权力如今以强大的力量进入民众的日常实际生活之中。② 正是因为这种改造和改变,传统乡村社会的农民性迅速消逝,国家性因素渗透到广袤的乡土社会之中,乡村社会发生了历史上从未有过的深刻变化。"天"改了,"地"也换了。

---

① [美]费正清:《美国与中国》,张理京译,世界知识出版社 1999 年版,第 228—229 页。
② 费孝通先生在《乡土中国》一书中将传统国家权力对于乡土社会视为"是松弛的和微弱的,是挂名的,是无为的"。参见费孝通《乡土中国 生育制度》,北京大学出版社 1998 年版,第 63 页。

"改天换地"是一种主观的、人为的活动，是工业文明对农业文明的替代，是现代国家对传统国家的替代，是国家化的乡村对距皇权遥远的乡村社会的替代。在这一巨大的历史变革中，没有什么问题比农民问题及国家对乡村的有效治理问题更难，更易引起争议，也更能引人入胜。

从国家对乡村治理的角度，学界大体上有以下几种路向和观点。

一是传统时期的小农经济与"悬浮式"国家。孙中山先生认为，在传统社会，农民与国家的关系主要是纳税关系。"政府只要人民纳粮，便不会去理会他们别的事，其余都是听人民自生自灭。"[①]闻均天有相似的论述："在上为极专制的政府，居下为极放任之人民，人民与政府的关系，除纳税诉讼以外，几不相过问。"[②]费孝通提出传统中国为"双轨政府"，认为在传统中国，"中央所派遣的官员到知县为止，不再下去了。自上而下的单轨只筑到县衙门就停了，并不到每家人家大门前或大门之内的"[③]，"在皇帝与老百姓中间，隔着很长的一套官僚机构，老百姓伏在地上，皇帝位高比天，于是'天高皇帝远'"[④]。秦晖则在前人基础上系统概括为"国权不下县，县下惟宗族，宗族皆自治，自治靠伦理，伦理造乡绅"[⑤]。

二是"国家政权建设"。进入20世纪，伴随着皇权专制的终结和现代国家的建设，国家政权进入农村，但表现出复杂的状态。美国学者杜赞奇认为："在20世纪上半叶的中国乡村，有两个巨大的历史进程值得注意，它们使此一时期的中国有别于前一时代：第一，由于受西方入侵的影响，经济方面发生了一系列的变化；第二，国家竭尽全力，企图加深并加强其对乡村社会的控制。"[⑥]他运用日本人20世纪三四十年代对中国北方农村调查的资料，发现国家政权下乡增加了农民负担，破坏了乡村

---

① 孙中山：《三民主义》，岳麓书社2000年版，第89—90页。
② 闻均天：《中国保甲制度》，商务印书馆1935年版，第49页。
③ 费孝通：《乡土中国·乡土重建》，群言出版社2016年版，第158页。
④ 费孝通、吴晗等：《皇权与绅权》，天津人民出版社1988年版，第80页。
⑤ 秦晖：《传统十论》，东方出版社2014年版，第8页。
⑥ ［美］杜赞奇：《文化、权力与国家：1900—1942年的华北农村》，王福明译，江苏人民出版社2003年版，第1页。

原有的文化网络,造成"国家政权内卷化"。① 张静在借鉴西方现代国家理论基础上,提出了近代以来的农村社会的"国家政权建设"观点。②

三是"基层自治与行政扩张"。1980年代以来,中国的乡村治理发生了重大变化,也一直充满着争议。人民公社体制废除后,农村实行"乡政村治"的治理体制,在乡镇以下成立村民委员会,实行村民自治。在村民自治实践过程中,相当数量的学者对这一新的体制持怀疑甚至否定态度,极端者将其视为"理论怪胎",是"文化大革命"时期"群众专政"的延续。③ 20世纪90年代,农业农村农民问题,特别是农民负担问题成为社会热点,也成为执政党的工作重点。减轻农民负担涉及农村基层治理。乡镇改革成为继村民自治之后的又一次乡村治理体制改革,也出现了更多的不同意见和争论。人们或从不同立场,或根据特有经验,提出自己的思路和看法。有的主张对现有体制框架不作大的变动;有的主张"乡派镇治";有的主张将村民自治加以延伸,实行乡镇自治。而在不同乡镇体制改革主张背后的是两个基本问题:国家与农民。有的因农民负担沉重而主张弱化国家权力,给乡土社会以更多的自治空间;有的则因为农民分散而主张进一步强化国家权力,认为不仅不能撤销乡镇政府,而且要加强其能力。④ 这些不同的主张和争论基本上都出自经验层面和政策主张,而缺乏进一步的学理分析,特别是在基本的立论依据方面缺乏基本的一致性。乡村治理的核心是国家与农民的关系。但国家与农民本身正在发生深刻的变化。要回答乡村治理中的国家与农民问题,就必须追问:是什么国家,什么农民? 国家权力与乡土社会是二元分离,还是相

① [美]杜赞奇:《文化、权力与国家:1900—1942年的华北农村》,王福明译,江苏人民出版社2003年版,第51页。
② 张静:《基层政权:乡村制度诸问题》,浙江人民出版社2000年版。
③ 沈延生对村民自治理论与实践进行了系统的批评和否定,参见他的长文《村政的兴衰与重建》,《战略与管理》1998年第6期。后来他对自己的观点作了一定程度的修订,对于村民自治的实践给予"同情的理解",参见沈延生《对村民自治的期望与批评》,《中国农村研究》2002年卷,中国社会科学出版社2003年版。
④ 参见徐勇、吴理财等《走出"生之者寡,食之者众"的困境——县乡村治理体制反思与改革》,西北大学出版社2004年版,第145页。

互渗透的？如果这一基本依据无法统一的话，人们就只能根据自己有限的经验和认识提出主张，很难达成学术共识，也很难获得知识的增长。为此，需要超越经验层面，发掘事实经验背后的学理逻辑。

本书试图超越一般的政策主张和短时段经验，根据理论—历史—变迁的逻辑，将乡村治理置于 20 世纪以来国家对乡村社会的整合这一框架下加以理解和分析。国家整合是现代化进程中日益集中的国家权力对长期存在的分散分化的社会进行联结，从而实行横向社会的一体化和纵向国家的一体化。其核心思想包括两个方面：一是国家建构。国家权力向社会渗透，力图根据国家意志改造和构建社会，使社会日益国家化，具有愈来愈多的国家元素。二是社会认同。社会对国家渗透并不是消极地接受，而会以各种方式作出自己的反应，顺应抑或反对，国家需要对之作出相应的调适。

本书的关键性概念：

国家化：指具有现代特性的国家将国家意志输入包括传统社会在内的各个部分，使社会为国家所渗透。国家化是一个政治—社会概念，它是那些具有现代意识的政治主体及其赖以存在的条件共同推进的国家对社会的变革过程。

农民性：指与传统农业生产方式和社会交往方式相联系所赋予农民的社会特性。它既包括构成传统乡村成员的农民，更包括决定传统乡村社会成员意识和行为的社会历史条件。受传统社会历史条件支配的农民分散在广袤的田野上，与国家有着若有若无的关系。农民性是一个社会—历史概念，与传统农民所依存的乡土性相一致。

乡村整合：指现代国家的政治主体通过一系列行为改造和改变传统乡村，将分散的、城乡分割的乡村社会与现代国家联结为一体，使农民与国家呈现出不可分离的关系。乡村整合既是国家意志的产物，也包括农民的反应，是国家与农民的互动过程。而在已有的乡村整合研究中，对国家力量关注较多，对农民的反应关注不够。

一、视角:自下而上与自上而下

20世纪末和21世纪初,在中国乡村治理问题上出现截然不同甚至尖锐对立的主张,特别是不同观点之间只是自说自话,各执一端,无法通过平和持续的学术讨论达成共识,获得知识的增长。这根本上在于乡村治理正处于传统社会向现代化社会的转变之中,而人们对这一宏大的转变缺乏深刻的理解。人们往往从局部的或者个人经验的角度提出自己的主张和论断,且无法在一个平台上通过对话达成共识。由此造成农村研究尽管成为热点问题,但研究水平却陷入一个议论多于学理论证的"低水平重复"陷阱之中。

造成以上状况的重要原因是进入20世纪以来,中国农村社会变化太快,而相应的学术研究却严重滞后。中国农村的历史十分漫长,而对中国农村的研究却相当短暂。将中国农村作为现代社会科学研究的对象始于1930年代。但这一研究刚开始就因为战争和政治的原因而中断。在1930年代以后的长达40年间,出现了所谓中国农村在中国,中国农村研究在美国的"奇观"。这种现象一直到1980年代才开始改变。1980年代,中国拉开了改革开放的序幕。改革开放意味着对过去坚信不疑的体制与意识的反思,意味着变革传统体制,寻求新的发展道路。由此呼唤着理论研究的兴起和创新。中国改革发端于农村改革。一批刚刚能够从事学术研究的学者将注意力投向正在发生重大变化的农村,并进行了卓有成效的农村调查和研究。① 但是,当时的研究主要还是为正在改革的农村提供政策依据和主张,还未将中国农村研究作为一门严格的社会科学对待,也未能形成明确的研究方法指向。只是知道我在做调

---

① 之后的历史证明,当时从事农村调查和研究的一批学者不仅成为学术界的先行者,而且开创了中国学者从事社会调查的一代风气。如连续几年出版的多部发行量虽然不大但很有分量的调研报告。他们中的许多人还进入到中央高层从事政府管理和政策研究。当然,这一研究群体后来也发生了重大分化而不复存在。

查,但并不明确我为什么做调查,怎样做调查。1980 年代中期以后,由于改革的重点由农村转向城市,特别是政治体制改革成为全社会关注的热点,许多学者(包括 1980 年代初从事农村调查的学者)将研究的重心投入到中央层面的改革,主要以宏观国家为研究对象。这种状况延续了相当一段时间。

与此同时,也有一些学者开始从学术的层面,将研究的重心移向国家之下的社会基层层面。本人 1991 年专门撰写了一篇文章,题目就是《重心下沉:90 年代学术新趋向》。文章预示:"一种学术新趋向正在 90 年代的中国悄然生成,这就是学术研究思维视野的重心下沉,由 80 年代关注国家大势的宏观层面转向广阔实在的社会基层面。"①在这一过程中,农村再次进入学者的研究视野,不仅进行一些农村实地调查,还开始形成一种学术自觉意识。② 本人在 1992 年出版的《非均衡的中国政治:城市与乡村比较》一书,试图从社会底层的角度解释中国国家上层多变而社会停滞的"历史之谜"。提出将政治体系一分为二:上层国家和基层社会。③ 之后,本人及所在学术团队将农村作为主要研究对象,将实地调查作为主要研究方法。

由于长期与国际社会科学界隔绝,中国农村研究缺乏学理和方法论方面的支撑。包括我们从事农村调查的学者,也只知道要作实地调查,要重视社会基层,但不知道为什么。这一状况的改变是在 1990 年代中期以后。随着邓小平南方谈话的发表,发展社会主义市场经济成为基本国策。市场经济合法性地位的取得,带来经济社会的空前活跃。经济自主性增长的同时,学术自主性也迅速增长。以邓正来先生为代表,将"国家与社会"和"市民社会"的分析框架引入中国社会科学界。这一框架不

---

① 徐勇:《重心下沉:90 年代学术新趋向》,《社会科学报》1991 年 11 月 14 日。
② 如果说 1980 年代中国农村研究主要是在经济领域的话,那么 1980 年代后期则开始转向政治领域。其开端便是以张厚安教授、辛秋水先生为代表的对中国农村基层政权和村民自治的实地调查、实验和研究。张厚安教授还提出了"面向社会、面向基层、面向农村,理论务农"的理念。
③ 徐勇:《非均衡的中国政治:城市与乡村比较》,中国广播电视出版社 1992 年版,第 1、3 页。

仅为中国农村研究提供了方法论依据，①更重要的是将众多学者的学术视野和学术关怀由国家引向社会。

随着经济发展，以研究社会问题为主的社会学开始兴盛。社会学本身的使命就是关注社会，主要方法是社会调查。但农村社会和社会调查长期未进入社会学的视野。这一状况在1990年代中期被打破。其代表者是张乐天和曹锦清。前者以浙江省北部的一个普通村庄——联民村为研究对象，细致入微地描述了人民公社制度的兴起及在这一制度下的农村社会。②后者则以作者在河南农村亲身调查的情况和认识，描述了黄河两岸农村面临的种种矛盾和问题，并产生了极大的社会反响。据作者与本人交谈，当时要正式出版这样描述农村社会实际状况的书还有相当大的风险。特别是曹锦清的调查有很强的学术自觉。他在《黄河边的中国——一个学者对乡村社会的观察与思考》一书中开宗明义地认为："观察转型过程中的中国社会，可以有两个不同的'视点'（或说'立场'），每一个'视点'可以有两个不同的'视角'。第一个'视点'的两个'视角'是：'从外向内外看'与'从上往下看'；第二个'视点'的两个'视角'是：'从内向外看'与'从下往上看'。何谓'外、内''上、下'？所谓'外'，就是西方社会科学理论与范畴。'由外向内看'，就是通过'译语'来考察中国社会的现代化过程；所谓'内'，即中国自身的历史与现实尤其指依然活跃在人们头脑中的习惯观念与行为方式中的强大传统；所谓'上'，是指中央，指传递、贯彻中央各项现代化政策的整个行政系统。'从上往下看'，就是通过'官语'来考察中国社会的现代化过程；所谓'下'，意指与公共领域相对应的社会领域，尤其是指广大的农民、农业与农村社会。所以，'从内向外看'与'从下往上看'，就是站在社会生活本身看在'官语'与'译语'指导下的中国社会，尤其是中国农村社会的实际变化过程。"而作者本身，就"有一个'从外向内看'到'从内向外

---

① "国家—社会"分析框架至今仍然在学界占有相当重要的地位，但也制约着相当学者的思维。
② 张乐天：《告别理想——人民公社制度研究》，东方出版中心1998年版。

看'的认识转移"。"所谓'从内向外''从下往上'即从传统的角度去看现代化过程。"①

　　曹锦清比较清晰地表达了他对农村研究的立场和方法,可以说也比较系统地反映了1990年代中国农村研究的走向,这就是从书本走向社会,从理论走向经验,从上层走向基层。自1990年代后期以来,农村实地调查、个案调查蔚为风气,产生了一大批以实地调查经验为基础的农村研究成果。作者所在的华中师范大学中国农村问题研究中心因以农村实地调查见长,而在众多的农村机构中脱颖而出,于2000年被确立为教育部人文社会科学重点研究基地。②

　　但是,当社会成为主要研究视角,实地经验研究成为一种主要研究方法之时,我们也不能不看到这种"自下而上"研究的局限性,不能不看到这一研究对提升现有农村研究的限制。

　　其一,只见"社会",不见"国家"。

　　国家与社会的分析框架对于将农村研究纳入学界的视野,推动农村社会研究起到了十分重要的作用。但是,我们也注意到这一分析框架的重心是"发现社会",即发现长期为国家所遮蔽的社会,寻求社会的自主性,其目的是发现或建构一个新兴的"市民社会"。因此,尽管都关注社会,但学者之间的"立场"(引用曹锦清的观点)仍然有很大的差别。以邓正来为代表的理论学派,更偏重的是未来指向,着眼于新兴市民社会(或

---

① 曹锦清:《黄河边的中国——一个学者对乡村社会的观察与思考》,上海文艺出版社2000版,第1—2页。

② 根据当时的教育部主管领导的设想,基地具有"唯一性",即同样名称的基地只有一家。教育部设立的重点研究基地中,涉及"二农问题"的有三家,分别是浙江大学农业现代化与农村发展研究中心、华中师范大学中国农村问题研究中心和东北师范大学农村教育研究所。三家单位各有分工和侧重。浙江大学主要偏重于农业问题,东北师范大学主要偏重于农村教育问题,而华中师范大学中国农村问题研究中心主要偏重研究农村政治与社会问题。评审时曾经有人提出疑义,认为研究农村问题的基地应该放在农业大学而不是师范大学。但当时,华中师范大学的农村研究已有十多年的实地调查为根基而形成特色和优势,从而被教育部确立为研究基地。后来有人将研究基地称为行政学术,但我们也不能不承认,基地的设立不只是"长官意志",仍然有相当学术标准。

者说是"公民社会"的成长,尽管在中国尚没有成为一种普遍性事实);而以曹锦清为代表的经验学派,更偏重的是传统指向,即强调传统的决定性意义,更加关注"农民社会"。

应该说,以上两种取向在学术上都有其特殊价值。问题在于,由于国家与社会的分析框架旨在"发现社会",因此人们在运用这一框架时就自然而然或者有意无意地遮蔽了这一框架的另一端——国家。尽管"自下而上"的研究方法宣称是"站在社会本身看在'官语'与'译语'指导下的中国社会"①,但是,在实际观察中,所谓的"官语"和"译语"是"不在场"的。也就是我们无法透过社会本身去观察和理解"官语"和"译语"(国家)的行为逻辑。我们可以通过社会本身观察国家的行为,却无法解释国家为什么要"这样"而不是"那样"。事实上,在 1990 年代以来的中国农村研究中,有一部著作是值得一提的。这就是由荣敬本等人撰著的《从压力型体制向民主合作体制的转变——县乡两级政治体制改革》。该书通过对河南省新密县的调查,发现 1980 年代支配中国农村的体制是基于各种政府任务而产生的压力型体制。该书的重要价值就是从农村社会中看到了"国家",以至于"压力型体制"成为农村研究中的一个重要的分析性概念。但是,囿于视野的局限,这一分析性概念未能充分开发出来,即未能上升到国家行为逻辑上加以分析,去追问压力从何而来,为什么是压力型体制而不是民主合作体制? 如果不引进"国家"的概念,是无法作出合理的解释的。

事实上,国家与社会本身就是一个不可分离的概念,只是出于研究的需要而偏重于某一端点。历史事实也是如此。没有国家也无所谓社会,没有社会也无所谓国家。即使在"市民社会"的萌生期,我们也可以处处发现现代国家的影子(城市共同体)。在国家日益深入地渗透到社会领域的当下,国家更是无处不在,无时不有。没有相应的国家,是很难

---

① 曹锦清:《黄河边的中国——一个学者对乡村社会的观察与思考》,上海文艺出版社 2000 版,第 1 页。

建构起一个新兴的"市民社会"的,有可能出现的只是"暴民社会"。[①] 而当下的"农民社会"早已不是"鸡犬之声相闻,老死不相往来""日出而作,日入而息,凿井而饮,耕田而食,帝力于我何有哉"的传统农业社会,国家每时每刻都现身其中。离开了"国家",我们何以准确地把握当下的中国农村,以及当下的中国社会呢? 正是基于此,本人在 2005 年的多次学术演讲和文章中强调要从"发现社会"走向"回归国家",表达了突破既有分析模式的学术自觉。[②]

其二,只见"树叶",不见"树林"。

自下而上的研究重视进入现场,重视实地经验,重视个案调查,强调事实说话,这对于那种大而化之的一般性论述,具有难以比拟的学术优势。1990 年代以来的中国农村研究取得的重大成就,就是通过实地调查,展示出一个生动具体的农村。这对于中国的学术积累,对于推进中国农村研究,具有基础性的意义。而且,个案调查还需要进一步深化和提升。

但自下而上的研究对研究者的要求更为严格。因为,它注重实地经验,注重个人体验。而任何经验和体验都是有限的。如果超出经验的限度,同样会发生以个人经验得出一般性结论的"致命的自负"。这种"自负"与理论推导引发的"自负"同样不利于知识的增长和学理的探讨。1990 年代以来在中国乡村治理研究中各执一词的研究,正反映出经验性"自负"的趋向。中国农村村民自治是一项新的制度安排。这一制度进入乡村实际生活必然会因为乡村社会土壤的不同而生长出与文本制度不同,甚至大相径庭的结果。这本来是外部制度进入社会生活中的正常现象。作为研究者本应以足够的耐心去发现村民自治成长的差异性,追寻这种差异性背后的逻辑。但是,进入这一领域的许多学者没有去发现

---

① 作为引进"市民社会"概念主要代表者的邓正来后来也对这一概念进行了反思,强调不能简单套用这一概念分析复杂的中国社会。2005 年他应邀在华中师范大学中国农村问题研究中心的学术讲座中多次表达了他的这一观点。

② 系统的思想可参见徐勇《"回归国家"与现代国家的建构》,《东南学术》2006 年第 4 期。

制度文本与事实经验之间的差别及其原因，而是从个人有限的个案经验出发得出否定村民自治的一般性结论。这种经验性"自负"与不顾事实将村民自治视为"怪胎"的理论"自负"是"异曲同工"，且根本无法建构起一个边界清晰的学术讨论平台。因为每个人都有自己的经验，如果将经验视为坚定不移的学术"立场"，就只能各说各话，永远无法达成学术的一致性。

自下而上的研究强调"站在社会本身"看社会。但是，我们每个人都只可能站在社会的某一点去看到社会的某一点。这就意味着任何个案和经验都是有限度的。如果以个案和经验取代理论研究，就很容易陷入只见"树叶"而不见"森林"的窠臼之中。因为，每一片树叶都不同，而人类经验的有限性使我们不可能去考察每一片树叶，因此需要借助理论的分类，得出一般性结论。1990年代以来，中国学者在对中国农村研究中，取得了不少个案经验，但若说从大量的个案经验中发现了什么，提炼出了什么观点，建立起什么理论模型，形成什么分析框架，却是极少见的。这也是中国农村研究中只有量的堆积而无质的突破的重要原因。

更需要警惕的是，在自下而上的农村研究中出现了由个别经验轻率得出一般结论的倾向。由于缺乏严格的学术训练，有人虽然也做实地调查，但对实证研究的真正含义并无理解。他们往往从先在的理念出发，到"现场"去寻找他们所需要的"事实"，然后用这种经过处理的"事实"去论证自己的一般性结论。正如有人形容的"走马观花又一村，一村一个新理论"。这种轻率的实地调查往往比不做调查更有害，因为它有所谓的"事实"为依据。如有人认为作为包产到户发源地的安徽小岗村当年所签订的"生死密约"只是后来仿制的，由此断定包产到户只是地方领导人的"策划"，缺乏必要的历史和群众基础。[1] 这种"伪实证主义"的研究将会使"自下而上"的研究走入死胡同，根本不可能提升中国农村研究

---

[1] 老田：《质疑小岗村"分田密约"并展望中国农业的未来》《安徽的官老爷把小岗村的故事越编越传奇》，"乌有之乡网"老田网站。

水准。

其三,只见"描述",不见"解释"。

自下而上的农村研究十分强调事实描述,以客观事实说话。本人1997年在为"村治书系"作总序时,曾经强调该书系在研究方法上追求"三实",即实际先于理论,事实先于价值,实验先于方案。① 这在当时中国社会科学界普遍流行"从理论到理论""从书本到书本"的研究背景下,具有突破性意义。本人甚至在指导研究生的过程中,强调首先要将事实描述清楚,强调没有第一手资料,就难以做出第一流学问。②

注重事实描述,这对于中国农村研究自然十分重要。如果连事实本身都不清楚,很容易陷于"空发议论"。应该说,中国农村研究的事实描述还远远不够。1930—1940年代,即使是在日本侵入中国的战争期间,日本人对中国农村还进行了系统的农村调查,积累了大量第一手资料。正是利用这批"满铁资料",美国学者生产出一批有影响的中国农村研究专著。③ 其观点至今还深深地影响着中国的农村研究学者。而当下的中国农村研究既缺乏日本式的扎实调查,也缺乏美国式的理论建构。自下而上的农村研究方法开启了事实描述的先河,但却出现了自我封闭理论关怀、理论提炼大门的倾向。而没有理论关怀,便无法对事实进行必要的解释。作为社会科学,不仅要知道"是什么",更要解释"为什么",并在此基础上提出"怎么样"。否则,我们的研究就会失去方向感。如前文所述,学者们对于乡镇改革问题本身没有什么疑义。因为农民负担沉重和乡镇财政紧缺是大家公认的事实并为各种文本所描述出来。但对于"为

---

① 徐勇:《中国农村村民自治》总序,华中师范大学出版社1997年版,第4页。
② 参见于建嵘《岳村政治——转型期中国乡村政治结构的变迁》序言,商务印书馆2001年版,第10页。
③ "满铁资料"是1930年代日本"南满州铁道株式会社"研究人员在华北平原33个自然村实地调查的数据资料。在美国学者黄宗智看来,"满铁资料不失为用现代经济人类学方法来研究中国农村的一组数量最大而内容又极为丰富的资料"。美国学者利用这批资料产生了一批有分量的研究成果。如黄宗智的《华北的小农经济与社会变迁》(中华书局2000年版)、马若孟的《中国农民经济》(江苏人民出版社1999年版)、杜赞奇的《文化、权力与国家——1900—1942年的华北农村》(江苏人民出版社1995年版)等。

什么"是如此,却缺乏足够的理论关怀和分析,由此得出的有关乡镇改革的主张也自然只能是各说各话了。改革开放以来,中国农村改革之所以不断出现曲折,用一些学者所说改革后产生的问题远比解决的问题更多,其重要原因就是对改革的对象缺乏足够的理论分析。尽管自下而上的研究使我们掌握了大量的第一手资料,对一些事实的描述也非常细致入微,但由于缺乏理论关怀,无法对事实作出有说服力的分析,因而难以得出有影响力的结论,更无法形成自己的理论分析范式。农村研究仍然流行的是美国学者利用"满铁资料"研究所得出的结论。而"满铁资料"毕竟来自 60 多年前的农村,利用这批资料得出的结论来解释当下中国农村毕竟是有限度的。

其四,只见"传统",不见"走向"。

自下而上的研究十分强调传统,因为传统是发生过的经验。尊重传统就是尊重过往的经验。而由过往的经验则可以推断今后的走向。这便是中国历史上长期存在的"知道其过去,便知道今天,知道今天便可知未来"的思维方式在农村研究中的延展。

尊重传统无疑是必要的。因为,中国社会变迁的终极性力量来自内部的历史逻辑,而不是来自所谓"译语"。在这一方面,即使是一些外国学者也有其深刻的学术认识。如美国学者巴林顿·摩尔在其名著《民主和专制的社会起源》一书中认为,"在两大文明形态起承转合的历史关节点上,分崩离析的传统社会所遗留下来的大量阶级因子,会对未来历史的造型发生强烈影响"[1]。问题在于,传统是否对当下有足够的解释力,由传统是否就能得出未来走向的结论? 特别是对于正在急剧变化的中国农村来说,"传统"本身也在发生变化。我们所尊重的"传统"事实很可能是想象中而非真实的"传统",我们由这种想象中的传统所得出的结论,更缺乏足够的现实依据。如曹锦清的《黄河边的中国》一书,重要的

---

[1] [美]巴林顿·摩尔:《民主和专制的社会起源》译者前言,拓夫、张东东等译,华夏出版社 1987 年版,第 2 页。

理论贡献是提出了中国农民最大特点是"善分不善合"的结论。[①] 也正是这一结论引起了学界的广泛争议。因为"善分不善合"依据的只是一家一户生产的历史传统,而在中国特殊的自然经济条件下,"分"或许是农民的理性选择。用历史上农民的"善分",很难说明当下和未来的农民"不善合"。这种只见传统不见走向的研究取向也影响着那些有着良好历史学修养的学者。如 20 世纪初,为解决农民负担沉重的问题,中央作出了农村税费改革的决定。著名的农民学学者秦晖则依据其丰富的历史知识说明,中国历史上的税费改革从未成功,并因此提出了著名的"黄宗羲定律"[②]。但秦晖没有注意到当下的中国已走出"以农立国"的"传统",对于进入"以工立国"的当下中国,完全有条件走出"黄宗羲定律"。事实上,"黄宗羲定律"的提出仅仅过去两年,中国就宣布全面取消长期延续的农业税,并力图通过进一步的改革最终走出"黄宗羲定律"。所以,农村研究除了要尊重"传统"以外,更要跳出"传统",将农村放在更广阔的视野里去研究。

　　造成自下而上的农村研究陷入困境的更为重要的原因是其再意识形态化。自下而上的研究本来是希望改变长期困扰中国学术界的意识形态倾向,强调事实优先,但这一研究进路使其又陷入新的意识形态中。这就是学术研究的二元对立取向。最为典型的是将国家与社会、传统与现代、西方与本土割裂开来和对立起来。

　　自下而上的研究从社会的角度研究农村社会是有重要价值的。但是这一研究取向很容易使国家从研究者的视野中"消失"或者"蒸发"。特别是这一研究取向的理论假设往往将国家作为社会的天然对立物,看不到国家构成的复杂性、自主性、适应性和变化性。

　　自下而上的研究十分尊重传统,但往往将传统与现代割裂开来和对

---

① 曹锦清:《黄河边的中国——一个学者对乡村社会的观察与思考》,上海文艺出版社 2000 版,第 764 页。
② 秦晖:《并税式改革与"黄宗羲定律"》,收于秦晖《农民中国:历史反思与现实选择》,河南人民出版社 2003 年版。

立起来。极而化之是将农村社会存在和发生的各种问题都归于现代化，将现代化(包括工业化、市场化、城市化)视为农村社会，特别是农村社会蕴含的传统文明的"天然敌人"。由此看不到长期的历史传统正在为现代化所化解和重构，更无法充分理解现代化的真实含义及其对农村社会的多样化影响。

这种极端化的传统"立场"所必然带来的就是对现代化的普遍价值的否定，强调中国的特殊性，由此而引起的自然是对西方的排斥和对本土的偏爱。1990年代以来的所谓"本土化"话语已与1980年代的"西化"话语(用曹锦清的话说是"译语")一样，形成新的话语霸权，而且这种霸权对学术探求更具有"杀伤力"。因为它很容易将"译语"多一些的研究视为"不爱国"，将接受较多"译语"的海外回归的学人视为天然的"异类"。

在这里，必须明确的是，由曹锦清概括并集中表述的"自下而上"研究的取向，最初并没有意识形态化的倾向。应该说，包括曹锦清和笔者等在内的许多学者重视实证，重视经验，都是为了更为理性地认识和研究农村。如曹锦清在谈及两种不同"视点"时，就明确表示"两个'视点'具有相同的重要性。虽然由于'视点'不同，'视域'各异。但可相辅相成，共同深化我们对自身所处的社会状况的认识"①。但是，由于偏爱自下而上的研究没有对自己的研究限度持足够的警惕态度，更缺乏对这种研究取向和结果的足够反思，而是将其上升为一种"立场"，以致这一研究取向容易被极化、单一化，甚至"异化"为新的意识形态"怪圈"。这正是当下农村研究者迅速分化，难以形成共同的学术平台，进行学理性探求，并提升学理水平的重要原因所在。正如"三农"成为"三农问题"一样，"三农问题"的研究也成了"三农研究问题"。

要解决这一问题，需要丰富研究视角。如果说过往的研究主要是"自下而上"的研究的话，现在则需要将"自下而上"的研究与"自上而下"

---

① 曹锦清：《黄河边的中国——一个学者对乡村社会的观察与思考》，上海文艺出版社2000版，第1页。

的研究结合起来,更加注重"自上而下"的研究,即从国家的视角看待农村社会。以国家为研究对象的政治学研究因此大步进入农村研究领域。

转换视角并不是单纯地弥补原有视角之不足,更重要的是更加尊重事实逻辑本身,对当下的农村社会更具有解释力。

长期以来,受国家与社会二分法分析框架所限,人们往往认为,西方的历史是先有一个"市民社会"(被政治学者称为"自然状态")后有一个"政治国家",是社会决定着国家。这种现象如果说在现代化之初还有一定事实依据的话,那么,随着现代国家的成长,社会愈来愈被国家所塑造。国家与社会相互渗透,以至于人们很难找到一个国家与社会之间的清晰界限。离开了国家谈社会,这种社会肯定是不真实的。因此,对于考察当下的农村而言,国家与社会都只是一个相对性概念。

对于作为后发现代化国家的当下中国来说,国家视角更为重要。在中国漫长的农业文明时代,尽管农村社会被描绘为"日出而作,日入而息,凿井而饮,耕田而食,帝力于我何有哉",但这更多的只是一种理想。对于农民来说,"帝力"(国家)是一种客观存在,并支配和影响着他们的生存和命运。农民的生死存亡,王朝的更替兴衰,都与国家的特性与变化密切相关。离开了国家,我们根本不可能全面深入理解农村社会。更重要的是,近代以来的中国,没有经历一个西方所谓的无国家的"市民社会"阶段,国家不仅从来就有,而且愈益强大,愈益深入地渗透到农村社会。当下农村社会状态,在相当程度上正是由国家塑造而成的。当下农村社会里可以处处看到"国家"的身影。"国家"可以说无处不在,无时不有。所以说,不从"自上而下"的国家视角研究农村社会,是根本无法准确认识和解释当下农村社会的。如果要分析当下中国的乡村治理,没有国家的视角,更是无法想象的。

当然,今日之国家,已不是昔日之国家,正如今日之农村社会,早已不是昔日之农村社会。得以深入地渗透并直接支配农村社会的,是现代国家,是现代化进程中产生的国家。所以,当我们在引进"国家"这一"自上而下"的视角时,必然会引进"现代",引进"西方"这些所谓的"译语"。但引用这些"译语"是为了更好地理解和解释当下的中国农村和乡村治理。当下的中国农村和乡村治理是在现代化进程中发生的。只有通过比较,我们才能更好地理解和解释现代化进程中的中国农村和乡村治理的特殊历史进程。我不希望因为引进"译语"而重复学术"立场"的单极化。

所以,本书引入"自上而下"的国家视角,仅仅是试图从现代国家建构的角度分析和解释中国乡村治理的进程与走向。

二、定位:国家成长与国家转型

如果将国家与社会都作为一个分析概念的话,那么,国家和社会一样,有不同的类型。当下中国的乡村治理发生于现代化背景之下。现代国家既是现代化的产物,更是现代化的动力。那么,作为现代化构成部分的现代国家是从何而来的,它的特性又如何呢? 弄清这一问题,是理解当下中国乡村治理的基本前提。

(一) 现代国家的一般特质

一般来讲,国家是由领土、人民和统治权力构成,并以统治权为核心的政治共同体。在历史上,国家是一个众说纷纭的概念。列宁在撰写《国家与革命》一文时曾深有感受。这其中的重要原因之一是不同文明时代的国家特性不同。尽管在马克思主义看来,国家的本质是阶级统治的暴力工具,但不同类型国家对暴力的拥有程度和使用范围并不一样。20世纪社会科学大师韦伯将国家定义为:"国家是一种持续运转的强制性政治组织,其行政机构成功地垄断了合法使用暴力的权力,并以此维持秩序。"[1]当代著名政治学家吉登斯完善了韦伯的国家观点。[2] 在这

---

[1] [德]马克斯·韦伯:《经济与社会》。转引自王焱编《宪政主义与现代国家》,生活·读书·新知三联书店2003年版,第31页。

[2] 参见[英]安东尼·吉登斯《民族-国家与暴力》,胡宗泽、赵力涛译,生活·读书·新知三联书店1998年版,第18—21页。

里,必须明确的是,他们的国家定义都指的是现代国家,是相对前资本主义,即传统国家而言的。

界定现代国家的关键词是主权与合法性。由此引申出现代国家的双重特性:民族-国家(nation-state)与民主-国家(democracy-state)。

民族-国家通常被认为是"两种不同的结构和原则的熔合,一种是政治的和领土的,另一种是历史的和文化的"①。它是以民族共同体为组织基础的政治共同体。

人类社会是以多种形式组织起来的共同体。在滕尼斯看来,"共同体是持久的和真正的共同生活"②。最早的组织形式是以血缘关系为基础的氏族。部族则是血缘关系扩展的血缘—地缘共同体。血缘—地缘关系加之长期的共同生活,形成了共同文化,从而构成民族。当人类生活区域扩大并需要特殊的公共权力——有组织的暴力维持共同体秩序时,便有了国家。

氏族、部族、民族、国家等都是为了区别"我者"与"他者"的共同体概念。但这一概念只有在共同体之间的交往中才能确立什么是"我者",什么是"他者"。哈贝马斯对此有过深刻的阐述。③

理解现代国家首先必须引入世界交往的维度。传统国家是一个相对性概念,一般被认为是前现代,或者前资本主义的国家。在前现代化时期,人类社会主要以氏族、家族、部族、地方性族群等共同体构成,并形成相应的政治单元。这些政治单元独立存在,分散而互不联系。尽管也存在国家,但由于国家之间缺乏以对方为平等主体的交往,缺乏区分"我者""他者"的权力边界,因此只有"天下"意识。即使在其统治范围内,国家的行政机构也没有成功地垄断合法使用暴力的权力,并加以有效的统治。这就是吉登斯所说的,传统国家的本质特性是它的裂变性,"传统国

---

① 《布莱克维尔政治学百科全书》,中国政法大学出版社 1992 年版,第 490 页。
② [德]斐迪南·滕尼斯:《共同体与社会》,林荣远译,商务印书馆 1999 年版,第 54 页。
③ [德]哈贝马斯:《交往与社会进化》,张博树译,重庆出版社 1989 年版。

家有边陲(frontiers)而无国界(borders)"。① 因此,传统国家的外部是一个分散分裂互不联系的世界,其内部也处于一种分散分裂互不联系的状态。传统国家更多的是一种历史和文化的共同体。

现代国家是在世界由分散走向整体的过程中兴起的。随着生产工具的改进、航海业的发达,特别是商业发展带来的世界市场的形成,"过去那种地方的和民族的自给自足和闭关自守状态,被各民族的各方面的互相往来和各方面的互相依赖所代替了"②。世界的交往的产生及日益扩大,必然带来政治共同体的变化,即历史和文化的民族共同体与政治和领土的国家共同体的结合。这就是民族-国家的产生。

民族-国家的产生意味着两个方面:首先它是世界由分散到整体的产物,是在日益紧密和扩大的世界交往中产生的。因此,民族-国家的背景是世界的一体化,即全球化过程。没有世界的广泛联系,人们只能以分散、封闭、孤立的方式存在。没有"他者",也无所谓"我者"。其次,民族-国家又是内部由分散到整体的产物,是在日益紧密和扩大的内部交往中产生的。民族-国家的形成过程也是国家的一体化,即国家化的过程。没有统一的统治权,人们仍然只能以分散、封闭、孤立的方式存在,无法形成统一的共同体。因此,现代民族-国家的建立是一个将分散的互不联系和依赖的地方性族群形成一个统一的主权整体的过程,这就是所谓的国族化。现代化进程同时是国族化的过程,是民族与国家的熔合过程。拥有"共同语言、共同地域、共同经济生活以及表现在共同文化上的共同心理素质"的国族得以在主权国家内被建构。

民族-国家的产生,一方面标明分散的世界联为一个整体,从而有了统治边界明晰化的国家主权及其作为主权代表的中央权威,有了国家与国家之间的关系;另一方面标明分散的社会联为一个整体,国家统治日

---

① [英]安东尼·吉登斯:《民族-国家与暴力》,胡宗泽、赵力涛译,生活·读书·新知三联书店1998年版,第4页。
② 《马克思恩格斯选集》第1卷,人民出版社1995年第2版,第276页。

益深入地渗透到主权国家领域内,每个人都为国家机器所控驭。正如吉登斯所说:"'民族'指居于拥有明确边界的领土上的集体,此集体隶属于统一的行政机构,其反思监控的源泉既有国内的国家机构又有国外的国家机构。"①

因此,对于现代民族-国家来说,主权是一个核心概念。主权是一个国家拥有的独立自主处理其内外事务的最高权力。国家凭借这一权力可以以最高权威和独立自主的方式处理其一切内部和外部事务,而不受任何其他国家或实体的干涉和影响。因此,主权具有内部和外部双重属性。主权对内的最高属性是指国家的政治统治权力,它通过立法、行政、司法、军事、经济、文化等手段来实现国家内部的一体性。主权的外部属性派生于主权对内最高的属性,是指国家的独立自主性和领土的完整性,并以军事、法律、外交、经济等方式加以实现。

在世界交往体系中,主权作为不可分割、不可转让的最高权力,同时又是有地域边界的权力。只有在确定的地域边界内,主权才是成立的。正如只有在交易中才能体现产权一样,只有在国家与国家的交往中,主权的意义才会凸现。主权的实质是区分"我者"(我国)与"他者"(他国)的基准线。由此就有了一系列体现主权国家的象征和符号体系:(1)国名,即国家的名称;(2)国旗,即代表国家的旗帜;(3)国徽,即国家的标志;(4)国界,即确立国家领土范围的界线,界线以内的为本国国土;(5)国歌,即代表一个国家的歌曲,为其政府所制定或采用;(6)国籍,即一个人属于某一国家的国民或公民的法律资格;(7)国语,即法定为本国共同使用的语言;(8)国民,即具有一个国家国籍的人;(9)国庆,即法定的纪念国家产生的庆典日。这一系列国家象征都是对"我者"的确认,与"他者"的区别。

主权作为最高统治权,必须由相应的国家机构所执掌,并形成保证

---

① [英]安东尼·吉登斯:《民族-国家与暴力》,胡宗泽、赵力涛译,生活·读书·新知三联书店1998年版,第141页。

国家机构持续运转的制度模式。在哈贝马斯看来，合理的国家机构表现为：依据一种集中的和稳定的税赋体系；控制一种集中领导的军事权力；垄断立法和法律权力；通过一种专职官员统治的形式组织行政管理。① 除了这种实体性的国家机器以外，还产生了来自知识且可以支配大众社会的话语权。② 所以，只有到了现代民族国家，建立起现代国家机器和权力体系并借助现代交通、信息、学校等现代工具，国家的权力才能真正覆盖到所有的国家疆域，行使对主权国家的统辖。吉登斯因此指出："只有现代民族-国家的国家机器才能成功地实现垄断暴力工具的要求，而且也只有在现代民族-国家中，国家机器的行政控制范围才能与这种要求所需的领土边界直接对应起来。"③为此，他给民族-国家下了一个经典性的定义："民族-国家存在于由他民族-国家所组成的联合体之中，它是统治的一系列制度模式，它对业已划定边界（国界）的领土实施行政垄断，它的统治靠法律以及对内外部暴力工具的直接控制而得以维护。"④现代民族-国家的建构作为一个过程，标志着国家整体和代表国家主权的中央权威日益深入地渗透于主权国家领域，并支配整体社会。所谓民族-国家，即由统一的中央权威在其领土边界内实行自主治理，并有共同民族利益和国民文化的主权国家。

民族-国家通常"指现代理性国家，它形成于西方现代初期，是一种自立于其他制度之外的、独特的、集权的社会制度，并在已经界定和得到承认的领土内，拥有强制和获取的垄断权力"⑤。当国家和民族熔为一体时才形成现代民族-国家。它是现代化锻造的现代性在政治生活中的反映。

---

① 转引自陈嘉明等《现代性与后现代性》，人民出版社 2001 年版，第 137 页。

② 参见［法］福柯《权力的眼睛》，严锋译，上海人民出版社 1997 年版，第 37 页。

③ ［英］安东尼·吉登斯：《民族-国家与暴力》，胡宗泽、赵力涛译，生活·读书·新知三联书店 1998 年版，第 20 页。

④ ［英］安东尼·吉登斯：《民族-国家与暴力》，胡宗泽、赵力涛译，生活·读书·新知三联书店 1998 年版，第 147 页。

⑤ 《布莱克维尔政治学百科全书》，中国政法大学出版社 1992 年版，第 490 页。

传统国家是自然主义国家,具有血缘共同体的特征,以农业自然经济为基础。它不需要为国家的存在寻求合理性和合法性论证,其合理性和合法性来自先天具有的传统习惯。国家统治权来自社会又脱离社会而存在,是外在于人民的。

现代国家是建构主义国家。现代性要求世界为人所安排。人是万物之灵,人是世界的主宰。人之所以为人,在于其理性。国家同其他事物一样,是服从并适应人的需要而产生的。因此,国家的存在必须有其合法性根据,即得到人民的认同。特别是现代民族-国家有着传统国家无可比拟的国家机器。如果它不服从人的控制,就可能反过来成为压迫人的巨大力量。因此,现代国家除了是民族-国家以外,还是民主-国家。

现代国家是一种持续运转的强制性政治组织,其行政机构成功地垄断了合法使用暴力的权力。作为现代民族-国家核心的是主权。主权对内属性是统治国家的最高权力。那么,这一统治权归属于谁,由谁来行使,按照什么法则来行使,从而才能保证国家的持续运转呢? 这是现代国家建构必然会产生的权力归属、权力配置和权力行使的制度性问题。如果说,民族-国家是现代国家组织形式,所要解决的是统治权行使范围的问题的话,那么,民主-国家则是现代国家的制度体系,所要解决的是现代国家根据什么制度规则来治理国家的问题。

现代政治学就是适应如何建构一个合理的国家制度而产生的。在早期的现代西欧,霍布斯充分论证了建构统一国家的必要性。在霍布斯看来,人最开始处于自然状态,遵循的是"一切人反对一切人的战争"逻辑,为了生存与和平,必须有一个大于一切人的权力的公共权力,这就是"国家"。霍布斯用一种巨大的海兽"利维坦"来形容国家的强大无比,强调国家统一和整体性。与霍布斯不同,在洛克看来,国家之前的自然状态是"完美无缺的自由状态",生命、自由、财产是自然法为人类所规定的基本权利,不可让与,也不可剥夺。为了更好地保护人身和财产权利,人们订立契约,将一部分权利转让给所指定的人,并按照一致同意的规则行使权力,由此而形成国家。为此他否认主权在君,提出议会主权论,即国家的最高统治权应该归人民委托的代表行使。此外，与霍布斯关于主权者不受制约的观点不同的是，洛克将国家与政府区别开来，认为人们建立政府是为了更好保护人权，政府也要受到制约，如果政府不能实现保护个人权利的目的，人们有权改变它。为了制约权力，他得出了应该根据分权原则配置权力的结论。同时，政府只能以正式公布和经常有效的法律，而不是临时的命令和变化无常的决定进行统治，实行法治原则。议会主权、权力分立和法治政府可以说是洛克对现代制度国家的重要贡献。正是基于此，洛克强烈反对主权在君的专制制度，认为专制制度导致君主只是凭心血来潮或毫无拘束的个人意志进行统治，容易产生"暴政"。"暴政"比自然状态还坏。因为在自然状态下，人们还享有运用自己的权力保护自己的生命和财产的自由。而在"暴政"下，人们不仅会受到君主的侵害，而且会失去以前的自由。

法国的孟德斯鸠发挥了洛克的分权学说，提出了立法、司法、行政三权分立和制衡的学说。而卢梭则第一次完整地提出了人民主权学说。他认为，人们通过订立社会契约组成共同体，每一个结合者及其自身的全部权利都转让给整个集体，因而主权的实质就是全体的意志，主权属于人民，每个人都可以构成主权者的一个成员。法律和政府原则都是为了保证人民主权的权威，政府的权力来自人民并服从人民意志，由此确立了人民才是国家主人的"主权在民"的原则。

如果说民族-国家突出的是主权范围，主要反映的是国家内部的整体与部分和国家外部的国家与国家之间的关系，那么，民主-国家强调的是按照主权在民的原则构造国家制度，主要反映的是国家内部统治者与人民、国家与社会的关系。因此，衡量民主-国家的重要标准就是统治的合法性的民意基础，即统治权力是否按照体现人民意志的法律取得和行使。作为主权在民原则创立者的卢梭就是要以"公意"（或者为"人民意志"）确立现代国家制度的合法性，通过合法性来确认统治权力的归属、配置与行使的主体和边界。现代国家与传统国家的重要不同之处就在于其暴力垄断的合法性基础不同。如杜赞奇所说："国家权力在现代的扩展涉及一个双面的过程：一是渗透与扩张的过程，一是证明此种渗透与扩张过程的合法性。"①

一生都在追求合理性和合法性研究的韦伯对于合法性统治基础给予了大量关注，提出了三种合法性统治类型。在他看来，合法性是指人民对统治的同意或认可。传统国家的统治合法性来源于自古有之的"传统"，人们对这种无论是"天意"还是人为的"传统"深信不疑，由此保证统治体系的连续性。而现代国家的统治是法理性统治。法理性统治则是为了保障主权在民原则得到具体的体现。

正是出于人民同意的这一合法性基础，现代国家均是依据民主的原则构造其政治体系，并以明确的法律形式固定下来。其主要特征表现为：（1）在权力归属方面体现权力属民的原则。（2）在权力配置方面实行代议和分权原则。代议制指由人民委托产生的代表行使统治权力。分权制将公共权力按其功能分开并由不同的机构和人员执掌，形成相互制衡关系。（3）在权力行使方面遵循法治原则。明确的成文法律是权力行使的基本依据，任何人都不得超越法律。

由于合法性统治的基础是人民同意，因此，在现代民主-国家的制度体系中，公民权利是重要组成部分。

如果说民族-国家建构的核心是主权原则，那么，民主-国家的构建则是人权原则。在理性主义看来，人的权利是天赋的，国家存在的理由正是为了更好地保护和确认人的权利。建构民主-国家的目的就在于能以法律制度的方式确认其本国国民为享受法定权利的公民。公民权利是主权在民原则在国内政治生活中的具体体现。

主权在民和公民权利可以说是现代民主-国家的两个基本准则，并体现在国家基本法律制度之中。由于公民权利的存在和发展，必然生长出一个以平等的公民权利为核心的社会。现代国家与以公民权利为基

---

① ［美］杜赞奇：《从民族国家拯救历史——民族主义话语与中国现代史研究》，王宪明等译，社会科学文献出版社2003年版，第86页。

础的社会是相互依存和相互制约的伴生物。如果没有现代国家,就不可能以国家法律的形式确认公民权利,也不可能运用国家力量保护公民权利,因此也不可能有以公民权利为基础的社会。从这个意义上说,黑格尔认为"市民社会"由现代国家创建而成的观点有一定道理。但是,国家作为一种公共权力,作为一种被垄断的暴力,并不能总是合理和有效地保护和确认公民权利,甚至有可能运用其垄断性暴力侵害和妨碍公民权利。这就需要有一个自由自主自治的社会,以此制约国家权力,防范国家权力无限扩张并脱离人民意志。一个健全的以公民权利为基础的社会不仅是现代国家建构的产物,更是现代国家建构的基础。在哈贝马斯看来,"早期现代民族-国家的主要成就在于,它在一个新的世俗化了的合法化形态基础上,提供了一种更加抽象的社会一体化形式。这种一体化形式集中表现为民主法治国家的民主参与和公民资格,后者为一国领土内民众提供了'一种通过政治和法律而表现出来的新型归属感'。这种'新型归属感'不是立基于共同体内人们族裔世系的一致性(事实上这种一致性已很难获得),而是通过公民个人权利和自由的法理建构,营造公民对国家共同体的认可"①。

当然,以公民权利为基础的社会是一定经济社会发展的产物。在前工业社会,人只是自然和某个共同体的依附物,缺乏独立性和自主性,也不可能自由安排自己的命运。只有到了现代工业社会,人才能冲破自然和各种天然的"羁绊",按照自己的意志设计和安排自己的命运。由此才能建构起以人权为核心的公民社会。所以,现代工业社会不仅是以公民权利为基础的社会,而且是现代国家建构的物质基础。

通过以上分析,我们可以就现代国家的一般特质作出以下规定:

1. 现代国家是在世界和内部日益紧密和扩大的交往中产生的,既以世界一体化为背景,又以国家一体化为基础。

① 转引自任军锋《现代背景下的国族建构》,收于陈明明主编《革命后社会的政治与现代化》,上海辞书出版社 2002 版,第 83 页。

2. 现代国家是民族-国家和民主-国家的统一体，主权和合法性是现代国家的核心要素。建构民族-国家的意识形态是以民族共同体为基础的民族主义，建构民主-国家的意识形态是以个人为基础的民主主义。

3. 现代国家是一个由统一的中央国家机器统辖、能够保证国家机器持续运转的制度体系、有广泛的国家认同及健全的以公民权利为基础的社会共同构成的政治共同体。

4. 现代国家的物质基础是现代工业社会，它同时又是遵循现代理性原则建构的。

（二）西欧国家的成长

现代国家的构建是一个历史过程。它起源于西欧中世纪后期，兴盛于 18—19 世纪，并由西向东推进，在 20 世纪扩展到全球，由此构成现代世界体系的主体要素。

现代国家是伴随现代化而兴起的。由于现代化进程起源于西欧，现代国家也起源于西欧。而在西欧，现代国家是以"空地"上生成的方式建构的。

中世纪西欧社会是一个典型的封建主义领主制社会。各个领主庄园散布于各地，分散孤立，互不联系，分封割据。领主制是一种经济、政治、社会、文化单位融为一体的制度，领主不仅拥有经济权力，而且对领地行使统治权，农民依附于领主。当时的国王不过是一个比较大的领主而已。中世纪西欧在相当长时间只是一个教会权力主宰的文化共同体。

推动民族-国家建构的原始动力是军事暴力——以战场为领地的军队，主角是君主。进入中世纪后期，随着商品经济发展，特别是海路的开通，西欧逐步出现了一些实力日益强大的王朝。这些王朝为了扩大领土，发动了持续不断的战争。最著名的是 1337—1453 年间的英法百年战争。战争是人类交往并建构人类共同体和共同体认同的重要方式。正是经过长期的战争，一个个族群和政治单位粘连起来，逐步在英国和法国率先形成了民族-国家的雏形。在这两个国家，首先是形成了国王至高无上的统治权,形成了国王权力统辖的领土和人民,形成了为统辖领土和人民而设立的政府体系,并在战争中形成了人民对自己国家的忠诚和热爱,有了"我者"(祖国)和"他者"(他国)之分。由此锻造出新的以国家为组织载体的新兴民族——英吉利民族和法兰西民族及以此为基础的新型政治共同体。吉登斯将这一历史时期定义为绝对主义国家时期。

在恩格斯看来:"日益明显日益自觉地建立民族国家[nationule Staaten]的趋向,是中世纪进步的最重要的杠杆之一。"[1]也正是在这一过程中,西方思想家产生了构建统一国家的设想。这一设想来自中世纪后期萌生的理性主义。根据理性主义,人是世界的主体,世界秩序应该根据人的自由,根据人对世界的认识来安排,并由此确定其合理性。出生于 1469 年的意大利思想家马基雅弗利深感封建割据、四分五裂带来的内忧外患,强烈主张建立统一强大的民族-国家。由此提出了"国家理性"学说,认为国家有其独立和自主的特性。君主作为统一国家的代表,为了实现统治可以不择手段。英国的霍布斯则从自然状态的角度,充分论证了建构统一国家的必要性。特别是一些思想家提出了国家主权的概念,以此确立国家的主权地位及主权国家之间的关系。1648 年签订的《威斯特伐里亚和约》确认了国家主权原则,至此才开始在西欧形成了民族-国家的国际体系,这也成为现代民族-国家建构的起点。

然而,真正推动民族-国家构建的基本动力则是经济暴力——以市场为领地的资本,主角是资产阶级。中世纪的农奴中产生了初期城市的城关市民,从这个市民等级中发展出最初的资产阶级分子。当资产阶级力量还较弱小的时候,他们主要借助于国王的力量建立统一的国家以开拓市场。而随着其力量的强大,特别是地理大发现,世界市场形成,大大拓展了人类交往的空间,使他们成为推动现代民族-国家建构的主角。

---

[1] 恩格斯:《论封建制度的瓦解和民族国家的产生》(1884 年),《马克思恩格斯全集》第 21 卷,人民出版社,第 452 页。

这主要在于资产阶级是一个与历史上其他任何阶级都不同的阶级,是精于算计的理性主义者。在韦伯看来,经济社会的合理化,首先起自于家庭与经营活动的分离,其次是经营活动中的合理算计,而这种算计又服从于追逐利润的经营目的。追逐利润是现代经济组织的终极目的和永不竭止的动力。这便是资本的逻辑。这种逻辑要突破一切不合乎资本目的的限定,而无论这种限定是多么神圣。特别是大工业与世界市场的形成为资产阶级改造世界提供了强大的物质力量。这正是马克思在《共产党宣言》中所说的:"资产阶级在它已经取得了统治的地方把一切封建的、宗法的和田园诗般的关系都破坏了。"它"使一切国家的生产和消费都成为世界性的了","过去那种地方的和民族的自给自足和闭关自守状态,被各民族的各方面的互相往来和各方面的互相依赖所代替了"。"它按照自己的面貌为自己创造出一个世界。"①

经济社会的理性化必然要求建立统一的现代民族-国家。资本的私人性要求通过作为公共性权力的国家界定和保护产权和私人利益。而这种国家是有特定的领域边界的,并能在其领域范围内成功地垄断暴力,进行持续不断的制度化统治,以维持长期稳定的公共秩序。由此需要政治的集中和统一。正如马克思所说,进入现代工业社会,"资产阶级日甚一日地消灭生产资料、财产和人口的分散状态。它使人口密集起来,使生产资料集中起来,使财产集聚在少数人的手里。由此必然产生的结果就是政治的集中。各自独立的、几乎只有同盟关系的、各有不同利益、不同法律、不同政府、不同关税的各个地区,现在已经结合为一个拥有统一的政府、统一的法律、统一的民族阶级利益和统一的关税的统一的民族"②。正是资本推动的生产资料、财产和人口的集中要求将分散的互不联系和依赖的地方性族群建构为一个统一的主权整体国家。

资产阶级在建构统一的民族-国家体系的过程中,同时成为民主-国

---

① 《马克思恩格斯选集》第 1 卷,人民出版社 1995 年第 2 版,第 274、275—276、276 页。
② 《马克思恩格斯选集》第 1 卷,人民出版社 1995 年第 2 版,第 277 页。

家体系的创建者,并根据自己的利益要求获得和占有统治权。在马克思、恩格斯看来,"现代资产阶级本身是一个长期发展过程的产物",它"发展的每一个阶段,都伴随着相应的政治上的进展。它在封建主统治下是被压迫的等级,在公社里是武装的和自治的团体,在一些地方组成独立的城市共和国,在另一些地方组成君主国中的纳税的第三等级;后来,在工场手工业时期,它是等级君主国或专制君主国中同贵族抗衡的势力,而且是大君主国的主要基础;最后,从大工业和世界市场建立的时候起,它在现代的代议制国家里夺得了独占的政治统治。现代的国家政权不过是管理整个资产阶级的共同事务的委员会罢了"。① 当然,资产阶级登上历史舞台时,一方面按照自己的意志建构国家,另一方面为动员更广泛的力量参与国家构建,又总是以全社会的、公共的,而不是阶级、更不是私人的名义来论证新兴国家的合理性,并以"主权在民"的原则确立现代国家政治统治的合法性。因此,资产阶级在推动民族-国家建构的同时,又推动着民主-国家的建构。

正是在新兴的资产阶级力量的成长过程中,现代国家得以首先在西欧成长。其特点主要有:

1. 推动现代国家成长的根本动因是经济,正是经济的一体化要求政治的一体化。

2. 推动现代国家成长的起始主角是国王,决定性的主角是新兴的资产阶级,同时也包括广泛的社会参与。现代国家的建构过程也是全体社会成员进入到统一的政治体系的过程。

3. 经济发展与政治发展是相互依存的。民族-国家与民主-国家的建构是同步的,并处于一个相对均衡的状态。与此相应,民族主义与民主主义也处于一个相对均衡的状态。

4. 在西欧现代国家建构的同时,发育出一个健全的公民社会,而且也正是公民社会的推动,现代国家才得以在西欧率先成长。

---

① 参见《马克思恩格斯选集》第 1 卷,人民出版社 1995 年第 2 版,第 273—274 页。

5. 西欧的现代国家成长建立在现代工业社会的物质基础上,同时也是现代工业社会发展要求的产物。

(三)中国的现代转型

与西欧的国家成长的路径不同,中国的现代国家建构表现为国家转型。这是因为,相比西欧而言,中国是一个"早熟"的国家。

早在公元前的春秋战国时代,通过连年的战争,秦始皇得以统一中国,将一个分裂割据的诸侯国家统一为由中央政府管辖的集权国家。如果从中央政府及所在的首都、中央政府统一领导的地方政府体系、统一的法律制度、统一的税收制度、统一的文字、统一的度量衡、统一的交通体系等现代国家的角度看,中国已具有现代国家的初始形式和外壳。从这一角度看,中国的现代国家建构形式上要比西欧早得多。

但是,直到19世纪,从根本上说,中国仍然属于传统国家。这首先在于19世纪前的中国只有"天下"而无主权国家的概念。它与外部世界的交往十分有限,尚未纳入由主权国家构成的世界交往体系中。其内部原因则在于其经济社会基础。前些年,学术界有人对于用"封建主义"这一西方化的尺度标识20世纪前的中国社会表示质疑。事实上,如果从经济社会组织的角度看,20世纪前的中国社会的确具有分散的互不联系的"封建主义"特性。传统中国的社会基础由一个个分散孤立、互不联系的家庭与扩大了的家庭——村庄等构成。与西欧封建社会所不同的是,在这一个个分散孤立的家庭村落之上有一个庞大的君主专制官僚体制。拥有绝对权力的君主通过居住在地域性城市的官僚实施统治。只是"王权止于县政",中央官僚统治权力从未直接深入到广阔的乡村社会。

从本质上看,传统中国是一个分散分裂的社会。这种由家族分立、城乡分割、地方分裂、官民分离构成的裂变性社会,限制着国家的政治统一。这也使得中国总是处于分裂和统一的历史循环之中。因此,传统中国更多的是一个历史和文化的共同体,而不是政治和领土的共同体。亨廷顿认为,"在缺少政治共同体的社会里,人们对原生的社会、经济组织——家庭、宗族、部落、村寨、宗教、社会阶级——的忠诚与对在更大范围内存在的政治制度所具有的公共权威的忠诚是两回事,前者与后者竞争,并且常胜过后者"①。但是,传统中国从形式上为现代国家提供了西欧所没有的要素。这就决定了在中国,现代国家的建构不是在"空地"上成长的,而是原有基础上的转型。

中国的国家转型肇始于 19 世纪,是在与西方国家的冲突中起步的。裂变性的社会使形式上统一强大的中国难以应对西方世界的挑战。孙中山深刻地反思了作为人口最多国家的中国在西方列强的入侵下不堪一击,甚至有亡国灭种之忧的原因,这就是"一盘散沙"。他认为:"中国人最崇拜的是家族主义和宗族主义"。"中国人的团结力,只能及于宗族而止,还没有扩张到国族范围。"②所以,除了少数知识分子忧国忧民以外,一般民众并不关心也不可能关心国家大事。正是基于亡国灭种之忧,中国走向了现代国家建构之路。

中国的国家转型同样是在世界由分散到整体的交往背景下发生的。在相当长时间里,中国处在自我封闭的状态中。尽管有与外部世界的交往,但农业文明的优越性和国家形式上的统一,使中国缺乏与外部世界交往的主动性。虽然,19 世纪前,中国已开始意识到有一个不同于中华文明的外部世界的存在,但并没有意识到以工业文明为基础的西方世界会给自己带来的威胁,没有看到西方的"资产阶级,由于一切生产工具的迅速改进,由于交通的极其便利,把一切民族甚至最野蛮的民族都卷到文明中来了。它的商品的低廉价格,是它用来摧毁一切万里长城、征服野蛮人最顽强的仇外心理的重炮"③。特别是现代国家的率先建构,使西方列强可以动员国家力量达到他们开拓世界市场以获得利润的目的。到了 19 世纪中叶,鸦片战争的失败,使中国第一次意识到外部世界的威

---

① [美]塞缪尔·P. 亨廷顿:《变化社会中的政治秩序》,王冠华、刘为等译,生活·读书·新知三联书店 1989 年版,第 28 页。
② 孙中山:《三民主义》,岳麓书社 2000 年版,第 2 页。
③《马克思恩格斯选集》第 1 卷,人民出版社 1995 年第 2 版,第 276 页。

胁,第一次意识到外部国家的独立存在与强大,也才第一次有了主权国家的观念,有了真正的"我者"与"他者"之分。而在这之前,中国并没有国名、国旗、国徽、国界、国歌、国籍、国语、国民、国庆等一系列主权国家的象征。

现代国家的建构首先是以民族主义为旗帜,要求建立独立统一的民族-国家。孙中山是现代国家在中国的创立者。他认为:"民族主义就是国族主义。中国人最崇拜的是家族主义和宗族主义"。"中国人的团结力,只能及于宗族而止,还没有扩张到国族范围。"①为此他首先倡导民族主义,主张建立以国族而不是家族、宗族为组织基础的现代国家。这一现代国家应该为民权而不是君权所构造,为此提出民权主义。他认为,"政就是众人的事,治就是管理,管理众人的事便是政治。有管理众人之事的力量,便是政权。今以人民管理政事,便叫做民权"②。民权主义实际上是中国式的民主主义。为了对广大人民进行政治动员,孙中山又提出了民生主义。

正是在以孙中山为代表的革命党人的推动下,中国于 1911 年推翻帝制,建立中华民国。中华民国反映了民族-国家和民主-国家的双重特性。中华民族是与中国主权范围相一致的国族,民国是以民权而不是君权为最高权力的制度体系。1912 年公布的《中华民国临时约法》规定:"中华民国,由中华人民组织之。""中华"是多民族共和的新兴国族,"民"标志着国家权力归属民而不再是君。毛泽东对辛亥革命推翻帝制,实现国家转型的作用给予了高度评价,认为:"辛亥革命使民主共和国的观念从此深入人心,使人们公认,任何违反这个观念的言论和行动都是非法的。"③

但是,中华民国的建立只是现代国家的形式确立,只是现代国家建

---

① 孙中山:《三民主义》,岳麓书社 2000 年版,第 2 页。
② 孙中山:《三民主义》,岳麓书社 2000 年版,第 69—70 页。
③《建国以来毛泽东文稿》第 4 册,中央文献出版社 1992 年版,第 546 页。

构的开端,并随时有崩溃的可能。

其一是现代国家能力十分脆弱,随时会遭到外敌入侵,主权尚不完整,民族救亡图存的任务仍然是最为迫切和至高无上的任务。特别是毗邻中国的日本国在亚洲的率先崛起,成为威胁中国存续的最主要因素。19世纪末的甲午海战严重挑战了中国这一昔日亚洲大国的权威。而20世纪30年代爆发的日本侵华战争,则是外国第一次全面深入到中国的领土范围内,使全体国人第一次感受到民族灭亡的危机,即"中华民族到了最危险的时候"。正是在以上背景下,救亡图存的民族主义成为现代国家建构的首要目标和基本动力。尽管孙中山提出了"三民主义",但救亡图存的迫切任务,使他不得不以民族主义为首,甚至强调要为"民族大我"牺牲"个人小我"。日本侵华战争全面爆发以后,救亡图存的民族主义更成为压倒一切的旗帜,并第一次作为一种理念由少数精英深入和渗透到全体国民之中。

二是国家处于地方性军阀割据状态,未能建立成功地垄断合法暴力的行政机构和中央权威。中华民国虽然是新兴的现代国家,但这一国家的建构只是在救亡图存的紧迫压力下,依靠少数知识精英和新兴军人通过军事手段推翻封建专制王朝的产物,缺乏强大的经济和政治基础。中华民国的建立不仅未能统一国家,而且使中国陷入地方军阀分裂割据和土劣势力横行乡里的无序状态。一方面,各种政治势力不断运用军事实力争夺中央领导权,另一方面,中央政府因缺乏强大的国家能力而无法真正统一国家。这种内部的分裂不仅阻碍着现代国家的建构,而且为外国的入侵提供了更多的可能。

三是新兴的阶级力量弱小,社会民众被排斥在现代国家体系之外,现代国家缺乏广泛的国家认同。在中国,新兴的资产阶级生长时间不长,力量十分弱小,它与外国和本国的统治者有着密切的依存关系,因此难以成为建构现代国家的主角。中华民国主要是依靠少数知识精英和新兴军人在城市发动武装暴动而建立的。它缺乏广泛的阶级和社会基础。特别是广阔的乡村社会,不仅仍然生活在旧的秩序中,而且一般民众还遭受着频繁的战乱、繁重的兵役赋税、多如牛毛的强盗土匪等祸害。为此,社会民众难以建立起新的国家认同,反而成为政府的反叛者。

正是由于外部敌国的入侵和内部的形式统一而实体分裂,新兴国民政府建立以后一直试图以强大的军事力量和专制政权建立统一国家,并提出所谓"一个党、一个领袖、一个主义"。但是这一努力由于给社会民众带来的是无穷的战争和沉重的赋役而遭到人民的强烈反抗,从而产生了中国共产党领导的民族民主革命,最终促成1949年中华人民共和国的建立。

作为中国共产党领袖的毛泽东对现代国家构建也作出了理论贡献。1940年,他在阐述新民主主义宪政时明确指出:"中国缺少的东西固然很多,但是主要的就是少了两件东西:一件是独立,一件是民主。这两件东西少了一件,中国的事情就办不好。"①中华人民共和国的建立标志着现代国家建构在中国的真正开始。首先是结束了半殖民地的历史,主权国家得以形成。除了台湾地区以外,国家主权能够成功地延伸到其领土范围。其次是结束了半封建社会的历史,并通过强有力的中央权威、党和政权组织系统对主权范围的地方成功地实施了政治统治。再次是社会民众最广泛地动员到国家体系中,建立起从未有过的国家认同。最后,也是最重要的,通过实行社会主义改造和计划经济体制,权力得到前所未有的集中,中央领导获得了从未有过的巨大权威。如果从主权独立和内部集中统一这两个民族-国家的维度看,中华人民共和国的建立才全面开启了现代中国的建构与转型。

但是,1949年后中国的现代国家建设却是十分不平衡的,其中民族-国家的建构远远快于民主-国家的建构。这是因为,1945年第二次世界大战结束以后,整个世界分化成以苏联为首的社会主义阵营和以美国为首的资本主义阵营。中华人民共和国作为社会主义阵营的一员,不仅面临西方资本主义阵营的敌视,而且面临社会主义阵营中前苏联的压力,

①《毛泽东选集》第2卷,人民出版社1991年版,第731页。

国家主权仍然面临挑战。独立自主的民族-国家建构仍然是最主要的任务。同时,由于中国共产党领导的革命是从底层动员起来的革命,在革命中不仅形成了一个强有力的领袖人格,而且建立起对领袖人格的广泛认同,国家建设主要依靠的是这两种因素构成的动员体系。因此,在民族-国家建设推进的同时,没有能够及时地建构一整套完备的民主制度,以保持政治体系持续不断地运转。政治统治的合法性在相当程度上仍然来自长期革命和政治动员时期形成的特殊的领袖魅力。这种领袖魅力保证了民族-国家的迅速建构,但也使国家建构处在一种不稳定的状态之中。

没有民主-国家的建构,民族-国家也缺乏稳固的基础。正是基于对"文化大革命"的反思,邓小平提出了"没有民主就没有社会主义,就没有社会主义的现代化"[1]的主张,认为"领导制度、组织制度问题更带有根本性、全局性、稳定性和长期性"[2]。

中国自1970年代末期进入到以改革开放为标志的社会主义现代化建设新时期。中国的现代国家建构随之进入一个新的阶段。

首先,经济建设成为国家建设的中心任务,并赋予现代国家建构以新的内容。在对外开放的经济建设中,以国家经济发展为基础的民族主义成长起来。一是经济建设大大提升了国家的实力,中国作为一股不可忽视的力量在世界舞台上崛起,从而大大增强了民族自信心。二是随着科技进步和资本力量的进一步扩张,全球化浪潮更加猛烈。中国在开放的世界中与他国的交往愈来愈多,也必然与全球化的强势逻辑发生碰撞。强烈的历史记忆和正在生长但尚不够强大的实力,使人们对于国际碰撞特别敏感。正是这一背景下,人们试图在全球化的交往中寻求自己的国族性,以自立自强于世界之林。无论是1980年代对外国说"是",还是1990年代对外国说"不",都反映了以追求国家经济发展为基础的民

---

[1]《邓小平文选》第2卷,人民出版社1994年第2版,第168页。
[2]《邓小平文选》第2卷,人民出版社1994年第2版,第333页。

族主义的成长。

其次,经济建设和改革开放推动着国家制度建设,制度建设的终极目标都是指向人民主权的民主-国家的建构。政治统治的合法性开始由特殊的领袖魅力向制度化的人民认同转变。无论是邓小平所说的"三个有利于"的思想(即"是否有利于发展社会主义社会的生产力,是否有利于增强社会主义国家的综合国力,是否有利于提高人民的生活水平"[①]),江泽民提出的"三个代表"重要思想(即中国共产党"必须始终代表中国先进生产力的发展要求,代表中国先进文化的前进方向,代表中国最广大人民的根本利益"[②]),还是胡锦涛提出的"以人为本",都体现了主权属民的原则。更重要的是通过建设社会主义市场经济体制、实行依法治国、建设社会主义政治文明等一系列举措,进行经济、政治制度建设,以保障现代民主-国家能够持续不断地稳定运行,由此实现国家的转型。

综观现代国家在中国的建构过程,有以下特点:

1. 中国的国家转型是在救亡图存的背景下发生的,推动国家转型的力量主要是军事暴力和政治行政力量,经济力量相对弱小。

2. 推动国家转型的主角是知识精英和广泛的社会动员,而不是与新兴的经济力量相匹配的独立的新兴阶级。

3. 民族-国家与民主-国家的建构相对不平衡。由于经济落后及其造成的"落后就要挨打"的危机意识,又由于国家内部的裂变性及其引起的外部冲击,民族-国家建构始终处于最为迫切的地位。由"民族大我"构成的民族主义与由"个人小我"构成的民主主义相比,始终处于优先地位。

4. 民族-国家与民主-国家建构在不同时期有不同的内容。1949年前的民族主义主要是救亡图存,1949年到1978年主要是寻求国家的独

---

① 《邓小平文选》第 3 卷,人民出版社 1994 年第 2 版,第 372 页。
② 江泽民:《全面建设小康社会,开创中国特色社会主义事业新局面》,《人民日报》2002 年 11 月 8 日。

立自主,1978 年以后主要是作为国际社会的一员进行平等的交往。1949 年前的民主主义主要是主权在民意识的建构,1949 年后开始通过制度的方式保障主权在民原则的落实。

5. 在中国的国家转型中,统一的中央国家机器得以建立,但能够保证国家机器持续运转的制度体系、健全的人民社会及广泛的国家认同还在建构之中,还是一个了犹未了的长期过程。

6. 中国国家转型过程特殊及尚在进行的决定性因素在于,中国还不是以强大的工业体系为支撑、以现代城市人口为主体的现代工业社会。

三、结构:国家一体化与离散的农民社会

与传统国家带有很强的自然共同体的特性不同,现代国家更具有人为建构的特性。但这种人为的建构不是凭空的想象,而体现着国家一体化的过程。

国家一体化,又可称之为国家整合,它是指构成国家的各个组成部分和要素形成一致性,并处于相对协调的状态,从而构成完整和稳定的政治共同体的过程和结果。迈伦·韦纳认为:"国家一体化是把文化和社会方面分离的集团结合进一个单一的领土单位和建立民族特性的进程。"[1]由于国家的一体化使地域国家的各个部分和各个要素都具有政治(统治权)国家的属性,因此又可视之为社会的国家化,或者国家的社会化。

国家一体化遵循的是普遍主义价值,它根源于主权和合法性这两个现代国家的核心指标。国家主权具有对内和对外双重属性。主权对内的最高属性是指国家的政治统治权力,它通过立法、行政、司法、军事、经济、文化等手段来实现国家内部的一体性。要达到国家内部的一体性,

---

[1] [美]格林斯坦、波尔斯比编:《政治学手册精选》下卷,竺乾威、周琪、胡君芳译,商务印书馆 1996 年版,第 228 页。

必须具备以下要素：

1. 国家能够有效地垄断合法使用暴力的权力。暴力是人类的社会交往，特别是冲突性交往中维持和扩展自己利益的强制性手段。它可以为不同的人群和组织所掌握和运用，由此就会进一步造成社会的对立，甚至同归于尽。国家因此而生。正如恩格斯所说："为了使这些对立面，这些经济利益互相冲突的阶级，不致在无谓的斗争中把自己和社会消灭，就需要有一种表面上凌驾于社会之上的力量，这种力量应当缓和冲突，把冲突保持在'秩序'的范围以内；这种从社会中产生但又自居于社会之上并且日益同社会相异化的力量，就是国家。"① 作为一种统治权的国家，超越于社会，同时又控制社会。但是，在相当长时间里，国家并没有成功地垄断合法使用暴力的权力，居民和各种组织可以自动使用暴力，而不受相应惩罚。只有到了现代国家，国家才可能，也有必要有效地垄断合法使用暴力的权力。换言之，尽管人们还有可能使用暴力，但未经国家授权而不具有合法性，否则会受到惩罚。

2. 一个能够有效统辖全国的中央政府。在恩格斯看来，国家和旧的氏族组织不同的地方，第一点是它按地区来划分它的国民，第二点就是公共权力的设立。② 由公共权力机关行使对国家和国民的管辖权。但是，公共权力可能为完全不同并互不服从的组织和机构所执掌，由此必然造成政治共同体的对立和分裂。传统中国经常发生的地方军阀割据就是如此。只有到了现代国家，一个能够有效统辖全国的中央政府不仅必需，而且有了可能。首先，国家的主权是不可分割也不可转让的整体。只有中央政府才能代表国家对外统一行使国家主权，也只有中央政府才能对内进行统一的治理。所以，现代国家建构的重要标志就是有一个权力集中的中央政府和中央政府的所在地——首都。如，正是在法兰西共同体这一现代国家的建构过程中，巴黎才成为首都；反之，巴黎成为首都

---

① 《马克思恩格斯选集》第 4 卷，人民出版社 1995 年第 2 版，第 170 页。
② 参见《马克思恩格斯选集》第 4 卷，人民出版社 1995 年第 2 版，第 170—171 页。

的过程,也正是法国的建构过程。亨廷顿因此认为,"政治现代化涉及权威合理化,并以单一的、世俗的、全国的政治权威取代传统的、宗教的、家庭的和种族的等五花八门的政治权威"①。

3. 一个统一协调的国家控制系统。当国家成为超越社会之上的组织之时,它便会形成一个有不同机构和人员构成的控制系统,以行使对国家的治理。特别是对于现代国家而言,随着社会的分化、公共事务的增多,不仅国家组织体系的功能日益分化,国家控制系统日益庞大,而且国家控制系统会一直深入渗透到社会生活的各个领域,以维持政治共同体的一致性和整体性。为此,现代国家不仅需要统一的法律制度、统一的行政体系、统一的财政体系等,还要求国家体系的各个部分保持协调,以形成统一的中央权威。正因为如此,现代国家一般都要制定作为国家根本大法的宪法,以规定国家机关的权限和职责。

4. 一个统一施加影响力的意识形态系统。在社会发育和社会分化不发达的传统社会,维持共同体的更多的是一种基于文化、信仰等的价值系统。现代国家是一个比传统社会复杂得多的政治共同体。一方面,作为主权独立的国家,它需要国家内的全体国民对其认同,以形成统一的国家意识。另一方面,进入现代国家以后,社会日益分化为不同的群体,其文化和价值多样化。同时,传统的文化因子仍然有相当的影响力,本国以外的文化也会随着国家交往而渗透到本国。因此,现代国家需要建构一个能够统一施加影响力的意识形态系统。这个系统包括国家的基本价值、统一使用的语言等。

基于主权不可分割的完整性,民族-国家的建构过程就是将不同的部分和要素结合为一个整体的过程。但与传统国家所不同的是,现代国家的整体性是一个有机的整体而不是机械的整体。所谓有机的整体,一是国家整体并不排斥国家的不同部分和要素的独立存在,反而是以此为

---

① [美]塞缪尔·P. 亨廷顿:《变化社会中的政治秩序》,王冠华、刘为等译,上海人民出版社 2008年版,第 27 页。

前提条件的;二是国家的不同部分和要素之间是相互联系和依赖的,这种联系和依赖是内在的而不是外部强加的;三是国家的不同部分和要素与国家是联为一体的。

现代国家作为一个有机的整体,根源于现代国家的合法性基础。现代国家的统治权属于人民。尽管人民分别属于不同的民族、种族、性别、职业、家庭出身、宗教信仰、教育程度、财产状况、居住区域等,但都属于平等的国民。根据主权在民的原则,国家存在的依据是为全体国民提供保护和福利,每个国民在政治共同体内都具有平等的地位,享有平等的公民权利和国民待遇。由此才能建构起全体国民对国家的认同,才能保障国家的一致性。所以,现代国家的一体化,还应该内在地包括两个不可分割的要素:一是能够为全体国民提供尽可能多的公共物品的系统,一是能够保障全体国民平等享有公民权利和国民待遇的系统。否则,现代国家的国家认同便难以建构,甚至会面临国家的对立和解体。

与现代国家的物质基础是现代工业社会一样,现代国家的一体化的物质条件与要求在相当程度上也来自工业化。工业化生产的重要特征是社会化和标准化。社会化大生产将众多的人组织在一起,进行专业化分工,由此而产生社会分化。同时就要求有一个统一的权威进行管理和组织。社会成员一旦进入生产过程就让渡出自己的部分主权,成为工业生产体系的一员,并服从统一的管理。同时,工业化大生产是为了社会需要和交换而进行的,它必须根据统一的并能够用以检测的标准进行。这一标准是普遍主义的,对任何事务和成员都是如此。

与现代化一样,国家一体化是一个过程,是在特定的历史环境里发生和进行的。国家一体化过程本身就说明,它面对的是一个差异性社会,它的任务就在于将有差异性的部分和要素整合为一个有机整体。无论是西欧的国家成长,还是中国的国家转型,都面临着国家一体化的任务,只是其任务对象有所不同而已。如吉登斯所说:"民族-国家的发展预设着传统国家中相当基本的城乡关系的消解"①。

对处于国家转型的中国来说,国家一体化的任务要艰难得多。这在于它是在外部压力下进入转型过程中的,其内部并没有准备好可供转型的革命性因素。西欧的现代国家成长是与现代工业社会同步建构的,国家形式与国家内容相对均衡。而中国的国家转型面临的却是一个传统的农业社会,即一个以农民为主体的社会。1900年,农民占中国人口的绝大多数。1949年中华人民共和国成立时,农民占全国总人口的85%以上。到2000年,农村人口(当然有相当一部分已不是传统的农民)仍然占全国总人口的三分之二以上。与西欧不同,中国是一个超大型国家,历史上长期存在国家行政力量对各个地域"鞭长莫及"的状况。"传统国家有边陲(包括次位聚落边陲)而无国界,这一事实表明其体系整合的水平相对有限","大型传统国家内存在异质性,因而我们可以认为,它们是由众多社会组成的"。② 最重要的就是分散分离的,以农民为主体的乡村社会。

农民作为一个农业社会的历史性群体,有其自己特有的属性。金雁、卞悟在对村社传统与俄国现代化道路的研究中,提出了"农民性"的概念,并对"农民"的概念加以界定。他们认为"作为一种社会—文化类型的'农民'","在这一意义上它指的是前工业社会或非市民社会,即所谓'农民社会'中的成员。显然,这一概念所强调的是它的传统性或前近代性"。③ 在本书,农民、农民性、乡土性、农民社会的概念都是一种与传统农业生产和交往方式相联系的社会—历史概念,同时也是一个与现代工业社会相对的传统性概念。

从现代国家建构中的国家一体化的角度看,农民社会在本质上是个

---

① [英]安东尼·吉登斯:《民族-国家与暴力》,胡宗泽、赵力涛译,生活·读书·新知三联书店1998年版,第5页。
② [英]安东尼·吉登斯:《民族-国家与暴力》,胡宗泽、赵力涛译,生活·读书·新知三联书店1998年版,第63页。
③ 金雁、卞悟:《农村公社、改革与革命——村社传统与俄国现代化之路》,中央编译出版社1996年版,第14页。

离散性社会。

(一) 农民社会是一个孤立分散、自我封闭的经济社会

一般来讲,农民是从事农业生产的人。更广泛地讲,农民是围绕农业生产活动的社会群体。农业生产以土地为生产资料,并受制于自然条件。人们在一定面积的土地上从事生产劳动,获取物质成果。人们围绕土地而生产和生活。由于生产能力的低下和剩余产品的稀缺,人们更多的是采用小规模的组织方式进行生产,这就是人们通常所说的"小农经济"。毛泽东指出,"在农民群众方面,几千年来都是个体经济,一家一户就是一个生产单位,这种分散的个体生产,就是封建统治的经济基础"①。

小农经济的重要特征是孤立和分散,人们与外部世界的交往和对外部世界的依存度极低。马克思对小农的特性有过精辟的分析。他说:"小农人数众多,他们的生活条件相同,但是彼此间并没有发生多种多样的关系。他们的生产方式不是使他们互相交往,而是使他们互相隔离。""他们进行生产的地盘,即小块土地,不容许在耕作时进行分工,应用科学,因而也就没有多种多样的发展,没有各种不同的才能,没有丰富的社会关系。每一个农户差不多都是自给自足的,都是直接生产自己的大部分消费品,因而他们取得生活资料多半是靠与自然交换,而不是靠与社会交往。一小块土地,一个农民和一个家庭;旁边是另一小块土地,另一个农民和另一个家庭。一批这样的单位就形成一个村子;一批这样的村子就形成一个省。""好像一袋马铃薯是由袋中的一个个马铃薯所集成的那样。"②马克思谈的虽然是法国的小农,但对于概括中国的农民及其农民社会也是非常贴切的。在中国,农民的生产和生活方式是:"日出而作,日入而息,凿井而饮,耕田而食,帝力于我何有哉!"其极端表现形式

---

① 《毛泽东选集》第 3 卷,人民出版社 1991 年版,第 931 页。
② 《马克思恩格斯选集》第 1 卷,人民出版社 1995 年版,第 677 页。

为"鸡犬之声相闻,老死不相往来"。如费孝通所说:"乡土社会的生活是富于地方性的。地方性是指他们活动范围有地域上的限制,在区域间接触少,生活隔离,各自保持着孤立的社会圈子。"①农民依靠家庭和放大了的家庭——家族,以及由家族构成的村社,便可以基本满足他们的全部需要。这种缺乏经济相互联系和依赖的孤立分散状态一直到21世纪在中国大地上还存在。作者于2000—2005年多次到广西的山区农村进行实地调查,发现在许多村庄,人们除了食盐要从村外获得以外,其全部生产资料和生活资料都可以自我满足。人们生于斯,长于斯,死于斯,祖祖辈辈以几乎与世隔绝的方式生活。

所以,从本质上看,农民与土地是一种依附关系。农民性便意味着对土地的依附性和由此带来的分散性。农民附着于土地,依土地而生。农民所居住的乡村与市民所居住的城市有着十分明显的不同。马克思在谈到城乡分离时曾经说:"城市已经表明了人口、生产工具、资本、享受和需求的集中这个事实;而在乡村则是完全相反的情况:隔绝和分散。"②这种隔绝和分散的乡土社会是难以形成一个有机的国家整体的。

(二) 农民社会是一个基于亲缘、地缘、传统而进行自我整合的村落社会

在吉登斯看来:"农业生产者,在其自身的社区生活、基本的劳动条件以及传统的行为模式等所有方面,都保有高度的自主性。"③农民附着于土地而生存。由若干农户而构成一个村落。村落是农民生存的基本空间,是在长期的历史中形成的自然共同体。这一自然共同体最基本的纽带是血缘关系。人们因血缘而交往,血缘家庭和因血缘而放大了的家庭是农民生存的基本单位和依托。家庭不仅是农民的生活单位,而且是

---

① 费孝通:《乡土中国　生育制度》,北京大学出版社1998年版,第9页。
②《马克思恩格斯选集》第1卷,人民出版社1995年版,第104页。
③ [英]安东尼·吉登斯:《民族-国家与暴力》,胡宗泽、赵力涛译,生活·读书·新知三联书店1998年版,第96页。

生产单位,是社会和精神的归宿。与此同时,人们世世代代共同生活在一定村落地域内,形成固定不变的地域关系。这种来自先在的、固定不变的血缘和地缘关系使村落自然共同体内部形成一种亘古的传统。人们依据这种传统发生交往。从本质上看,农民是亲缘、地缘和传统的产物。通过传统习俗,不同的人整合到一个共同体内。由于农民的孤立分散性和村落社会的封闭性,农民社会主要依靠的是自我整合,依靠地方性制度维持其秩序。尽管有国家机构的存在,但上告官府的行为极少,即费孝通所说的"长老统治"和"无讼意识"。从这个角度讲,农民性意味着家族性和由此带来的封闭性。

(三) 农民社会是一个阻隔着国家权力渗透、城乡分割、上下分裂的地方性社会

现代国家成长前的西欧是以封建庄园为基础的。庄园内部不仅包含经济支配权,而且包括政治统治权。在庄园之上没有一个强大的国家权力进行统辖。所以,西欧的现代国家是在"空地"上生长的。而在中国,小农经济基础之上矗立着一个庞大的国家权力——帝国官僚体系。通过这一体系将若干个农户、若干个村落整合为一体。所以,在现代国家建构之前,中国就存在着国家整合。但是,这种国家整合并没有深入渗透到广阔的农民社会。秦始皇统一中国的重要举措是统一军队、统一财政,"车同轨,书同文",但这一切都是为了建立一个统一的国家机器。这部国家机器的运转主要发生于居住在各个层级的城市上层官僚体系,对于城市之外的乡村,对于官僚之下的农民,国家机器的影响力是十分有限的。这在于中国是一个地域辽阔、人口众多的超大国家。受千山万水的交通阻隔和"十里不同音"的地方语言的限制,皇权对乡村社会"鞭长莫及"。由此所带来的就是财政供给困难:小农经济的有限剩余根本无法供养一个全面渗透穷乡僻壤的帝国体系。为此,帝国官僚系统只是延伸到县一级,即"皇权止于县政"。在韦伯看来,"行政的疏放性(Extensität),亦即每个行政单位仅有少数现职的官吏,是由于国家财政

上的限制所致"①。受交通、信息、财政等因素的限制,愈是偏远的乡村,愈是处于国家统治能力难以达致的地方。正如韦伯所说:"政权地域的各个部分,离统治者官邸愈远,就愈脱离统治者的影响;行政管理技术的一切手段都阻止不了这种情况的发生。"②为此,他认为,在传统中国,"'城市'是没有自治的品官所在地,——'乡村'则是没有品官的自治区!"③因此,农民社会是一个城乡分割、上下分裂的地方性社会。"农民虽然生活在拥有判断正义的制度和各种价值观的国家组织中,但他们与这个组织并没有完全认同。"④以城市为居住地的帝国官僚系统高高在上,与农民的生活没有直接联系,即所谓"天高皇帝远"。农民的地方性认同远远强于国家认同。就农民而言,个人生活和交往关系由内向外:个人—家庭—家族(扩大了的家庭)—地方—国家。由此才有了家族主义、地方主义而少有现代国族主义。孙中山认为:"中国人最崇拜的是家族主义和宗族主义"。"中国人的团结力,只能及于宗族而止,还没有扩张到国族范围。"⑤从国家治理的角度看,农民性意味自治性。

(四) 农民社会是一个与国家缺乏有机联系,并以义务为本位的政治社会

由于小农经济和村落社会的力量弱小,农民需要一个强大的国家权力保护他们不受外部力量的侵犯。所以,中国很早就有一个强大的国家体系。但这一体系外在于农民,不对农民负责。农民与帝国的联系是水与油的分离关系。传统国家的职能十分简单,主要是政治统治。为维护政治统治需要税赋和兵源,收税和征兵成为最基本的国家职能。农民作

---

① [德]马克斯·韦伯:《韦伯作品集 V 中国的宗教 宗教与世界》,康乐、简惠美译,广西师范大学出版社 2004 年版,第 146 页。
② [德]马克斯·韦伯:《经济与社会》下卷,林荣远译,商务印书馆 1997 年版,第 375 页。
③ [德]马克斯·韦伯:《儒教与道教》,王蓉芬译,商务印书馆 1995 年版,第 145 页。
④ [美]J. 米格代尔:《农民、政治与革命——第三世界政治与社会变革的压力》,李玉琪、袁宁译,中央编译出版社 1996 年版,第 111 页。
⑤ 孙中山:《三民主义》,岳麓书社 2000 年版,第 2 页。

为分散孤立的经济个体,成为一个国家的政治国民,主要取决于向谁提交税赋。孙中山说:"在清朝时代,每一省之中,上有督抚,中有府道,下有州县佐杂,所以人民和皇帝的关系很小。人民对于皇帝只有一个关系,就是纳粮,除了纳粮之外,便和政府没有别的关系。因为这个原故,中国人民的政治思想便很薄弱,人民不管谁来做皇帝,只要纳粮,便算尽了人民的责任。政府只要人民纳粮,便不去理会他们别的事,其余都是听人民自生自灭。"①在中世纪西欧,土地实行领主所有,分封割据,没有统一的国家政权,农民只是依附于领主的农奴。而在传统中国,农民的耕地同时是国家的国土,皇帝则是国家的代表,农民自然是皇帝—官僚体系的臣民或子民,依附于国家。由于国家(皇帝)对土地有终极意义上的所有权,这决定了"皇粮国税"天经地义的合理性和合法性,换言之,农民向国家提交税赋是单向强制而不是双边同意的义务,是天经地义、无可置疑的。同时,农民的互不联系又造成他们无法自己代表自己,维护和扩展自己的利益,只能盼望"好皇帝"和"清官"从上面赐予阳光和雨露,"为民作主"。这就是马克思在分析法国的小农时所说的:"他们不能代表自己,一定要别人来代表他们。他们的代表一定要同时是他们的主宰,是高高站在他们上面的权威,是不受限制的政府权力,这种权力保护他们不受其他阶级侵犯,并从上面赐给他们雨水和阳光。所以,归根到底,小农的政治影响表现为行政权支配社会。"②受支配性是农民性的另一特性。③

行政支配性社会的特征是权力不受制约,权力的获得和运行缺乏制度化的合法性基础。而不受制约的权力的膨胀必然造成赋税和兵役不断加重,"农养不了政"。而这又会破坏国家行政的合法性,即"官逼民反,民不得不反"。中国历史上因赋役沉重而进行的改革不可能成

---

① 孙中山:《三民主义》,岳麓书社 2000 年版,第 89 页。
② 《马克思恩格斯选集》第 1 卷,人民出版社 1995 年版,第 678 页。
③ 秦晖:《农民中国:历史反思与现实选择》,河南人民出版社 2003 年版,第 15 页。

功。由此使传统中国只能依靠每隔二三百年一次的王朝更替来解决皇权—官僚体系无限膨胀所带来的"农难养政"的难题。而王朝的更替就意味着社会会陷入一个长时间的动荡和分裂之中。

所以,力量弱小的农民社会需要有强大的国家整合。而这种强制性的行政整合所需要支付的成本又是农民社会难以承受的,由此使政治共同体难以保障其持续的稳定状态。这正是尽管中国很早就有了强大统一的国家机器却仍然是传统国家的重要原因所在。一个义务本位的社会是无法保障权力不被滥用,共同体不陷于分裂的。

(五) 农民社会是一个在现代化进程中日益处于弱势地位的边缘社会

在以农业为主导的传统社会,农业是主要产业,农村是主要区域,农民是主体成员,因此整个社会结构和社会取向是乡土本位。土地是主要财富,以土地为根基的乡土是人们的生活根本。人们离开乡土只不过是人生中的过客,最终还要回归乡土,即"叶落归根""故土难离""魂归故里"等。任何一个统治者在治理国家时,都不得不重视农业,以农为本。因此,传统国家从本质上看是一个乡土本位的社会。尽管也有尖锐的城乡差别,但城市只不过是统治者居住的政治性城市,乡村才是国家的经济基础。进入现代化进程以后,这种状况发生了根本性变化。由于工业化的启动,城市日益成为经济上居支配地位的区域,乡土本位为城市本位所取代,农民社会日益边缘化。如亨廷顿所说:"现代化带来的一个至关重要的政治后果便是城乡差距。这一差距确实是正经历着迅速的社会和经济变革的国家所具有的一个极为突出的政治特点,是这些国家不安定的主要根源,是阻碍民族融合的一个主要因素(如果不是唯一的主要因素的话)。"[1]

首先,城市的经济中心地位日益突出。现代化社会是以工业化为产

---

[1] [美]塞缪尔·P.亨廷顿:《变化社会中的政治秩序》,王冠华、刘为等译,上海人民出版社2008年版,第55页。

业基础的。传统农业的手工生产方式难以提高生产效率,经济增长速度相当缓慢。同时,农业受制于自然,面临各种自然风险。在市场风险面前,分散的农业也难以与组织化的工业相抗衡。因此,与新兴的工业相比,农业属于弱势产业。而工业社会是以城市为区域基础的。工业化和市场化要求各种资源向城市集中,以统一提供水、电、气、路、通信等公共设施,统一提供教育、医疗、交易制度等公共物品,从而提高生产效率。当资源向城市集中时,城市文明迅速提高,乡村处于落后地位,由此产生城乡差别。伴随工业化、城市化,城市市民日益增多,且成为社会主体。城市市民集中,组织性强,占有社会资源较多,在竞争中居于相对优势;农民可能人口多,但分散,组织性弱,占有社会资源较少,处于相对弱势,由此产生市民和农民的差别。

与西欧国家的新兴城市不同的是,传统中国很早就建立了一个行政化的城市体系。这种城市属于行政性和消费性的,它一开始就对乡村社会具有剥夺性,是以"寄生"的形态存在的,从而导致城市与乡村尖锐对立。进入现代化进程以后,外国资本的入侵,工商资本的发展,特别是乡村精英进入城市,进一步造成城市的畸形发展和乡村的衰败。城市的挤压和掠夺加剧了乡村的边缘化。

其次,现代国家建构的发动机和动员者来自城市。现代国家的建构是与城市的崛起相同步的。尽管中国的城市最初都是行政性和消费性的,但它毕竟是文明和人口的集聚地。特别是随着外国资本的进入、本国资本的成长和乡村精英的流入,城市中的新兴因素日益增多。"在很大程度上,城市的发展是衡量现代化的尺度。城市成为新型经济活动、新兴社会阶级、新式文化和教育的场所,这一切使城市和锁在传统桎梏里的乡村有着本质的区别。"①那些在城市接受了新思想的人,要求变革国家,推动着国家的转型。在这一过程中,农民社会往往被视为落后的

---

① [美]塞缪尔·P.亨廷顿:《变化社会中的政治秩序》,王冠华、刘为等译,上海人民出版社2008年版,第55页。

代名词,成为被改造的对象,其边缘性日益突出。

在现代化进程中,农民性就意味着边缘性。而在一个日益边缘化的农民社会基础上,是不可能构建起一个稳定的政治共同体的。

四、功能:国家改造乡村与乡村回应国家

传统中国从本质上看是一个裂变性的社会。尽管有一个完整的国家共同体,但这一共同体内部却分裂为不同和对立的部分,一个是城市官僚国家,一个是乡村农民国家。尽管很早就有了国家机器及相应的国家整合,但这种强制性的行政整合却要支付沉重的成本而无法保障国家整体的延续。进入现代国家建构过程后,城乡分离更具有经济形态的异质性。在一个离散的农民社会的基础上,是无法建构一个现代国家的。因此,建构现代国家最突出的任务之一就是通过国家整合,实现对传统乡土社会的改造。如亨廷顿所说:"城乡区别就是社会最现代部分和最传统部分的区别。处于现代化之中的社会里政治的一个基本问题就是找到填补这一差距的方式,通过政治手段重新创造被现代化摧毁了的那种社会统一性。"①

在中国,国家转型并不是依靠资产阶级的阶级力量推动的,而主要依靠具有国家意识的知识精英及精英集团的领导和动员加以推动。国家转型实质上反映着知识精英的认知和意志。伴随着现代国家的建构,国家对乡村的改造开始了。

进入晚清,尽管有了现代工业和城市的兴起,但在内外因素的影响下,农民的生活不仅没有得到改善,反而更加恶化,乡村社会与城市社会的分离和断裂日益明显。"估计辛亥革命前夕,农民的经济负担比起十九世纪四十年代来,即使没有增加两倍,也增加了一倍。"更为重要的是,

---

① [美]塞缪尔·P. 亨廷顿:《变化社会中的政治秩序》,王冠华、刘为等译,上海人民出版社 2008年版,第 56 页。

在传统乡土社会里,"那种讲求个人关系和社会责任的体系已经分崩离析,而这种体系本来是能够缓和对抗和激烈的阶级冲突的。这个体系曾经保持过农村社会上下一条心,此时则越来越破裂了。"①正是在底层社会的不断动荡之中,城市的新兴人士才有可能给衰落的晚清王朝以致命一击,建立起中华民国。

作为中华民国创立者的孙中山一生致力于推翻帝制。在他看来,正是帝制造成了国家的衰弱。因此,在推翻帝制的过程中,他的主要任务是设计和建构现代国家框架,并将三民主义作为改造世界的工具。他在阐述三民主义学说时说:"从前帝国的天下,是皇帝一个人的,天下人民都是皇帝的奴隶。现在民国的天下,是人民公有的天下,国家是人民公有的国家。"②他的一个重要贡献就在于将所有的人都作为平等的国民,包括以往被视为草民、臣民在内的广大农民。"人民"这一普适性的概念成为国家一体化的社会基础。在辛亥革命的果实为军阀势力所窃取以后,他提出了国民革命,并认为国民革命应当解决工人农民的苦难。他主张"平均地权""扶助农工",实行"耕者有其田"。他说:"中国以农立国,而全国各阶级所受痛苦,以农民为尤甚。国民党之主张,则以为农民之缺乏田地沦为佃户者,国家当给以土地,资其耕作,并为之整顿水利,移植荒徼,以均地力。农民之缺乏资本至于高利贷以负债终身者,国家为之筹设调剂机关,如农民银行等,供其匮乏,然后农民得享人生应有之乐。"③在孙中山看来,解决农民贫苦问题,是现代国民国家的应有之义,也是建构国民国家的社会基础,并试图通过国家支持的方式改造农民社会。

但是,国民革命的深化触动了乡村社会有田者的利益,国民党政权未能切实贯彻实施孙中山"耕者有其田"的主张。当然,面对乡村社会的

---

① 参见[美]费正清、刘广京编《剑桥中国晚清史:1800—1911 年》下卷,中国社会科学院历史研究所编译室译,中国社会科学出版社 1985 年版,第 676—677 页。

② 孙中山:《三民主义》,岳麓书社 2000 年版,第 270 页。

③ 转引自陈哲夫等主编《现代中国政治思想流派》(上),当代中国出版社 1999 年版,第 289 页。

衰败和动荡,国民党取得政权以后,也试图重新构造乡村社会。一是将国家政权延伸到乡村,第一次在乡土社会建立起国家权力网络。1930年代,随着国民党中央政权的建立,国民政府先后颁布了《县各级组织纲要》《各县保甲整编办法》《乡(镇)组织暂行条例》。确认县和乡(镇)两级政权组织,县为法人,乡(镇)为治人。乡(镇)之内编为保甲。在基层政权建设过程中,国民党还第一次将党的组织延伸到乡村,将保甲长发展为国民党员。二是将复兴农村纳入国家建设体系。面对迅速衰败的乡村社会,国民党政府试图采取一系列措施振兴农业经济。1927年5月,国民党政府颁布了《佃农保护法》,1932年又颁布了落实该法的《佃农暂行条例》。希望以国家的力量减轻农民负担,恢复生产能力。国民党政府还试图将现代农业方式引入乡村,改造传统农业经济土壤;还试图建立模范县,以综合改造乡土社会。

国民党政权对乡村的重构,主要是通过强制性的军事—政权整合,建构服从于中央的统治秩序。尽管它提出了一些改造乡村的主张和措施,但相当部分没有得以实施。特别是为建立和巩固统一的中央政权,对农民的剥夺有增无减。由此陷入了现代国家建构的"悖论"之中:为建构一个现代国家,必须赋予广大民众以平等权利,进行乡村动员;在进行乡村动员中,依靠强暴力量进行横征暴敛,由此又失去了乡村农民的支持。①

在20世纪30年代,面对古老农业文明的衰落和乡村社会的衰败,一些有识之士也试图按照自己的认识和理想改造乡村社会。尽管他们不能以国家的力量改造乡村,但是他们却以文化的力量认识乡村,建构起他们自己的农民性知识。1935年前后,全国从事乡村改良活动的单位达100多个,人员2000多,其中影响最大的是梁漱溟等人推行的"乡村建设运动"、晏阳初倡导的"农村建设"和"平民教育"试验。在梁漱溟看

---

① 可参见杨光斌《统治者利益最大化与农业产出最小化——南京国民政府失败的制度分析》,《华中师范大学学报(人文社会科学版)》2005年第6期。

来,中国只有职业而没有阶级之分,因此只有建设而没有革命对象,其出路是改良文化而不是革命。解决中国特别是乡村问题的根本办法就是进行乡村建设,依靠"乡村自治",建立"乡村文明"。后在地方军阀的支持下,他在山东邹平等地推行"乡村建设运动"。与梁不同,晏阳初是一个较为"西化"的知识分子。1930 年,他由城市"识字运动"转向"农村建设",在河北定县进行"平民教育"试验。在他看来,"愚、穷、弱、私"是中国社会的根本问题。其根源是教育不能普及,尤其是广大农民"没有受教育的机会"。由此主张以教育的手段改革社会,"复兴农村",进而"复兴中国"。具体措施是实施"文艺、生计、卫生、公民""四大教育"。"使中国人,尤其是最大多数的农民,人人都有知识力、生产力、强健力与团结力",能"自养、自卫、自立而成为人,那中国民族便立刻可以复兴"。晏阳初在国民党政府的支持下,将平民教育试验与"县政建设试验"结合起来,将农民组织为"公民服务团"。由知识分子发起并得到政权力量支持的乡村改良运动,取得的成效十分有限。因为,当时的农民最迫切需要解决的是生计和土地问题。

国民党政权在农村的失败,正造就了共产党的崛起。特别是共产党深刻认识到农民对于中国革命的极端重要性及土地对于农民的极端重要性,有效地将广大农民整合到自己的领导之下,从而获得了国家政权,建立了中华人民共和国。

中国共产党对于农民社会的认识有一个变化过程。在进行夺取国家政权的革命时期,共产党的领导人毛泽东针对中国的国情,将农民视为最革命的力量。作为科学社会主义创始人的马克思和恩格斯,在 19 世纪,从现代国家建构的角度,认为分散的小农在政治上具有天然的保守性,"农民至今在多数场合下只是通过他们那种根源于农村生活闭塞状况的冷漠态度而证明自己是一个政治力量的因素"①。进入 20 世纪后,毛泽东通过考察湖南农民运动,将农民视为革命性力量,认为:"广大

---

① 《马克思恩格斯选集》第 4 卷,人民出版社 1995 年版,第 484 页。

的农民群众起来完成他们的历史使命,乃是乡村的民主势力起来打翻乡村的封建势力。宗法封建性的土豪劣绅,不法地主阶级,是几千年专制政治的基础,帝国主义、军阀、贪官污吏的墙脚。打翻这个封建势力,乃是国民革命的真正目标。孙中山先生致力国民革命凡四十年,所要做而没有做到的事,农民在几个月内做到了。这是四十年乃至几千年未曾成就过的奇勋。"①但是,革命胜利以后,中国共产党人也意识到,要在一个农民社会里建构一个强大的现代国家是不可能的。由小农生产方式决定的农民性,与现代工业社会是不相吻合的。在革命胜利前夕召开的中共七届二中会议上,毛泽东分析了当时的中国国情,指出:"中国还有大约百分之九十左右的分散的个体的农业经济和手工业经济,这是落后的,这是和古代没有多大区别的,我们还有百分之九十左右的经济生活停留在古代。""占国民经济总产值百分之九十的分散的个体的农业经济和手工业经济,是可能和必须谨慎地、逐步地而又积极地引导它们向着现代化和集体化的方向发展的,任其自流的观点是错误的。"②随后他在强调农民阶级是新兴国家政权的基础的同时,又认为:"严重的问题是教育农民。农民的经济是分散的,根据苏联的经验,需要很长的时间和细心的工作,才能做到农业社会化。没有农业社会化,就没有全部的巩固的社会主义。"③

为了建设一个强大的现代国家,必须建立一个现代工业社会;要建立一个现代工业社会,必须改造以分散的农业经济为基础的传统农民社会。正如著名农民学家 J. 米格代尔所说:"只是在革命者成功地将农民并入一种独立的经济和政治制度之后,农民才会对该种制度产生义务感。"④出于建构现代国家的目的,中华人民共和国建立不久,刚刚完成土

---

① 《毛泽东选集》第 1 卷,人民出版社 1991 年版,第 15—16 页。
② 《毛泽东选集》第 4 卷,人民出版社 1991 年版,第 1430、1432 页。
③ 《毛泽东选集》第 4 卷,人民出版社 1991 年版,第 1477 页。
④ 〔美〕J. 米格代尔:《农民、政治与革命——第三世界政治与社会变革压力》,李玉琪、袁宁译,中央编译出版社 1996 年版,第 214 页。

地改革,使农民成为国家的拥护者之后,很快就开始了对农业的社会主义改造运动。其核心内容就是消灭分散的农业经济,将农民组织起来,促使农民社会集体化。由互助组,到合作社,再到人民公社,都是为了从根本上改造传统的分散的小农经济。在科学社会主义创始人看来,对传统农业和农民社会的改造主要是通过自愿和说服的方式进行,而不是由国家替代农民占有生产资料。恩格斯说:"当我们掌握了国家政权的时候,我们决不会考虑用暴力去剥夺小农(无论有无报偿,都是一样)"①。但在中国,对农业的社会主义改造是伴随现代国家和现代工业社会的建构而与之同步的,其过程充满着国家的积极引导和推动,其最重要的结果不是根本上改造了传统的农业生产,而在于前所未有地将分散的农民纳入国家体系中来,使之国家化。至此,农民社会不再是一个孤立的外在于国家的,而是由国家所建构的农民社会。在乡土社会,在农民身上,你可以处处发现国家的存在。不仅仅是国家政权一直延伸到农民的家门口,就连农民的生产生活、思维话语都国家化了。

中华人民共和国成立后,国家的目的主要是建构一个能够与外部世界平等对话的民族-国家及相应的工业基础。为达到这一目的,国家不得不寻求内部的积累,以国家组织的方式向农村汲取资源。人民公社体制是最有利于实现这一国家目的的。也正因为如此,使中华人民共和国建立后的现代国家建构再次陷入新的"悖论":一方面,中国革命依靠农民而成功,农民成为国家政权的基础,从而作为一个阶级获得了从未有过的政治地位;另一方面,国家建设又以农民贡献,甚至牺牲农民利益为代价,农民作为具体的个人未能成为国家平等的主权者,享受平等的国民待遇。这直接导致了人民公社体制的废除。

废除人民公社体制,实行分户经营,在相当程度上是为了发挥农民的自主性和调动农民的积极性。尽管相对于公社体制而言,农民的独立性增强了,但是事实上农民却更深入地卷入到国家化过程之中。人民公

---

① 《马克思恩格斯选集》第 4 卷,人民出版社 1995 年版,第 498 页。

社体制虽然实行"政社合一",由国家政权体系将农民组织起来,但是各个组织之间缺乏有机的联系,互不关联。各个生产单位独立生产、独立核算、独立分配,存在着严重的地方化倾向,如美国学者中所比喻的"蜂窝状社会"。由于交通、技术等条件的限制,国家对乡村社会的渗透能力仍然是有限的。那种将改革前的中国视为全能主义国家的看法至少是缺乏足够的事实依据的。① 相反,1978 年改革开放以后,尽管国家政权收缩至乡,乡以下实行村民自治,但是,由于经济、交通、教育、信息等条件的改进,国家对乡村的渗透能力不仅未弱化,反而更加强了。正是在这一过程中,农民社会正在发生根本性的变化。当然这一变化过程还将是漫长的。如尽管农民已进城务工,但在相当长时间里,他们还将被称为"农民工"。农民的身份并没有随着农民本人活动的变化而变化。所以,直到进入 21 世纪,中国仍然有三分之二的人口属于农村人口,农民社会仍然是现代国家建构要面对的一个现实问题。

整个 20 世纪,可以说是一个国家改造农民社会的世纪。正是在这一改造过程中,农民被国家化。尽管农民还被称为农民,但他们与传统的农民已有天壤之别。他们不仅仅是自然生成的,同时也是为国家所建构的。

如果说 20 世纪是一个农民国家化的过程的话,那么,我们也不能不正视,农民并不是国家的消极复制品。因为,国家并不是抽象的存在。特别是中国的现代国家建构并不是独立的资产阶级,而主要是知识精英群体推动的。知识精英不是生活在真空里,他们的思维和行动都不可避免地为其生存的土壤和环境所影响和制约。知识精英群体在推动国家转型、改造农民社会的同时,也可能被农民社会所改造。特别是农民作为一个生活实体,有其自己的生活逻辑和自主性,并回应着国家的改造,使现代国家的建构具有很强的农民逻辑。

---

① 参见[美]邹谠《二十世纪中国政治:从宏观历史与微观行动的角度看》,牛津大学出版社 1994 年版。

首先,农民作为具体的人,受其生存逻辑的支配。由于生产方式和社会交往方式的限制,分散的农民对于任何组织化的群体都是软弱的,特别是在拥有暴力的国家机器面前,农民的软弱性更加明显。这就是马克思所说的"他们不能代表自己,一定要别人来代表他们。他们的代表一定要同时是他们的主宰,是高高站在他们上面的权威,是不受限制的政府权力"①。在一般情况下,他们的生活态度是消极无为、随遇而安。人们往往将老实与农民相提并论。面对国家的强制力,他们更是逆来顺受、唯命是从。中国当代著名作家余华的小说《活着》,就深刻地刻画了中国农民的基本处世态度和生存伦理。但是,农民的忍受和顺从都是有条件的。这个条件就是基本的生存保障。"超出这一界线,为生存所迫,农民就有可能走上与外部环境的抗争之路,即'官逼民反'"。② 这一生存逻辑自有统一的专制国家之后便支配着农民的生活。秦朝末年的陈胜、吴广揭竿而起,就是在专横权力面前只有两种选择:要么死亡,要么造反。他们选择了后者。直到 20 世纪,广大农民选择了共产党而不是国民党、日本侵略者,在相当程度仍然是受生存逻辑的支配。即使是在共产党领导下,农民也不是毫无保留地服从于国家。1950 年代的农业社会主义改造中,出现了农民的消极反抗,农民以"杀猪宰羊、卖牲口"等方式抵制强迫加入合作社的行为,由此被毛泽东视为"生产力暴动"。③ 在人民公社体制下,农民也以自己特有的方式表达其顽强的生存伦理。他们虽然对公社的体制安排无能为力,但却以在集体田里消极怠工的方式表达其不满。为此国家不得不作出让步,给农民保留一份收获完全归己的"自留地"。农村改革和人民公社体制的废除,从根本上说是农民的生存伦理取得了胜利。道理很简单,当国家不能保障国家化了的农民的基本生活时,农民就会按其生存逻辑作出自己的选择。农村改革不过是国家

①《马克思恩格斯选集》第 1 卷,人民出版社 1995 年版,第 678 页。

② 参见徐勇《非均衡的中国政治:城市与乡村比较》,中国广播电视出版社 1992 年版,第 108 页。

③ 参见杜润生《杜润生自述:中国农村体制变革的重大决策纪实》,人民出版社 2005 年版,第 47 页。

承认并顺应了农民这一选择而已。① 生存逻辑是乡村回应国家改造的基本动力。

其次,来自农民经验的悠久的乡村传统具有强大的支配力。自有文明史以来,农业文明在时间上占有绝对优势。可以说人类文明史一多半是在农业文明史中度过的。尽管有了工业文明以后,农业文明处于衰落趋势,但是它悠远的历史积淀并不是能简单消除的。农民和乡村是农业文明的载体。农民根据祖祖辈辈积累和传承下来的经验和习惯支配其生活。这种经验和习惯作为世代相传的传统已深深地内化于农民内心,并形成乡村共同体的共同意识。它是外部性的国家力量难以轻而易举加以改变的。尽管与有形的国家力量相比,无形的传统显得很软弱,但这种内化于农民的传统往往将有形的国家力量化解于无形之中。面对传统,国家往往也无能为力。进入现代社会以后,虽然农民的传统和保守性被视为落后性,国家力图加以改造,但是深深植根于农业生产方式和农民内心的传统仍然十分顽强地表现自己,并以自己特有的方式抵制和化解国家改造。20世纪,与国家政权的下乡相伴随,是各种现代性产物的下乡,如"文字下乡""知识下乡""民主下乡""法治下乡""科技下乡"等。这种大规模的现代下乡活动并没有完全达到预期的目的,许多现代产物在下乡之中变形走样,受到乡村传统的化解。尽管20世纪50年代以来开始了大规模的社会主义改造,国家以各种方式,包括下派各种名目的工作队,对农民加以教育和改造,但是农民并没有完全按照国家意志得到改造。国家在教育农民的过程中,也经常受到农民的教育。乡村传统犹如海绵吸水一般消解着国家意志。尽管在社会主义改造中,国家极力抑制被视为要加以改造的封建因素的家族,但是家族意识仍然顽强地存在,并随着家庭承包制的实行而在一定程度上复活。因此,传统是乡村回应国家改造的隐形力量。

---

① 笔者对包产到户改革的起源与演进有过论述。参见徐勇《包产到户沉浮录》,珠海出版社1998年版。

第三,现代化的社会动员赋予农民的主体性和反抗权利。在传统社会,尽管以农立国,以农为本,但农民始终是被动的消极存在,从未获得主体性地位。现代化的一个重要后果就是赋予所有社会成员,包括农民,以平等的国民地位。民族-国家的所有成员都是平等的国民。特别是对后发展的国家来说,要实现国家转型,必须进行广泛的社会动员,包括乡村动员。在亨廷顿看来,"在处于现代化之中的社会里,扩大政治参与的一个关键就是将乡村群众引入国家政治。这种乡村动员或'绿色起义'在政治上对后来处于现代化之中的国家来说,比现代化先驱国家重要得多"[1]。要动员乡村,必须从意识形态上肯定农民的主体地位。而"一旦群众被领出了洞穴,就不可能再永远剥夺他们享受阳光的权利"[2]。毛泽东进行民主革命的一大贡献就是赋予广大农民以主体地位和自主性。在他看来,孙中山先生之所以未能取得国民革命的成功就在于未能赋予农民以主体性并进行广泛的乡村动员。为此,他对农民反对土豪劣绅的造反行为给予支持和颂扬,认为"好得很"。特别是他认为,马克思主义的道理归根到底,就是一句话:造反有理!从而在中国历史上第一次赋予农民造反以合理性。不仅如此,他还将农民作为国家的平等权利主体,认为"新民主主义的政治,实质上就是授权给农民。新三民主义,真三民主义,实质上就是农民革命主义。大众文化,实质上就是提高农民文化。抗日战争,实质上就是农民战争"[3]。革命胜利后建立的中华人民共和国是以工农联盟为基础的国家,农民是人民的主要组成部分,农民因此取得人民这一抽象存在的地位。尽管人民是抽象的存在,但它却赋予农民对于国家的主体和平等地位。国家是为人民服务的理念日益深入农民的心中,并促使他们以平等的地位与国

---

[1] ［美］塞缪尔・P. 亨廷顿:《变化社会中的政治秩序》,王冠华、刘为等译,生活・读书・新知三联书店 1989 年版,第 68—69 页。

[2] ［美］塞缪尔・P. 亨廷顿:《变化社会中的政治秩序》,王冠华、刘为等译,生活・读书・新知三联书店 1989 年版,第 281 页。

[3]《毛泽东选集》第 2 卷,人民出版社 1991 年版,第 692 页。

家行为交往。特别是农村改革后,一方面,民主法治意识日渐深入;另一方面,生产经营自主性赋予农民的经济主体性,使他们得以以自己的尺度去度量国家的意志和行为,对其合理性和合法性的要求愈来愈高。20世纪90年代,针对日益加重的农民负担,农民开始以上访、抗拒等各种方式加以抵制和反对。这种抵制和反对行为的一个重要特征就是"以法抗争",即以国家之法反对地方政府施行的加重负担的行为,以公民权利反对国家权力的干预。正是在农民权利日益增长的过程中,国家的强制性改造日益失去其合法性基础。进入21世纪,中国对农村的战略和政策发生了根本性的转变,这就是由改造农村,使农村顺从国家,转变到建设社会主义新农村,统筹城乡发展,建设一个包括农民在内的平等的国民国家。

第四,市场化和社会化催生的农民的现代性。农民性是由农民所特有的生产方式和社会交往方式所限定的。正是分散与隔绝的生产和社会交往方式,决定了农民的分散性、保守性和被动性。但是,农民所依存的生产和社会交往方式并不是一成不变的。伴随着现代化进程,现代因素日益深入地渗透到乡村社会,改变着传统的生产和社会交往方式,也改变着农民的政治态度和行为。亨廷顿由此认为:在现代化进程中,"农民既能起极为保守的作用,也能起高度革命的作用"①。市场化和社会化是现代化的重要内容。在传统社会,乡村和城市、农民和国家是隔绝和互不相干的两极。农民所面对和交往的外部因素只有强大的国家机器。这种状况一直延续到1980年代。所以,在这之前,农民总是处于封闭的乡村逻辑与强大的国家逻辑之间。而在这之后,市场经济进入乡村并引导着乡村。农民在接受市场经济的过程中也改变着自己。他们发现,在乡村和国家之间,还有一个更大的空间,这就是市场。市场经济特有的利益引力促使亿万农民走出封闭的乡村,在更广阔的社会领域寻求新的

---

① [美]塞缪尔·P.亨廷顿:《变化社会中的政治秩序》,王冠华、刘为等译,上海人民出版社2008年版,第242页。

生存之路。在这一过程中,农民不再只是期盼着行政权力"从上面赐予其阳光和雨露",而是要求政府能够为自己提供服务。由于现代化和市场化的推进,传统的自给自足的小农正在向社会化的现代农民转变。"三十亩地一头牛,老婆孩子热炕头"已不再是农民的梦想。他们的生产、生活和交往愈来愈社会化,抽象的公民、国民、人民等概念日益成为他们生活中的具体存在。为此,他们不只是寻求国家的恩赐,而且要求国家能够给他们提供良好的服务;不再只是被动地接受政府的支配,而是要求政府行为更具合理性和合法性。改革开放以后,乡村传统、国家行政和市场经济的逻辑同时支配着农民社会,而市场经济的逻辑愈来愈成为主导性力量,并促使农民以前所未有的积极、主动的态度回应国家。

所以,农民的国家化和国家的农民性是一个双向和变动的过程。农民的国家化体现着国家对乡村社会的整合,而国家的农民性又使这一整合过程充满着复杂性,甚至戏剧性。

第一章　政权、政党与群众：乡村的政治整合

政治整合指运用政治组织和政治力量将分散和分化的社会因素联为一个整体并置于有效治理之下，以形成和维持政治共同体的过程。在前现代社会，农民社会置身于国家政治体系之外，甚至远离国家的治理，未能与国家建立一种有机和密不可分的关系。作为政治单位的农民社会与国家体系是离散的、相对独立的。现代国家是一种组织化的政治共同体。对于中国而言，现代国家的建构必须面对如何将离散的农民社会整合到国家体系中来，并使之具有国家组织的特性的问题。

一、集中与渗透：政权下乡

国家是能够合法垄断和使用暴力，并运用独占的权力资源进行统治或治理的特殊的政治组织。韦伯认为："国家者，就是一个在某固定疆域内——注意：'疆域'（Gebiet）乃是国家的特色之一——（在事实上）肯定了自身对武力之正当使用的垄断权利的人类共同体。就现代来说，特别的乃是：只有在国家所允许的范围内，其他一切团体或个人，才有使用武

力的权利。"①为了在一定"疆域"内获得和使用特殊的公共权力,国家要建立相应的机构,形成政权组织体系。国家通过覆盖全部领土领域的政权组织体系对其领土和人民进行治理。但是,国家并不是天然拥有这种政权组织和治理能力的。在传统国家,一方面,权力分散于不同经济、社会和文化单位;另一方面,有限的国家权力并不能有效地渗透于社会,产生相应的权力效应。只有到了现代国家,权力的配置和运作才发生了重大改变:一是政治权力从各种经济、社会、文化等单位集中到国家,形成统一的"主权";二是从统一的权力中心发散,政治权力的影响范围在地理空间和人群上不断扩大,覆盖整个领土的人口,渗透到广泛的社会领域。② 在亨廷顿看来:"区分现代化国家和传统国家,最重要的标志乃是人民通过大规模的政治组合参与政治并受到政治的影响。"③因此,现代国家的建构是一个政治权力自下而上集中和自上而下渗透的双向过程。由不同层级的国家机构构成的政权组织体系则是实现权力集中和渗透的必要条件。

传统中国是由官僚中国和乡土中国共同构成的。尽管秦始皇统一中国后形成了政治权力高度集中的专制体系,但是这一体系,无论是权力集中能力,还是权力渗透能力都是十分有限的。特别是国家权力没有直接渗透于乡村社会。早在秦汉时期,为了组织国家,政权组织体系一直延伸到乡村,实行类官僚统治的乡(亭)里制。但是自唐代尤其是宋代以后,实行"强干弱枝",政治权力高度集中于中央,地方和基层权力弱化,乡村社会实行官民合治的保甲制。由于中央权力对广阔的地域和众多的人口的统治鞭长莫及,权力愈来愈分散于社会,由此形成两个极端:一极是政治权力高度集中于中央,形成中央的绝对统治;一极是实际统治社会的权力高度分散于各个村落。毛泽东在著名的《湖南农民运动考

---

① 《韦伯作品集》(学术与政治),广西师范大学出版社 2004 年版,第 197 页。
② 参见俞可平等《全球化与国家主权》,社会科学文献出版社 2004 年版,第 68 页。
③ 〔美〕塞缪尔·P. 亨廷顿:《变化社会中的政治秩序》,王冠华、刘为等译,生活·读书·新知三联书店 1989 年版,第 34 页。

察报告》中说道:"四种权力——政权、族权、神权、夫权,代表了全部封建宗法的思想和制度,是束缚中国人民特别是农民的四条极大的绳索。"①除政权以外,其他三种权力都是生长于乡村社会之中,并具有重要支配地位的权力。由此形成上下分立、国家统治与乡村社会自治的治理体系。"王权不下县",国家体制性的正式权力只到县一级,县以下主要依靠非体制性的权力进行治理,从而构成"县官治县,乡绅治乡"的权力格局。作为乡村精英的乡绅因此成为乡村社会权力体系中的特殊人物。乡绅通常指那些有土地财产和国家功名双重权力资源的特殊人员。自实行科举制以后,国家通过科举考试将社会精英吸纳到统治体系中来。但这些精英并不都能够进入国家的正式官僚体系,他们中的大多数只能散落于社会之中,凭借国家赋予的功名等特殊地位而在乡村社会发挥特殊的影响力,并成为乡村社会的实际统治者。对 20 世纪上半期的中国有相当研究的费正清说:"在过去的 1000 年里,士绅越来越多地主宰了中国人的生活,以致一些社会学家称中国为士绅之国"。"在 100 年前就已超过 4 亿人口的一个国家里,正式皇帝官员不到 2 万名,带功名的士绅却约有 125 万之多。"他们是农民的真正主宰者。"这样,帝制政府仍然是个上层结构,并不直接进入村庄,因它是以士绅为基础的"。② 费孝通认为中国传统政治为"双轨政治","自上向下的单轨只筑到县衙门就停了,并不到每家人家大门前或大门之内的"③。

除了士绅以外,支配乡村社会的权力主体还有各种村落共同体的家族长老、部族头人、地方强人等。传统农民社会是家族性社会,同一个姓氏的家族世世代代居住在同一个村落,辈分高的长老成为家族共同体的天然权威。家族共同体内有自己的长期积淀而成的习惯规则,并实际支配着农民社会。这就是费孝通先生所说的"长老统治"④。而在非汉族和

①《毛泽东选集》第 1 卷,人民出版社 1991 年版,第 31 页。
② 参见[美]费正清《美国与中国》,张理京译,世界知识出版社 1999 年版,第 32、38 页。
③ 费孝通:《乡土中国·乡土重建》,群言出版社 2016 年版,第 158 页。
④ 费孝通:《乡土中国·乡土重建》,群言出版社 2016 年版,第 72 页。

非中心地区，实行的则是部族头人治理。由于中国地域辽阔，国家权力对许多地方特别是偏远地方的统治难以达致，从而形成不少缺乏国家权力有效支配的"政治真空"。这些"政治真空"犹如"自然状态"，主要是一些强势人物在行使统治权。

因此，传统中国对乡村的治理是一个正式的政权组织体系与非正式的权力网络共同构成的。正式的政权组织体系未能深入到乡村社会。而在非正式的权力网络中，各个小"主权者"与国家政权的关系是不一样的。由于士绅的地位与权力在相当程度上取决于国家，所以他们在相当程度上是作为国家代理人替代着国家正式官员行使统治。他们与国家体系的联系最为紧密。也正是依靠这一群体，国家与农民社会在上下分立的情况下能够保持沟通和联系。与之相对，由于家族长老、部族头人和地方强人的权力与国家没有直接联系，因此他们更多的是依据自己所在的共同体的逻辑行使权力。

非正式权力网络的存在意味着国家大共同体内存在着各种"小主权者"。尽管这些"小主权者"在一般情况下能够与国家共同体保持一致性，但也具有对国家政权的天然离散性，截留、吞没、侵蚀、消解着国家权力，从而弱化了国家政权组织体系的权力集中和渗透能力。士绅是介于官府和农民之间而且双方都对其有所希求的中间阶层。费正清指出："旧中国官吏以士绅家族为收捐征税的媒介。同样，士绅也给农民做中间人，他们在执行官吏压迫农民的任务时，也能减轻些官方的压迫。地方官吏在应付火灾、饥荒或早期叛乱以及众多的次要刑事案件和公共建筑工程时，都要靠士绅的帮助。他们是平民大众与官方之间的缓冲阶层。"[①]也正是这样一种"中间人"的特殊角度，使士绅能够利用国家名义支配乡村社会，也可以利用乡间民意与国家政权体系讨价还价。他们在扮演国家与乡村社会的"沟通者"的同时，又扮演着离散国家与乡村社会的"隔绝者"。对于这样一个特殊的社会群体，连执掌暴力机器的国家有

---

① ［美］费正清：《美国与中国》，张理京译，世界知识出版社1999年版，第36页。

时也得让步三分。

家族长老、部族头人和地方强人更是远离国家政权组织体系,并占有许多本该由国家垄断的权力。在家族共同体内,根据家法和族规,可以对家人和族人给予惩罚,甚至置人于死地。部族共同体也是如此。同时,家族共同体和部族共同体都具有排他性,它们之间经常会发生"领土"争端并引起械斗。至于地方强人更是直接利用非法定的暴力行使统治。所以,在传统中国,政权组织体系并没有有效地将乡村权力集聚起来,也没有有效地向乡村渗透,以形成对国家的认同和忠诚。对于广大农民而言,家族共同体是更真实和具体的存在,他们对家族的认同远甚于对国家的认同。这就是孙中山先生所说的中国人只有家族主义而没有国族主义。

国家政权组织体系的离散化和隔绝性使中国的农民社会只是机械的而不是有机的整体。这种国家整体尽管可以不断在摧毁中重生,但终究不能抵挡作为有机整体的现代国家的挑战。19世纪后期的中国不得不进行国家转型。国家转型的重要任务之一就是建构能够覆盖全部领土的政权组织体系。于是,在国家转型的过程中开始了"政权下乡",国家试图通过基层政权建设将离散的乡土社会整合到国家体系中来。

19世纪后期中国可以说是危机四伏。除了外部威胁外,国家内部的整合也面临着前所未有的危机,特别是国家在乡村的统治基础从根本上动摇了,传统的政权组织体系受到颠覆性伤害。首先,19世纪近百年的战乱造成基层政权组织体系的破坏和废弛,国家对乡村的控制能力迅速弱化。其次,科举制松弛并最终废除,士绅失去国家体制的依赖,作为一个群体而不复存在。国家与农民的关系也因此断裂了。第三,地方军事实力人物兴起和土匪横行,他们独立地对强占的地方行使统治权,国家与农民的关系被隔绝了。19世纪后期的中国相当程度上成为一个仅有中央外壳的"空架子",乡村基层治理愈来愈处于政权组织的治理真空。在兵荒马乱中,乡村社会成员甚至不知"官"在何处。这也正是晚清王朝在太平军兴起后不得不大量委派中央官员到地方编练乡勇应对战乱的重要原因。而这又会进一步弱化正式政权组织体系的整合能力。正是在这一背景下，晚清的"新政"开始了。

晚清"新政"的重要内容是改革和重建政权组织和治理体系。其"基本思路有两条：一是'官治'，二是'自治'。所谓'官治'，就是由国家派官设治，一方面扩充和健全州县国家行政，另一方面建立乡镇一级国家行政，从而将地方社会各种经济、文化、社会事务的兴办和管理纳入国家行政的轨道；所谓'自治'，就是在国家行政之外，或在国家行政的基本框架之下另外建立一个相对独立的'以本地人、本地财办本地事'的行政系统"①。这一改革有两大目的：一是将分散的行政权力整合为一体并加以制度化。二是将行政系统延伸到乡村，对农村社会及事务进行治理。1909 年，晚清王朝除了在中央进行"预备立宪"以外，颁布了《城镇乡地方自治章程》，次年 1 月又颁布《府厅州县地方自治章程》，决定在地方实施自治制度，以建立"本地人、本地财办本地事"的政权组织系统。这种地方自治制度的创立有双重意义：一是将分立和离散的乡村整合进国家行政系统。二是解决传统官制与民众的隔绝问题，强化地方和基层政权组织对民众的负责制。这实际上是现代国家在乡村社会建构的体现：一是确立国家的主权地位，二是确立民众的主体地位。只是晚清的"新政"仅仅停留在制度的设计上。随着 1911 年晚清王朝的覆亡，"新政"宣告终结。

孙中山作为现代中国的创立者，对国家整合和政权组织体系建设也给予了相当程度的关注。他主要从"民权"和"民治"的角度来建构政权组织体系，主张实行以县为单位的地方自治制度。其根据在于：县是中国政治体制的基础，政治建设当从县始；通过县自治，以建设民主政治。在他看来，中华民国之建设，必当以人民为基础；而欲以人民为基础，必当先行分县自治。② 孙中山的思想是建立一个以人民（包括农民）为主权

---

① 魏光奇：《官治与自治——20 世纪上半期的中国县制》，商务印书馆 2004 年版，第 80 页。

②《孙中山全集》第 7 卷，中华书局 1985 年版，第 67 页。

者的政权组织体系。通过这一体系既可以将分散于社会的统治权集中到正式的政权组织体系中来,另一方面又由于政权来自民众,而便于与民众沟通并有效地向乡村社会渗透。20世纪上半期国民政府时期,基本上是按照孙中山的理念来构造基层政权组织体系的,只是这一体制的内核精神基本停留在文本上,没有能够具体实施。如李德芳所说的:"南京国民政府自成立伊始就存在两种制度取向:一种是按照孙中山的三民主义原则,建构以直接民权为核心的乡村自治制度,以之作为国家改造乡村社会的工具,一种是沿用传统的社会治理模式,推行保甲制度,以国家的强力控制社会。"经过乡村自治实验,南京国民政府选择和推广的是保甲制度,"实际上就是国家行政权力不断向乡村社会深入的过程"。①

在20世纪上半期,随着国家转型,正式的政权组织体系开始向乡村社会延伸,历史上一直外在于国家政权组织系统的农民开始以国民的身份进入政权组织的治理系统,并取得了抽象的人民资格,拥有了与其他阶层一样的选举、创制、复决、罢官的权利。农民作为一个社会群体,整体上进入了国民社会体系。这是一个巨大的历史进步。但对于真实的农民个体而言,他们并没有直接感受和体验到作为平等的人民主权者的存在,相反,他们原来固有的一些权力却被集中。这在相当程度上是由于民族-国家建构中的中央权威和统治秩序建构的紧迫需要。

正如每一次重大历史转折都必然伴随着新旧更替的"阵痛"一样,辛亥革命推翻帝制的同时,也意味着以皇帝为核心的整个政治体制的崩溃。当时中国面临的最迫切的任务是建立一个强有力的中央权威并对地方社会进行有效的治理。因此,辛亥革命后的政权组织体系是伴随着军事征服建设的。换言之,军事在前,政权在后。而政权又是为进一步的军事目的服务的。所以,尽管在20世纪上半期政权开始延伸到乡村,农民有史以来第一次可以面对面地与国家政权机器进行交往,但国家机器施予农民更多的是暴力强制、征缴税役。从这一点看,政权组织对于

---

① 参见李德芳《民国乡村自治问题研究》,人民出版社2001年版,第162、163页。

农民的功能与传统社会没有质的不同，反而还因为政权的下沉而更具直接的掠夺性。南京国民政府建立后在农村恢复保甲制，其主要功能是在政权支配下征收税役。这使得政权下乡一开始就是与农民处于对立的状态。农民并没有从政权下乡中获得他们期盼的"好处"，因此也缺乏相应的认同感。特别是国民政府给了农民抽象的民权资格，却又因其掠夺性而根本无法兑现，从而更强化了农民对政权的疏离感。

与此同时，自19世纪以来，统治权力日益分散化、社会化的趋势并没有得到改变。乡村的实际统治权为各种各样的传统力量所执掌。由此形成新型的（也是形式上的）中央政权与旧式的（却是实质上的）乡村统治并存的局面。黄宗智通过对调查资料的整理，指出："民国时期的政府，有能力把权力延伸入村，但它缺乏直接派任领薪人员入村的机器，而必须通过庄内的人来控制自然村。"①乡村的传统势力不仅继续占有相当部分的统治权，而且阻隔着国家权力的渗透。首先，地方自治制度本身为地方精英占有权力提供了机会。对于那些从来就外在于政权体系的农民来说，他们既无意识也无能力参与地方政治。地方自治实际上是"新瓶装旧酒"。其次，地方精英更加具有掠夺性，且加剧吞没着国家权力。传统士绅是伴随科举制而生的。功名既是他们的特权和地位，同时也意味着一种责任和规范。他们必须在国家与农民之间维持某种平衡。但是，自科举制废除以后，乡村精英没有了国家功名的约制，他们的"中间人"角色开始向"经纪人"角色转换。他们不仅在代理国家行为时更多地关注自己是否得利，而且往往借助国家名义或与地方官员合伙谋取个人利益，并侵占统治权。在杜赞奇看来："伴随着国家政权深入而出现的营利型经纪体制的再生及延伸极大地损害了政权在人们心目中的合法地位。"②

---

① [美]黄宗智：《华北的小农经济与社会变迁》，中华书局1986年版，第313页。
② [美]杜赞奇：《文化、权力与国家——1900—1942年的华北农村》，王福明译，江苏人民出版社
　2010年版，第244页。

总的来看,在 20 世纪上半期,尽管开始了政权下乡的过程,但是并没有在广大的农村建构起政权组织体系,无论是权力集中能力,还是权力渗透能力都十分脆弱,农村处在失控状态。国民党政权的乡村治理是"无根的统治"。这也是中国共产党得以在农村进行武装割据,通过动员农民建立农民政权从而推进革命的重要原因。

1949 年中华人民共和国的建立,也是通过基层政权建设对农村社会进行政治整合的开始。由于中华人民共和国是依靠武装斗争建立的,政权组织随着军事胜利而建设。只是政权组织十分强调其人民性。中华人民共和国虽然沿袭了以往的县、区、乡体制,建立起相应的政府,但每一级政府都标明为人民政府,以区别于旧政府。中华人民共和国建立后的政权整合的最突出特点是从经济与社会基层变革的根本上建构政权组织体系。

早在民主革命期间,中国共产党就注意到动员农民的最有效手段是让农民获得土地。"打土豪,分田地"成为重要任务。由武装割据建立起来的政权组织,主要功能就是以军事暴力作为支撑,将地主的土地分配给农民。中华人民共和国建立后,在全国范围进行了土地改革运动。土地改革不仅仅是一场经济革命,更是一种政治整合。首先,通过土地改革及相伴随的清匪反霸,推翻了实际控制乡村的地主势力,从而将千百年以来实际控制乡村的统治权第一次集中到正式的国家政权组织体系中来。其次,土地改革在给农民分配土地的同时,也增强了农民的政权组织认同,使农民第一次具体意识到这一政权是属于自己的。民国时期赋予农民的抽象的民权地位得以实现,并增强了农民对新政权的认同。所以,作为土地改革的领导者之一的杜润生深刻地认为,土地改革是"农民取得土地,党取得农民"。它的历史意义在于,"彻底推翻乡村的旧秩序,使中国借以完成 20 世纪的历史任务:'重组基层',使上层和下层、中央和地方整合在一起。使中央政府获得巨大组织动员能力,以及政令统一通行等诸多好处。这对于一个向来被视为'一盘散沙'的农业大国来说，其意义尤为重大"①。通过土地改革，不仅政权组织第一次真正地下沉到乡村，而且摧毁了非正式权力网络的根基。

土地改革后，土地分散于亿万农民。在中国共产党看来，这还只是完成了民主革命的任务，推翻了旧社会的统治体系，还没有建构起新政权的统治基础。于是，在土地改革完成不久马上开始了对农业的社会主义改造。其重要内容就是将农民组织起来，实行集体化。政权组织建设与经济组织建设合为一体，并因此发展为"政社合一"②的人民公社体制。

公社体制是全新的政权组织方式，它的重要功能是使农民社会前所未有地国家化了。首先，国家通过生产资料的集体所有，将分散于农民之中的经济权力集中于政权组织体系。如果说土地改革只是将乡村的政治统治权集中于国家手中，那么，经过集体化建立的公社体制，则将散落于农民社会之中的经济权力也高度集中在国家之手。乡村权力的集中达到从未有过的程度。其次，公社体制将所有的农村居民都改造为统一的公社社员。这种社员身份没有亲缘、地缘之分，也弱化了对家族和地方的认同。农民作为公社社员，不仅是生产者，同时也是政权组织体系的成员，并因此具有国家身份。第三，公社体制实行科层制和标准化管理。由于公社同时属于政权组织，并统一生产、统一分配，因此按照科层制和标准化加以组织和管理。公社内部分公社、大队、小队三级并以数字加以排序，实行命令—服从式治理。第四，公社制使农村基层政权的功能大大扩展了。公社是一个无所不包的组织体系。公社体制的建构过程，也是政权组织的功能扩展过程。除了政治统治功能以外，还包括组织生产、宣传教育、社会服务等功能。由此在乡村建构起功能性的权力网络。这种权力网络尽管不是正式的国家政权组织，却具有服务于国家意志的功能。农民更多的是通过功能性的权力网络感受到国家的"在场"。所以，在公社体制下，政权组织的权力集中和渗透能力都达到

① 杜润生：《杜润生自述：中国农村体制变革重大决策纪实》，人民出版社 2005 年版，第 20 页。
② 所谓"政社合一"就是政权组织与经济组织合为一体。

了从未有过的程度,国家终于将离散的乡土社会高度整合到政权体系中来。

但是,与城市"政企合一"的单位体制相比,农村公社体制在权力集中和渗透方面仍然存在一定限度。尽管国家试图将分散的农村社会同城市工厂一样加以高度整合,但是面对高度分散的农民社会,国家的政权整合能力毕竟有限。与城市工厂实行国家所有制不同,农村实行"三级所有,队为基础"的集体所有制。生产队大多建立在过去的自然村基础上,生产队的干部具有更多的农民性而不是国家性。① "队为基础"使生产队并没有与政权组织高度重合,而具有一定的经济和社会权力。生产大队和生产队在代行政治权力的过程中也有可能层层截流。政权组织并没有完全覆盖农民社会,农民也没有完全国家化。一个基本原因是,公社社员必须根据自己的劳动成果进行分配,而不是如城市工人一样统一由国家支付工资。所以,在中国,只有国家工人、国家干部之说,而没有国家农民之说。

运用政权组织的科层制、标准化的方式统一进行农业生产,其效能毕竟是有限的。家庭承包经营最终取代了人民公社体制的生产方式。随着人民公社体制的废除,国家对农村的政权整合体制也发生了重大转变。这就是由"政社合一"走向"政社分开"。1984年,国家正式废除人民公社体制,在乡(镇)建立体制性的政权组织,主要行使国家管理职能;在乡(镇)以下建立村民委员会,实行村民自治;生产经营活动主要由农户承担,农户成为基本的生产单位和纳税单位。这种"乡政村治户营"的体制,相对人民公社而言,是一种权力的下放,即将原来由政权组织所执掌的经济和社会权力下放或返还给村庄和农民。但是,这种治理体制不是对前公社体制的简单复归,村庄和农民仍然被高度整合在政权组织体制

① 在公社体制下,公社干部一般为拿国家薪金的国家干部;生产大队干部虽然不拿国家工资,但一般不直接参与生产;生产队的干部得与社员一样参与生产,既是生产的直接组织者,又是生产的直接参与者。

内。首先，政权组织体系网络覆盖着全社会。改革后的乡（镇）、村民委员会、村民小组基本上由人民公社的公社、生产大队和生产小队的建制延续而来，除了正式的政权组织以外，村民委员会和村民小组也都担负着一定的行政功能，具有准行政和类行政组织的特性。政权组织的体制性权力虽然上收至乡，但功能性权力仍然延伸到农户。其次，政权组织的权力渗透能力大为增强。公社体制虽然高度国家化，但是，由于组织体制上实行"三级所有，队为基础"，加上社会交往条件的限制，各个组织往往自成体系，形成自我封闭的社会，并阻隔着权力的渗透。而改革之后，在政权组织与农户之间经济组织不复存在，农户处于一个开放的社会环境里，政权组织体系的行为直接达致农户。庞大的政权组织体系与弱小的农户处于"面对面"的交往关系之中。这种国家与农民的"面对面"是历史上前所未有的。政权组织日益增强的权力渗透能力又可以提升其权力集中能力，使政权组织有可能将本属于村庄和农户的经济和社会权力随时收归己有，如代村庄和农民行使转让土地的权力。

当然，改革后政权组织的权力集中和渗透也都面临着新的问题。这问题更主要地来自政权组织体系本身。以往，政权组织的权力集中与渗透能力主要体现在政权组织与村庄农民之间，正式政权组织内部相对统一。因为，政权组织成员都属于"吃皇粮者"，其收入由国家统一提供。这使得政权组织的成员高度依附和忠诚于以中央政府为核心的国家组织体系。而在改革以后，政权组织内部却开始出现了分化，地方和基层政权的经济自为性增强。首先，地方的经济功能日益增强，地方和基层官员的升迁很大程度上取决于其所治地域的经济增长政绩。其次，由于实行"国税"和"地税"的分离，地方和基层的财政来源在相当程度上来自地方与基层的自敛。第三，地方和基层政权组织虽然不直接从事农业生产，但仍然具有强大的经济功能，甚至直接经营企业，如"乡镇企业"。第四，由于村庄已有相当的自主权，基层政权组织并不直接发号施令，因而往往通过给予某种"好处"才能实现权力渗透。而村庄领导人也需要与政权组织的领导人建立"关系"，以获得进一步的支持。由此形成基层政权组织与村领导的利益共同体。以上因素所带来的后果之一就是地方特别是基层政权组织的利益化倾向。这种倾向既阻隔着权力的集中，即"上有政策、下有对策"，又限制着权力的渗透，即"中央的经是好的，下面的和尚将经念歪了"。如果说传统国家阻隔国家权力集中和渗透的只是非正式和非组织形态的"胥吏"，那么，当下中国阻隔国家权力集中和渗透的则在相当程度上来自正式和组织化的基层官员。这是改革后乡村治理体制面临的新挑战。

二、政权整合的官僚制与理性化

现代国家的建构是政治权力自下而上集中和自上而下渗透的双向过程。权力集中和渗透都是通过由多个层级构成的政权组织体系加以完成的。政权组织建设的功能就是将分散和分化的社会因素和政治单位整合到国家组织体系中来，并建构社会成员和政治单位对国家的认同。因此，政权整合是建构现代国家的基础。在 20 世纪现代中国的建构过程中，政权整合发挥了重要作用。

首先，建立了覆盖全国的完整的统一的政权组织。1949 年前的中国农村治理体系极为复杂，乡村统治权高度分散于不同成员手中，很难建立统一的国家认同。经过 1949 年后的政权整合，在全国建立了完整统一的政权组织体系。每个农村成员无论在何地，还是在何时，都处于政权组织网络的管辖之下。

其次，基层政权组织地方化，强化了国家与农民社会的沟通。在传统中国，基层政权的官员属于外派的，与当地社会始终处于隔膜状态。相当数量的官员地方语言都不通，更遑论有效的治理了。而 1949 年后在政权下乡的同时，基层政权组织也地方化了。基层官员主要由当地人担任，同时他们又属于国家正式的政权组织体系的成员，因此便于将国家意志传递到农村社会。

第三，政权组织的经济社会功能得以迅速扩展，增强了农民对国家的认同。传统国家的政权组织主要是行使政治统治功能，因此外在于农村社会。20世纪以来，政权组织的功能不断扩展，除了政治统治外，经济社会功能愈来愈强，农民前所未有地开始享有国家提供的教育、卫生、交通、水利等公共物品。正是在享有这些国家"好处"的同时，增强了对国家的认同，国家开始内化于农村社会。

当然，政权整合是建立在政权组织体系基础上的。而政权组织天生具有官僚性，即政权组织的成员由国家不同层级的官员构成，并根据行政规则运行。政权整合作为政治整合的一种力量和方式，其重要特点就是借助支配性和体制性的国家权力进行强制性整合。它的基础就是行政官僚体制。

在韦伯看来，工业化、国家化和官僚化是同步的。社会的国家化没有官僚化的支撑是不可能的。由于社会分化和分工，一部分人运用其知识专门从事国家事务管理并以国家薪金为生活来源。这部分人就是国家官僚，他们实际执掌和运用着国家政权。政权整合的有效与否，很大程度上取决于官僚体系及其功能。

20世纪中国的政权整合既是权力集中与渗透过程，同时也是乡村治理的官僚化过程。愈来愈多的官员成为治理的主导者，或者说乡村治理者愈来愈趋向官僚化。

在传统中国，正式政权组织的设立止步于县。县以下虽然曾经有过乡官，但不是领取国家俸禄并专事行政管理的正式官员。始自20世纪的政权下乡，建立起直接面对农民的官僚体系。在魏光奇看来："清末至北洋政府时期，随着新政、预备立宪和地方自治的实行，各地出现了各种形式的区乡行政区划和组织，生成了区乡一级行政。这种区乡行政的生成，改变了中国古代国家在县以下不设治的传统，是中国地方行政制度的一大变革。"[1]南京国民政府成立后，正式建立县以下的行政体制。区、乡（镇）公所成为相对独立的行政机构，并设立专职官员和行政事务人

---

[1] 魏光奇：《官治与自治——20世纪上半期的中国县制》，商务印书馆2004年版，第121页。

员,有了区长、乡(镇)长称谓。但在整个国民政府时期,基层政权组织并没有得到统一的建立,许多地方甚至只有一个体制性外壳。1949年后基层政权组织建设的一个重要特点,就是建立了全国统一的政权机构和政权组织网络,有了干部与群众之分。干部主要从事管理活动。尽管有专事管理并获得国家薪金的国家干部和协助管理并获得补贴的非国家干部(或称"群众干部")之分,但他们都被视为作为管理者的干部,以区别于专事生产的群众。由于人民公社时期实行"政社合一",政权组织的正式官僚特性还不明显。只是到了人民公社体制废除以后,乡镇一级建立了专门的基层政权组织,乡镇工作人员取得公务员身份,基层政权组织的官僚特性才较为明晰。

乡村治理的官僚化过程所产生的后果有三:

一是政权组织机构日益庞大。清末和北洋政府时期,县以下的区乡行政开始机构化,出现了区乡教育行政、区乡警察行政等机构。但在大动荡的时期,各地的区乡机构设立不一。南京国民政府建立后,实行地方自治性质的"新县制",区乡行政机构开始增多并体制化。在实行"新县制"的地方,一般设立了乡(镇)公所及民政、警卫、经济、户籍等专职机构。1949年到1984年,一方面区乡机构设立统一化,另一方面集体化形成的"政社合一"的体制使政权组织的生产管理和服务机构迅速增多。但只是到了1980年代,随着国家体制的制度化,乡(镇)才成为一级独立的政权组织,其机构迅速增多。在全国,无论是什么类型的农村地区,凡是乡镇,普遍设立了党委(虽然党委并不是政权组织机构,但在中国,党委实际执掌领导权,并纳入国家公务人员体系)、人大主席团、人民政府、纪律检查委员会等乡级机构,有的还包括人民武装部、人民政协联络组,俗称"六大班子"。且乡(镇)内设部门也机构化了,如党委之下有专事宣传、组织的机构,政府之下的内设部门更多。同时,作为群众团体的妇联、团委也是领取薪金的专职公务人员。在乡镇,还设立各种专业性的管理机构,如文化站、水利站、林业站、电力管理站、经济管理站、派出所、财政所、税务所、邮政所等,它们由县专门机构和乡镇双重管理。特别是作为村民自治组织的村民委员会，也因其特有的行政功能而被视为行政村。

　　二是官员及具有官员身份的人员数量日益增多。随着政权机构的设立和功能的扩展，从事政务管理的人员增多。1949 年前的基层政权组织属于县的派出机构，专事政务管理的人员很少。一般而言，乡镇通常设乡镇长一人，副乡镇长一人，下设民政、经济、警卫、户籍、文化干事、录事各一人，乡丁若干。乡镇以下的保甲长并无固定的薪水，不属于国家公职人员。1949 年到 1984 年，县以下政权组织人员开始增多，特别是具有干部身份的人员迅速增多。在人民公社体制下，除了少数公社干部领取固定工资以外，还存在大量不领取国家工资但从事政府公务管理的人员，如部分不领取国家工资的公社干部、从集体积累中获取补贴的大队干部及获取一定误工补贴的生产队干部。1984 年后，随着政权组织机构的迅速扩张，专职管理人员，尤其是领导职数迅速增长。一般来说，乡镇一级仅仅是乡级领导人员就达十多人。乡镇内设机构和各种站所的负责人更是多达数十人。这些乡镇领导并不直接从事具体工作，而演变为与上级政府相类似的"管官的官"。村干部也由于发挥行政功能和固定领取报酬而"官员化"。村干部被称为"村官"，干部补贴被称为"干部工资"。

　　三是自上而下的行政权力运作日益体制化。官僚制的重要特征是权力由不同的层级向上集中并自上而下施予对象。这一权力运作过程体现着命令—服从关系，即下级服务上级，上级按照其意志进行标准化要求。政权组织体系的官僚化必然带来的是自上而下的权力运作及其体制化。在人民公社体制下，公社、大队、生产队、社员之间的权力运作最充分地体现了命令—服从关系。公社体制废除后，自上而下的权力运作正式化和体制化。其突出特征就是政权组织通过各种标准化的会议和文件运作权力。

　　正是以上因素，使中国的农村社会前所未有地形成了一个官僚化的权力网络，形成了一个官僚性体制。在传统中国，农民可能一辈子都见不了一个"官",而经过百多年的政权建设,当今的中国农民可能时时处处都能见到"官","民"和"官"已无明确和严格的界限。农村社会已是一个官民合一的社会。

从现代国家建构的角度看,官僚化是一个趋势。但是,官僚制的成效在相当程度上取决于理性化。官僚制是人根据社会发展的需要建构起来的。但它同国家一样,一旦建构起来就具有了自主性,将按其自身的逻辑运作,从而脱离人的最初预期。这就需要根据其社会发展规律对官僚制加以控制和引导,使之理性化。在韦伯看来,现代理性来自人的利害权衡和算计,以使事物发展能更好地满足人的需要。从一定意义上说,理性化也意味着人对事物的建构及其建构的合理性。

在中国乡村的政权整合中,与官僚制迅速生成相比,理性化严重不足。

其一,政权整合的制度化程度不高。现代官僚制有助于将工业组织中得到最大程度强化的效率扩展到整个社会。现代官僚体制本身起源于工业组织中的科层制管理,并适用于工厂制度为基础的城市社会。对于一个分散的农民社会而言,能否采用官僚制加以治理,或者官僚制的限度在何处,在中国却没有经过理性化的思考,其结果是政权整合的制度化程度不高。

自20世纪政权下乡之后,乡村制度不断地变动,至今仍然没有定型。从建制上看,中国的县制自设立以来就没有什么变化,一直延续下来,而县以下的建制却在不断变化。民国时期实行区、乡、保、甲制,1950年代实行区、乡、村制,1950年代到1980年代实行公社、大队、生产队制,1984年后实行乡(镇)、村、组制。建制乡村的规模也在不断变动之中。直到进入21世纪,还在进行全国性的大规模合村并组、撤乡并镇。这说明,在相当长的时间里,国家还没有寻求到一种能够有效组织农民的行政建制。从体制上看,权力配置也在不断的变动之中。民国时期,实行的是区长、乡(镇)长行政负责制。中华人民共和国建立初期,实行党委与行政双元领导体制。人民公社时期实行党的一元化领导体制。1984

年后"党政分开"，恢复党委和行政双元领导体制。但到了 21 世纪，随着乡镇改革，一些地方又实行"党政交叉任职"①的体制。从功能上看，基层政权组织体系的功能总体上呈不断扩张的趋势，但其间也在不断变动。民国时期的基层政权组织均不直接从事生产管理。人民公社的功能最为全面。公社体制废除后的政权组织体系的生产管理功能渐趋弱化，而公共事务方面的功能却在迅速增强。从权力运作看，基层政权组织体系的官僚性使其必须按照一定规定和制度行使权力，但其人为的随意性还很大。总的来看，作为基层组织体系，应该管什么，怎样进行治理，还不明确，制度化程度不高，基层政权组织体系还不能制度化地持续不断地运转。如何面对一个正在迅速变化的农村社会，建构起现代乡村治理制度，仍然是政权整合的重要任务之一。

其二，政权整合的民主性（或草根性）有待体现。政权下乡后必然带来官僚制的生长。官僚制的天性是对上负责而不对下负责，并有自己独立的利益。为此需要民主制加以控制，使官僚机构的运行体现民意。孙中山设计的地方自治制度，就是为了使基层政权服从于民意。只有服从民意的政权组织才能实现民众的自觉认同，政权整合才有巩固的根基。但是，民国时期建立的基层政权并没有体现孙中山的意愿，从一开始就具有脱离民众的官僚化倾向。这种基层政权组织的官僚化只不过是传统中国官僚化的延伸。正因为如此，1949 年中华人民共和国建立后，特别强调政权组织的人民性。但是官僚制一旦形成，就必然具有自身的运行逻辑。权力愈集中，官僚化的倾向就愈甚。人民公社体制将权力高度集中于干部手中。虽然体制设计者希望按"民主办社"的原则，通过社员大会、社员代表大会促使公社的管理更多地体现民意，但是社员大会和社员代表大会这种民意机制本身就是与公社的集中体制相悖的，难以发挥作用。因此，尽管公社时期强调干部要为人民服务，但仍然出现了干

---

① "党政交叉任职"，即由乡（镇）党委书记兼任乡（镇）长，其他党委成员兼任乡级人大、政府的职务。

部利用手中的公共权力获取私利的行为。而在乡村内部未能生长发育出一套制约官僚谋私化的机制。国家只能通过从外部向乡村委派工作队进行政治整肃,以遏制干部的官僚特权化。1960年代的"四清"运动便起源于对基层干部的政治整肃,这种整肃后来扩展到全国上下的"文化大革命"。公社体制废除后基层政权组织的重大变化,就是在乡镇一级建立了人民代表大会制度,以强化政权组织的民主性或草根性。但是这一体制的作用仍然十分有限。到1990年代后期,一些地方实行乡镇领导人直接选举和"公推公选"的探索,其作用就是增强基层政权组织的民意基础。但这种探索尚限于极个别地方,更没有体制化。在一个分散性很强的农民社会,如何建立一套民意体制制约官僚制,仍然是有待探讨的课题。

其三,政权整合的成本和代价过高。现代官僚体制起源于工业组织并服从和服务于社会需求。官僚制的生成和运行受相应的体制制约。由政治家所控制的官僚体制必须计算其成本和代价。而对于一个建立在分散的农民社会基础上的官僚制来说,由于缺乏体制性的权力制衡机制,其权力运行往往是不计成本和代价的。因为权力运行的成本和代价由权力施予对象所承担。20世纪,尽管国家建设中已有现代理念,但传统官僚制不计成本的政权整合仍然在延续,而且随着权力的集中和渗透能力的增强而使成本更高,代价更大。1958年的"大跃进"运动中,许多农村将树林砍伐殆尽,致使中国的生态遭受到前所未有的破坏。这之后的1959—1961年三年期间,中国遭遇了严重的经济困难。这种不计成本的权力运作长期延续,且得不到制约。如大办乡镇企业造成的环境污染。同时,日益扩张的官僚机构和人员也使农民负担日益增重。1990年代是农村基层政权组织体系的机构和人员迅速增多的时期,也是农民负担不断加重的时期。不计成本的政权整合损害着农民对国家的认同。进入21世纪后的乡镇改革,包括合村并组、撤乡并镇、党政交叉任职等,都是基于财政压力和农民的离心力而进行的。

如果说20世纪的一百年将国家权力下沉到乡村,从而将乡村整合到国家体系中来,建立了一个官民一体的农村社会,那么,在 21 世纪,乡土的政权整合还需进一步理性化,以寻求有效治理乡村的政权组织体制。

三、组织与动员：政党下乡

在中国,农民社会是一个分散的而不是组织内分化的社会。要将一个"一盘散沙"的农民社会整合到国家体系中来,仅仅依靠外部性的政权机构是远远不够的。中国能够成功地进行乡村政治整合,得力于政党向乡村的延伸:通过政党对农民进行组织与动员,从而将一个传统的乡绅引领的社会改造为一个现代政党领导和组织下的政治社会。

政党是代表一定阶级、阶层或集团的利益,旨在执掌或参与国家政权以实现其政治目标的政治组织。政党是现代社会的产物。对于发展中国家来说,政党对于现代国家建构具有特殊的意义。在亨廷顿看来,发展中国家是一个"多元社会",存在各种原生的社会势力。"怎样把这些原生的社会势力揉合为单一的民族政治共同体,就成为一个越来越棘手的问题。此外,现代化已造就出或者在政治上唤醒了某些社会和经济集团,这些集团过去或者根本就不存在,或者被排除在传统社会的政治范围之外,现在它们也开始参与政治活动了,它们要么被现存政治体制所同化,要么成为对抗或推翻现代政治体制的祸根。因此,一个处于现代化之中的社会,其政治共同体的建立,应当在'横向'上能将社会群体加以融合,在'纵向'上能把社会和经济阶级加以同化。"①其中,政党组织发挥着重要的政治整合作用。其主要功能一是将分散或分化的社会力量组织到政治共同体中来,二是对社会力量进行动员,引导和推动他们参与政治生活。亨廷顿因此指出:"没有组织的参与堕落为群众运动;而缺乏群众参与的组织就堕落为个人宗派。强大的政党要求有高水平的

---

① ［美］塞缪尔·P. 亨廷顿:《变化社会中的政治秩序》,王冠华、刘为等译,生活·读书·新知三联书店 1989 年版,第 366 页。

政治制度化和高水平的群众支持。'动员'和'组织',这两个共产党政治行动的孪生口号,精确地指明了增强政党力量之路。能一身而二任的政党和政党体系使政治现代化与政治发展二者并行不悖。"①

在中国的国家转型中,其主导性力量就是由新兴精英人士组织的现代政党。作为现代中国的创立者,孙中山在以革命建构国家的过程中提出了"以党建国""以党治国"的思想,认为只有"全国人民都化为革命党,然后始有真正中华民国"。其核心是要"全国人民都遵守本党的主义"。②当然,现代政党产生于新兴的城市。孙中山领导的国民革命主要是统一中国,建立中央政权。因此,由孙中山创建的国民党主要活动于城市,尚没有渗透到乡村。而当时的中国绝大多数为农村人口,如果农民不能被有效地组织到新兴国家体系中,国家政权就缺乏巩固的基础。亨廷顿通过研究发展中国家的政治体制与乡村动员,认为:"一个政党如果想首先成为群众性的组织,进而成为政府的稳固基础,那它就必须把自己的组织扩展到农村地区。""政党是一个现代化组织,为成功计,它又必须把传统的农村组织起来。"③总的来看,国民党是一个上层人士组成的精英型而不是群众性的政治组织,未能将乡村动员起来支持国民革命和之后的国民政府。

当国民党的活动限于少数城市时,后崛起的中国共产党一开始就注意将其活动延伸于乡村。尽管早期的中国共产党也是城市精英组成的,但由于它以马克思列宁主义作为指导,代表工农阶级的利益,因此将组织和动员广大的农民作为自己的主要任务之一。1923年,中共三大的党纲指出:"至于农民当中国人口百分之七十以上,占非常重要地位,国民革命不得农民参与,也很难成功。"④三大还第一次作出了《农民问题决议

---

① [美]塞缪尔·P.亨廷顿:《变化社会中的政治秩序》,王冠华、刘为等译,生活·读书·新知三联书店1989年版,第371页。

② 参见《孙中山年谱》,中华书局1980年版,第256页。

③ [美]塞缪尔·P.亨廷顿:《变化社会中的政治秩序》,王冠华、刘为等译,生活·读书·新知三联书店1989年版,第401、402页。

④ 《中共中央文件选集》第1册,中共中央党校出版社1982年版,第110页。

案》。1920年代,中共领导人李大钊发表《土地与农民》等一系列文章,提出:"中国浩大的农民群众,如果能够组织起来,参加中国革命,中国革命的成功就不远了。"①1923年,李大钊介绍在北京大学求学的弓仲韬加入中国共产党,并派他回故乡河北省安平县发展党员,着手建立党的农村基层组织。弓仲韬回到故乡台城村后,首先在村中创建了"平民夜校",以教农民识字为掩护,宣传马列主义,引导农民筹建了农民协会,从中培养党的积极分子,并发展本村青年农民弓凤洲、弓成山加入了中国共产党。1923年8月,弓仲韬和这两名新党员共同发起成立了"中共安平县台城特别支部"(简称"台城特支"),直接受中共北京区委领导。弓仲韬任党支部书记,弓凤洲为组织委员,弓成山为宣传委员。② 这是中国共产党第一个农村党支部,也是现代政党下乡的开端。

1920年代后期,以毛泽东为代表的中国共产党人充分肯定了农民运动的合理性和农民的革命性,并将革命的重心由城市转向农村。1925年6月,在毛泽东的家乡湖南省韶山冲,毛泽东介绍毛新梅、李耿侯、钟志申、庞叔侃等4人加入共产党并宣布成立中共韶山特别支部。随着夺取政权的武装斗争的开展和革命根据地的建立,在农村发展党组织成为中国共产党一项重要工作。由于革命时期党的工作重心在农村,因此中国共产党中的农民比例占绝对优势。

中华人民共和国建立后,中国共产党的组织更是全国性地向农村地区延伸。黄宗智认为:"共产党在农村建立党组织当然在与国民党斗争时期已经开始,双方的斗争促使各自向社会的基层纵深发展,但是只有1949年共产党获得最终胜利后,它才能在新的解放区充分建立党的机构。"③革命胜利初期,为防止投机分子入党,中共领导人对于在农村发展党员持谨慎态度。毛泽东在1950年中共七届三中全会的报告中指出:

①《李大钊文集》(下),人民出版社1984年版,第834页。
②《中国共产党第一个农村党支部诞生于河北省安平县》,新华网2004年6月30日。
③ [美]黄宗智:《长江三角洲小农家庭与乡村发展》,中华书局2000年版,第178页。

"必须注意有步骤地吸收觉悟工人入党,扩大党的组织的工人成分。在老解放区,一般应停止在农村中吸收党员。在新解放区,在土地改革完成以前,一般地不应在农村发展党的组织,以免投机分子乘机混入党内。"[1]在当时,国家意志主要通过政权体系和各种外派的土改工作队向乡村传递。但是,政权体制毕竟是一种外在于农民生活的权力架构,外派的工作队也不可能长期驻在乡村。土地改革后的农民仍然处于分散化的状态。土地改革后,国家通过合作化对农业进行社会主义改革,其重要任务就是将农民组织起来。而仅仅依靠政权体系的少数人组织农民是远远不够的。正是在合作化运动中,党的组织开始从乡向村庄延伸。1954 年 5 月中共中央农村工作部向中央作的《关于第二次全国农村工作会议的报告》指出,新区有相当一部分乡村没有党的支部,这种乡及党员过少的乡,均应在社会主义改造运动中积极发展党员,建立支部。[2]随着合作社的建立和发展,合作社和行政村建立了党的组织。"就全国而言,农村党员发展的两个高峰期是 1956 年和 1958 年。"[3]这正值社会主义集体化的两次高潮时期。合作化运动的一个重要后果就是将党的支部由行政乡一直延伸到村庄和生产单位。"支部建在村庄"和"支部建在生产单位"都是为了推动分散农民的组织化。

人民公社体制不仅进一步推动了农村党组织的建设,而且进一步确立了党组织的核心地位。人民公社既是"政社合一"的体制,也是"党政合一""党经合一"的组织体制。公社设立党委,生产大队设立党支部,生产小队设立党小组,由此形成党的组织网络。党组织、政权组织、经济组织高度重合,党的书记全面负责并处于领导核心地位,公社和大队管委会等组织处于"虚置状态"。只有在作为直接生产和核算单位的生产小队,生产队长的影响力更大一些。

---

① 《毛泽东选集》第 5 卷,人民出版社 1977 年版,第 20 页。

② 参见崔乃夫《当代中国的民政》(上),当代中国出版社 1994 年版,第 122 页。

③ 参见景跃进《当代中国农村"两委关系"的微观解析与宏观透视》,中央文献出版社 2004 年版,第 8 页。

随着公社体制的松弛和家庭经营体制的建立，农村社会一度出现了分散化倾向，农村基层党组织也因为失去生产单位体制的支撑而陷入瘫痪和半瘫痪状态。这一状况引起了中央的担忧。在中共中央关于1984年农村工作的通知中，强调要加强农村党组织建设，提高党组织的战斗力，改变软弱涣散的状况。① 当然，公社体制废除后，实行家庭经营体制，农村的党组织形式也相应地发生了变化。一是党支部由建在生产单位回归到建立在行政区域，即行政村。二是村民委员会组织建立且实体化。面对这一状况，国家力图以法律的方式确立农村党组织的核心地位，以发挥其组织农民的作用。1998年修订的《中华人民共和国村民委员会组织法》明确规定，中国共产党在农村的基层组织，按照中国共产党章程进行工作，发挥领导核心作用。

农村党组织的建立意味着诞生于城市的政党延伸到农村地区，由一个城市精英政党转变为草根性政党，从而将历史上一直外在于政治体系的农民变为有组织的政治力量，并使之成为政权的稳定基础。农村基层组织的功能主要是将分散的农民组织到政党体系中来，动员其参与实现党的纲领的活动。

农民是一个分散的且外在于政治的社会群体。建构现代国家的一个重要任务就是将这部分人组织起来，整合进政治体系，成为政权的支持力量。中国共产党是按照列宁主义的建党学说建立的。列宁在1905年指出，"无产阶级在夺取政权的斗争中，除了组织而外，没有别的武器……无产阶级所以能够成为而且必然成为不可战胜的力量，就是因为它根据马克思主义原则形成的思想统一是用组织的物质保证来巩固的，这个组织把千百万劳动者团结成工人阶级的大军"②。因此，中国共产党一开始就非常强调组织建设，要求将党建设为一个组织严密、纪律严明

---

① 参见中共中央文献研究室、国务院发展研究中心编《新时期农业和农村工作重要文献选编》，中央文献出版社1992年版，第237页。

②《列宁选集》第1卷，人民出版社1972年版，第510页。

的政党。这种政党具有"誓约集团"①的特性。只有那些承认党的纲领并愿意为实现党的纲领奋斗,甚至不惜牺牲生命的人才能成为党员。中国共产党是有严格纪律约束的、高度组织化的政党。正是通过高度组织化的政党才能将高度分散化的农民组织起来,并为党的目标服务。因此,政党下乡的过程,就是政党组织向乡村渗透,并将农村社会政党化的过程。由于中国的国家转型是通过以党建国、以党领国的方式进行的,农村社会的政党化就意味着通过政党组织寻求农民对国家的认同和支持。

政党下乡最主要的功能之一就是组织农民。农村党组织的建设不仅是将那些愿意为党工作的人吸收入党,更重要的是通过党的组织和党员去组织农民。由此改变传统农民的分散性和狭隘性。孙中山先生认为,传统中国社会的"团结力"只止于家族,农民只有家族主义而没有国族主义。但他没有找到一条路径改变这一状况。只有到了中国共产党将党的组织延伸到乡村社会,才使农民政治化、国家化。农民正是通过党的组织才以政治共同体而不是传统的家族共同体的方式团结起来,从而突破传统家族共同体的局限性。在中华人民共和国建立以后,通过数十年的农村基层组织建设,不仅每个村都建立了党的组织,每个村都有若干数量的党员,而且还建立有青年团、妇联、民兵等功能性、群众性的政治团体。这些政治团体直接隶属于党组织,但比党组织的群众性更强,人数也更多。由此形成一个以党组织为核心的农村政治组织网络。农村的每家每户(在一定时期被视为敌对分子的家庭除外),几乎都有党员、青年团员、妇联成员、民兵等政治组织的成员,传统农民也因此获得政治组织身份,并受到政治组织的内部纪律的约束。由党组织及其领导下的群众性政治组织来组织农村的政治、经济、文化和社会等一切活动,并贯彻党和国家的意志。这就将广大分散的农民团结在党和国家的周围并置于其领导之下。中国社会的"团结力"也因此得以超越家族,进入到更广阔的国家共同体。所以,现代民族-国家得以在一个高度分散的

---

① "誓约集团"是法国存在主义哲学家萨特对现代政党类型的归纳。

农村社会迅速建立，与中国共产党在农村的组织性密切相关。这也是中国共产党得以取代国民党而长期执政的重要社会基础。正如亨廷顿所说："身处正在实现现代化之中的当今世界，谁能组织政治，谁就能掌握未来。"①

政党下乡的另一个重要功能是进行乡村动员。政党下乡不单纯是将农民组织起来，更重要的是通过政党组织动员广大农民，实现党的目标。在传统国家，农民外在于政治。这不仅在于他们被排斥在政治体系之外，还在于他们缺乏参与政治的意识和能力。相当多数的农民连字都不识，根本不可能参与政治活动。对农民进行宣传教育并使之具有政治意识，是政权组织所不能够具有的功能，只能依靠政党组织来完成。根据列宁的看法，工人并不能自发地产生马克思主义，只能依靠那些有觉悟的先进分子从外面加以"灌输"。中国共产党作为工农群众的政治代表，十分强调对工农群众的宣传、教育和发动，除了组织部门以外，党还专门建立有宣传部门。随着政党下乡，这一政党特性也相应地延伸到乡村社会。特别是相比城市工人而言，农民的分散性和落后性更突出，更需要进行宣传、教育和发动，使之成为党的支持力量。早在 1920 年代，毛泽东在考察湖南农民运动时，就发现了政治宣传进入农村后的作用："孙中山先生的那篇遗嘱，乡下农民也有些晓得念了。"认为"政治宣传的普及乡村，全是共产党和农民协会的功绩"。② 毛泽东在中华人民共和国建立前夕曾经强调"严重的问题在于教育农民"。那么，由谁来教育呢？除了外派的工作队以外，主要依靠农村的党组织。农村党组织的重要功能之一就是围绕党的中心任务宣传教育和发动群众，以实现党的目标。除了有专门的宣传人员外，每个党组织的成员都具有宣传教育和发动群众的功能；除了党组织以外，青年团、妇联、民兵等政治团体也具有宣传

---

① ［美］塞缪尔·P. 亨廷顿：《变化社会中的政治秩序》，王冠华、刘为等译，生活·读书·新知三联书店 1989 年版，第 427 页。

② 参见《毛泽东选集》第 1 卷，人民出版社 1991 年版，第 34—35 页。

党的路线、方针、政策的任务。可以说,建立青年团、妇联、民兵等群众团体,就是为了更好地宣传和发动群众。正是通过这种有组织的持续不断的宣传动员,党和国家的意志渗透到乡村社会并内化于农民心理,从而建构起他们的政治意识,特别是对党和国家的认同。

正是在政党下乡的过程中,分散的农民组织起来,成为政党组织网络中的成员;无政治的农民具有了政治意识,动员到党的目标之下,由此从根本上改造着农村社会。当今的农村社会已成为党的声音无处不在、无时不有的党民一体的社会。

四、政党整合的精英制与社会化

对于现代中国建构中的乡村治理来说,政党整合发挥着政权整合所不能够发挥的作用。乡村社会在相当程度上正是通过党组织而不是政权组织加以治理的。党组织成为乡村治理的权力主体。这在中国的国家转型的一定时期是必要的,它是传统乡村社会精英治理体制的现代替代物。

政治整合包括精英—群众的一体化,即将政权与民众联系在一起,以缩小其间存在的距离。在乡村治理中,国家与农民的关系始终是核心问题。在传统中国,联系国家与农民的是士绅一类的乡村精英。“士绅的产生是用来填补早期的官僚政府与中国社会(它正在不断扩大,非官僚政府力量所能控制)之间的真空。”[①]自废除科举制和帝制之后,传统的士绅阶层不复存在,国家与农民的关系因此而脱节。面对分散的农民,如何重构国家与农民社会之间的联系成为十分紧迫的问题。而这种联系依靠政权组织是很难建立的,因为政权组织的权力来源于国家并对上负责,它总是外在于农村社会。南京国民政府建立以后,主要依靠政权组织体系建立国家与农民的联系而未能取得成功。虽然执政的国民党

---

① [美]费正清:《美国与中国》,张理京译,世界知识出版社1999年版,第37页。

也意识到政党整合对于乡村动员的重要性，并力图将基层政权组织党化，但它始终未能在农村建立起组织体系，更没有依靠这一组织体系建构一个新兴的精英阶层。共产党通过"政党下乡"，不仅在农村建立了党的组织网络，更重要的是建构了一个新兴的农村精英阶层。

共产党组织向农村延伸并不是简单地网络成员，扩大其数量，而是有着明确的政治要求。一是属于党的阶级基础的农民，最主要的是没有土地的农民。这部分人在传统社会中属于精英以外的人群，但是他们人数多，特别是因缺乏土地而有改变传统秩序的强烈政治要求。如果将这部分人纳入党的组织体系，会大大增强党在农村的力量。二是属于能够充分实现党的意志的"积极分子"。农民虽然属于党在农村的主要依靠力量，但并不是什么农民都可以进入党的组织的。能够成为党的成员的更重要的依据，在于是积极为党工作的各种"积极分子"。这些"积极分子"都是在完成党的中心任务中涌现出来的，并因此得到党的信任，同时也能够得到群众的认可和拥戴。在土地改革中，党组织吸纳的对象主要是出身贫下中农的"土改积极分子"。在合作化运动中，党组织主要吸纳的是那些积极参加并引导农村互助合作的"集体化积极分子"。在人民公社时期，党组织主要吸纳的是高度认同公社体制，特别是积极参加为巩固公社体制而开展的政治运动的"积极分子"。公社体制废除后，党组织则主要吸纳能够带领群众走富裕之路的"致富能人"。党通过来自农民群众的"积极分子"扩展了政治影响，同时也造就了一个新兴的精英群体。正如陈益元通过调查所发现的："在政权的影响下，一大批从运动中涌现的认同党的路线和政策的积极分子、骨干，以及土改中出现的各种响应党的号召的群众性组织，使得国家权力对农村的驾驭得到了加强。这种加强，体现得最为突出的，是党和国家重新界定了新的政治精英的上升通道。"[1]

---

[1] 陈益元：《革命与乡村——建国初期农村基层政权建设研究：1949—1957》，上海社会科学院出版社 2006 年版，第 292 页。

　　以农村党员,特别是农村党的干部为主的农村新兴精英,与传统精英有很大区别。它的社会基础更为广泛,是一种社会化的精英群体。一是它的成员具有草根性。传统精英主要是那些有功名的人士。这些能够通过读书而获得功名的人在乡村毕竟是少数,而且他们始终是居于农民之上的阶层,与农民有完全不同的生活方式和思想意识。他们与国家的政治联系远远甚于与农民的联系。这正是传统国家无法将底层农民整合进政治体系的重要原因。"经过土改,农村社会的评判体系和指标发生了转换。阶级出身、经济地位取代了原有乡村基于知识、才能、财产、声望等方面的标准,成为判定农村社会各阶层政治地位及获取相关资源的标尺。"[1]新式的精英主要来自草根性的农民。这些人与最广大的农民有共同的生活方式和思想意识,能够充分体现和表达农民的要求,获得农民的信任。他们生活于农民之中,而不是居于农民之上。他们能够以农民熟悉的话语传达党和国家的意志。所以,通过他们能够将最广大的农民整合到国家体系中来。二是它的成员必须是乡村动员中的积极参与者。传统的精英是一个固定不变的阶层,只有那些取得国家功名的人才能进入这样一个阶层。一旦取得功名,他们便可享有固定不变的特权地位。这种由国家特别赋予的地位使他们并不需要通过其自身的活动获得权威。而新兴农村精英的地位取得在相当程度上取决于其"政治表现",并不是固定不变的。如果表现不好,活动不积极,他们就有可能失去其地位。中国共产党十分强调"从群众中来,到群众中去",并将密切联系人民群众作为其工作作风。在党的这种群众意识的训练下,农村新兴精英必须以其在群众中的模范带头作用获得群众的信任和认可。他们需要通过自己的活动而不是固定的关系建构自己的地位,由此促使他们与农民密切联系。这正是政党能够持续不断地将农民整合到国家体系中来的重要原因。

---

① 陈益元:《革命与乡村——建国初期农村基层政权建设研究:1949—1957》,上海社会科学院出版社 2006 年版,第 292 页。

随着政党的下乡，中国共产党将其领导体制延伸到农村社会，从制度上沟通了党和国家与农民之间的联系。中国共产党一开始就将民主集中制作为其领导和组织体制。民主制要求党必须得到民意的支持，集中制要求党的组织内部遵循下级服从上级的原则。通过这一体制，保证党的基层组织下对民众负责，上对党的领导负责。当这一体制延伸到农村之后，便可以有效地打通国家与农民的联系，使农民的意见能够向上传达，党和国家的意志能够有效地贯彻。这是传统的精英体制难以实现的。也正因为如此，传统国家的政治始终是国家与农民制度性隔绝的政治。

新兴农村精英是在变动中的社会里出现的。随着党取得执政地位并进入国家权力结构，新兴农村精英群体也发生着变化，并妨碍着有效的政党整合。

首先，新兴精英中的特权问题。传统精英尽管居于农民之上，但他们只有国家功名赋予的特殊地位，而没有获得国家赋予的统治乡村的体制性权力。这种正式权力只有"官府"才拥有。正如魏光奇先生所说："传统士绅历来都是一个无形的'声誉群体'，它对于地方社会的影响，首先是靠声誉而不是靠权力实现的。"[1]对于新兴的农村精英来说，国家不仅赋予其干部地位和身份，更重要的是赋予其以治理农村社会的国家权力。中华人民共和国建立后，随着党组织在农村的全面建立，党组织获得了全面治理农村的权力，党组织的领导人成为所有农村事务的统管者，并具有"干部"或者"官员"的身份。一旦他们取得这一特殊权力赋予的特殊身份，他们就有可能根据特殊的权力逻辑支配其行为。特别是中国农民长期存在着"打江山坐江山"的意识，他们所奋斗的一切不是为了解放全人类而是首先解放自己。这就是所谓的"农民意识"。当政党下乡，尤其是党组织的成员主要来自农民时，这种"农民意识"不能不深刻地影响新兴的精英群体。自1950年代人民公社体制形成，不仅乡村治

---

① 魏光奇：《官治与自治——20世纪上半期的中国县制》，商务印书馆2004年版，第381页。

理权力,而且农民的经济社会的日常生活权力也愈来愈集中于党组织。与此同时,少数党组织领导人以权谋私、"损公肥私"的现象也日益突出。早在1950年代末兴办公社公共食堂之时,就出现了干部多吃多占的现象。1958年12月31日,中共中央批转了《北京郊区人民公社社员有十五个不满的反映》,其中一个不满就是"对少数干部贪污腐化不满"。①1960年代,中共在农村开展了大规模的社会主义教育运动,又称"四清"运动②,其重要内容之一就是打击和制止干部中的特殊化和以权谋私的行为。虽然这一运动出现了打击面过大等问题,但农村干部的特殊化和以权谋私的行为已成为一种普遍性的社会现象。即使经过了"四清"运动和进一步延伸的"文化大革命",农村精英的特殊化和谋取私利的行为也远没有消除。《中共中央关于一九八四年农村工作通知》(俗称"一号文件")指出:"有极少数党员、干部,在放宽经济政策的过程中,以权谋私,化公为私,侵占国家、集体和群众的利益,引起群众的强烈不满。"

新兴农村精英中的特权问题影响着农民对党和国家的认同。因为,农民是从他们身边的干部认识、判断党和国家的。特别是共产党长期以为人民服务为宗旨。经过长时间的政治社会化过程,农民也开始用这一理念衡量身边的党员和干部,并形成他们的政治意识。这是政治化后的农民与传统农民的区别所在。传统社会,官员贪污并没有发生于农民身边,农民没有直接的感受。但在进入现代化之中的社会,干部以权谋私的行为发生于农民身边,而且现代民主意识使农民对这种行为持强烈否定态度,并影响着他们对党和国家的认同。正因为如此,反对干部腐败成为中国共产党的一项艰巨任务。

其次,新兴精英的脱草根性问题。传统士绅是一种社会身份,他们

---

① 参见罗平汉《农村人民公社史》,福建人民出版社2003年版,第100页。
② "四清"运动是一个过程,在不同时期和不同地方有不同内容。只是到了1965年1月中共中央制定了《农村社会主义教育运动中目前提出的一些问题》(简称《二十三条》),才统一为"清政治、清经济、清组织、清思想"。参见郭德宏、林小波《四清运动实录》,浙江人民出版社2005年版,第380页。

为获得地方性权威，偶尔也做出一些义举和善事，但一般不得施以恶行，否则就会失去道德支撑的权威感，成为"劣绅"。这是因为他们的行为没有国家权力的直接支持。新兴的农村精英来自草根，一般来说他们与民众之间更有共同的利益和意识。但是，与传统精英不同，新兴精英直接执掌着治理乡村的权力，而且这种权力为国家所赋予并得到国家权力的支持。精英的权力化有助于他们为民众谋福利，做大善事。自政党下乡之后，农村出现了前所未有的变化，这与新兴农村精英体现民意，通过为民众谋福利而获得支持密切相关。正因为如此，中国共产党特别重视农村基层党组织建设，重视选拔基层党组织的领导人。但是，当新兴的农村精英权力化之后，也有可能出现脱离群众的脱草根性问题。因为，他们的地位与身份最终是自上而下的组织体制赋予的，是依靠他们积极的工作获得的。这种"积极性"甚至超过上级党组织的一般要求，由此会加速他们脱草根性。自党在农村普遍建立基层组织并日益权力化之时，这一问题就开始出现。1958年是中国共产党在农村的基层组织大发展时期，也是农村工作严重脱离实际和脱离群众的时期。如一些农村基层干部争相大放"生产卫星"，虚报浮夸，并对农民群众实行"强迫命令"，由此造成严重后果。1960年冬发布的《中共中央关于农村人民公社当前政策问题的紧急指示信》要求农村各级党组织："坚决反对贪污、浪费和官僚主义，彻底纠正'共产风'、浮夸风和命令风。反对干部特殊化。反对干部引用私人、徇私舞弊、打骂群众的国民党作风。"[1]1960年代的农村，"四清"运动的重要内容之一就是解决干部脱离群众的问题。

新兴精英的重要特点就是其草根性。他们是在农民的"自己人"当中产生的，能够得到农民的天然信任。这正是政党整合农民的最大优势所在。但自上而下的权力体制又会造成农村精英"脱草根性"，成为一个特殊的社会群体。他们可能来自农民，但其思维和行为已不属于农民的"自己人"，由此会隔离党和国家与农民的联系。如何通过基层组织与人

---

[1] 转引自罗平汉《农村人民公社史》，福建人民出版社2003年版，第206页。

民群众建立和保持密切联系因此一直是执政后的中国共产党进行乡村政党整合的重要任务。

第三,新兴精英的家族化问题。传统士绅一般均出自那些"富户"和"大户",他们若要建立国家与农民之间的联系,还需要通过一定形式获得国家承认的功名。与传统精英相比,新兴精英的乡土性更突出,也更有利于建立国家与农民的沟通,特别是建立农民对国家的认同。但是,本土化的农村精英势必受到乡村家族社会的渗透。政党下乡之初,这一现象就开始存在。早在井冈山革命根据地时期,毛泽东通过调查就发现:"边界的经济,是农业经济,有些地方还停留在杵臼时代(山地大都用杵臼舂米,平地方有许多石碓)。社会组织是普遍地以一姓为单位的家族组织。党在村落中的组织,因居住关系,许多是一姓的党员为一个支部,支部会议简直同时就是家族会议。"①中华人民共和国成立后,党组织在农村普遍建立,自外向内、持续不断的政治运动以及人民公社体制,使农村家族主义受到相当程度的遏制,农村社会成员需要通过自己的政治表现进入精英群体。即使如此,家族化仍然存在。因为,农村基层组织建设有一个培养"积极分子"和发展党员的工作。培养谁、发展谁在相当程度上为在任的党的领导人所决定。特别是当新兴精英群体权力化以后,为了维持权力在本家族的承继,在任的新兴精英往往希望在本家族内部培养"接班人"。这种情况在 1980 年代的一些地方表现得特别突出。这是因为,中华人民共和国建立后的第一批农村党组织的领导人大都年事已高,面临代际更迭。这种代际更迭不仅是人事的更迭,更重要的是权力的更迭。因此,权力的家族内更迭就成为许多地方农村新兴精英的选择。家族是一个对外封闭的"本家人"社会。党组织的家族化势必排斥非"本家人"的人进入新兴精英群体。1990 年代,农村党组织建设面临年龄老化的严重问题,许多人认为是因为年轻人不愿意入党。而于建嵘在湖南省衡阳县农村调查时,一位农村妇女反映,她的孩子多次要

---

① 《毛泽东选集》第 1 卷,人民出版社 1991 年版,第 74 页。

求入党却未被接纳。其原因是他们与现任村党支部书记不同姓，她所在的家族是人数较少的"小姓"。①

中国传统农村社会是一个家族性社会，具有天然的政治封闭性，造成农民只认同家族，不认同国族。政党下乡的重要成果就是改变了传统家族共同体的局限性，将农村置于更广阔和开放的政党和国家共同体之中。但是，新兴农村精英的家族化将政党组织变为"家族组织"，则有可能阻隔更多的农民进入新兴农村精英群体，建构更广泛的党和国家认同。自1980年代之后，农村出现了农民由政党和国家共同体向家族共同体回归的现象，并引起中央和地方决策层的注意。

1980年代以后，农村社会以家庭经营为基础，农民的分散性和流动性突出，农村新兴精英群体仍然是联结国家与农民，进行有效乡村治理的重要力量。中国共产党也仍然十分重视农村基层组织建设。其中的一个重要变化，就是推进农村基层组织的体制改革，使新兴的农村精英更具有活力，在分化和流动的农村社会中提高其组织和动员能力。

政党下乡后出现了农村精英的特权化和脱草根性问题。在相当长时间，中共的领导人认为这是由反革命力量的破坏及新兴精英的"蜕化变质"所引起的。为此，中共通过从外部派工作队的方式持续不断地开展政治运动加以整肃。这虽然在一定程度上遏制了农村精英的特权化和脱草根性的问题，但也打击了相当数量的农村精英的积极性。当时，中共领导人没有意识到，正是权力高度集中的人民公社体制，使得农村精英执掌着巨大的权力而又得不到体制性制约，才造成农村精英的特权化和脱草根性的问题。废除公社体制的一个完全未被预见的结果，就是弱化了农村精英的权力基础。由于实行家庭经营，尽管农村精英仍然有特权化的要求，却没有了支配所有社会财富的权力；尽管农村精英还希望强迫命令，却愈来愈失去命令的对象。他们的地位和身份更多地要依靠自己的能力及其所带来的政绩而不是体制来获得。这就是"能人精

---

① 参见于建嵘《岳村政治》，商务印书馆2001年版，附录。

英"的出现。这些精英并不一定属于革命时代所依靠的"贫下中农",主要取决于他们是否有能力发展经济。农村精英群体的开放性因此更强。

当然,公社体制废除后,党组织仍然下沉在行政村域,并执掌着相当的治理权力。一方面,他们仍然是上级党政意志的体现者和实现者。另一方面,市场经济引起的"世俗化"和国家"不搞运动"的承诺,使他们的谋利意识大大增强。而公社体制之后的农村社会日益分化,农民对各种"上面"的精神并不是一味地认同,甚至有许多不满,对农村精英的谋利行为更是反感。这种不满和反感以农民不断增多的上访、上告行为表现出来。农村精英的权威基础迅速流失,组织和动员能力大大下降。如何增强农村精英的民意基础,便成为中共农村基层组织建设的重要工作。除了对农村干部加强教育的常规做法以外,一些地方还改革党支部的选举制,实行"两票制""两推一选制"①,目的都是为了强化农村精英的民意基础。

五、吸纳与参与:民主下乡

现代国家是民主国家或国民国家,即每个国民都享有参与政治生活的公民权利,由此建构国民对国家的认同。国民也因此构成一种政治力量。对于现代化之中的国家来说,需要通过乡村动员建构国家稳固的社会基础,将广大农民吸纳到国家政治生活中。而在乡村动员过程中,现代化的推动者必然按照现代理念赋予农民以政治权利,使之参与政治生活,并成为政治主体,将其从政治的边缘带入政治的中心,由此增强国家的凝聚力。对广大农民的吸纳和农民的参与是现代国家建构的目标和动力,也是国家获得现代性并得以在社会分化中获得稳固基础的基本条件。

---

① "两票制"指党支部选举时要获得群众的同意票和党员的选票。"两推一选制"指在选举党支部时要经过上级党组织和村民的推荐,再进行党员选举。

在中国,通过政权下乡和政党下乡,一方面将分散的农民整合进国家体系,另一方面就是使农民有了政治主体意识。他们不再外在于政治生活,而置身于政治生活之中。但如何将大量的政治农民吸纳进国家体系,成为国家的支持而非反对力量,则是现代国家建构中乡村治理面临的突出问题。

中国传统乡村治理实行"县政乡治",县以下实行乡村自治。这种自治有两个突出特点:一是国家的政权统治与乡村治理在体制上属于上下隔离的板块结构。国家的体制性政权未能延伸到乡村社会。二是传统的乡村自治的权力主体是士绅等传统的地方精英,一般民众并不具有主体性地位,更没有参与政治生活的当然权利。但进入现代化进程以后,农民获得"国民"这一统一的政治符号,同时在乡村动员中需要赋予其以权力主体地位。在亨廷顿看来:"在一个只具有有限政治参与的体制内,传统的乡村精英分子的支持已足以使政治保持稳定。而在政治意识和政治参与正在拓宽的制度内,农民就成为了决定性的集团。"①

辛亥革命之所以失败,相当程度上是因为只有少数上层精英参与了这一革命。正是基于此,孙中山主张联俄联共、扶助农工,发动了动员乡村的国民革命。国民革命是以民权为中心的革命。国民革命向乡村的渗透,是以民权为中心的民主政治的下乡。在国民党和共产党的合作中,广大农民被动员到政治生活中来,特别是取得了权力主体地位,前所未有地进入农村政治生活的中心。毛泽东在1926年对湖南农民运动考察中,详细地叙述了这一从未有过的政治大变动。首先,国民革命促成了以农民为主体的农民运动。1926年10月到1927年1月,湖南省有一千万,即全体农民的一半参与了农民运动。其次,农民运动的目标改变了传统的统治秩序。"农民的主要攻击目标是土豪劣绅,不法地主,旁及

---

① [美]塞缪尔·P.亨廷顿:《变化社会中的政治秩序》,王冠华、刘为等译,生活·读书·新知三联书店1989年版,第267页。

各种宗法的思想和制度，城里的贪官污吏，乡村的恶劣习惯。"①在打倒土豪劣绅的过程中，一切权力归农会。再次，农民居于乡村政治生活的中心地位。连传统的乡村权势人士也要求加入农会。"这是四十年乃至几千年未曾成就过的奇勋。"②第四，正是在政治参与中强化了农民的人民权力意识。"孙中山先生的那篇遗嘱，乡下农民也有些晓得念了。他们从那篇遗嘱里取出了'自由'、'平等'、'三民主义'、'不平等条约'这些名词，颇生硬地应用在他们的生活上。""开一万个法政学校，能不能在这样短时间内普及政治教育于穷乡僻壤的男女老少，像现在农会所做的政治教育一样呢？我想不能吧。"③中国共产党将革命重心转移到乡村后，更是将农民作为依靠对象，将传统的权势人物作为斗争对象。具有政权性质的农村苏维埃和革命根据地的基层政权组织主要由农民组成。

中华人民共和国建立后，新型的政权和政党全面向乡村渗透。尽管农民仍然是依靠对象，但是农村社会出现了政治分化，有了干部与群众之分。干部与群众是现代组织概念。干部是团体的负责人或从事公务的人员。群众则是团体内一般成员。干部与群众之分本身就表明了他们之间的距离和差别。④ 特别是随着新兴农村精英的体制化和权力化，干部与群众的分化愈益明显。在权力体系内，群众的边缘化问题日益突出，如农民协会之类的农民组织不复存在。如何通过参与将农民吸纳到体制中来，成为国家转型中的新问题。人民公社体制确立后，中共确立了"民主办社"的原则，为农民群众参与乡村治理开辟制度化的机制。1962年，中共八届十次会议通过《农村人民公社工作条例（修正草案）》（俗称"人民公社六十条"，被视为人民公社体制的纲领性规定）。该条例规定：人民公社的各级组织，按照民主集中制的原则办事。人民公社的

---

① 《毛泽东选集》第 1 卷，人民出版社 1991 年版，第 14 页。
② 《毛泽东选集》第 1 卷，人民出版社 1991 年版，第 15 页。
③ 《毛泽东选集》第 1 卷，人民出版社 1991 年版，第 34 页。
④ 参见［德］埃里亚斯·卡内提《群众与权力》，冯文光、刘敏、张毅译，中央编译出版社 2003
　年版。

各级权力机关，是公社社员代表大会、生产大队社员代表大会和生产队社员大会。凡属于全公社范围的重大事情，都应该由社员代表大会决定，不能由管理委员会少数人决定。生产大队的一切重大事情，都由生产大队社员代表大会决定；生产大队的领导人由大队社员代表大会选举。生产队必须实行民主办队，生产队的一切重大事情，都由生产队社员大会议决；生产队干部由社员大会选举。人民公社各级的规模应该由社员民主决定。① 但在"政社合一""政经合一"和"党政合一"的人民公社体制下，实行的是"以党代政"的党组织的一元化领导，党组织居于领导中心地位，是实际的权力执掌者。而党组织并没有进入人民公社的体制性架构中。换言之，党组织领导人的产生与对权力的支配并没有体制性安排。"人民公社六十条"规定：在人民公社中，中国共产党的各级组织，必须同群众密切联系，有事同群众商量，倾听群众意见。但这一规定更多是一种要求而不是具有强制力的制度安排。因此，作为新兴精英的干部仍然是乡村治理主体。其二，公社体制内在的制度也限制了群众的参与。公社是政社合一的组织，作为一级政权基层单位，它必须服从上级政府的领导。这种自上而下的科层制管理势必将一般民众挤压在管理体制以外。农民群众对公共事务的参与程度十分有限，主要是"评工分"、选生产队干部等，且未制度化。目前尚未发现由公社社员按公社条例定期选举并随时罢免公社、生产大队和生产队干部的案例。当然，社员群众的有限参与并不是毫无意义的。它表明国家并没有回归到传统，让少数精英独占治理乡村的权力，农民至少在文本和符号方面仍然具有政治主体的地位，在特殊时期甚至进入政治中心。如 1960 年代，中共高层试图在农村恢复建立贫下中农协会（简称"贫协"）。"文化大革命"时期，具有贫下中农身份的农民还作为领导者进入城市社会。

公社体制造成的经济社会依附性限制着群众对农村公共事务的参

---

① 参见中华人民共和国国家农业委员会办公厅编《农业集体化重要文件汇编》（下册），中共中央党校出版社 1981 年版，第 628—629 页。

与，"民主办社"的理念并未能落实。否则，干部的强迫命令、浮夸风等行为就不会盛行。这也是农民群众缺乏积极性的重要原因。为了调动农民积极性，中央鼓励实行家庭经营，最后导致人民公社体制的废除。家庭经营体制的核心是权力下放，农民成为生产经济主体。正如邓小平所说："调动积极性，权力下放是最主要的内容。我们农村改革之所以见效，就是因为给农民更多的自主权，调动了农民的积极性。"[①]与此同时，农民则由公社这种国家性的地方经济政治共同体回归到家庭组织中，农村社会面临公共事务无人管、农民无组织的离散问题。由此需要在分散经营的条件下将分散的农民整合到国家体系中来。

1980 年代初，广西北部的宜山、罗城一带出现了农民自发形成的组织。据已发现的文字资料显示，宜山县（现宜州区）的屏南乡的合寨村是我国第一个村民委员会的发源地。农民群众共同参与建立村民委员会（名称不一，有的称"村管会"，有的称"议事会"或"治安领导小组"），并通过这一组织管理公共性事务。[②] 这一组织形式很快引起了中央高层领导的重视，并视之为吸纳和重组农民的重要方式。

将村民委员会作为吸纳和重组农民的方式，一开始就具有民主，即赋权于民的特性。中共十一届三中全会是改革开放的起始标志。邓小平在该会的主题报告《解放思想，实事求是，团结一致向前看》中强调，民主是解放思想的重要条件。"当前这个时期，特别需要强调民主。因为在过去一个相当长的时间内，民主集中制没有真正实行，离开民主讲集中，民主太少。""要切实保障工人农民个人的民主权利，包括民主选举、民主管理和民主监督。……必须使民主制度化、法律化，使这种制度和法律不因领导人的改变而改变，不因领导人的看法和注意力的改变而改

---

① 《邓小平文选》第 3 卷，人民出版社 1993 年版，第 242 页。
② 本人为弄清村民自治的起源，于 2000 年在广西进行了数月调查，并在之后进行了继续调查，收集了大量资料。详细情况可参见徐勇《伟大的创造从这里起步——探访中国最早的村委会的诞生地》，《炎黄春秋》2000 年第 9 期。

变。"①1982 年 9 月召开的中共十二大指出，社会主义民主要扩大到政治生活、经济生活和社会生活的各个方面，要发展各个企业、事业单位的民主管理，发展基层社会生活的群众自治。根据以上主张，1982 年通过的宪法充分肯定了加强民主的原则精神。为适应经济体制改革要求和落实基层直接民主的原则，宪法第 111 条还规定："城市和农村居民居住地区设立的居民委员会或者村民委员会是基层群众性自治组织。居民委员会、村民委员会的主任、副主任和委员由居民选举。"1983 年 10 月，《中共中央、国务院关于实行政社分开建立乡政府的通知》强调，在建乡的过程中，设立村民委员会。村民委员会是基层群众性自治组织。1986 年 9 月，中共中央和国务院发出的《关于加强农村基层政权建设工作的通知》强调，村民委员会要发动广大村民积极参加社会生活的民主管理。1987 年召开的中共十三大更是明确地指出，"基层民主生活的制度化"，"要充分发挥群众团体和基层群众性自治组织的作用。逐步做到群众自己的事情由群众自己依法去办"。很显然，中央决策者设立村民委员会的重要目的是以民主整合分散化的农民。

在中央决策者中，彭真作为六届全国人大常委会委员长，是村民自治的积极倡导者和推动者。1987 年，彭真在全国人大常委会讨论《中华人民共和国村民委员会组织法（试行）》时发表了长篇讲话，其题目就是《通过群众自治实行基层直接民主》。他的讲话与 60 年前毛泽东发表的《湖南农民运动考察报告》有很多相似之处。其一，通过村民委员会将农民组织起来。彭真认为，通过群众自治实行基层直接民主，早在 1953 年就提出来了。只是当时只限于城市居民委员会，其主要任务就是把工厂、商店和机关、学校以外的街道居民组织起来。而在农村则是通过合作社、人民公社这类集体经济组织来组织农民。农村改革以后，必须寻求组织农民的替代方式。因为党的基层组织不可能将所有农民吸纳到自己的组织内。这就需要一种新的组织形式，即村民委员会。村民委员

---

① 《邓小平文选》第 2 卷，人民出版社 1993 年版，第 144、146 页。

会是群众性自治组织,既不是政权组织,也不是政党组织。其特点就是群众性,凡是农民都可以获得"村民"这一公共性身份。正如农民运动时期,凡农民都可加入农会组织一样。其二,村民委员会是具有公共事务管理职能的组织,拥有管理村庄事务的权力。革命时期,由于旧的统治秩序被破坏,农村的一切权力归农会。公社体制废除后,村民委员会与一般的群众团体有所不同,它"依法办理本村的公共事务和公益事业,调解民间纠纷,协助维护社会治安,向政府反映村民的意见、要求和提出建议"。其三,群众成为乡村政治生活的中心。农民运动推翻了传统统治秩序,使其从非政治主体进入乡村政治中心。在公社体制废除后设立的村民委员会内,"农民群众按照民主集中制的原则,实行直接民主,要办什么,不办什么,先办什么,后办什么,都由群众自己依法决定"。尽管村庄内仍然存在党组织,但党组织的成员也属于村民;尽管村民委员会要接受乡镇政府领导,但政府不得干预村民自治范围内的事务。村民群众由公社体制下的政治边缘进入乡村政治中心。其四,村民自治成为训练民众的大学校。在毛泽东看来,开一万个法政学校也难以在乡村普及政治。彭真则认为:基层群众自治是最广泛的民主实践。通过参政议政,可以"逐步锻炼、提高议政能力"。①

但村民委员会和村民自治与 60 年前农民运动中产生的农会和农民参与有所不同。首先,村民自治不是革命赋权,而是国家法律赋权。村民委员会组织及农民的民主权利是国家依照法律赋予的,并属于整体国家秩序的一部分。其次,村民自治的产生并不是从根本上改变乡村治理体制,村民自治组织只是基层政权和基层党组织之下的群众自治组织。换言之,村民委员会只是一种政权和政党组织的补充。仅仅依靠政权和政党组织还无法进行充分的乡村组织和动员,不可能处理好所有的乡村事务,更难以建构农民的主体性。正如彭真所说:"没有群众自治,没有

---

① 参见彭真《通过群众自治实行基层直接民主》,《彭真文选》,人民出版社 1991 年版,第 606—611 页。

基层直接民主，村民、居民的公共事务和公益事业不由他们直接当家作主办理，我们的社会主义民主就还缺乏一个侧面，还缺乏全面的巩固的群众基础。"①再次，与农民动员中产生的"一切权力归农会"不同，村民委员会的权力是有限的，主要限于本村的公共事务和公益事业等涉及全体村民利益的事情。

自 1987 年以后，村民自治作为一项国家法律制度，开始在全国试行和推广，并取得了意想不到的效果，这就是农民重新回归到国家组织体系，国家也可以凭借组织化的条件进行政治整合。如果仅仅依靠由少数人构成的基层政权和基层党组织，是无法赋予农民以统一性的法定村民身份的。因为村民委员会属于国家体制内的组织，作为村民委员会一员的村民并不是自然村的自然共同体的成员，而属于国家体制内的村落共同体的成员。国家可以凭借村民委员会与分散的农民交往，由此可以大大减少国家政权下乡的成本。同时，通过赋权于民，可以为建设社会主义民主政治奠定稳固的基础。而这一点，一直是现代国家设计者的目标之一。正因为如此，1997 年中共十五大高度评价了村民自治的意义。1998 年全国人大修订《中华人民共和国村民委员会组织法》并正式实施。

在发展中国家，现代国家建构的重要任务之一，就是对占人口多数的农民的吸纳。谁能吸纳农民，谁就能获得国家稳定的基础和国家发展的动力。中国的新民主主义革命通过吸纳农民，取得革命成功。革命后建立的人民公社体制尽管坚持吸纳农民的理念，但更主要的是一种动员式吸纳，农民的主体地位未能得到实现。公社体制废除后的村民自治制度，其实质是通过农民的主动参与，并在农民的参与中确立其主体地位，从而将分散的农民吸纳到国家体制中来，以此建立对国家的认同。因为，村民自治、村民参与都是国家赋予权利的产物。这正是在村民自治进程中，农民为争取村民自治权利总是诉诸国家法律和国家机关，而不是颠覆国家法律和国家机关的重要原因所在。

---

① 彭真：《通过群众自治实行基层直接民主》，《彭真文选》，人民出版社 1991 年版，第 608 页。

由此可见,现代国家建构中产生的村民自治与传统乡村自治有本质的区别。一是村民自治是在政权下乡和政党下乡过程中产生的,它是伴随政权下乡和政党下乡之后民主下乡的结果。村民自治属于国家组织体制的内在组成部分。其次,村民自治的主体是全体村民,而不是少数精英。传统的乡村精英自治与传统国家的专制权力在实质上是一致的。现代村民自治的群众自治与现代国家的主权属民原则和参与性治理在实质上是一致的。

六、群众整合的草根性与行政化

对于现代化进程中的国家来说,通过外部力量进行乡村动员并不是一件难事,难的是持续不断地将乡村社会整合进国家体系,保持农民对国家的认同。20世纪的中国,通过政权下乡和政党下乡,成功地将农民整合到国家体系之中。但是,仅仅有政权整合和政党整合又是远远不够的。这是因为,政权整合和政党整合都是自上而下的外部性整合。政权和政党从根本上说,都还是从外部嵌入到农村社会的组织。它们的整合方式带有一定的外部强制性。政权整合主要依靠强制性命令。政党整合虽然属于精英动员,但也进入支配性体制。这种外部性的整合必然产生两个后果:一是难以建构起农民的主体性。农民只是被治者而不是自治者。二是难以反映农村社会的多样性。自上而下的标准化治理不可能考虑多样化的农村社会产生的多样化的需要。当然,在建构统一的民族-国家的一定时期,自上而下的政权整合和政党整合有其特殊意义。但随着民主-国家的建构,仅仅依靠外部性的整合已远远不够,依靠村民自治进行群众自我整合便成为国家整合的一种方式。

与政权整合和政党整合不同,群众整合是一种乡村内部性的自我整合,即由农民自组织并通过农民自身达成的规则进行乡村治理。它具有天然的草根性,即广泛的群众基础。这种草根性特点体现在村民自治的组织和制度架构中。首先,村民委员会是村民自我管理、自我教育、自我服务的基层群众性自治组织。这一组织性质反映的是村民群众的"自我性"，而不是政权和政党组织的"他我性"。它不是一级政府组织或者一级党组织，而是每个村民都为当然成员的群众组织。其次，村民委员会实行民主选举、民主决策、民主管理、民主监督。村民委员会的领导人由本村村民选举产生，而不能由外部性力量任命。村民自治范围内的事务由村民决定，而不能由其他组织包办代替。村务管理要在全体村民讨论通过的共同规则基础上进行，不得由少数人任意决定，村务活动要接受全体村民的监督。

群众整合所产生的结果首先就在于建构起农民的主体性。农民在这种整合中是"自治者"，而不是"他治者"。正如彭真所说："八亿农民实行自治，自我管理，自我教育，自我服务，真正当家作主，是一件很了不起的事情，历史上从没有过。几千年的封建社会，什么时候有过群众自治？没有。"①这是"中华人民共和国的一切权力属于人民"宪法原则的具体体现。其次在于能满足农民的多样化社会需要。任何一种组织都有其自主性目的。政权和政党组织的性质尽管也体现着人民的意志，但自上而下的标准化体制使它们很难充分体现民众的多样化需要。群众整合的实质是通过村民委员会为村民群众根据村庄实际和村民的内在需要，实行多样化治理提供一个组织和制度平台。在这个平台上，实行直接民主，要办什么、不办什么、先办什么、后办什么，都由群众自己依法决定。这种多样化治理反映了多样化农村社会特性，它不仅不会导致社会的分裂，反而更有利于实现有机的而不是机械的团结。因为，人们通过这种组织和制度平台能够各得其所，就会产生和强化对组织和制度的认同。所以，群众整合能够起到政权和政党整合所不具有的作用。

群众整合的特殊价值是其草根性。但是，这种整合又不可避免地趋于行政化，即具有行政性功能，由此又可能导致脱草根性。其根源在于村民委员会组织的双重属性，并反映了现代国家中民族-国家与民主-国

---

① 彭真：《通过群众自治实行基层直接民主》，《彭真文选》，人民出版社 1991 年版，第 608 页。

家建构的双重特性及其内在冲突。

从人民主权和村民参与的角度看,村民委员会是基层群众性自治组织,村民通过这一组织参与村务管理。而从民族-国家行政管理区域的角度看,村民委员会又是一个行政建制单位,即"行政村"。村民作为一个民族-国家的国民归属于某个乡(镇)某个村。作为国家的一个行政区域,村内包括各种各样的由政府管理的行政事务。政权组织必然要将行政村的某些权力集中于自己手中并进行权力渗透。党组织也必然要在行政村的范围内进行组织和动员,确立自己的领导地位。由此,在行政村这一地域内,存在三种组织化的力量:一是政权组织力量,二是政党组织力量,三是群众组织力量。相应地,存在三种整合:政权整合、政党整合和群众整合。如果将政权整合和政党整合都归属于外部性整合的话,那么,群众整合则属于内部性整合。本来,对于现代国家建构中的乡村治理而言,这三种整合各有其不可替代的功能,能够大大提升国家对农村的整合能力。但是,由于目标、次序和资源的不同,各类整合力量之间也存在内在的冲突。

在20世纪中国的国家转型中,民族-国家的建构居于优先地位,主要任务是由分散分裂走向统一团结。通过政权下乡和政党下乡,将农村区域整合进国家体系。因此,在相当长时间,外部性的政治整合居于主导地位。只是由于长期沿袭单一的外部整合所促成的可能是机械团结而不是有机团结,才产生了具有人民主权特性的群众整合。然而,群众整合并不排斥政权和政党整合,相反,政权和政党整合还要通过群众整合发挥作用,从而导致其行政化。

村民委员会作为基层群众性自治组织,要反映和代表村民意志;作为行政建制单位,要贯彻上级党政组织的意志。从自上而下的组织体制看,上级党政组织更多的是将村民委员会当作自己属下的基层组织,而不是相对独立的群众自治组织。这一问题早在村民委员会组织立法时就引发过争论。彭真从人民主权的角度,强调"村民委员会是基层群众性自治组织,不是基层政权的'腿',乡、镇政权同它的关系是指导关系,不是领导关系"①。但是，他也注意到村民委员会毕竟是基层政权之下的基层组织，因此担忧上面"给村民委员会头上压的任务太多，'上面千条线，底下一根针'，这样就会把它压垮"②。彭真试图从三个方面加以解决。一是坚持党的领导，特别是坚持党的群众路线。二是加强政权建设，特别是坚持全心全意为人民服务。三是实行村民自治，由村民直接办理本村的事务，并依法履行应尽义务。

但是，在乡村治理的实际过程中，上级党政意志与村民意志并不总是一致的。为了贯彻上级党政意志，党政组织必然要将村民委员会作为自己属下的组织对待，并要求村民委员会完成所交办的工作。这些工作不是要不要做的事情，而是必须完成的任务。正是在这种自上而下的领导体制下，村民委员会主要履行的是完成上级任务的行政功能，其群众参与的自治功能未能充分发挥出来，村委会的干部被视为"村官"，群众整合也因此趋于行政化。

要解决这一内在的冲突，需要将政权、政党和群众整合统一起来，根据党的领导、依法治国和人民当家作主相统一的原则，实现乡村治理的转型，在村民自治基础上走向现代基层地方自治。在基层地方自治的框架下，需要集中的权力向地方政府集中，同时地方政府权力更直接地渗透到乡村。党组织通过竞争取得乡村治理的主导地位，以制度保障其草根性。村民群众则直接参与地方自治。由此实现政府依法行政、党组织依法执政、村民依法自治的三者合一。

---

① 彭真：《通过群众自治实行基层直接民主》，《彭真文选》，人民出版社1991年版，第609页。
② 彭真：《通过群众自治实行基层直接民主》，《彭真文选》，人民出版社1991年版，第611页。

第二章 土地、产品与劳动：乡村的资源整合

现代国家是在明确的领土边界范围内行使统治权的国家。土地和人民是国家的基本要素。现代国家的一体化过程就是将分割、分散的土地和人民整合为一体的过程。在中国的国家转型中，对土地、产品和劳动资源的统一配置，是将分割、分散的乡土社会整合到国家体系中，并加以国家治理的基础性方式。中国得以在不到百年的时间里，在一个极度分散的乡土社会基础上建构起一个高度一体化的国家，根本上在于资源的强力整合。

一、统一归公：土地的国家化

土地是人们的生存根基，也是国家的基本要素。但土地可以从不同的角度加以界定。凡属一个国家所统辖区域的土地，可称之为领土。国家主权在相当程度上体现于对其土地的统辖权。而用于耕种并以此获得生活资料和收益的土地，则是耕地。拥有一定数量耕地权并以此获得地租的人曾经被称为地主。领土权和耕地权是两个不同的范畴。前者是政治权，后者是经济权。

在传统社会，都经历过一个分封裂土的时代，耕地的主人同时是某

一地方的实际统治者。最为典型的是西欧封建社会。西欧封建社会被
称为领主社会，即一个地方的领主同时统辖所领有的土地和居住在土地
上的人民。领主、领地之间相互隔绝，互不联系。耕种土地的农民效忠
和依附于领主。领主实际上是地方的主权者。中世纪的西欧正是由一
个个独立自主、分散分裂的封建领主庄园构成的。但随着现代国家的生
长，国家的版图和疆域扩大，中央权威建立，领土权和耕地权相分离。国
家领土由中央政府和各级地方政府管辖，耕地的主人只是对国家领土内
的耕地享有支配权。因此，现代国家的建构过程，实际上是将分散的土
地权力日益集中于国家，形成统一的国家领土主权的过程。国家通过控
制所统辖的土地控制人民，使人民成为具有某一国籍和隶属国家某一地
方的居民，或者将某一耕地分配给人民，由此建立起人民对国家的认同
和依附。列宁因此说过，土地国有化"是资产阶级革命的'最高成就'"。①

　　与西欧历史不同，中国不仅早就产生了国家，而且国家的框架长期
延续，土地的国有性突出。由此才有"溥天之下，莫非王土，率土之滨，莫
非王臣"之说。但是，在相当长时间里，国王对其土地的统辖能力不强，
只能以土地分封的方式将土地分封给与自己有血缘关系的亲族管辖。
管辖封地者成为实际的主权者，既统辖土地，也统辖居住在封地并耕种
土地的人口，即所谓"分封裂土"。公元前 221 年，秦始皇统一中国，决定
"不立尺寸之封"，在全国统一推行郡县体制，由此将领土权统一集中于
国家，由中央政府及其属下的地方政府管理土地和人口。占有土地的人
只是享有耕种土地或通过占有耕地而收益的经济权力，且须服从国家的
统辖。但是，秦始皇统一中国后，地域和人口都大大扩展。由于自给自
足的自然经济及交通信息等技术条件的限制，国家政权并不能有效地行
使对土地和人口的管辖权。正如韦伯所说："政权地域的各个部分，离统
治者官邸愈远，就愈脱离统治者的影响；行政管理技术的一切手段都阻

---

① 参见《列宁全集》第 16 卷，人民出版社 1988 年版，第 396 页。

止不了这种情况的发生。"①在传统中国,国家正式政权机构到县一级,县以下则实行乡村自治,即主要由地方精英行使管治权。而这些地方精英大都是占有耕地较多的地主。

领土权和耕地权都体现着一种支配关系。国家对领土的统辖需要相应的国家机构和暴力机器,并从所统辖的人口中获取税赋和兵役。地主凭借对耕地的占有而从农民手中获得地租和劳务。作为国家象征的皇帝既是国家领土主权者,又是最大的地主,能够形成强大的专制整合能力,压抑社会新因素的生长。同时,在分散分裂的乡土社会,农民直接面对着地方精英。这些地方精英除了拥有较多土地,能够行使经济支配权以外,还能得到正式官僚政权的支持,拥有较高社会威望,是乡村实际的主权者。他们甚至可以处置当地人口的生命,如将那些违背祖训或族规的人沉塘淹死。一般民众可能终生都不会面对皇帝,但必须面对地方精英。因此,拥有较多土地的地方精英是传统国家统治的基础。当然,由于权力和利益关系的纠葛,作为乡村实际统治者的地方精英与作为国家统治者的皇帝官僚体系又有一定的利害冲突。但无论是皇帝官僚体系,还是乡村地方精英,都是以控制土地为基础获得其统治权。而农民耕种土地必须缴纳国税和地租。土地及附加于土地之上的税收和地租成为农民政治态度的支配性因素。

进入近代,中国的重要任务之一是国家整合,面临的最大问题是"一盘散沙"的分散分割状况。造成这种状态的重要原因是以一个个"小主权者"为中心的土围子的存在,使一般民众只有家族而无国族意识。孙中山作为现代中国的创立者,注意到要推翻帝制,建立独立自主的现代国家,必须唤起民众。而农民则是民众的主要成员,他们是农田的耕作者,却拥有很少或者没有土地。为此,他提出"平均地权",主张"耕者有其田"。与传统的均分田地的主张不同,孙中山是从现代国家的角度,将获得土地作为平等的国民拥有的一项国民权利。要实现"耕者有其田",

---

① [德]马克斯·韦伯:《经济与社会》下卷,林荣华译,商务印书馆1997年版,第375页。

就必须在现代国家的建构中进行土地制度改革，即以国家强制力量为支撑，将地主的土地转移到农民手中。

对于近代以来的中国来说，土地改革具有双重性意义。首先是政治动员，推动现代民族民主国家的建构。通过土地改革，使占人口大多数的农民获得他们最迫切需要的土地，从而争取到农民的支持。亨廷顿对发展中国家的土地政治有较为深刻的认识，他认为："没有哪一个社会集团会比拥有土地的农民更加保守，也没有哪一个社会集团会比田地甚少或者交纳过高田租的农民更为革命。"①土地改革是决定农民政治态度的关键性因素。其次是消灭"小主权者"，推动国家认同。土地改革是借助国家强制性力量进行的对土地的重新分配，在这一过程中，原先拥有较多土地的地主在失去土地的同时，也会失去对乡村地方的统治权。"土地改革不仅仅意味着农民经济福利的增加，它还涉及一场根本性的权力和地位的再分配，以及原先存在于地主和农民之间的基本社会关系的重新安排。"②由于土地改革需要借助新兴国家政权的力量，农民在获得土地的同时，会建构起对新兴国家政权的认同和效忠。在王晓荣看来，近代以来的中国，各种政治力量都试图对农村社会进行整合，但未能成功。其重要原因"首先是没有根本解决农民的土地问题，其次是没有真正实现成功的政权下沉，而这两者又是互为条件的，国家政权的成功下沉是土地制度彻底变革的前提，而土地制度的变革反过来又成为政权成功下沉与稳固运行的支撑"③。

在亨廷顿看来，"土地改革即意味着用强力把财产从一部分人的手中夺过来，交到另一部分人手中……这一特征，使它成为对处于现代化

① ［美］塞缪尔·P.亨廷顿：《变化社会中的政治秩序》，王冠华、刘为等译，生活·读书·新知三联书店1989年版，第345页。
② ［美］塞缪尔·P.亨廷顿：《变化社会中的政治秩序》，王冠华、刘为等译，上海人民出版社2008年版，第246页。
③ 王晓荣、李斌：《建国以来农村社会整合模式的历史变迁及经验启示》，《东南学术》2010年第1期。

之中的国家的政府来说可谓意义最为深远也是最困难的改革"①。要推进土地改革,"首先需要把权力集中在一个立志改革的新兴社会精英集团的手中;其次还需要动员农民有组织地参与改革的实施"②。孙中山先生注意到农民在国民革命中的作用,提出了"耕者有其田"的主张,但限于条件的制约,没有能够实施并有效地动员农民。在他看来,"如果马上就要耕者有其田,把地主的田都拿来交给农民,受地的农民固然是可以得利益,失地的田主便会受损失"。因此,土地改革需要"慢慢商量来解决农民同地主的办法。让农民可以得利益,地主不受损失,这种方法可以说是和平解决"。③ 但这一和平方法很难动员广大农民参与。而"土地改革的成效却总是依靠农民积极的和最终有组织的参与。土地改革的发动并不一定需要动员农民,但改革要想成功却必定要把农民动员并组织起来"。这在于"集中的权力能够颁布土地改革法令,但只有广泛扩展的权力才能使这些法令成为现实。农民的参与对通过法律或许并非必要,但对执行法律却不可或缺"。④ 中国共产党一崛起,便将暴力革命作为土地变革的手段,将农民作为革命的依靠力量,领导农民运动。特别是当共产党将革命的重心转移到农村,建立农村革命根据地之后,更是将农民作为革命的主体,将土地革命作为革命的主要内容。从 1927 年到 1937 年的第一次国内革命战争又被称为土地革命战争。在革命根据地,共产党以军事力量为支持,"打土豪分田地",农民不仅获得了土地,而且成为政权的执掌者,与此同时也成为共产党的拥护和支持者。即使在抗日战争时期,共产党也实行了"减租减息"等有利于农民的政策。如毛泽东所说:"中国没有单独代表农民的政党,民族资产阶级的政党没有

---

① [美]塞缪尔·P.亨廷顿:《变化社会中的政治秩序》,王冠华、刘为等译,生活·读书·新知三联书店 1989 年版,第 355 页。
② [美]塞缪尔·P.亨廷顿:《变化社会中的政治秩序》,王冠华、刘为等译,生活·读书·新知三联书店 1989 年版,第 354 页。
③ 参见《孙中山选集》下卷,人民出版社 1956 年版,第 937、842 页。
④ 参见[美]塞缪尔·P.亨廷顿《变化社会中的政治秩序》,王冠华、刘为等译,生活·读书·新知三联书店 1989 年版,第 364—365 页。

坚决的土地纲领，因此，只有制订和执行了坚决的土地纲领、为农民利益而认真奋斗、因而获得最广大农民群众作为自己伟大同盟军的中国共产党，成了农民和一切革命民主派的领导者。"①基于农民占人口大多数的基本国情，他提出："谁赢得农民，谁就赢得中国；谁解决了土地问题，谁就赢得农民。"②正是由于农民的支持，共产党取得国家政权。中华人民共和国成立后，借助国家政权的力量，更是在全国范围内开展了土地改革运动。

土地改革不仅推动现代中国的建构，而且推动乡村治理的转型。首先，土地改革消灭了原先作为"小主权者"的地主阶级，推动土地权力的集中，促进了国家的一体化。土地改革是在新兴的政权主导下进行的，在剥夺地主阶级土地的同时，原有的经济控制权集中到国家手中。土地改革与政权建设是同步进行的。通过土地改革，政府得以垄断合法使用暴力的权力。过往的地方精英利用土地的支配权实际行使乡村治理权的状况得以改变。同时，土地改革是在国家机器的支持下进行的，是国家分田给农民。国家不仅是领土的统辖者，而且成为耕地的分配者。由此确立了国家在乡村治理体系中的中心和主导地位，打通了长期以来上层统治与下层社会间的阻隔，将乡土社会统合到国家体系中来。正如曾经领导和参与过土改的农村政策专家杜润生先生所评价的，土地改革的历史意义在于，"彻底推翻乡村的旧秩序，使中国借以完成 20 世纪的历史任务：'重组基层'，使上层和下层、中央和地方整合在一起。使中央政府获得巨大的组织动员能力，以及政令统一通行等诸多好处。这对于一个向来被视为'一盘散沙'的农业大国来说，其意义尤为重大"③。其次，土地改革的直接受益者是农民，而最大的政治受益者则是共产党。通过分配土地，农民获得好处，而对党持有"报恩"心理。党出此取得了广大

---

① 《毛泽东选集》第 3 卷，人民出版社 1991 年第 2 版，第 1075 页。
② ［美］埃德加·斯诺：《斯诺文集》第 1 册，宋久等译，新华出版社 1984 年版，第 208 页。
③ 杜润生：《杜润生自述：中国农村体制变革重大决策纪实》，人民出版社 2005 年版，第 20 页。

农民的政治支持,使其作为一个现代政党得以将根基延伸于广阔的乡村田野。杜润生先生将其概括为:土地改革是"农民取得土地,党取得农民"。[①] 土地改革与政党下乡几乎是同时进行的。没有后者,土地改革难以动员和开展,而没有前者,政党就不能在广阔的乡村田野中建立起稳固的组织体系。正是在土地改革中确立了党组织在乡村治理体系中的中心和主导地位,并使党的意志能够通过庞大的组织网络传递到乡村,实现有效的政治整合。所以,中国的土地改革实际上是一场政治革命,它不仅重新分配了土地,更重要的是为建构一个权力集中而又有强大渗透能力的现代国家奠定了基础。如杜润生所言,"我国土改改革,'发动群众重建基层',使民主革命走出了'改朝换代'的旧模式,展现出'改天换地'的新格局"[②]。与此同时,它还改变了传统治理结构,使得过往处于乡村底层的农民翻身成为主人,并有了主人的意识。因此,"土改不仅是农民翻身的过程,也是他们的认知观念彻底翻转的过程"[③]。

土地改革以国家强制力量为支持,将地主的土地转移给农民,实现了土地的相对国有化,即国家获得了完整的领土主权,而耕地的所有权则归属于农民。因此,土地改革作为农村社会结构的变革,它成功地消灭了一个拥有实际支配权的地主阶级,却使国家面对着数亿平分了土地的农户。这些农户虽然在乡村治理中不具有"小主权者"的地位,但他们在经济上毕竟属于"小私有者"。高度分散的私人利益决定了他们有可能根据个人利益最大化的逻辑决定其行为,并与国家利益相冲突。因为,中华人民共和国建立之后的国家主要目标是工业化,工业化所需要的原始积累则需要农村和农民的支持。这种支持有可能牺牲农民利益,从而使农民个人行为与国家整体目标发生冲突。从国家目标看,土地改

---

① 参见杜润生《杜润生自述:中国农村体制变革重大决策纪实》,人民出版社 2005 年版,第 17 页。

② 杜润生:《杜润生自述:中国农村体制变革重大决策纪实》,人民出版社 2005 年版,第 23 页。

③ 郭于华:《受苦人的讲述:骥村历史与一种文明的逻辑》,香港中文大学出版社 2013 年版,第 227 页。

革后的分散农民中蕴含着维护个人利益的"自发的资本主义倾向"，需要加以防止。其主要措施就是组织农民，实行集体化。而集体化的基础性内容就是土地资源的集体所有，即将土地的支配权由分散的农民个人手中转移到集体组织手中。

本来，土地改革后，农村中出现了农民自发地互助合作的现象，这主要是农业生产发展的需要。但是，在随后的集体化运动中，原有分散在农民手中的土地资源统一归属于公有性质的集体组织，实行农村土地集体所有制。1955年11月9日全国人大常委会第24次会议通过的《农业生产合作社示范章程草案》第一条规定：农业生产合作社是劳动农民的集体经济组织，"它统一地使用社员的土地、耕畜、农具等主要生产资料，并且逐步地把这些生产资料公有化"①。特别是在集体化运动中产生的人民公社，属于"政社合一"，经济组织和政权组织合为一体。虽然土地属于公社社员集体所有，但实际支配权则控制在公社组织中的国家干部和准国家干部手中。正因为如此，国家领土和农业耕地具有了前所未有的高度重合性。政权组织不仅是国家领土的主权者，而且是农业耕地的主权者。通过土地的集体所有，国家将原来散落于农民手中的土地所有权高度集中到自己手中，并通过统一控制土地资源整合乡村，得以使国家权力渗透到广阔的乡土社会，使广大农民成为国家—集体的附着者。农民个人行为与国家整体目标高度同一化。

二、"责任田"：主人的重构

土地制度的变革对于现代中国建构中的乡村治理变革具有基础性意义。从将地主的土地分配给农民，到将农民的土地集中到准国家性的集体组织，实际上是一步步将农村的经济及相应的社会权力集中于国家

①《当代中国农业合作化》编辑室：《建国以来农业合作化史料汇编》，中共党史出版社1992年版，第324页。

手中的过程,国家也因此获得了在乡村治理中的绝对支配和主导地位。如孙津所说:"农民的土地公有,延续了现代化国家基础的建立,或者说充实了这个基础的内容和型制,它既有巩固新生政权的作用,又是进行现代化建设的物质条件。"①国家通过土地资源的整合而将分散的亿万农民整合到国家体系中来。农民一旦离开土地,也就失去了生存的可能。

但是,土地改革后的土地归公及其国家化,在一定程度上是以抑制甚至消灭农民的个人性(这种个人性长期被视为"小农经济的落后性"或者自发的"资本主义倾向")为条件的。农民是具体的个人,要抑制甚至消灭农民的个人性,建构起农民对国家的长期认同,需要国家满足农民的需求。因为,依附与保护的对等性是维持政治认同、实现有效整合的基础。在集体化初期,农民交出土地的同时,也充满了对生活日益改善的预期。然而,随着时间的推移,有相当部分农民的预期未能实现。国家对土地资源的控制在相当程度上是为了更有效地从农村获得产品,先国家、后集体、再个人的分配格局造成农民的劳动与收益的不对等性。从农民的个人期盼看,他们渴求的是劳动与收益的对等。农民要求土地改革,有一份属于自己的土地,从根本上说就是为了满足这一渴求。正如马克思曾经说过的,"土地的占有是劳动者对本人的劳动产品拥有所有权的一个条件"②。而土地的集体所有,尤其是在此基础上的共同劳动与集体经营,使农民这一渴求的满足受到限制。从某种意义上说,这也抵消了土地改革的积极成果。为此,农民力图寻求新的方式,获得对土地的经营权并保持长期不变,以使他们的劳动能够尽可能与收益相对等。从根本上说就是要重新获得土地主人的地位。

面对农民的期盼,国家也对其土地资源归属和支配绝对国家化的政策作了适当调整。1950年代中期,随着农业合作社规模的扩大,农民便提出了将劳动与报酬直接联系的包产要求。如安徽的一些农村提出包

①孙津:《中国农民与中国现代化》,中央编译出版社2004年版,第81页。
②《马克思恩格斯全集》第25卷,人民出版社1974年版,第909页。

工包产，四川、广东一些地方试行"包产到户，地跟人走"，浙江采用了"按劳分田，包产到户"。[1] 1960 年代初，面对大饥荒，安徽省大规模试行包工包产，以增强农民的生产责任心，调动农民的生产积极性，并将农民包工包产的田地称为"责任田"。这一做法得到中央高层一定程度的默认。虽然这一做法后来被视为"走资本主义道路"而遭到批判和压制，但中央也不得不正视农民对土地经营和收益权的渴求。早在 1958 年人民公社建立前夕，中共中央就发布了《关于合作社社员的自留地和家庭副业收入在社员总收入中应占比例的意见》，认为"合作社留给社员以一定比例的自留地，鼓励社员发展喂猪和其他家庭副业，适当照顾社员个人利益，这一政策是正确的，并已收到显著成效"[2]。1961 年，中共中央提出《农村人民公社工作条例（草案）》（俗称"六十条"）以及相应的规定，最终确立了"三级所有，队为基础"的人民公社体制，生产小队成为生产经营和土地收益的基本单位，由此承认了农民劳动与其收益对等的一定合理性。特别是规定公社社员可以拥有自留地。"自留地一般占当地耕地面积的百分之五，长期归社员家庭使用。""社员自留地的农产品，不算在集体分配的产量和口粮以内，国家不征公粮，不计统购。"[3]这就意味着，自留地上的收获完全归农民所有。尽管"自留地"曾经被作为"资本主义道路"的内容受到批判，但这一土地制度一直延续下来。这说明，即使在人民公社这一土地支配权绝对国家化的时期，农民也拥有有限的土地支配权，有一定的自主生产的空间。当然，农民的自留地十分有限，而且被限制在家庭副业方面，这远远无法满足农民基本生产和生活的需要。但是，自留地的存在更重要的意义在于，农民在自留地的生产积极性远远高于在集体大田里的生产积极性。这种积极性不断激发和推动着农民

[1] 参见徐勇《包产到户沉浮录》，珠海出版社 1998 年版，第 28—29 页。
[2]《当代中国农业合作化》编辑室：《建国以来农业合作化史料汇编》，中共党史出版社 1992 年版，第 471 页。
[3]《当代中国农业合作化》编辑室：《建国以来农业合作化史料汇编》，中共党史出版社 1992 年版，第 636 页。

要求获得对集体大田的自主经营和收益权。正因为如此，1970 年代末1980 年代初，中国农村兴起了以家庭联产承包责任制为主要内容的农村改革，其实质内容正是"分田到户，家庭经营"。

农村改革被视为"第二次土地改革"。与土地改革的共同之处在于，通过土地归属的改变，满足了农民对劳动与收益对等的要求。共产党在赋予农民土地经营权的同时，也获得了农民的认同和支持，从而巩固了自身在农村的执政基础。"分田到户"的农村改革与土地改革也有所不同。土地改革调整的是地主与农民的土地关系，农民获得了土地的所有权及相应的经营权和收益权。而农村改革调整的则是国家（集体）与农民的关系，农民获得的只是土地的经营权和相应的收益权。农村改革后，土地仍然属于集体所有，国家在土地上仍然具有支配性地位。农村改革中农民所获得的土地被称为"责任田"和"承包地"。"责任田"有两方面含义。一方面，它意味着农民获得土地经营权和收益权，成为土地的主人。另一方面，农民获得土地经营权和收益权的前提是对国家和集体承担相应的责任和义务，如完成各种政府任务、不得抛荒等。"承包地"也包括两种含义：一方面是农民在承包期限内有自主经营权；另一方面是农民必须若干年一次从集体手中获得承包地的资格，其承包年限则由国家相关政策规定，如土地承包期"三十年不变"。

因此，农村改革建立了国家与农民的新型关系，使农民获得了一定的生产经营自主权，但集体和国家仍然对土地拥有决定意义的支配权，并使得政府和干部在乡村治理中仍然居于支配性的主导地位。这种主导地位保证了国家对乡村的控制性整合，但是也难以避免政府权力对农村社会的无限制渗透。这种无限制渗透又有可能超越农民可以承受的限度，损害农民利益。20 世纪 80 年代初中期，农民从分田到户的农村改革中获得较大收益，国家也获得较多农产品。但进入 20 世纪 90 年代，各种政府任务迅速增多，而对于以农业为主的地方来说，完成各种政府任务所需要的财政来源却较少。为了完成各种政府任务及支付完成任务的成本，农民所要缴纳的税费迅速增多。尽管中央政府"三令五申"，并划定了农民负担不能超过他们收入的 5％的"高压线"，但农民的负担仍然是有增无减。这些负担得以下派的重要依据就是农民的"责任田"和"承包地"。换言之，农民分得了"责任田"和"承包地"，也就要承受各种说不清、道不明的税费。这些税费负担甚至已远远超出农民从田地上的收益。为此，他们中的许多人只有自动放弃土地外出务工。农民本是最热爱土地的，他们放弃土地而出走他乡，与附加在土地上的负担过重有密切关系。而当他们疏离自己最热爱的土地之时，也有可能疏离曾经分给他们土地的国家，并给乡村治理带来新的问题。这就使原来依靠支配土地来管理民众的治理方式受到严峻挑战。

进入 20 世纪 90 年代，现代化进程加快，工业化和城市化随之扩张，由此带来大量农田的占用。这些农田的自然禀赋一般较好，在转为非农用地后价值急剧提升。但农民从农田转让中所获收益却甚少。其重要原因就在于农田的转让是以"征地"的方式进行的。各级政府可以为了"公共建设"或者经济发展的需要以较低的价格从农民手中征用土地，而农民没有讨价还价的制度性可能。即征地是一种政府的单边行为，作为田地经营者的农民处于被动地位。他们的土地被征用后，容易出现得不到合理补偿和报偿的情况，使他们成为失地便失业（土地是他们的劳动资料）和失保（土地是他们的生存保障）的"无地农民"。农民是因为能够获得给他们带来收益的土地而认同于国家的，一旦失去能够给他们带来收益的土地，他们与国家的关系就有可能疏远，甚至相对立。20 世纪 90年代下半期，因随意征用土地而发生的农民与政府相对抗的群体性事件不断增多。

土地及其收益决定着农民对国家的向背，决定着乡村治理的基本格局。现代国家建构的发展，要求重新构造农民与土地、农民与国家的关系。在现代国家建构早期，为了民族-国家的整体利益，需要将分散的权力集中以及牺牲一部分人利益，使他们承担更多的义务和责任。但是，民主-国家建构的推进，愈来愈要求根据公民的平等权利构造公民社会，寻求新的政治合法性基础。恩格斯对于 18 世纪末拿破仑以民法典的形式将农民的土地权利确定下来并获得农民"狂热的""民族感"有过精当的评价:"自从他们根据财产继承权占有了一块法国土地以来,La France[法国]对他们就有了重大的意义。"①作为现代国家创立者的孙中山之所以比简单提出"均田"主张的前人先进,就在于他不仅赋田于民,而且赋权于民,将土地作为农民的平等国民权利,以此获得农民对现代国家的认同。近百年来,在以工业化为主导的民族-国家建构中,农民的土地权利尚未得到切实保障。随着民主-国家的建构,需要切实保障农民的土地权利,将农民对土地的经营和收益由"责任田"向"权利田"转变,以国家赋予农民土地权利来重新建构农民的土地主人地位及其对国家的认同。当他们依照国家法律行使土地权利并履行相应义务时,就会认同于国家而非与之对抗。农民也因此可能在乡村治理中由潜在的反叛者变为制度的支持者,从而成为乡村治理中的积极力量。

三、统一征购:产品的国家化

"衣食住行"是人类生活的基本需要。而这些需要的满足相当部分来自农产品。对农产品的支配构成权力关系,并在国家对乡村的治理中发挥着基础性作用。特别是作为主要农产品的粮食,更是国家治理的战略性资源。

人是在特定的政治社会关系中存在的。他所生产的产品的出路也受到特定的政治社会关系支配,具有某种政治属性。在传统社会,农民生产的产品大体上有以下出路:一是"皇粮",即作为皇帝的子民向皇权国家无偿上缴的产品。这部分产品一般是实物,也可以货币形式折合实物上缴。二是"地租",即向耕地所有者上缴的借以取得租种耕地资格的产品。三是生产者自己用于消费的产品。四是向村庄和地方共同体提交的产品,以满足村庄和地方共同体的公共需要。五是自由交换以获得

---

① 《马克思恩格斯全集》第 5 卷,人民出版社 1958 年版,第 561 页。

自己没有的商品或取得更多收入的产品。

在以上五类产品中,"皇粮"体现着国家性。首先,"皇粮"是居民归属于国家共同体的体现和象征。在分散分割的传统社会,许多地方得以成为或归属于哪一国家,在相当程度上取决于向谁提交产品,即"纳贡"。2000年笔者在广西西北部做调查时,当地有一个地方被称为"三只羊"。因该地土地十分贫瘠,每年只是象征性地上缴三只羊,以表明该地的国家归属。其次,"皇粮"是一种权力和义务。由于土地的终极所有者是国家,所以,生产者无偿上缴"皇粮"被视为天经地义。上缴的数量及种类均由政府决定,生产者只有服从的义务,且由于长期以来的习惯如此而被其视为理所当然。1996年笔者在四川省东部山区做调查时,当地还流行着千百年以来的话语:"天干地裂,皇粮国税少不得。"即无论是什么情况,上缴"皇粮"都处于第一优先地位。第三,"皇粮"决定着乡村治理的"官治"属性。一般认为,在传统中国,"皇权不下县"。但这只是表明,国家的正式政权只到县一级,并不是说皇帝的权力到县为止。事实上,皇帝的权力网络及影响一直延伸到乡村社会。其重要原因就是皇帝—官僚国家要从乡村获得供奉他们的产品资源。只是上缴"皇粮"已是久远的传统,在相当程度上不需要政府官员直接收取,也就无须将官僚政权延伸至乡村社会基层。

作为地租的产品也是生产者需要优先提供的,这是生产者取得租地的资格。拥有土地愈多者,所能获得的农产品就愈多。传统社会中的"大户",不仅指占有土地较多,同时也意味着其囤积农产品的仓库大。有的"大户"甚至"富可敌国"。而在农产品成为紧缺资源之时,大户对农产品的占有和支配甚至能够成为上对官府、下对平民的重要资源,从而获得政治支配权。这也正是皇帝—官僚国家对富户、大户往往采取抑制措施的重要原因。

如果说"皇粮"和"地租"都带有某种外部强制性的话,那么只有生产者用于自我消费、地方共同体公共消费和自由交换的产品才是直接满足生产者自己需要的。其中生产者将自己的产品用于自由交换并获得一定收益的行为,体现着生产者可以自由支配其产品并获得收益的"生产者主权"地位。这种主权反映着平等的社会交往关系,与"皇粮"体现的统治者主权—农民义务关系完全不同。只是生产者用于交换的剩余产品太少。简单的初级的交易行为也很难持续不断地培育生产者的权益意识。这正是在传统中国,生产者更多的是国家义务意识,而较少公民权利意识的重要原因所在。

无论如何,在传统国家,产品的占有和支配相对分散,没有哪一方能够集中垄断。而在现代国家的建构中,伴随着分散的权力的集中,国家可以利用高度集中的垄断权力去垄断各种资源,以此控制社会。其中,最重要的是农产品资源的垄断。这一过程中,国家也会相应地构造其乡村治理方式。

现代中国的转型长期伴随着战乱,人民的饥饿问题长期存在并因为战乱而十分严重。因此,在现代中国的转型初期,农产品成为最重要和最紧缺的治理资源。谁能够占有和支配农产品,谁就能够取得统治的主导权。为获得紧缺的农产品,特别是粮食资源,军事—政权力量不断地向乡村社会渗透,建立起在军事—政权力量支持下的征购和专营体系。在此过程中,农产品的获取与分配第一次成为全面的国家行为,并改变着乡村治理格局。

1930年代,日本入侵中国。为维持其统治,日本决定对中国东北地区的农产品采取垄断政策,实行"统制",后又扩展为强制购销,推行"粮谷出荷"。其实质是由日伪政府以极低廉的价格从农民手中强制获得农产品,是在军事—政权的力量下摊派给农民的任务。同时,日伪政府对粮食市场进行全面"统制",实行垄断经营和"配给供应"。未经许可贩运粮食被视为"经济犯"。日本侵华期间,国民政府为解决国统区的粮食问题,采取了战时粮食管制政策,实行"征实""征购""征借"制度。其实质也是借助军事—政权的力量强制获取农产品。

如果说国民政府的农产品征购制度只是战争期间的一种非常措施的话,那么,中国共产党取得全国政权后,农产品的国家统一征购和专营则成为一种制度化的国家行为,使农产品资源的支配全面国家化。

中国共产党是通过军事战争的方式取得政权的。在民族民主革命战争期间,中国共产党主要依靠征收"公粮"、临时筹集及农民支持等方式获得粮食。1937年,陕甘宁边区政府颁发了《救国公粮征收条例》。随后,其他一些抗日革命根据地也推行了"公粮"征收制度。该制度一直延续到中华人民共和国建立之后。此时的"公粮"相当于历史上的"皇粮",属于农民向政权上缴的税赋。只是"公粮"的称呼赋予了这种税赋及收取税赋的政权以人民性、公共性。同时,公粮只占农民收获中的一部分。

1949年后,由于工业化积累、城市人口的增多,国家对农产品特别是粮食的需求迅速增多。国家高度重视粮食产品的管理,专门成立了粮食部及全国性的粮食系统。这标志着国家第一次将粮食列入政府直接管理的对象,粮食管理成为国家行为。但在中华人民共和国建立初期,相当一部分农产品资源为作为生产者的农民和市场销售者所掌握。长期主管中央财经工作的薄一波说:"建国头几年,国家掌握粮食,以征为主,以市场收购为辅。来自公粮征收和市场收购的比例,1951年至1952年粮食年度为61:39;1952年至1953年粮食年度为56:44。"[1]当农产品需求迅速增长而供给相对不足之时,农产品成为稀缺资源,甚至一度引发粮食危机,严重威胁着新生政权的稳定和工业化战略的实施。在这一背景下,1953年,中共作出一项重大战略决策,这就是对粮食等农产品实行"统购统销"。

"统购统销"制度是指由国家统一收购和销售农产品的制度,是国家对粮食等农产品的一种垄断行为。这一制度最初主要针对粮食购销,指粮食的"计划收购"和"计划供应"。"计划收购"最初指代粮食的"征购","计划供应"最初指代粮食的"配给(也称配售)"。[2] 作为统购统销主要决

---

[1] 薄一波:《若干重大决策与事件的回顾》上卷,中共中央党校出版社1991年版,第258页。

[2] 参见田锡全《革命与乡村——国家、省、县与粮食统购统销制度:1953—1957》,上海社会科学院出版社2006年版,第1页。该书对统购统销制度有详细的描述和分析,具体内容可参考此书。

策者的陈云就此作出了详细说明:"'征购'这个名称是骇人的,究竟叫什么可以考虑,但性质是这么一个性质。"①"'配给'这个名词有点不太好听,一说起它就想到日伪统治时代的情况。现在改了一个名字,叫作'计划供应',是粮食部长章乃器先生想出来的。"②"总起来说,我们要在农村中采取征购粮食的办法,在城镇中采取配售粮食的办法,名称可以叫作'计划收购'、'计划供应',简称'统购统销'。"③统购统销制度实际上包括三个方面:一是粮食及其他主要农产品完全由国家控制,统一从农民中收购。二是粮食及其他主要农产品统一由国家销售,实行定量供应的票证制度。三是粮食及其他主要农产品经营统一为国家垄断,不允许其他经营者存在。这一制度延续达20多年之久,其制度影响更加长久。

统购统销制度的实质是将粮食等主要农产品资源的支配绝对国家化,它对现代国家建构及乡村治理的构造有着基础性和深远的意义。

其一,农产品资源的控制权完全由国家垄断,推动了国家权力的集中和政权的稳固。农产品,尤其是粮食,是人类的生存之源。传统国家的统治者也不得不将农民视为"衣食父母"。但传统国家的能力有限,不可能将分散于各地和各户的农产品资源集中调配和管理,并因此大大限制了自身的行动能力。如逢灾荒年岁,国家无法通过统一调配粮食缓解危机,有时连都城的粮食都难以保证,从而造成政权危机。中华人民共和国建立初期是历史上前所未有的粮食需求急剧扩大而供给相对不足的时期。因此,在陈云看来,"粮食工作决不是一项简单的经济工作,而是一项重大的政治工作","粮食问题是一个严重的政治问题"。④ 通过统

---

① 陈云:《实行粮食统购统销》(1953 年 10 月 10 日)。转引自《建国以来重要文献选编》第 4 册,中央文献出版社 2011 年版,第 389 页。

② 陈云:《实行粮食统购统销》(1953 年 10 月 10 日)。转引自《建国以来重要文献选编》第 4 册,中央文献出版社 2011 年版,第 395 页。

③ 陈云:《实行粮食统购统销》(1953 年 10 月 10 日)。转引自《建国以来重要文献选编》第 4 册,中央文献出版社 2011 年版,第 398 页。

④ 转引自田锡全《革命与乡村——国家、省、县与粮食统购统销制度:1953—1957》,上海社会科学院出版社 2006 年版,第 120 页。

购统销,国家直接控制农产品资源,使得原先分散于农户和经营者手中的产品资源支配权集中于国家,大大提高了国家的行动能力,促进了新生国家政权的稳固。薄一波对此评价说,"在那种条件下,确实是'粮食定、天下定',粮价稳定是整个物价稳定的关键"。物价稳,则国家稳。"后来,我们国家遇到'大跃进'和'文化大革命'",其间"所以没有出现更严重的局面,应该说,与统购统销制度发挥的积极作用也是密切相关的"。①

其二,农产品全面具有公共或者国家属性,大大扩展了"公粮"的义务特性。在传统中国,只有"皇粮"才具有国家属性,是国家可以控制的资源。实行统购统销制度以后,农产品资源全面具有国家属性,只有国家才能支配这一资源。特别是统购统销制度的实施与农业社会主义改造是相伴随而成的。国家在推行统购统销制度的同时,推动着集体化。集体化保障了统购统销制度的实施,使国家由原来需要面对一到两亿户农民,变为只需要面对数十万个农业集体经济组织。这也正是传统国家无法垄断农产品资源的重要原因所在。更重要的是,集体经济组织不仅将土地等生产资料统一归公,而且将产品也统一归公。1955 年 11 月 9 日全国人大常委会第 24 次会议通过的《农业生产合作社示范章程草案》第一条明确规定,农业生产合作社是劳动农民的集体经济组织,"它组织社员进行共同的劳动,统一地分配社员的共同劳动的成果"。② 随着集体化的推进,特别是在刮"共产风"和兴办人民公社"公共食堂"期间,粮食等农产品的公有化程度更高。即使是人民公社制度正式确立后,农产品的国家—集体属性仍然未变,即公社集体的劳动成果都属于公共集体所有而不是劳动者个人所有,只有在极少量自留地上的产品,农民才能自由支配。由于集体经济组织为政府所领导,甚至同时是政权组织,因此,

① 参见薄一波《若干重大决策与事件的回顾》上卷,中共中央党校出版社 1991 年版,第 279—280 页。
②《当代中国农业合作化》编辑室:《建国以来农业合作化史料汇编》,中共党史出版社 1992 年版,第 324 页。

集体组织的产品也具有国家属性,产品要优先供给国家。《农业生产合作社示范章程草案》第七条规定:"农业生产合作社必须模范地尽它对国家的义务,按照国家规定的数量、质量和时间交纳农业税,按照国家的统购计划交售农产品,按照同国家采购机关所订的预购合同出卖农产品。"①公社组织分配产品的原则是"先交公粮,后卖余粮,剩下的才是口粮"。《农村人民公社工作条例》规定:"生产大队有完成国家征购粮食任务的义务。"②因此,集体组织将"公粮"的国家义务特性扩展到绝大部分农产品,即集体组织的产品都具有国家义务的特性。除了"公粮"作为农业税必须交给国家以外,"余粮"也必须以较低的价格出售给国家。这是农民所应尽的国家义务,换言之,作为生产者的农民没有自由处置所生产产品的权利。

其三,推动农业生产的计划性,农业生产服从国家需要。在传统国家,农民的生产是相对"自由"的,农民种什么,不种什么,一般不受外部政权力量的干预。实施统购统销制度,不仅推动着国家对产品的支配,更重要的是推动着国家对生产的统一支配。与"计划收购"和"计划供给"相应的是"计划生产",即由政府下达生产任务,农民根据政府任务进行生产。种什么,不种什么,由政府主导。《农业生产合作社示范章程草案》第四条规定:"农业生产合作社的生产要有计划。合作社的生产计划和产品销售计划要根据本身的条件,同时要适应国家的生产计划和收购计划。"③杜润生先生对此评述道:"农业合作社担负征购任务,行为国家化。""在农民的眼里,它已不是农民自己的组织。""为了保障粮食生产和粮食收购数量,不得不控制播种面积;为了维护集体生产,不得不控制劳动力;为了控制劳动力,又不得不限制各种家庭副业和自留经济,以至于

①《当代中国农业合作化》编辑室:《建国以来农业合作化史料汇编》,中共党史出版社 1992 年版,第 325 页。
②《当代中国农业合作化》编辑室:《建国以来农业合作化史料汇编》,中共党史出版社 1992 年版,第 642 页。
③《当代中国农业合作化》编辑室:《建国以来农业合作化史料汇编》,中共党史出版社 1992 年版,第 325 页。

上升到'割资本主义尾巴'，发展到学大寨的'大批判（资本主义）开路。'①
1961年公布的《农村人民公社工作条例（草案）》更强化了自上而下的计
划生产。《条例》第十条规定，公社管理委员会"根据国家计划和各生产
大队具体情况，兼顾国家和集体的利益，向各生产大队提出关于生产计
划的建议，并且可以对各生产大队拟定的计划，进行合理的调整"。第二
十八条规定，"生产队在发展农业生产中，除了专门种植经济作物的以
外，都应该以粮为纲，积极发展棉花、油料和其他经济作物的生产"。②
"计划生产"的实质是将农民的生产活动也纳入国家领导的范畴，服从和
服务于国家目标，从而使农民的生产活动也趋于国家化。

　　其四，完成生产和征购任务成为乡村治理的主要内容。在传统中
国，征收"皇粮"的需要，促使国家政权力量向乡村社会延伸。但"皇粮"
只是农产品中的一小部分，乡村的生产、生活活动主要由农民自行安排。
由此形成官治与自治并存的乡村治理格局。1950年代，随着统购统销和
计划生产制度的实施，农民的生产、生活活动都具有了国家目标的属性。
围绕国家目标完成政府下达的生产和征购任务成为乡村治理的重要内
容。如田锡全所说："这样一种带有强制性的粮食购销方式之所以能够
推行下去，主要是借助于国家政权的力量，通过'全党动员，全力以赴'得
以贯彻实施的。"③农村基层政权和基层组织主要围绕落实政府任务、完
成政府目标而展开活动。《农业生产合作社示范章程草案》第四十条规
定："农业生产合作社应该动员全体男女社员积极地参加全社的农业和
副业生产劳动。"④《农村人民公社工作条例》更是详细规定了公社组织完

---

① 杜润生：《杜润生自述：中国农村体制变革重大决策纪实》，人民出版社2005年版，第42、
　43页。
② 《当代中国农业合作化》编辑室：《建国以来农业合作化史料汇编》，中共党史出版社1992年
　版，第633、635页。
③ 田锡全：《革命与乡村——国家、省、县与粮食统购统销制度：1953—1957》，上海社会科学院
　出版社2006年版，第195页。
④ 《当代中国农业合作化》编辑室：《建国以来农业合作化史料汇编》，中共党史出版社1992年
　版，第329页。

成生产任务的功能。《条例》第十条规定，"公社管理委员会的主要任务是，充分调动社员群众的积极性，组织各方面的力量，发展农业、畜牧业和林业生产"。第二十二条规定，"生产大队管理委员会，应该根据生产计划，经常督促检查各生产队的生产工作"。第三十三条规定，"生产队应该组织一切有劳动能力的人，参加劳动"。完成以农业生产为中心的各项任务成为乡村治理的主要活动，造成生产管理者与生产者的分化，是中华人民共和国建立后乡土精英逐步脱草根化的重要原因。同时，它还促成了整个乡村治理围绕国家目标而展开的基本格局。这一格局迄今仍在延续。

其五，强化了农民对国家的认同和依从。在传统国家，作为国家税收的"皇粮"成为国家与分散的农户建立联系的纽带，由"皇粮"而建构国家意识。但这种国家意识是相当淡漠的，毕竟上缴"皇粮"在农民的整个日常生活中只占极小部分，而且这种缴纳行为是外在于农民的日常生活的。对于农民来说，国家只是一个外在于己的"抽象存在"。这正是孙中山认为农民只有家族而无国族意识的重要原因所在。1950年代，随着统购统销和集体经济制度的建构，农民的国家意识大大强化了。首先，统购统销制度将"公粮"的国家义务属性扩展到绝大部分农产品，粮食等农产品属于公家（国家或集体）而非农民自己，只有先满足了国家和集体之需，才能获得自己需要的产品，即"大河有水，小河不干"。产品属于完成国家任务后由集体分配给农民的，由此建构起国家优先意识。其次，计划生产使农民的生产活动都以完成上面下达的政府任务为中心，农民的生产活动都由政府组织安排并服从于国家目标。再次，与统购统销制度相配套的户籍制度和公社组织制度将农民的社会交往活动严格限制在公社组织体系内。离开了户籍所在的集体组织，农民缺乏生活资料，几乎没有生存的可能。为此，国家第一次全面直接地进入到农民的日常生产、生活和交往活动中。国家在农民心中不是一个外在的"抽象"，而是每天都会影响到他们日常生活的实体。农民也因此成为国家的高度依从者。

正是通过统购统销及其相应的制度，国家一方面将农产品的支配权高度垄断在自己手中，另一方面又通过计划收购、计划供应和计划生产，促使国家权力如水银泻地一般深入渗透到乡村社会生活，全面而又深刻地建构起农民的国家性，将分散又分割的乡土社会整合到国家体系中。

四、"瞒产私分"：无权者的抵制

1950 年代，通过统购统销及相应制度，将最为重要和紧缺的粮食等农产品资源控制到国家手中，推动着乡土社会的整合。但这种整合毕竟是一种外部性的强制性整合，即整合者没有也无须与被整合者商议，而是一种单向的国家行为。这种行为如果超出一定限度，就有可能遭到乡土社会的抵制。

早在中华人民共和国建立之初，面对农产品紧缺的状况，中共领导人陈云就酝酿过粮食统购问题，并准备加以试点，只是担心农村工作人员和农民难于接受而未实施。[1] 1953 年，粮食供销矛盾进一步加剧，中共高层领导专门讨论粮食购销问题，并最后决定实施统购统销。在当时的中共领导人看来，实行粮食征购最重要的问题是国家与农民的关系。中共最高领导人毛泽东赞成统购统销制度，并将粮食征购视为对农民的改造，与农民个体经济向社会主义经济过渡相适应。他同时也认为，粮食征购可能会引起农民不满。陈云也充分评估了实行统购统销可能的后果，说："全国有 26 万个乡，100 万个自然村，如果 10 个自然村中有 1 个出毛病，那就是 10 万个自然村。逼死人或者打扁担以至暴动的事都可能发生。农民的粮食不能自由支配了，虽然我们出钱，但他们不能待价而沽，很可能会影响生产情绪。"[2]但他只能作出一种选择，"我这个人不属于'激烈派'，总是希望抵抗少一点。我现在是挑着一担'炸药'，前

---

[1] 参见薄一波《若干重大决策与事件的回顾》上卷，中共中央党校出版社 1991 年版，第 259 页。

[2] 转引自薄一波《若干重大决策与事件的回顾》上卷，中共中央党校出版社 1991 年版，第 265 页。

面是'黑色炸药',后面是'黄色炸药'。如果搞不到粮食,整个市场就要波动;如果采取征购的办法,农民又可能反对。两个中间要选择一个,都是危险家伙"①。最终,在"两种炸药"之间选择了农民可能反对的一种。

事实上,实行统购统销制度最初的确遭到了部分农民的反对。1955年3月3日,中共中央和国务院发出由毛泽东签发的《关于迅速布置粮食购销工作,安定农民生产情绪的紧急指示》,指出:"目前农村的情况相当紧张",发生的许多问题,实质上是农民群众"表示不满的一种警告"。②但是这种反对没有出现全局性的爆炸性后果。其重要原因就是统购统销制度与集体化过程相伴随。在集体化进程中,农民的生产资料和产品均"公有化"(国家—集体所有)了,农民生产的产品反过来成为国家—集体所分配给农民的,国家—集体成为产品的支配者和主体。同时,国家在设计统购统销制度时,也注意到对农民的保护。其中的重要内容就是对粮食实行"三定"(定产、定购、定销)制度,要求各地在春耕开始前,以乡为单位,将全乡的计划产量大体确定下来,并将国家对本乡的购销数字向农民宣布,使农民预先知道自己全年生产多少,国家收购多少,留用多少,缺粮户供应多少。在确定"三定"政策时,毛泽东提出:粮食定产要低于实产,要使农民多留一点,多吃一点,多喂一点,多自由一点,做到"人不叫,猪不叫,牲口不叫"。③

要做到"人不叫,猪不叫,牲口不叫",是非常困难的。首先,计划是人的主观意志的产物,很有可能脱离实际。1950年代后期的"大跃进"运动中,中央制定了远远超出实际的"高指标",由此造成"高估产"和"高征购"。其次,计划生产和征购成为乡村治理的主要工作,为完成任务或追求"政绩",地方和基层领导很容易浮报虚夸,从而造成征购"过头粮"。正是由于以上因素,1959—1961年,中国农村发生了严重的饥荒,造成灾

---

① 《陈云文选》第2卷,人民出版社1984年版,第207页。
② 转引自杜润生《杜润生自述:中国农村体制变革重大决策纪实》,人民出版社2005年版,第47页。
③ 参见薄一波《若干重大决策与事件的回顾》上卷,中共中央党校出版社1991年版,第274页。

难性后果。尽管 1960 年代以后，大规模的高征购没有出现，但相当多数的农民仍然长期处于饥饿状态。农业产量增加了，而农民的消费水平并未相应提高。特别是统购统销造成集体经济组织与集体经济组织成员的背离，形成制度性隐患。如杜润生所说：统购统销的后果"反过来影响合作化和集体经济的运作，导致集体经济在许多方面成为控制农民的工具。在农民的眼里，它已不是农民自己的组织。为了保障粮食生产和粮食收购数量，不得不控制播种面积；为了维护集体生产，不得不控制劳动力；为了控制劳动力，又不得不限制各种家庭副业和自留经济，以至于上升到'割资本主义尾巴'，发展到学大寨的'大批判（资本主义）开路'"。①

　　无论是什么制度环境，生存总是人的本能。尽管统购统销制度建构起有利于国家的治理格局，但"饥饿逻辑"促使农民以各种消极抵抗的方式获得他们所需要的粮食等农产品，并突破既定的制度安排和治理格局。其中，"瞒产私分"和"投机倒把"是最典型的农民抵制行为。

　　"瞒产私分"是相对于定产定购而言的，它是指农民及其所在的基层单位为了获得更多的粮食及其他农产品而隐瞒真实的产量和不经同意而分配产品。这种情况在高指标、高征购时期特别突出，甚至演变为一种普遍的农民行为，并得到地方和基层领导人的默认。1959 年 2 月中共中央政治局扩大会议的第一天，毛泽东讲话指出："大家看到，目前我们跟农民的关系在一些事情上存在着一种相当紧张的状态，突出的现象是在一九五八年农业大丰收以后，粮食、棉花、油料等等农产品的收购至今还有一部分没有完成任务。再则全国，除少数灾区外，几乎普遍地发生了瞒产私分，大闹粮食、油料、猪肉、蔬菜'不足'的风潮，其规模之大，较之一九五三年和一九五五年那两次粮食风潮都有过之无不及。"②同年初，毛泽东在广东省委的一份报告上批示说："公社大队长小队长瞒产私分粮食一事，情况严重……在全国是一个普遍存在的问题，必须立即解

---

① 杜润生：《杜润生自述：中国农村体制变革重大决策纪实》，人民出版社 2005 年版，第 43 页。
②《毛泽东文集》第 8 卷，人民出版社 1999 年版，第 9 页。

决。"他甚至不得不承认:"生产队、生产小队却几乎普遍地瞒产私分,甚至深藏密窖,站岗放哨,以保卫他们的产品。"它是农民"反抗的一个集中表现"。① 毛泽东甚至赋予了这一反抗以合理性。他指出:"本位主义有则反之,不能去反五亿农民和基层干部。瞒产私分、站岗放哨,这是由共产风而来。普遍的瞒产私分、站岗放哨、黑夜冒烟,是一种和平的反抗。"②正是基于这一认识,毛泽东主张对造成刮"共产风"的农村政策要加以调整。杜润生则认为:"正因为'大集体经济'吃不饱饭……农民就要想办法,避免风险。其办法,一种是在体制内自己采取一些能吃饱肚子的做法,包括社员和干部互相串通的应变办法,即日后我们所说的'瞒产私分',这是一种无权者的抵制。"③除了"瞒产私分"以外,农民还通过"偷""捡"等方式获得农产品。方式之多,根本无法统计。④

统购统销使国家高度垄断着农产品的支配权,非国家性的自由买卖成为不被允许的行为,并被冠以"投机倒把"之名。但是这种行为与"瞒产私分"一样不仅未能根绝,而且长期存在,有时候还有一定普遍性。1963年5月20日中共中央印发的《中共中央关于目前农村工作中若干问题的决定(草案)》指出:"在商业上,投机倒把活动很严重,有些地方,这种活动是很猖狂的。"⑤1964年12月10日,《中共中央、国务院关于农村面上工作座谈会纪要的批示》说:"今冬明春在面上主要是打击倒卖粮、棉、油、烟、麻等农产品的投机倒把分子。各地应该教育和动员群众,在完成了征购任务以后,把多余的粮、棉、油、烟、麻卖给国家,使投机倒把分子无隙可乘,具体规定,由国务院直接下达。发现进行投机倒把活

---

① 《建国以来毛泽东文稿》第8册,中央文献出版社1993年版,第52、70页。
② 顾龙生:《毛泽东经济年谱》,中共中央党校出版社1993年版,第454页。
③ 杜润生:《杜润生自述:中国农村体制变革重大决策纪实》,人民出版社2005年版,第83页。
④ 高王凌对农民的抵制行为进行了较为详细的调查,并将农民的这一行为定义为"反行为"。具体内容可参见高王凌《人民公社时期中国农民"反行为"调查》,中共党史出版社2006年版。
⑤ 《当代中国农业合作化》编辑室:《建国以来农业合作化史料汇编》,中共党史出版社1992年版,第762页。

动的分子，要没收他的物资，要罚款，严重的还要法办。"①

　　尽管国家为维护统购统销制度，对于"瞒产私分""投机倒把"等农民行为持不允许态度，甚至运用暴力强制方式加以打击，但是这类行为仍然以各种方式长期延续下来。其主要原因在于：统购统销在一定程度上是以牺牲农民利益为条件的，属于国家的强制性整合。这种整合很难持续。相对于国家而言，农民是弱者，但他们毕竟是农产品的直接生产者，有条件按自己的意志支配农产品。尽管国家考虑了农民利益，甚至对缺粮者给以补助、"返销"，解决部分人的饥饿问题，但国家不可能满足农民多样化和日益增长的生活需求。"饥饿逻辑"和对"过好日子"的向往，促使农民以非国家允许的方式去获得农产品和多于国家提供的收益。更重要的是，产品"公有化"的合法性基础受到农民质疑。在一些农民看来，农产品本来是农民自己生产的，怎么成了"公家的"呢？② 正是基于这一想法，农民对"瞒产私分""投机倒把"等行为并没有视之为不合理。虽然国家在农村持续不断地开展"社会主义教育运动"，但收效甚微。国家未能改变农民，反而是农民的行为最终改变了国家制度。高王凌将这种行为概括为"反行为"，即"处于某种压力之下的'弱势'一方，以表面'顺从'的姿态，从下面悄悄获取一种'反制'的位势，以求弥补损失、维护自己利益的一种个人或群体的行为"③。这种行为看似不激烈，但正是无数人的"反行为"造成了与当政者预料相反的结果。"他们一直有着'反道而行'的'对应'行为，从而以不易察觉的方式改变、修正，或者是消解着上级的政策和制度"④。

　　1970 年代后期兴起的农村包产到户的改革，其核心内容就是农民希望更多地取得对产品的支配权。农村改革中出现的"交足国家的，留够

---

① 《当代中国农业合作化》编辑室：《建国以来农业合作化史料汇编》，中共党史出版社 1992 年版，第 787 页。

② 参见高王凌《人民公社时期中国农民"反行为"调查》，中共党史出版社 2006 年版，第 51 页。

③ 高王凌：《中国农民反行为研究(1950—1980)》，香港中文大学出版社 2013 年版，第 308 页。

④ 高王凌：《人民公社时期中国农民"反行为"调查》，中共党史出版社 2006 年版，第 192 页。

集体的,剩下的全是自己的"这句名言便反映了农民的诉求。农村改革充分调动了农民的积极性,农产品产量迅速增长,国家和农民都得到收益,为改变统购统销制度创造了条件。1985 年 1 月 1 日发布的《中共中央、国务院关于进一步活跃农村经济的十项政策》(通称中央一号文件)指出:"从今年起,除个别品种外,国家不再向农民下达农产品统购派购任务,按照不同情况,分别实行合同定购和市场收购。"其他农产品"也要逐步取消派购,自由上市,自由交易,随行就市,按质论价"。实行合同定购、市场收购、自由交易是对原有的统购统销制度的重大改变。它肯定了农民的生产者主权地位。国家不再是以单向性的行政强制,而是以合同的方式从农民手中获取农产品,甚至为了获得国家所需要的产品而给农民以奖励。非合同定购的产品完全由农民自行支配。1980 年代之后,农民对农产品的支配权愈来愈大,政府干预愈来愈少。"瞒产私分""投机倒把"等行为和名词成为历史。

农民生产者主权地位的确立,也改变着乡村治理。领导生产不再是农村干部的主要工作,干部需要以平等的方式与农民签订定购合同。尽管合同还具有一定程度的指派性,但毕竟农民对产品有了更多的自由支配权。农产品的"公有化"属性开始回归到农民自己所有的属性。农民生产者主权地位的确立可以说是现代国家建构中农民获得公民权利的基础。当生产者连自己的产品都无法支配时,是很难成为平等自由的国家公民的。当然,由此也给乡村治理带来新的挑战,即国家再不能通过控制产品资源来治理乡村,而需要以农民为生产主体和产品所有者为基础进行乡土整合。不少乡村干部都认为,农村改革后的农民"不好管了",即难以通过控制产品资源来管理农民。这意味着乡村治理需要新的改变。

五、统一调配:劳动的国家化

人口是国家的三大要素之一。那些具有劳动能力的人则是国家治理的重要资源。在由传统国家向现代国家转变过程中，对劳动力资源的支配权也有一个集中和国家化过程。

在古典经济学看来，土地是财富之母，劳动是财富之父。劳动是财富的源泉，是人为达到一定目的而从事的工作。劳动作为劳动者的活动，属于个人行为。但劳动者是在特定的社会关系下活动的，因此又具有不同的社会属性。西欧封建社会的一个重要特点，就是领主不仅占有生产资料，而且占有劳动者，农民因此成为依附于领主的农奴。而在中国，特别是秦王朝以后，农民的劳动便具有鲜明的国家和个人二元分离的特性。首先，农民作为国家的子民，必须承担国家发派的劳务活动。主要包括修建皇家和官府建筑，水利、道路、军事设施等公共工程，差役等政府的公事活动。这些劳务活动具有国家义务的属性，即是农民不得不完成的任务，而且不能获得相应报酬。正因为如此，这种活动被称为"劳役"，即为政者役使人民做工，是一种基于国家强制力量所迫的活动。其次是农民作为个体生产者，为获得生活资料而从事的活动。在这一领域，农民是"自由"的。服完公事后，"帝力于我何有哉"！由于"劳役"是出于某种公共需求而从事的活动，因而具有公共性和强制性。农民通过服"劳役"获得国家性，即形成国家意识，建立与官府的联系。而在千百万个体农民与国家组织之间，农民个体的力量根本无法与国家组织力量抗衡，这就使得国家可以借助于暴力强迫农民从事更多的劳役，并经常超越农民能够承受的极限，由此又会引起农民的强烈反抗。如中国第一个专制王朝——秦王朝建立后，就以超强的国家暴力役使大量的农民从事各种公共工程活动，其规模达到后人所称的"力役二十倍于古"的程度，征发的人口占全国总人口的五分之一。隋朝征发劳力之多，劳役之苦，役丁死亡率之高，也为历史所罕见，"天下死于役而家伤于财"①。秦、隋两朝的迅速灭亡都与征调劳役过度相关。

由于国家需要无偿征调农民从事劳役，因此，在古代中国，农民的人

――――――――――――――

① 《隋书》卷二四《食货志》。

身是自由的,即对于地主没有人身依附关系。地主不得随意支配农民人身和无偿占有其劳动。即使地方权势人物有可能随意支配甚至欺压农民,但不具有合法性,农民还可以寻求国家的保护,求官"为民作主"。总的来看,在传统中国,农民对于属于自己的劳动活动拥有相当程度的自由支配权,农民是自我的主人。

农民劳动的双重属性对于传统中国乡村治理格局有直接影响。一是为征调劳役和保护农民人身自由,乡村治理具有官治属性,官僚及其权力网络一直延伸到乡村。二是农民人身是自由的,生产生活活动是自主的,由此构成家庭自治和家族自治,进而形成乡村自治的基础。三是官治与自治的一体性。特别是自宋代以后,大量差役活动都为农民承担。农民当公差成为一种应尽的义务。

在传统中国,由于中央与基层治理的结构性隔绝,国家只能通过暴力强制的方式征调劳动,并建立起国家与农民的联系。农民作为劳动的主权者处于自我生产、自我活动的分散状态。这种状况随着现代中国的转型,尤其是随着农业的集体化而发生了重大转变。

土地改革以后,国家将土地分配给农民,由此建构起农民的强烈国家意识。但是,土地改革使农民的劳动者主权意识,即为自己而劳动的意识也更为增强。这种意识有可能与国家从农村汲取资源和建立公有社会的目标相背离,因此被称为"私有观念"。土地改革后,国家很快发起了组织农民的运动,对农业进行社会主义改造,实行集体化。不仅土地等生产资料归集体所有,而且劳动也属于集体,为集体所统一调配。集体化进程之初的农民合作社称为"劳动集体"。《农业生产合作社示范章程草案》首先将农业生产合作社定义为"劳动农民的集体经济组织"。人民公社则是在合作社基础上联合而成的"政社合一"的组织。在集体经济组织内,农民的劳动不再是个人劳动,而属于集体劳动,劳动的属性由私人性转向集体公共性。劳动活动不再是农民的自由选择,而是农民个人对集体应该尽的义务。《农业生产合作社示范章程草案》第四十八条规定,"农业生产合作社社员,除了有特殊情形得到社员大会许可的以外,都必须每年在社内做够一定的劳动日"。第四十六条规定,"生产队长或者生产组长应该注意正确地分配本单位每个人的劳动任务"。第四十七条规定,"生产队长或者生产组长应该在每天工作完毕的时候,检查本单位各人的工作成绩,并且根据工作定额登记各人所应得的劳动日"。[①]《农村人民公社工作条例(修正草案)》第四十四条规定:"人民公社社员,在公社内必须履行自己一切应尽的义务。""每一个社员都应该自觉地遵守劳动纪律,必须完成应该做的基本劳动日。"第三十三条规定:"生产队应该组织一切有劳动能力的人,参加劳动。对于男女全劳动力和半劳动力,都要经过民主评议,根据各人的不同情况,规定每人应该完成的基本劳动日数。"[②]正是在集体化过程中,农民的劳动者主权地位由个人转向集体,集体组织的管理者成为劳动的支配者,劳动资源的支配权向集体组织统一集中。

当个人劳动转变为集体劳动时,建构起劳动的国家属性,并为国家整合分散的乡土社会提供了有力的条件支撑。

其一,促使经济社会权力向国家集中,国家权力空前扩大。劳动是财富的源泉,是一种基础性的经济社会权力。在农民的个人劳动转变为集体劳动时,也意味着农村的经济社会权力进一步向国家集中。这是因为,人民公社是"政社合一"的组织,国家可以通过自上而下的行政命令对公社组织加以管理,并通过公社组织统一调配劳动资源。这种调配优先服务和服从于国家目标。自 1950 年代到 1970 年代,国家不仅通过统购统销低价获得大量农产品,而且利用公社组织获得大量无偿或廉价的劳动。这些劳动不仅用于与农业相关的水利、道路等农业公共工程,而且直接用于非农公共工程。特别是在土地有限、资本稀缺而劳动力充裕的条件下,集中统一调配劳动,成为国家治理的重要资源。许多与农业

[①]《当代中国农业合作化》编辑室:《建国以来农业合作化史料汇编》,中共党史出版社 1992 年版,第 330 页。

[②]《当代中国农业合作化》编辑室:《建国以来农业合作化史料汇编》,中共党史出版社 1992 年版,第 644、645 页。

毫无关联的国家工程建设中,农民不仅要听从国家的统一调配,而且要自带口粮。例如,"1958年云南用于修水利的劳力最高时曾达到330万人,占全省总劳力的近一半,大战钢铁铜达到400万人,积肥劳力也达到过200多万人,另外还有大修公路和驿道的,都是一声令下,说走就走"①。为了防止政府和公社组织调配劳动力超出限度,1960年11月30日,《中共中央关于农村人民公社当前政策的紧急指示信》特别强调:"五年内,县以上各级各单位都不许再从农村抽调劳动力。"②但是,这一规定并没有相应的制度保障。国家利用公社组织得以统一调配全国的所有劳动,对劳动的绝对支配权达到了历史上前所未有的程度,这也是国家权力高度集中的重要基础。

其二,集体劳动便于集中了的国家权力向乡土社会的渗透。集体经济中的集体劳动与传统国家的"劳役"有很大区别,这就是劳动能够获得报偿。但从劳动的属性看,它与"劳役"又有相似之处,这就是其不可选择的义务性和强制性。在集体经济组织中,有劳动能力的人必须参加劳动,是取得集体组织成员资格的条件。而在"政社合一"的人民公社体制下,农民离开了自己所属的集体组织,几乎没有生存的可能。因此,农民没有选择劳不劳动,或从事什么或多少劳动的可能。尤其是人民公社体制实行半军事化管理体制,管理者居于劳动的绝对支配地位,农民更多的是服从。除了服从统一调配以外,农民没有其他的选择。

其三,集体劳动强化了劳动者对国家—集体的认同和依从。农民的意识是在日常生活中建构起来的。传统农民之所以被称为个体劳动者,一则土地自有,二是劳动自有,三是劳动成果自有。因此容易产生所谓的"小私有意识"。这种意识与统一的国家意识往往会发生冲突。而个体劳动向集体劳动的转变,则可以大大强化农民的国家意识。国家可以

① 高王凌:《人民公社时期中国农民"反行为"调查》,中共党史出版社2006年版,第89—90页。
② 《当代中国农业合作化》编辑室:《建国以来农业合作化史料汇编》,中共党史出版社1992年版,第616页。

通过公社制度下农民的日常劳动活动将权力渗透到农民的日常生活之中。当农民劳动时，他们会从管理者安排、误工请假、评工分等活动中感受到国家—集体的"在场"。参加集体劳动，就可以获得生存资源，即按工分分配的"工分粮"；劳动积极的还可以获得各种物质和精神的奖励，评为劳动模范；不参加劳动的则没有工分，劳动不积极的也要扣除或减少工分。公社集体对社员的权力并不限于劳动过程，而且扩展于社员的整个日常生活。正是在对集体的高度依从性中建构和强化着农民的国家意识。

其四，国家建构劳动的价值，并因此而拉近了劳动者与国家权威的关系。自有国家以来，劳动虽然创造财富，但并不具备崇高的价值。自古以来奉行的是"劳心者治人，劳力者治于人"。这也使得劳动者与国家相疏离。劳动只是个人谋生的手段，与国家没有关联。劳力者只是受治的对象，而不是国家的主体。中国共产党以工农大众为自己的阶级基础，一建党就赋予劳动以崇高价值，即"劳工神圣"。取得国家政权以后，更是运用国家权威广泛建构劳动的价值。其中的重要手段就是将包括广大农民的劳动积极者吸纳进国家体系，如评为劳动模范，在权力机关中获得地位，有的甚至成为政府高级官员。国家建构劳动价值的过程中，也拉近了与劳动者的关系，使劳动者意识到自己的国家属性，劳动不只是个人谋生谋利的手段，而为国家所认可，所推崇。因此，对于农民劳动者，特别是对于能够获得各种国家褒奖的劳动者来说，国家在他们的生活中具有神圣可亲的地位。这就是经常为人提及的"劳动人民的感情"。

劳动资源的集体—国家化促使乡村治理体系发生重大变化。首先，集体劳动将劳动纳入统一的国家体系中，乡村治理具有科层制管理的特性。自上而下的行政命令式管理渗透于农民的劳动生活之中。而农民的劳动活动在他们的日常生活之中占有相当大的比例。农民可以自由安排日常生活的"放假"时间相当之少。其次，农民作为劳动主权者的地位让渡于集体—国家，其劳动活动受集体—国家所支配。什么时候播种、什么时候收获、什么时候上工、什么时候收工等都得听从统一指挥，农民只有服从的义务。为此，在乡村治理组织体系中形成了直接劳动者和管理者两个层次。由劳动分工而产生的社会分化是传统国家乡村治理中没有的。由此也带来了干群关系这一乡村治理中新的社会因素。干群关系决定着乡村治理的成效。正因为如此，人民公社体制建立之后，在国家对乡村治理中，十分重视干群关系。《农村人民公社条例（修正草案）》对社员和干部分别列了一章加以叙述。在人民公社"党政干部三大纪律、八项注意"的规定中，"八项注意"的第一条就是"参加劳动"，第二条是"以平等的态度对人"，第三条是"办事公道"，第四条是"不特殊化"，第五条是"工作要同群众商量"，等等。在人民公社时期进行的"社会主义教育运动"和"文化大革命"的重要内容就是解决农村干群关系问题。

六、"出工不出力"：弱者的武器

劳动是人们获得生存和收益的手段。在农业集体化中，农民的劳动支配权集中于集体—国家，但是，农民通过劳动活动而生存和获得收益的本质需求并没有改变。在个体劳动的条件下，劳动关系简单，除了国家劳役和地主租金以外，农民的劳动和收获是相对称的，即有一分劳动就有一分收获。但是，在众多人集中在一起的集体劳动中，劳动关系复杂化，劳动的数量、质量及其收益很难得到准确的评价。国家希望以精确的机器工业化的标准来管理复杂的农业劳动，是相当困难的。尽管国家强调集体经济组织要搞好劳动和报酬的合理核算，强调民主评议，但其成效甚微。核算劳动报酬的评工分制度只能是大体上的平均主义。同时，农业劳动安排的人为因素也较大，管理者有可能根据自己的偏好去安排劳动活动，办事不公道。以上因素使得农民的劳动与收益处于相对不对称的状态，农民的一分劳动不一定有一分收获。虽然国家有史以来首次赋予劳动以神圣价值，但是劳动者在日常生活中并没有获得支配自己劳动和产品的权利，甚至成为被支配者。由此出现抽象的国家主人资格与具体的日常生活的被支配者的二律背反。正如原中共中央农村政策研究室主任杜润生所说："在历史上，农民从来拥有从事多种经营、配置自有资源的自由。但是在人民公社时期，农民的这种自由权利却受到剥夺。"①这是集体—国家统一调配劳动资源之后面临的新的问题。

面对这一问题，许多农民受"劳动—收益"对称的逻辑支配，选择了"出工不出力"的活动方式。这种方式是"弱者的武器"，是农民对于集体劳动体制的一种非对抗性的反应。② 作为集体经济组织的成员，农民没有选择不"出工"的自由。"农民不能以'退出劳动'作为威胁的手段，这不仅因为他们缺乏这样做的组织手段，还因为假使他们这么做就无法生存——他们是自谋生路的人。"③如果不出工，即不参加集体劳动，他们面临着不分配粮食、受到集体批判等一系列惩罚。从与集体—国家组织的关系看，他们是力量弱小的"弱者"。但是，农民毕竟是劳动者，劳动的数量和质量毕竟由劳动者所决定。农民尽管没有不出工的可能，但有"不出力"的可能。这种不出力的现象自有集体劳动之后就开始出现。早在合作社建立初期，就有社员干活时"盼日落，望休息，磨洋工"，"大家越来越松劲"。④ 实行人民公社制以后，尽管初期的劳动积极性较高，但随着时间的推移，"出工不出力"的现象愈益突出。其主要表现有：

1. 上工拖拉。如果生产队长喊工时间是 7 点，往往会慢慢吞吞拖到 8 点。所谓"敲钟集合，等齐下地"。1962 年，河北省张家口地委书记胡开明在给毛泽东的信中特别提到，当时的公社劳动，"社员出勤不主动，

---

① 杜润生：《杜润生自述：中国农村体制变革重大决策纪实》，人民出版社 2005 年版，第 98 页。
② "弱者的武器"借用的是美国学者斯科特对农民日常行为考察后的概念，主要指"非正式的、通常是隐蔽的，并且以关注直接的实际的物质获取为主"的"日常反抗"。参见[美]詹姆斯·C. 斯科特《弱者的武器》，郑广怀、张敏、何江穗译，译林出版社 2007 年版，第 39 页。
③ [英]安东尼·吉登斯：《民族-国家与暴力》，胡宗泽、赵力涛译，生活·读书·新知三联书店 1998 年版，第 83 页。
④ 转引自徐勇《包产到户沉浮录》，珠海出版社 1998 年版，第 9—10 页。

每天还得队长挨门上户去叫"①。

2. 人到心不到。人到了劳动现场,心思却未放在如何更好劳动上,认为收成好坏是干部操心的事,与己无关。所谓:"出门一条龙,做事大窝工。"

3. 躲避监管。生产队管理者在场努力干,管理者离开便慢慢干。

4. 熬时间。上工主要是将劳动时间熬过去,养精蓄锐,等到下工后在自留地拼命劳动。这被称为"上工磨洋工,下工打冲锋"或者"集体田里磨洋工,自留地里打冲锋"。②

造成农民"出工不出力"的根本原因是劳动和收益的不对称。一位在人民公社时期任过生产队长的人曾问"偷懒"的社员为什么不好好干活。"一位贫农反问道:有我多少? 在他的'核心计算'里,刨八十镐,才有一镐是给自己干的。反过来,你偷懒少刨八十镐,自己才承担了一镐的损失"。③ 还有一个生产队长说:"年头搞到年尾,累得要死,到收获季节,好像东西也不少,就是分到自己手里就很少,不晓得东西到哪去了。农民挖十耙,只有五六耙给自己做,其他都是帮别人做。"④所以,同样一个人,在"集体田磨洋工","在自留地打冲锋"。其结果是生产力受到损害。"长地种成短地,方地种成圆地,种地不种畔,三亩种成两亩半。"⑤毛泽东在 1958 年就明确指出:"现在农民的劳动,同土地和其他生产资料一样是他们自己所有的,因此有产品所有权。"⑥之后,国家试图通过多种

---

① 《当代中国农业合作化》编辑室:《建国以来农业合作化史料汇编》,中共党史出版社 1992 年版,第 725 页。

② 对人民公社体制下农民的集体偷懒行为有过大量调查和描述。可参见:高王凌《人民公社时期中国农民"反行为"调查》,中共党史出版社 2006 年版;李怀印《乡村中国纪事:集体化和改革的微观历程》,法律出版社 2010 年版;黄英伟《工分制下的农户劳动》,中国农业出版社 2011 年版。

③ 参见高王凌《人民公社时期中国农民"反行为"调查》,中共党史出版社 2006 年版,第 171 页。

④ 参见易棉阳《生产队集体劳动中的社员机会主义行为:表现形式与形成机理》,《学术月刊》2018 年第 1 期。

⑤ 参见辛逸《农村人民公社分配制度研究》,中共党史出版社 2005 年版,第 73 页。

⑥ 转引自中共中央党史研究室《中国共产党历史》第 2 卷(1949—1978),下册,中共党史出版社 2011 年版,第 510 页。

方式解决劳动与收益不对称造成的生产积极性不高的问题，但成效很小。如在建立农业生产合作社之时，中央就强调要在合作社内实行生产责任制。1957 年 9 月 14 日发布的《中共中央关于做好农业合作社生产管理工作的指示》，明确要求"生产队在管理生产中，必须切实建立集体的和个人的生产责任制"[①]。1960 年代，一些地方实行了包工、包产、包成本、超产奖励的"三包一奖"生产责任制度，并得到中央的认可。生产责任制度试图解决劳动与收益相对不均衡的问题，但因为有可能强化劳动者的个体意识而长期未取得主导地位。

从 1960 年代开始，国家选择"农业学大寨"的方式发展生产。其一是强调精神激励。倡导大寨"艰苦奋斗"的精神，将大寨树为全国学习的典型，并因此将大寨党支部书记陈永贵立为模范，成为有史以来第一个来自农村基层的国务院副总理。其二是强化斗争。"大批促大干"，通过营造"阶级斗争"的氛围解决集体劳动中存在着的"偷懒耍滑"问题，反对通过物质鼓励刺激生产积极性的做法。但是，"学大寨运动"没有也不可能从根本上解决农民积极性问题。因为，"与人们原来的预期相反，几年的历史事实证明：集体经济是一个低效益的经济。它的体制背离了农业生物学特性，使农民疏远土地，无从建立起持久不衰的劳动兴趣和责任感，从而影响他们的生产积极性"[②]。到 1980 年代，国家为调动农民的劳动积极性，才允许并广泛推行生产责任制。

由实行生产责任制开始到进一步实行家庭经营，最大的成效就是将农民从依从性的公社体制中解放出来，用农民的话说是"获得了第二次解放"，农民成为自己劳动的主人。"出工不出力"的体制性"偷懒"现象得以消除。"出工不出力"可以说是亿万农民以自己的默默无闻、不动声色的"消极"行为改变国家行为的典型例证。斯科特在研究农民的日常

---

① 《当代中国农业合作化》编辑室：《建国以来农业合作化史料汇编》，中共党史出版社 1992 年版，第 449 页。
② 杜润生：《杜润生自述：中国农村体制变革重大决策纪实》，人民出版社 2005 年版，第 98 页。

反抗行为时说:"正如成千上万的珊瑚虫杂乱无章地形成珊瑚礁一样,成千上万的以个体形式出现的不服从与逃避行为构建了其自身的政治或经济屏障。这些反抗没有戏剧性的公开对抗,也不具备显著的新闻价值。如果使用比喻的说法,当国家的航船搁浅在这些礁石上时,人们的注意力被典型地吸引到船只失事本身,而不会看到正是这些微不足道的行动的大量聚集才是造成失事的原因。"①国家最后认可和推行生产责任制,从根本上是为了调动广大农民的积极性。在这一过程中,国家肯定农民的劳动主体地位,赋予农民以劳动主权者地位。邓小平对此说:"农村改革的内容总的说就是搞责任制,抛弃吃大锅饭的办法,调动农民的积极性。""这些年来搞改革的一条经验,就是首先调动农民的积极性,把生产经营的自主权力下放给农民。""调动积极性是最大的民主"。② 农民作为劳动者成为自己的主人,这是中国由传统国家向现代公民国家转型的前提之一。

家庭经营的实行导致人民公社体制的废除,除使劳动者成为土地和劳动的主人以外,更重要的是促进了农民的自由流动。在中国的国家转型中,工业化和城市化一直是努力的方向。但为了从农村汲取资源,国家采用包括公社制等制度在内的各种措施将农民牢牢地限制在土地上,不得自由流动。农民不能从农村以外自由寻求劳动和生存的机会。农民要跳出"农门"比登天还难。家庭经营使农民成为自己劳动的主人,为农民从土地以外寻求劳动和收益的机会提供了可能,并直接冲击着传统体制。1985年1月1日发布的《中共中央、国务院关于进一步活跃农村经济的十项政策》前所未有地提出:"在各级政府的统一管理下,允许农民进城开店设坊,兴办服务业,提供各种劳务。"③自此之后,有数亿农民外出务工经商,从事非

① [美]詹姆斯·C.斯科特:《弱者的武器》,郑广怀、张敏、何江穗译,译林出版社2007年版,第43页。
②《邓小平文选》第3卷,人民出版社1993年版,第117、180、242页。
③《当代中国农业合作化》编辑室:《建国以来农业合作化史料汇编》,中共党史出版社1992年版,第1109页。

农职业。农民作为自己劳动的主人，自由流动，寻求满足自己需要的劳动种类和方式。自由流动使劳动不仅仅是农民的义务，更是农民的一项基本权利。这是农民作为平等的国家公民的基础之一。

随着农民作为劳动主权者地位的建构，乡村治理体系也发生了重大变化。一是乡村治理体制以农民作为劳动主体为基础，农民的劳动活动自我管理，经济活动实行自治。这构成公社体制废除后实行村民自治的经济基础和主要内容。村民自治首先是村民的经济活动自治，做什么事，什么时候做事，做多少事，都由农民自我决定、自我支配。虽然农村改革后还一度存在"义务工"，农民需要为村庄自治体提供一定的劳务，但这在农民的劳动活动中只占极小部分，而且其强制性越来越弱。其次，乡村管理者不再是集体生产劳动中的"催工催时"者，主要从事的是公共管理事务。

当然，农民成为劳动主权者，也给乡村治理带来新的问题。首先是公共工程的修建。政府和村庄共同体再难以公社这类集体为组织载体动员和组织农民修建公共工程。而水利、道路等公共工程对于农民的生活和有效的乡村治理都是十分必要的。其次是大规模的农民流动。传统的乡村治理的基本条件是农民活动在祖祖辈辈劳作和生活的地方。而自 1980 年代以后，农民处在高频率、大规模的流动状态之中。农民的劳动活动与土地相分离，从而为有效的乡村治理带来前所未有的挑战。[1]特别是随着农民流动，国家需要超越农民的原有身份，而按照农民的职业活动为农民提供权利保障，使他们能够平等享有国民待遇。所以，农民流动在一定意义上也促使国家由征派劳动向保障劳动转变，从权利的角度对乡土社会进行整合。

---

[1] 可参见徐勇、徐增阳《流动中的乡村治理——对农民流动的政治社会学分析》，中国社会科学出版社 2003 年版。

第三章　动员、任务与命令：乡村的行政整合

　　行政是具有强制性的国家力量。在现代国家建构过程中，国家运用行政体系，将国家意志输入乡土社会，将分散和分割的乡村社会整合为一体。中国的乡村社会得以迅速整合，在相当程度上依靠于强大的行政能力的渗透、介入和扩展。现代中国的建构又是"行政下乡"的过程。

一、动员：行政机制的渗透

　　行政是指依靠政府机构和制度对国家意志的实施与贯彻。国家和行政是相伴而生的。中国古语说："行其政令"①，"行其政事"②。行政意为执行政令、推行政务。国家的形成生长过程，同时是行政体系的建立与运行过程。一方面，国家的建立是对分散的权力的集中，另一方面，国家又需要借助自上而下的行政体系行使国家权力。行政体系如人的骨骼和神经，没有行政体系，国家意志就无法体现在其统辖的领土和人民之中，国家就会沦为空壳。作为国家整合手段的行政机制的重要特点就在于它服从和服务于中央自上而下的领导，有一个具有强制性的行政组

---

① 《左传·昭公五年》。
② 《左传·襄公二十八年》。

织系统,实行命令—服从的垂直式治理。

自有了国家,就有了相应的行政。但在不同类型的国家,行政体系的功能却不相同。在中国,秦始皇统一中国,建立专制国家的重要内容就是形成以郡县为行政区域、以官僚为行政官员的行政体系。但是,在传统中国,与"皇权不下县"相对应的是"行政不下乡",即正式的行政机能未能深入地延伸到乡村,特别是全面渗透于乡村日常生活。在马克斯·韦伯看来:"事实上,中华帝国正式的皇权统辖权只施行于都市地区和次都市地区。出了城墙之外,中央权威的有效性便大大地减弱乃至消失。"①帝国官僚行政体系的整合功能有限,未能将乡土社会整合到日常性的国家体系中来,乡土社会更多的是以一种自治的方式存在。只有当纳税、"打官司"时,农民才与国家交往。而这种交往更多的是外部性不得已的行为。因此,有机的乡村社会共同体与自上而下的行政渗透往往是格格不入的,由此形成上下隔绝关系。用费孝通先生的话说,国家行政在乡下是"悬空了的权力",皇权统治"在人民实际生活上看,是松弛和微弱的,是挂名的,是无为的"。② 官僚行政与乡村自治同时存在,体制性的官治对乡村社会实际生活的支配程度十分有限。

现代民族-国家的建构是权力高度集中和全面渗透的双向过程。推动现代民族-国家形成的重要动力之一是战争。因为在战争这种危机状态下,人们面临生死存亡的关头,有利于竭尽全力应对挑战,促使着统治权的集中和渗透。而中国,正是在 19 世纪中叶以后的百多年战乱之中,形成战争动员机制,推动着现代中国的成长,同时也促进着行政机制向乡村社会的深度渗透。

19 世纪中叶,中国受到西方列强的入侵,被迫进入以民族-国家为单元的世界体系。中国作为一个世界上人口最多的国家,却屡屡战败,相当程度上在于国家无法集中和动员人力、财力和物力与高度组织化的西

---

① [德]马克斯·韦伯:《儒教与道教》,洪天富译,江苏人民出版社 1993 年版,第 110 页。
② 参见费孝通《乡土中国　生育制度》,北京大学出版社 1998 年版,第 63 页。

方列强抗衡。随着西方列强的入侵,传统国家权威迅速流失,社会四分五裂。到 20 世纪上半期,日本全面深入地入侵中国。中华民族到了最危险的时候。面对这一险境,建立不久的国民政府迅速形成战时动员体系。即为了获得战争胜利,政府可以以非常措施集中一切人力、物力、财力,进行全国总动员。战争动员体制对于推动民族-国家建构的作用主要表现为:暴力机器的高度垄断,国家权力的高度集中以及行政体制的全面建立和渗透。正是在战时动员体系下,一方面权力迅速向中央统一集中,另一方面行政体系得到扩张——中央政府需要借助强大的行政体系实施和贯彻其意志。由此,国民党政府提出在抗日战争中应该"地不分南北,人不分东西",主张"一个党,一个领袖,一个主义",实行集权统治。为动员力量,统一意志,传递国家法令,国民政府迅速着手建立延伸到乡土社会的行政体系,行政机制开始向乡村社会渗透。

在亨廷顿看来,"在处于现代化之中的社会里,扩大政治参与的一个关键就是将乡村群众引入国家政治。这种乡村动员或'绿色起义'在政治上对后来处于现代化之中的国家来说,比现代化先驱国家重要得多"①。由于长期的军阀割据,国民政府建立时间不长,特别是它的根基只是在城市和上层,国民政府对广阔的农村地区的行政渗透能力是十分有限的。正因为如此,中国共产党人才有可能实行"农村包围城市"的战略。中国共产党是以武装斗争并依靠广大的农民获得政权的,特别注重底层的政治动员。中国共产党一成立就将发动工农大众作为自己的使命,组织广大工农,开展工人运动和农民运动。中国共产党从将工作重心转移到农村,在农村地区建立革命根据地起,就极度重视动员农民。因为,广大人民群众是中国共产党争取民族民主革命胜利的主要资源,争取以农民为主体的人民群众也是革命战争胜利的基础。如毛泽东所

---

① 〔美〕塞缪尔·P. 亨廷顿:《变化社会中的政治秩序》,王冠华、刘为等译,上海人民出版社 2008 年版,第 57 页。

说，"战争的伟力之最深厚的根源存在于民众之中"[1]，"革命战争是群众的战争，只有动员群众才能进行战争，只有依靠群众才能进行战争"[2]。"这个政治上动员军民的问题，实在太重要了。我们之所以不惜反反复复地说到这一点，实在是没有这一点就没有胜利。没有许多别的必要的东西固然也没有胜利，然而这是胜利的最基本的条件"[3]。"兵民是胜利之本"。从而形成被称为中国共产党三大法宝之一的群众路线。与国民党政权自上而下的行政渗透不同，中国共产党的政权建设一开始就将政权建设与底层农民动员结合在一起。在农民运动中产生的"一切权力归农会"，就是动员和组织农民自己掌握和行使治理权力。从建立根据地到取得全国政权，动员农民参与政权建设一直是中国共产党的基本方针。在这一过程中，一方面，随着战争的胜利和全国政权的取得，统治权力向中国共产党转移，并高度集中于战争中形成的新兴的政权体系。另一方面，集中统一的行政机制第一次全面深入地渗透到广阔的乡村社会之中，形成动员性的乡村行政治理体系。

中国共产党全面执政以后，战争时期形成的动员体制被承继下来并制度化，形成了下派工作队、行政体系建构与群众参与相结合的动员模式。通过这一模式，行政机制得以迅速向乡土社会渗透。

中国共产党作为现代政党，由少数先进分子组成。但是，与其他政党不同，中国共产党强调群众路线，坚持一切为了群众、一切依靠群众。正如毛泽东所说的："我们共产党人好比种子，人民好比土地。我们到了一个地方，就要同那里的人民结合起来，在人民中间生根、开花。"[4]到群众中去，发动、组织和领导群众成为中国共产党的主要工作方式。对于乡村社会而言，就是将党员和干部派往乡村，领导和指导工作。这一工作特点早在战争时期就已形成，全面执政后逐步制度化。国家对于农村

---

① 《毛泽东选集》第2卷，人民出版社1991年版，第511页。
② 《毛泽东选集》第1卷，人民出版社1991年版，第136页。
③ 《毛泽东选集》第2卷，人民出版社1991年版，第513页。
④ 《毛泽东选集》第4卷，人民出版社1991年版，第1162页。

的重大方针政策的贯彻实施,在相当程度上依靠下派工作队。中国共产党取得全国政权以后,很快在全国开展土地改革运动。这一时期,新兴的基层政权尚未建立,农民未能发动。为了发动农民参加土地改革并在土地改革中建立基层政权,中国共产党从解放区和被解放的城市抽调经过训练的人员组成土地改革工作队,由工作队领导土地改革运动。其任务是"启发农民觉悟,使国家的政策和农民群众相结合,以保证土地改革有领导有秩序地进行"①。没有自上而下的工作队深入乡土社会发动和组织农民参与,土地改革不可能在两到三年的时间内完成。1960 年代,为了巩固人民公社体制,中共决定在农村进行广泛的社会主义教育运动,并从城市抽调人员组成"社教工作队"②,由工作队领导社会主义教育运动。1980 年代以后,尽管中共宣布不再搞政治运动,但是,地方在推动工作时仍然下派各种工作队。如 1990 年代初的社会主义教育工作队,1990 年代中期的小康工作队等。即使是实行村民自治制度之后,政府还是以"包村干部""指导员"等方式,强化对政府意志的贯彻和实施。

下派工作队对于行政渗透有着重要意义。首先,工作队促进行政体系的建构。通过工作队选拔积极分子和干部,建立起能够充分体现国家意志的行政体系。农村基层行政工作人员大都由积极分子中产生,工作队则是识别和判断积极分子并将其发展为基层干部的重要机构。其次,工作队直接反映国家意志。农村和基层干部尽管要积极贯彻上级意志,但是,他们毕竟长期生活于当地,其思想和行为难免为当地所影响。而工作队是外来和上派的,直接反映和体现国家意志,从而将国家意志贯彻到农村。第三,工作队打通基层政权与农民的联系。尽管中华人民共和国建立后的基层政权强调其人民性,但作为科层化的机构,基层政权的运作也有可能脱离民众,从而重复历史上因基层官僚而造成的国家与

---

① 《董必武选集》,人民出版社 1985 年版,第 329 页。参见李振《推动政策的执行:中国政治运作中的工作组模式研究》,《政治学研究》2014 年第 2 期。
② 由于社会主义教育运动的主要内容是清查基层干部的思想等,所以又称之为"四清",工作队被称为"四清"工作队。

农民的隔绝。而工作队既代表国家意志，又十分注重动员民众，能够进行有效的政治沟通。正因为如此，每当国家在农村进行重大变革之时，往往都会从城市抽调人员组成工作队推动农村工作。但是，在这一过程中，也有可能出现工作队包办代替的情况，一旦工作队离开，工作便有可能中断。

在行政体系建构中促使基层政权体系地方化，是行政机制迅速向乡村社会渗透的另一原因。在传统中国，自上而下的正式官僚系统不仅止于县一级，而且县级官员均是外来人员，由皇帝直接委派。这种官员配置方式尽管能保证地方官员忠实于皇帝，但却隔离着基层政权与普通民众的联系。许多官员连当地的话都不懂，遑论有效的治理。中华人民共和国建立之初，虽然地方干部有许多来源于老解放区和军队，如"南下干部"，但是，在基层政权体系的建构中十分注重从当地的积极分子中选拔干部，促进基层干部的当地化。这些当地干部一方面是在领导的重视下得以成为干部的，能够积极贯彻国家意志，另一方面他们了解地方和基层情况，能够有效地将国家意志传递到基层社会。

在传统社会，行政体系处于自我运行的封闭状态，作为行政对象的民众没有也不可能参与行政体系的活动。中国共产党依靠底层动员而领导革命并夺取政权，在这一过程中赋予农民群众以"主人"地位。1949年后，尽管逐步建立起自上而下的行政管理体系，但这一体系是开放的，即吸纳广大农民群众的参与。一是行政决策要求"从群众中来，到群众中去"，听取群众的意见。民众不是单纯的行政行为的被动接受者，而能够成为决策的参与者。二是农民直接参与讨论与他们利益密切相关的地方与基层公共事务。经常性地召开群众大会，这是中国共产党执政以后农村工作的重要方式。正是群众的参与，促使自上而下的行政机制更容易和更深入地向乡村社会渗透。农民群众得以及时了解行政意志，并建立起对行政决策的认同。这种吸纳群众参与的行政渗透机制在20世纪50年代表现得尤其突出，且一直延续下来。即使20世纪80年代实行村民自治制度，在一定意义上也是通过吸纳群众参与强化行政渗透的。

《村民委员会组织法》明确规定,村民委员会的职能既包括协助乡镇政府工作,又包括向上级反映本村村民的意见和要求。

二、群众运动与运动群众

政治动员是落后国家通向现代化的必要条件。亨廷顿以为,在发展中国家,"政治动员是旧政体崩溃的原因"①。中国共产党领导的底层政治动员,打通了历史上国家和民众上下对立的隔绝机制,将最广大的底层民众动员到现代政治体系中来,使得自上而下的行政机制能够全面深入地向传统的乡土社会渗透。其中,最为重要的方式就是群众运动。

在传统国家,社会未能分化,政治权力高度垄断,由此形成"官"与"民"两大对立的群体。一般民众被称为"臣民""草民",未能进入政治领域,属于政治被动者。同时,一般民众处于分散状态,缺乏组织性和有机的联系。正如马克思对小农社会所描绘的:"小农人数众多,他们的生活条件相同,但是彼此间并没有发生多种多样的关系。他们的生产方式不是使他们相互交往,而是使他们相互隔离。"②"他们不能代表自己,一定要别人来代表他们。他们的代表一定要同时是他们的主宰,是高高站在他们上面的权威,是不受限制的政府权力,这种权力保护他们不受其他阶级侵犯,从上面赐给他们雨水和阳光。"③所以,传统社会从政治上也可以说是"臣民社会",从社会组织的角度看则是"百姓社会"。

现代政治的一个重要特征是一般民众得以参与政治生活,且正是在广泛的政治动员基础上,才能建立起现代国民国家。而大规模的政治动员方式就是形成在政党精英发动、领导和感召下,众多群众参与的社会运动。"群众"这一概念因此广泛出现。"群众"在传统中国文化中指人

---

① [美]塞缪尔·P.亨廷顿:《变化社会中的政治秩序》,李盛平、杨玉生等译,华夏出版社1988年版,第261页。
② 《马克思恩格斯选集》第1卷,人民出版社1995年版,第677页。
③ 《马克思恩格斯选集》第1卷,人民出版社1995年版,第678页。

群,是众多人的集合体,并得以显示比单个人更有力量。"群众不可移也"①。在由传统社会向现代社会转变的过程中,群众获得了政治意义。在推动社会转型的政治动员过程中,政党精英赋予群众以"主体"地位,由此建构政党的广泛基础。发动群众、依靠群众、为了群众成为政党的基本理念。由此,在通过政治动员建构现代国家的过程中,群众成为决定性力量,从而构成政治性的"群众社会"。②当然,群众之所以能够成为决定性政治力量,主要在于其组织性,能够形成传统"臣民""百姓"所不可能有的巨大政治能量。而这种政治能量的聚合又主要通过社会动员的方式实现,这种社会动员在中国被称为"群众运动"。新编《辞海》对"群众运动"如此定义:有广大人民群众参加的有较大规模和声势的革命、生产等活动。群众运动是中国共产党贯彻执行群众路线的形式之一。③米格代尔因此认为:"中国革命者是农民参与革命的历史特性发生变化的刺激因素。农民不再是突发性地参与,而是持久地参与有组织的社会运动。"④

在中国,国民党是最早的现代政党,为了推动中国的统一,发动了国民革命。为进行政治动员,国民党曾经将"群众工作"作为专门的学问加以研究。⑤但是,国民党一直属于城市精英集团,其政治动员始终未能深入到乡村社会,对占中国最大多数的农村人口产生政治影响,由此也限制了它执政后的行政渗透。与国民党相比,中国共产党一开始就将自己的政治基础定位于工农大众,并将动员工农大众参与革命作为自己的使命。群众运动可以说是中国共产党进行政治动员的主要方式。早在

---

① 《荀子·劝学》。

② 丛日云教授对当代中国政治语境中的"群众"概念进行了全面深入的分析,很有参考价值。参见丛日云《当代中国政治语境中的"群众"概念分析》,《政法论坛(中国政法大学学报)》第23卷第2期,2005年3月。

③ 本书编委会:《辞海》,上海辞书出版社1999年版,第5453页。

④ [美]J.米格代尔:《农民、政治与革命——第三世界政治与社会变革的压力》,李玉琪、袁宁译,中央编译出版社1996年版,第214页。

⑤ 参见丛日云《当代中国政治语境中的"群众"概念分析》,《政法论坛(中国政法大学学报)》第23卷第2期,2005年3月。

1920 年代中国共产党一成立就不断地推动工人运动和农民运动。如米格代尔所说:"中国革命者不是组织自身去制造暴烈的群众起义,而是把群众组织起来,创造出比他们敌人更强大的系统性的体制。"①

中国共产党取得全国政权以后,群众运动仍然是其重要领导方式。在毛泽东看来:"社会主义革命和建设,必须坚持群众路线,放手发动群众,大搞群众运动。""什么工作都要搞群众运动,没有群众运动是不行的。"②中华人民共和国建立后,国家对农村的改造和农村的变革,主要是依靠群众运动的方式进行的。运动内容之多,频率之快,在世界上都是少有的。从大规模、全局性的群众运动看,先是 1950 年代初的土地改革运动,紧接着是农业合作化运动,之后是人民公社化运动,再后是 1960 年代的"四清"运动和相连接的"文化大革命"运动。除了政治性运动以外,还有各种生产、文化和社会性群众运动。如 1958 年的"大办钢铁",1960 年代到 1970 年代的"农业学大寨"运动,从 1950 年代后期到 1970 年代的各种农村社会主义教育运动。从 1950 年代初一直到 1970 年代末,农村社会几乎是在持续不断的各种群众运动中度过的。直到 1990 年代初,农村还开展了社会主义教育运动。

持续不断的群众运动推动了自上而下的行政机制向乡土社会的渗透。首先,群众运动参与的人数多。一般的行政渗透只是针对特定的行政对象,而群众运动则将众多的民众都动员到政治体系中来,按照统一的意志活动。如土地改革、合作化、人民公社化、"四清"、"文化大革命"等全局性的运动几乎将所有农村社会成员都卷入到运动中。毛泽东于 1950 年代说到"中国人口众多是一件极大的好事","人多议论多,热气高,干劲大。""全国大多数农民,为了摆脱贫困,改善生活,为了抵御灾荒,只有联合起来,向社会主义大道前进,才能达到目的。"③其次,群众运

①[美]J. 米格代尔:《农民、政治与革命——第三世界政治与社会变革的压力》,李玉琪、袁宁译,中央编译出版社 1996 年版,第 215 页。
②《建国以来毛泽东文稿》第 7 册,中央文献出版社 1992 年版,第 433 页。
③《毛泽东选集》第 5 卷,人民出版社 1977 年版,第 179 页。

动声势大,能扩大影响。依靠行政机构的行政渗透的影响有限,它只作用于机构所涉及的对象。而群众运动则通过运动中的互相感染、互相激励的互动行为将统一的意志传递和辐射到最大范围的对象中去。再次,群众运动的能量足,渗透力强。一般的行政渗透借助的只是行政机构的力量,其作用力有限。而群众运动将众多的人集合在一起,由此可以形成巨大的行政能量。"运动可能看起来是自发地掀起的,但只有在党中央下命令时才能开展。这些运动很快就使党、政和群众组织这一庞大的新机器开动起来,把它的打击力量指向各个阶级及其机构中的一个又一个对象。"①土地改革中如果不将占人口大多数的一般农民动员到改革进程中来,被视为延续数千年的"封建主义"老根就难以撼动。集体化进程之所以不断加快,除了领导人的"心情过急"外,很大程度上在于群众运动所激发的"社会主义高潮"的兴起。第四,动员性强,贯彻彻底。一般的行政渗透需要通过层级机构向下贯彻,在这一过程中,国家意志往往走样变形。而群众运动是上层精英发动,经过精心组织,并由积极分子带动的。它能够使自上而下的国家意志得到充分贯彻,即通常所说的"一竿子插到底"。历次群众运动基本都是下派工作队到群众中进行说服、动员、教育、引导。在这一过程中,国家意志被传递到广大群众中,并建构起牢固的国家意识。正如郭于华所说:"通过'运动'机制,国家权力与政治力量深刻而透彻地嵌入于普通民众的日常生活之中。"②

群众运动作为一种现代社会运动,是少数精英根据一定政治或社会目标所动员和组织的。这与传统的"臣民造反"不同,也不同于现代社会中无组织"乌合之众"的社会骚动。群众运动需要发动者、组织者、领导者,同时也需要有群众基础,即得到群众的认可、拥护和跟随。由此又可以将群众运动分为两类,即有群众基础的群众运动与没有多少群众基础

---

① [美]费正清:《美国与中国》,张理京译,世界知识出版社1999年版,第351页。
② 郭于华:《受苦人的讲述:骥村历史与一种文明的逻辑》,香港中文大学出版社2013年版,第231页。

的群众运动。不同类型的群众运动,其行政渗透的效果有很大的不同。鉴于群众运动在推动国家建构和社会变革中所产生的巨大影响,领导者很容易迷恋群众运动的作用。特别是随着新的国家体制的建立,群众运动的兴起往往会突破国家能够容忍的秩序,使领导者力图将群众运动限制在一定范围之内,将更多的领导意志贯彻在群众运动之中,而较少考虑群众意志。这种群众运动的群众基础较弱,并容易演变为"运动群众",即将国家意志强力输入群众之中,反复发动、要求,而不是依靠群众自己的愿望和觉悟。这种情况早在1949年就已出现(如"干部运动群众"的说法①),在1960年代后表现得尤其突出。1960年代初期的社会主义教育运动(又称"四清"运动)中,从城市大规模下派工作队,对农村基层干部持不信任态度,对相当一部分群众也持保密态度,由工作队在少数人中间"扎根串连",其行政渗透的效果受到限制。即使是"农业学大寨"这样的生产性的群众运动,后来也因为行政要求脱离农村实际而未能深入到农村中去。

当群众运动转变为运动群众,就会失去群众。依靠群众运动实现行政渗透的效果就会受到限制,甚至出现"运动疲劳"或"运动厌倦"。这在于"用运动来推进革命的方法能够鼓励干部去攻击某些违反公认标准的意见或不受欢迎的活动,造成很大的声势,并且很容易做得过分而造成'偏差'。因此,每次运动都可能引起另一次运动,来检验、更改或否定前一次运动"②。邓小平在中共领导层中比较早地意识到迷恋群众运动的弊端。1961年,邓小平在一次讲话中说道:"群众运动只是群众路线的一种形式,不是一年到头全运动,不是一律的这里运动什么那里也运动什么。不能照搬,只能实事求是。如果一年到头运动就没有劲了,就变成浮夸、形式主义了,实际上违反了群众意志,脱离了群众。"③郭于华在调

---

① 参见李里峰《土改中的诉苦:一种民众动员技术的微观分析》,《南京大学学报》(哲学·人文科学·社会科学版)2007年第5期。
② 〔美〕费正清:《美国与中国》,张理京译,世界知识出版社1999年版,第351—352页。
③《邓小平文选》第1卷,人民出版社1994年版,第295页。

查中还发现，频繁的政治运动"与乡村社会中原有的矛盾冲突交织互动，造成村民们常常抱怨的'公报私仇'或'官报私仇'的现象：个人恩怨通过一次次政治仪式而不断地累积与升级，从小恩怨逐渐变成你死我活的世仇。在这一过程中，公共逻辑与私人逻辑、革命逻辑与人情逻辑相互置换，亦成为民众参与政治的重要动机或动力"[1]。经历"文化大革命"之后，邓小平多次提出："我们过去在社会主义改造完成以后，仍然搞这个运动、那个运动，一次运动耽误多少事情，伤害多少人。"[2]"人民需要安定团结的政治局面，对大规模的运动厌烦了。""经常搞运动，实际上就安不下心来搞建设。"[3]自 1980 年代以后，中国很少开展群众运动，主要依靠常规性的行政机构对乡村社会进行行政渗透。

三、任务：行政机制的介入

20 世纪以来，"任务"一词愈来愈广泛和深入地进入到乡村社会，成为乡村治理中频率最高的词汇之一。它表明国家行政机制通过各种指标活动达到影响和支配乡村社会的目的，并由此建构起农村人口的国家意识。

"任务"通常指交派的工作和担负的责任，一般用于科层组织的管理中，并具有强制性。如工厂组织的工作定额、军队组织里的战斗要求、行政管理组织中的上级下达的指标。在传统社会，国家除了税赋、劳役以外，与乡村社会是脱节的。一直到 20 世纪国民党统治时期，这种情况都未改变。随着中华人民共和国的成立，特别是农业社会主义改造的展开和人民公社体制的建立，国家全面介入农村经济、政治、文化和社会生活的各个方面，以此改造、支配和影响乡村社会。其主要机制就是政府直接下达各种要求农民完成的任务。

---

① 郭于华：《受苦人的讲述：骥村历史与一种文明的逻辑》，香港中文大学出版社 2013 年版，第 234—235 页。
② 《邓小平文选》第 2 卷，人民出版社 1994 年版，第 251 页。
③ 《邓小平文选》第 2 卷，人民出版社 1994 年版，第 349 页。

"任务"一词进入农民的实际生活起源于中国共产党领导的革命根据地内。中国共产党是以军队组织的方式大规模进入乡村社会,并在农村进行武装割据的。在革命根据地内,军事—政权组织开始用"任务"的方式影响和支配农村社会。首先是将传统国家下派的赋税改变为"公粮",要求农民完成一定数量的粮食征收任务。其次是行政性工作任务开始通过党、政权、群众组织等组织系统下达到农村社会。如招收军人、组织生产、文化教育等。当然,战争期间的"任务"大都是临时性的,且主要是组织动员而不是依靠政权强制。但是,这种军队组织管理中的"任务"机制对之后的乡村治理有重要影响。

中华人民共和国建立后,开始有可能运用政权的力量对农村社会下达任务。这种任务有内容、时间、目标等具体要求,并有相应的机构加以落实。从国家治理看,自土地改革一直到人民公社时期,国家都明确规定了农村工作任务,以政治支配行政,从而实现行政机制对农村社会的介入。土地改革是从老解放区到新解放区步步推进的,不同时期有不同的任务。土地改革后迅速开展合作化运动。这一运动是对农村社会的重组,任务性质更加突出。1953 年 12 月 6 日,中共中央通过了《关于发展农业生产合作社的决议》,在决定大力推进农业合作化运动的同时,具体规定了发展指标:从 1953 年冬季到 1954 年秋收以前,全国农业生产合作社应该由已有的 14000 多个,发展到 35800 多个,不同地区有具体指标。《决议》还提出,在第一个五年计划内,即到 1957 年,全国农业生产合作社要争取发展到 80 万个左右,参加的农户应争取达到总农户数的 20%左右。[①] 1955 年中共七届六中全会通过了关于农业合作化问题的决议,要求加快农业合作化速度,并对不同地区的速度提出了要求。随着合作化运动的迅速推进,1958 年 8 月 29 日,中共中央作出了关于在农村建立人民公社问题的决议,提出将原有的小社合并为大社,统一命

[①] 参见:《当代中国农业合作化》编辑室编《建国以来农业合作化史料汇编》,中共党史出版社 1992 年版,第 176 页;罗平汉《农业合作化运动史》,福建人民出版社 2004 年版,第 146 页。

名为"人民公社"。尽管当时没有具体下达成立人民公社的指标，但由于将人民公社定性为"建成社会主义和逐步向共产主义过渡的最好的组织形式"，在政治支配行政的机制下，公社的建立十分迅速。不到一年时间就实现了全国农村的人民公社化。1970 年代后期和 1980 年代初期兴起的农村改革中，中央虽然一再提出对于采用新的生产经营体制不强求一律，也不下达任务指标，但是在政治支配行政的机制下，地方还是以"任务"的方式推行新的经营体制。

与此同时，国家给农村社会所下达任务的内容也迅速增多，并越来越具体。首先是将农业生产作为行政任务。传统国家的一个重要特点是对经济的不干预主义，只是采取一定方式鼓励农耕，如各种"劝农"活动，不直接管理农业生产。中华人民共和国一成立，就将农业生产作为政府的一项重要工作，并以行政力量推动这一工作。1949 年中华人民共和国成立时就组建了专管农业的农业部。不仅如此，"全党大办农业"在相当长时期被作为执政的重要方针。1951 年 2 月 2 日，中央人民政府政务院通过关于 1951 年农林生产的决定，提出将发展生产与劳动互助结合起来。第二年，中央人民政府政务院通过关于 1952 年农业生产的决定，对如何开展互助合作、采用先进技术、加强经营管理提出了具体意见。中华人民共和国建立以后开展的土地改革、农业集体化和人民公社化运动，从根本上说都是为了促进农业生产。互助组是指农业生产互助，合作社是农业生产合作社，人民公社也是生产单位。因此在推动合作化和人民公社化运动过程中，都包含了如何组织和发展农业生产的内容。1956 年 1 月，中共中央政治局提出了《1956 年到 1967 年全国农业发展纲要（草案）》。在这之前，中共中央主席毛泽东对农业生产发展提出了十分具体的意见。如在 12 年内，平均每亩粮食产量，在黄河、秦岭、白龙江、黄河（青海境内）以北，要求达到 400 斤，黄河以南、淮河以北 500 斤，淮河、秦岭、白龙江以南 800 斤。棉花、油料、大豆、丝、茶、黄麻、甘蔗、水果等也要有指标。层层下达农业生产任务可以说是中国共产党执政后国家治理的一个重要特点。

其次是将征购农产品和征派劳务作为各级政府的重要工作。进入20世纪以后,工业化一直是国家的主导目标。特别是中华人民共和国建立以后,更将工业化作为核心战略。为实现这一战略,国家需要从农村获取产品和劳务。为此,国家对粮食等主要农产品进行统购统销,同时征调大量农村劳务从事交通、水利等公共工程的建设。统购统销和劳务征调属于国家义务,也就是要求各级政府必须完成的任务。如根据统购统销政策,每年国家都要下达征购农产品的指标,并将指标分解到各个地区和各个层级。与此同时,国家在地方各个层级都设立相应的农产品购销部门,直接完成相应的任务。即使是取消统购统销政策以后,获取产品与劳务仍然是政府的一项重要任务。

再次是大量的思想、教育、文化及社会事务也纳入行政任务的范畴。在传统国家,国家的职能主要是统治,社会职能较少,不多的社会事务由社会自我承担。中华人民共和国建立以后的一个重要变化,就是将大量的思想、教育、文化和社会事务纳入日常行政工作,并作为重要的工作任务。如1957年8月8日,中共中央作出《关于向全体农村人口进行一次大规模的社会主义教育的指示》,要求各级党委都必须有准备地、有次序地、自上而下地派遣工作组协助乡社的党组织主持大辩论工作。从1950年代一直到1990年代初,中央在农村多次布置开展有关社会主义教育工作。教育、文化和社会事业也成为政府的重要工作任务。如1955年毛泽东征询对农业十七条意见时,不仅对粮食等农产品确定了目标,而且对其他方面的指标也确定得非常具体。要求在7年内,"基本上消灭若干种危害人民和牲畜最严重的疾病","除四害,即在7年内基本上消灭老鼠(及其他害兽),麻雀(及其他害鸟,但乌鸦是否宜于消灭,尚未研究),苍蝇,蚊子","基本上扫除文盲,每人必须认识1500到2000个字","将省、地、县、区、乡的各种必要的道路按规格修好","建立有线广播网,使每个乡和合作社都能收到有线广播","完成乡和大型合作社的电话网"。随着农村的发展,国家有关教育、文化和社会事务的行政任务愈来愈多。到1980—1990年代,国家专门下达了普及九年制义务教育的达标活动。

行政管理体制是层级制的。中国是一个超大国家,不仅层级多,而且地域广。除了中央下达的各种行政任务以外,地方也自设了不同的任务。越往下层,行政任务越多。这种情况在 1980 年代实行中央与地方的分权式改革以后,尤其突出。

四、任务的贯彻、落实与应付

从国家理性看,都有以任务的方式进行行政介入的冲动,问题在于任务的贯彻和落实。传统中国的乡村治理处于上下隔绝状态,从根本上说是行政贯彻能力的弱小。由于财政、技术、交通,特别是组织等原因,许多政府任务根本无法贯彻。进入 20 世纪以后,尽管建立了中华民国,但由于社会的分化,特别是上下统治的脱节,政府任务更难贯彻,由此出现了所谓的"贯彻危机"。这一危机可以说是发展中国家政治转型都会遇到的普遍性难题。也正是在这一危机中,出现了大量的"政治真空",并促成了共产党的崛起。

中华人民共和国建立以后,一方面是政府任务迅速增多,行政介入空前广泛,另一方面是行政贯彻能力极大增强。这既表明了权力的高度集中,又反映了国家对农村社会的渗透的大大强化。其中的重要原因就在于对乡村社会的改造,使乡村社会的组织体制便于任务的贯彻。

土地改革以后,政府任务呈不断增多趋势。伴随这一过程的是通过对农业的社会主义改造,形成了自上而下延伸和覆盖农村社会的行政化的组织网络。这一网络首先是共产党基层组织的建立和健全。农村社会普遍建立了党的基层组织,党组织是按照"下级服从上级"的机制运行的。同时,围绕党组织建立了共青团、妇联、民兵、贫下中农协会等群众性组织。大部分群众成为这些组织的成员。农村的党组织及相应的群众组织的活动都围绕着"党的中心工作"而开展。也就是说,自上而下的党组织的决策是基层党组织行动的主要依据。其次是基层政权组织的建立和完善。基层政权组织更是按照科层制的方式运行,完成各种自上而下的任务是其主要工作。再次，也是最重要的，人民公社将政权组织与生产组织合为一体，农民的生产生活都高度依附于公社组织。集体化中产生的人民公社体制实现了权力集中与行政介入的直接结合。公社建立之前，实行的是乡社分设的体制，乡是基层政权组织，合作社是经济合作组织，一个乡统辖若干合作社，但不直接干预合作社事务。而人民公社既是集体经济组织，又是国家在农村的基层政权组织。在公社组织内部，生产资料为集体所有，统一生产，统一分配。在公社外部，公社是国家的基层政权组织，服从于统一的国家治理。这种体制把集体经济组织当作国家基层政权的附属品，以政化社，使集体经济完全失去了自主权和独立性。正是依托于公社组织，自上而下、垂直式的行政机制才得以穿越乡土社会共同体的阻隔，全面、直接和深入地渗透到乡村社会之中。在公社体制下，各级管理人员都被称为干部，尽管有拿国家工资和集体工分补贴之分。他们遵从下级服从上级的行政原则。农民则都属于公社社员，他们是劳动者，同时又是政权组织体系的成员，要服从干部的统一管理，成为全面和直接的行政对象。国家权力通过公社行政体制可以直接地渗透到农民的日常生活之中，农民被高度行政对象化。正是公社的行政化治理机制，推动国家介入贯彻能力的无限扩张。国家可以通过公社组织无偿地、迅速地集中和调配一切人力、财力和物力，将亿万农民的意志高度统一于国家指向。"上级任务"可以说是农民的基本行动依据。

人民公社体制废除后，实行"乡政村治"的体制。乡镇一级设立农村基层政权，乡镇以下设立村民委员会，实行村民自治。这种体制是一种分权式改革，即将高度集中于国家和上级政府的权力下放一部分给农民和基层。乡镇和村的关系是指导与被指导的关系。农村改革后的治理体制使行政渗透机制的功能受到一定限制，基层和农民的经济自主性日益增强。但是，国家的行政渗透机制仍然有强大作用。一是中国共产党在农村的基层组织仍然依据下级服从上级的原则运行。二是乡镇基层政府在相当程度上仍然将村民委员会作为自己的下属机构对待，村民委员会也要协助政府工作。三是国家的行政介入方式更加多样化。所以，从总体上看，农村改革后的乡村治理并不是简单的村民自治，而是一种行政介入与村民自治的混合体。完成和落实上级任务仍然是乡村治理的主要内容。姚锐敏因此认为："伴随国家下达'任务'种类的增加和范围的扩大，传统乡村社会中各种分散的权力被越来越多地集中于国家体系之中，党和国家的意志日益成为影响和左右乡村经济社会发展甚至农民日常生活的主要（决定性）因素，乡村治理结构也随之发生了深刻变化，乡村社会的传统文化网络被毁坏，多元治理结构被单元治理结构所取代，中国共产党及其领导的国家政权成为乡村社会的唯一权威来源。"[①]

　　任务性的行政介入是服从国家目的并以国家强制力作为依托和保障的。通过各种任务，将国家的各种事务延伸到乡村社会，同时也建立起农民的国家意识，将历史上长期分散的、外于行政组织体系的农民纳入自上而下的行政组织体系中，由此实现国家对乡村的行政整合。"通过'任务'的下达与完成，农民的私人生活与国家现代化进程紧密联在一起，个体分散的目标与结果被整合到国家现代化的总体发展之中，农民对发展的个体追求转化成为国家现代化的动力元素。"[②]这种行政整合有助于迅速按国家意志建构和改造乡村社会。如在一个有着数千年"多子多福"观念，主要依靠劳动投入进行农业生产的乡村社会实现"计划生育"，号称"天下第一难"。如果没有任务性的行政介入，便很难在短时期内有效控制人口的过快增长。

　　行政整合的高效性是因为依托于国家强制力，具有行政压力的特性。有学者因此将其定名为"压力型体制"，即"一级政治组织（县、乡）为了实现经济赶超，完成上级下达的各项指标而采取的数量化任务分解的

---

① 姚锐敏：《"行政下乡"与依法行政》，中国社会科学出版社 2009 年版，第 103 页。
② 姚锐敏：《"行政下乡"与依法行政》，中国社会科学出版社 2009 年版，第 103 页。

管理方式和物质化的评价体系"。① 在压力型体制下,人们的行动取向是"对上负责",政府贯彻能力空前提升,使得自上而下的行政任务很容易超出农村社会能够承受的限度。1950 年代是行政任务迅速增多的时期,而这一时期的任务经常超出决策者的预期或者农村的承受程度。1953年实施统购统销政策不久,便发生了高估产、高征购,即征收"过头粮"的现象。② 1958 年的"'大跃进'运动"是与"人民公社化运动"同时进行的,出现了"高指标"的速度"过快过急"的问题。1960 年代的"社会主义教育运动"中也确定了具体的清查指标。自上而下的宏观性任务最终要依靠基层社会贯彻和落实。在这一过程中,各个层级和微观的基层管理又可能层层加码,使行政任务大大超出任务对象的承受限度。迫于无奈,基层和农民对难以完成的任务往往也会采取应付的方式,即通过各种方式消极地抵制,使任务难以落实。事实上,基层社会与农民也有许多应对各种任务的办法,甚至能够改变任务施予者的决定。1950 年代实行统购统销初期由于征收"过头粮",农民缺乏生产积极性,这意味着再高的任务指标也不可能完成。为此,1955 年 3 月 3 日,中共中央、国务院专门发出《关于迅速布置粮食购销工作安定农民生产情绪的紧急指示》,除了减少征购任务以外,还确定了"定产、定购、定销"的制度。人民公社体制是"任务性"体制,也正是各种任务超出了农民能够承受的程度,使农民往往以"怠工"的方式应付任务,缺乏生产积极性。国家后来采用家庭生产经营,废除人民公社体制,最终是为了调动农民的生产积极性。

进入 1980 年代以后,基层和农民有了更多的自主性,任务性介入面临新的情况。任务过多和压力过大一旦超越了基层政府和民众能够承受的限度,必然会引起不同的应对的办法,包括数字造假等。如 1990 年代中后期,国家希望更多地控制粮食,结果安徽发生了基层粮食部门以

---

① 参见荣敬本《从压力型体制向民主合作体制的转变:县乡两级政治体制改革》,中央编译出版社 1998 年版,第 28 页。

② 参见薄一波《若干重大决策与事件的回顾》上卷,中共中央党校出版社 1991 年版,第 282 页。

"造假"的方式应付国务院总理的检查的事件。过多的任务性介入还会引发体制性冲突。正是基于此，荣敬本等人提出要从压力型体制向民主合作体制转变。[①]

任务性的行政介入对于一个高度组织化和单一化的农村社会比较有效。随着农村社会多样化和自主性的增强，强制性行政介入的成效逐渐减弱。特别是改革开放以后新体制的建立，对于任务性的行政介入起到了一定的界定作用，干部为了完成任务不得通过一些非正式的方式。这是因为，随着人民公社体制的废除，"无论是国家的法律，还是国家权力合法拥有的惩罚措施，都失去了效力。于是，地方政府官员不得不寻找一种非常规的、非正式的方式来行使自己的权力并实现国家的意志"[②]。

五、命令：行政机制的扩张

作为国家机器的行政机制是建立在命令—服从关系基础上的。上级命令下级，下级服从上级是官僚行政体制的基本原则。命令的特点就在于命令的施予对象只有服从的义务，而没有自由选择的权利，具有单向性和强制性。一般而言，命令—服从关系只产生于官僚行政组织内部。中华人民共和国建立之后，国家得以迅速重新构造乡土社会，相当程度上在于将命令—服从机制引入乡土社会领域，行政机制由行政组织内部扩张到乡村社会。

中国传统的乡土社会是自然形成的村落共同体。当中华人民共和国建立，特别是实行农业社会主义改造，国家对乡村社会进行重新组织之时，就开始了行政机制扩张的进程。首先是随着"政权下乡"，政权组织开始将命令的方式引入乡村治理。如统购统销本身就是一种国家单

[①] 参见荣敬本《从压力型体制向民主合作体制的转变》，中央编译出版社1998年版。
[②] 孙立平、郭于华：《"软硬兼施"：正式权力非正式运作的过程分析——华北B镇定购粮收购的个案研究》，收于《清华社会学评论》特辑，鹭江出版社2000年版，第44页。

方的强制行为。在落实这一国家任务上,尽管也采用引导、利益诱导等方式,但因为涉及农民的切身利益,为完成任务最简单的办法就是行政命令。"征购计划是带有指令性的,合作社必须保证完成。"①因此,统购统销一开始实施就出现了"许多强迫命令","加剧了国家与农民关系的紧张"。② 可以说,只要是自上而下的行政任务增多,超出基层与农民的承受限度,命令性的行政整合的力度就越大,出现所谓"强迫命令"的可能性也就越大。

其次,公社组织为命令性行政扩张提供了最有效的组织基础。存在于科层组织中的命令—服从机制得以扩张到"一盘散沙"的乡土社会,最重要的是农村基层社会组织被改造为科层制组织,这就是人民公社。人民公社的最大特点是"政社合一",政权组织与经济组织合为一体,公社社员既是生产者,又属于政权组织体系成员。公社管理的特点是"组织军事化、行动战斗化、生活集体化",具有某种军事共产主义的特点。③ 通过公社将分散的农户组织成为一个具有军事化特点的组织。长期历史上自然形成的村落按军事组织的特性编制,如××人民公社第×生产大队第×生产小队。这种编制类似于军事组织的营、连、排、班的编制。即使是后来人民公社组织的直接军事化的特点有所弱化,但仍然长期保留军事性的民兵组织建制。从而完全改变了传统的自然村落组织形态,将分散的农民组织为一个整体。这一整体实行科层制(等级制)治理,自上而下的命令和自上而下的服从机制由此形成。特别是公社集体组织控制了生产资料与生活资料,组织成员离开了组织便难以生存。从这个意义上说,公社组织的命令—服从关系更有成效。德国社会学家韦伯在谈到服从目的时就特别提到基于利害的服从。依托公社组织体制,命令性的行政机制扩张到乡土社会的各个领域,组织的各级领导通过发号施令

---

① 薛暮桥:《社会主义经济理论问题》,人民出版社 1979 年版,第 21 页。
② 参见薄一波《若干重大决策与事件的回顾》上卷,中共中央党校出版社 1991 年版,第 273 页。
③ 参见《红旗》杂志社社论《迎接人民公社化的高潮》,《红旗》1958 年第 7 期。

实施管理。如最基层的生产队长通过敲钟命令社员上下工，生产队以上的组织通过文件、会议、指示等方式决定下级和社员做什么、不做什么、能做什么、不能做什么。下级和社员只有服从的义务，否则就会受到相应的惩罚。在命令性体制下，超出农民可接受能力的"强迫命令"行为自然会出现。1950年代后期人民公社一成立，就出现了因不服从命令而随意惩罚社员的现象。在1960年11月3日发出的《中共中央关于农村人民公社当前政策问题的紧急指示信》中，特别强调要"整风整社"，严禁干部用"不准打饭"和"不发口粮"的办法来惩罚社员。① 毛泽东于1960年11月15日专门强调，要彻底纠正"五风"，要求"必须在几个月内下决心彻底纠正十分错误的'共产风'、浮夸风、命令风、干部特殊风和对生产瞎指挥风"。② 尽管在这之后，中央再三强调干部联系群众，反对强迫命令，甚至通过群众运动的方式整顿工作作风，但是由于公社组织本身就是按照命令—服从机制运行的，强迫命令自然难以避免。

命令性的行政机制扩张不仅大大增强了自上而下的行政权力，而且强化了行政权力对乡土社会的渗透。农民不再是自然共同体的成员，而是政权共同体的成员，不再是自己决定做什么不做什么，而必须服从统一的组织管理。农民无时不是，无处不是行政命令的对象。国家对乡村社会的整合达到空前的程度。如姚锐敏所说："'命令性'行政进一步强化了国家与乡村社会之间通过政治动员与'任务'机制建立起来的联系，大大提高了农村社会发展与国家现代化方向和步调的一致性；另一方面，随着'命令—服从'机制的扩张，分散的社会权力与农民的个体权利被逐步整合到国家政权体系之中，使集权性行政体制得到进一步强化。在这种体制下，农民的一切行动都必须听命于国家。"③只是农民最终是依靠自我劳动获得成果的生产者而不是国家行政管理组织的成员，军

① 参见《当代中国农业合作化》编辑室编《建国以来农业合作化史料汇编》，中共党史出版社1992年版，第617页。

② 《毛泽东文集》第8卷，人民出版社1999年版，第220页。

③ 姚锐敏：《"行政下乡"与依法行政》，中国社会科学出版社2009年版，第108页。

事—行政组织的命令—服从机制只能使农民处于被动地位,缺乏生产自主性和积极性,从而使命令性体制难以延续。

公社体制废除后,依靠集体经济组织施行命令性治理的组织基础不复存在,但政权组织为完成行政任务仍然实行命令治理。公社体制废除后的村民委员会在法理上属于村民自治组织,与乡镇政权的关系属于指导与被指导的关系,而不是命令—服从关系。但从国家行政管理的角度讲,则属于行政建制村,即通常所说的行政村。作为行政村,仍然有义务服从上级组织的指示,协助上级完成政府任务。这种命令—服从关系更多地体现在自上而下的党组织系统。当然,由于实行家庭经济,农户成为生产经营主体,基层治理依靠控制生产、生活资料来施行命令的机制缺乏组织基础。农民作为命令对象的内容越来越少,不服从命令的情况愈来愈多。正因为如此,许多农村干部深感农村改革后的农民“不好管了”。一些地方开始寻找新的治理机制,即从单向的命令—服从机制转变为双向的民主-协商机制。

六、“一刀切”与多样化

国家行政治理的特点是一致性和标准化。秦始皇统一中国后之所以选择官僚制而不是分封制,就在于通过官僚制可以将中央政权的意志渗透到所管辖的每一个地方。但是,由于上下隔绝机制的存在,传统国家的行政治理始终未能全面渗透到乡土社会,乡土社会仍然是自然共同体。不同地方的村落各自存在,自我治理,呈现出差异性和离散性。只是随着中华人民共和国的建立,国家行政治理才深入地渗透到乡村社会之中,由此将差异性和离散性的乡村社会整合为整齐划一的行政共同体。

国家行政向乡村社会渗透的动员、任务和命令机制都是为了按照国家意志改造和支配乡村社会,以做到统一思想、统一意志、统一行动。虽然在改造乡村社会过程中,国家也注意到乡村社会的差异性和农民的自主性，但是统一的行政机制必然要求一致性，甚至为了达到一致性而实行具有强制性的"一刀切"的行政措施。"一刀切"在相当长时间里是流行于国家行政管理体系中的"潜规则"，即尽管许多人主观认识到行政管理需要考虑实际情况，但从行政治理的统一性看，又只得采取无差别的行为。特别是在国家全面改造乡村社会的过程中，强调一致性，实行"一刀切"的治理更为突出。1950 年代初期，在中央决定对农业进行社会主义改造之时，一度注意到农民的两个积极性，一是农民自己发家致富的个人积极性，一是互助合作的社会主义积极性。在实行集体化过程中，也注意到通过"包工包产"调动农民的生产积极性。这是基于农村社会和农民个人的差异性而考虑的。但是，中央主要领导人更多考虑的是对乡土社会的整合及其一致性，并担心由于差异性而损害一致性，从而采用政治和行政措施来强化乡村社会的整齐划一。1950 年代到 1960 年代的"包产到户"举措"三起三落"便是例证。1950 年代中后期，随着农业生产合作社的建立，安徽、四川、广东、江苏、河北等省份就出现了在合作社内部实行社员"包工包产"的做法。随后，浙江永嘉甚至出现了"包产到户"的做法。这本来都是在合作社内部寻找一种能够有效调动农民生产积极性的方法的探索。但是，1957 年，这一探索被抬升到是否坚持社会主义道路的高度，加以否定和批判。1957 年 8 月 8 日，中共中央发出了《关于向全体农村人口进行一次大规模的社会主义教育的指示》。在这一政治运动中，"包产到户"被视为"走回头路"和"单干"而受到批判，鼓励和推行"包产到户"的浙江省永嘉县领导受到严厉的行政处分，有的社员因赞同包产到户而被判刑。[①] 人民公社建立后，为了改变在集体田里"出工不出力"的现象，河南、江苏、湖南、湖北、陕西、甘肃等省的一些地方实行包工包产，结果不到一百天，就被视为"右倾机会主义"而遭到严厉批判和阻止，甚至强调"这种毒草必须连根拔掉，通通烧毁，一个'点'

---

① 参见徐勇《包产到户沉浮录》，珠海出版社 1998 年版，第 44—53 页。

也不许留"。① 由于 1959 年后出现了连续三年的严重经济困难,安徽等地又开始试行包产到户,甚至一度得到中央主要领导的认可,但紧接着又因为担心会损害公社体制的一元性而受到强行阻止,对相关领导人进行了行政处理。人民公社体制的一致性可以说是在不断的政治—行政压力下得到维护的。

不仅是政治上划一,生产上也整齐划一。农业生产与工业生产不同,受到自然条件的制约,最需要因地因时制宜。但在"一刀切"的命令机制下,很容易出现不顾具体条件而简单执行上级命令的行为。"农业学大寨"本来是国家树立的一个自力更生发展农业生产的典型。但是,在"农业学大寨"运动中,许多地方纷纷仿照"大寨田"样板,深翻土壤,将生土翻到表层,结果造成严重损失。

由于存在地方性差异,作为国家整体又有追求统一的天然要求,"大一统"在中国与多样化一样历史悠久。特别是随着现代化进程的推进和交通信息的发达,现代国家获得同一性、整体性的条件更加充分,更容易造成某种国家意志的傲慢——国家决策忽视地方的差异性,由此支付巨大的进步代价。现代国家建设是一个制度建设过程,其国家基本制度必须遵循统一性、一体性,这是支撑现代国家的制度支柱。与此同时,国家制度又要为地方发展保留下足够的自主空间,其基本依据就是各地条件不一样。为此,在政治决策过程中,既要重视地方和个案经验,从中寻找决策依据;同时也要充分注意其限度,此地的经验不一定能够放之四海而皆准,毕竟中国的地方差异性太大。② 1980 年,中共中央就"农业学大寨"的经验教训专门指出:"我国农村地域辽阔,各地自然条件、生产情况和耕作习惯千差万别,经济发展水平也很不相同。""某一地区的实践证明确实是先进的、有效的经验,在其他地区推广,就不一定是或不一定完

---

① 参见徐勇《包产到户沉浮录》,珠海出版社 1998 年版,第 66—81 页。
② 参见徐勇《区域社会视角下农村集体经营与家庭经营的根基与机理》,《中共党史研究》2016 年第 4 期。

全是先进的、有效的。"①

　　1970 年代末兴起的农村改革，从根本上说是改变国家过分强制的"一刀切"的管理体制，尊重基层和农民的自主性，由此而产生包产到户和村民自治。正是在此基础上，农村社会发展走上多样化的道路，宜工则工，宜农则农，宜林则林。这实际上是现代国家建设的另一个新的开端，即从单纯强调民族-国家的统一性，到同时尊重作为国家主权者的国民的自由选择的自主性的国家转变。

_____

① 《当代中国农业合作化》编辑室：《建国以来农业合作化史料汇编》，中共党史出版社 1992 年版，第 884 页。

第四章　政策、法律与规约：乡村的制度整合

社会是由不同的人群构成的。要将不同的人群联结为一个整体，便需要用制度对其行为加以规范，进行制度性整合。制度实际上是在一定共同体内普遍遵守并具有一定强制性的行为规范。自由散漫是传统农民的天性。现代中国依靠政策、法律和规约将亿万分散而又散漫的农民组织到国家体系中来，对其行为加以规范，进行制度性整合。

一、伴随"政党下乡"的"政策下乡"

自由散漫作为传统农民的天性是由其生产方式决定的。小农经济的特点是农民一家一户为生产单位，自给自足，与外界的联系很少。他们与外部世界的联系主要是与国家的联系，而这种联系又主要局限于为国家提供赋税、兵役，除此之外，很少与国家打交道。从这个角度讲，农民的行为是自由随意的。他们对自然的依附远远强于对社会的依附，"天命"高于"人事"。这是传统中国农民与中世纪西欧农奴所不同之处。所以，费孝通先生说，传统国家的权力"在人民的实际生活上看，是松弛

和微弱的，是挂名的，是无为的"①。尽管出于国家统治的需要，统治者也进行一些"劝农"之类的宣教活动，实行"重农抑商"的政策，但国家政策并没有全面深入地渗透到农民日常生活之中。因此，在古代中国，只有"政"和"策"两个分立的词。"政"是统治和治理，"策"主要指为统治者提供计谋和主意，如出谋划策。"政策"作为一个完整词汇是近代从日本引入的。

现代国家的建构是一个通过解决经济社会问题进行政治整合的过程。"它们是界限分明的行政单位，政府采纳的政策施行于整个国家的人口之上。"②为了建立一个包括广大农民在内的现代国民国家并进行政治动员，孙中山先生提出了"扶助农工""耕者有其田"的政策主张，以此解决当时占人数 90％ 以上的广大农民的民生问题。但是，国民党政权长期以来是一个悬浮在城市上层的政权，其统治能力未能真正延伸到广大乡村田野。为了缓解农村危机，它成立了农业复兴等机构，提出了解决农民问题的举措，如土地清查和整顿、减租和农村复兴等。但由于缺乏基层政权和组织的落实与贯彻，这些政策未能延伸到农村，也没有发生实际作用。国家政策对于广大农民来说仍然是一个十分陌生而遥远的词。

在中国，"政策下乡"是"政党下乡"的伴随物。政策是指国家、政党或政治集团为实现一定目标和任务而制定的活动计划和行为准则。政策的特点是通过作出具有权威性的决定将不同的人组织为一个整体并规范人的行为活动。现代国家是由少数人组成的政党进行设计和构建的。政党要构建国家，必须进行政治动员，将更多的人吸纳到自己的领导之下。国民党虽然提出了解决农村和农民问题的纲领，但一直未能作为一项具体政策加以实施。与国民党不同，共产党是以工农大众为自己

---

① 费孝通：《乡土中国　生育制度》，北京大学出版社 1998 年版，第 63 页。
② ［英］安东尼·吉登斯：《民族-国家与暴力》，胡宗泽、赵力涛译，生活·读书·新知三联书店 1998 年版，第 338 页。

的阶级基础的,其优势在于"政党下乡",将政党组织的力量延伸到广大的农村领域。而政党的活动及其社会影响则主要依靠政策。通过各种具体的政策将政党意志贯彻渗透到社会,从而将社会吸纳到政党可支配的范围内。因此,中国共产党一开始就十分重视政策的作用,并在不同时期为实现不同的目标而制定了不同的政策。毛泽东特别指出:"政策和策略是党的生命,各级领导同志务必充分注意,万万不可粗心大意。"①他在抗日战争时期还专门写了《论政策》一文,强调要根据党在不同时期的任务制定和调整政策。在土地革命战争时期,党的政策主要是土地政策,而随着抗日政权的建立,党的政策领域更加广泛,包括政权组织、劳动、土地、税收、人民权利、经济、文化教育等。可以说,在未取得全国性政权之前,中国共产党主要依靠政策与农村社会发生联系,通过各种政策动员、组织、教育、规范农民,从而将广大分散的农民集聚在党的旗帜下。政党组织不断向农村延伸,也是政党政策不断地向农村社会渗透的过程。

中华人民共和国建立以后,中国共产党成为执政党,可以利用国家政权组织的力量实施其政策。特别是相当长时间内,党主要是依靠政策治理国家和改造社会,政策领域更宽泛,政策的渗透能力更强大。执政党和各级政府专门成立了政策研究机构。从土地改革,到农业社会主义改造,再到人民公社时期及其后的农村改革,执政党不断地制定和调整农村政策,以此解决农村问题,动员、组织农民,改造农村社会。其主要形式有:一是下发党的文件。受革命战争时期的影响,党的文件长期以来是指导党的行动和影响社会的主要工具,并具有最高的权威性。如1951年12月,中共中央就作出了关于农业生产互助合作的决议(草案),并于1953年2月15日正式通过。1958年8月29日,中共中央作出关于在农村建立人民公社问题的决议。从1982年到1986年,中共中央连续下发五个有关解决农村问题的"1号文件"。2006、2007年,中共中央

---

① 《毛泽东选集》第4卷,人民出版社1991年版,第1298页。

又就社会主义新农村建设连续下发两个"中央1号文件"。由于文件大多是以红颜色字体打头，所以又俗称"红头文件"。二是党组织和领导人的指示。党的文件比较规范。为了迅速灵活处理问题，党组织和党的领导人经常就一些农村问题发布指示。这些指示同样具有相当大的权威性。1947年正处于决定国内革命战争胜负的关键时刻，为了争取广大农民的支持，中共中央及时召开会议，讨论通过了《中共中央关于土地问题的指示》（因是5月4日通过的，从而简称为"五四指示"），这一指示确定的方针政策成为后来土地改革的主要依据。农业合作化涉及对传统农业的社会主义改造，因此党组织和领导人下发的指示更多。即使进入人民公社体制的相对稳定时期，党组织和领导人也经常发表指示。直到农村改革以后，党组织和领导人通过下发指示领导农村工作的现象才相对减少。这与中国共产党的执政和领导方式的转变有关。

中国共产党通过"政策下乡"，将政策输出到农民的日常生产和生活之中，对高度分散的乡村社会进行政策整合，并取得了显著成效。

其一，"政策下乡"推动着权力的集中和渗透。从根本上说，政策是一种统治或治理手段。它由拥有一定强制力和影响力的机构制定和实施，具有权威性。H. K.科尔巴奇在《政策》一书中认为："统治被看成是始于拥有权威的领导者的决策。""政策被看成是关于某一特定领域之内将要做什么的权威性的决定，所以无论是统一组织的不同部门还是同一广泛的'统治框架'下的不同组织，各种各样的参与者并非各行其是。所以政策过程关系到确保一个单独的行动进程得到认可。这种认可是通过'政府'以及'权威（们）'和'国家'来完成的，但是在每一种情况下，都可以感觉到有一种公共权威的中枢神经系统，它们决定了行动以及沟通的自上而下路线。"[1]传统国家虽然有重农抑商的思想，但其政策影响范围只限于统治者内部，未直接渗透于农民的日常生产和生活之中，自上而下地影响农村社会。中国共产党将党的工作重心转移到农村以后，注

---

① ［英］H. K.科尔巴奇：《政策》，张毅、韩志明译，吉林人民出版社2005年版，第11页。

重民生，从农民最紧迫的土地需要入手进行政治动员，其具体措施就是制定土地政策和与此相应的阶级政策。其后的一系列农村政策都与农村社会的日常生活密切相关，并走入千农万户。同时，政策的制定和实施都包含着政治权力的支撑，具有相当的权威性。人们服从政策归根到底是服从权力。如革命战争时期的土地政策是在中国共产党武装支持下制定和实施的，中华人民共和国成立以后更由国家强制力予以支持。因此，政策下乡一方面是使原来散落于乡土社会的政治、经济、文化和社会权力向统一的组织性的权力中心集中，同时又是权力中心将其意志输入并影响农村社会的过程。如中共领袖之一的刘少奇所说，"制定政策是集中起来的过程，执行政策是到群众中去的过程"①。毛泽东在 1947 年 5 月 4 日中共中央关于土地问题会议上讲话时强调："现在类似大革命时期，农民伸出手来要土地，共产党是否批准，今天必须表明态度。"②由此可看出，党是政策源。党制定和实施政策，同时也支配着农村社会和农民的日常生活。在一定程度上，政策决定命运。不同的政策导致不同的生存状态和命运。在长达数十年的政策下乡过程中，农民形成了命运服从政策的意识。如在以包产到户为核心的农村改革中，农民经常说到的是"一靠政策，二靠科技"，如果收成好，所说的则是"政策好，天帮忙"。地方和基层干部的主要工作是落实中央政策。正是通过直接涉及农民生产、生活直至人口生育的各种具体政策，将中央、地方政府与农村社会联结起来，形成统一的权力中心，并强化着权力中心对乡土社会的渗透。

其二，"政策下乡"是构建农民行动的过程，促进了农村社会的组织化和规范化。在 H. K. 科尔巴奇看来，政策"与秩序有关。政策暗示着系统和一致性。行为并不是专断的或者任意的：它受制于已知的普遍应用

---

① 《刘少奇选集》下卷，人民出版社 1981 年版，第 457 页。
② 中共中央文献研究室：《毛泽东年谱（1893—1949）》下卷，人民出版社 1993 年版，第 78—79 页。

的规则。……政策把一系列行动划入到一个共同的框架之中：我们不仅仅要惩罚那些不守规则的学生，还要使用一种纪律政策"①。在传统社会，国家的渗透能力弱小，农村社会处于分散状态，重要原因就是国家的权力触角难以通过各种政策传递到乡村社会之中，并对农民的行为加以统一规范。因此，农村社会的特性是自由、散漫而随意，只是一个生活共同体，而不是政治共同体。伴随着政策下乡，一方面是政党和国家意志进入到农村社会的日常生活之中，另一方面是对农民的行为加以统一规范。因为，政策具有统一性，并有相应的机构加以实施。政策贯彻实施过程也是行动的建构过程。中国共产党高度重视政策的统一规范功能。毛泽东曾经指出："政策是革命政党一切实际行动的出发点，并且表现于行动的过程和归宿。一个革命政党的任何行动都是实行政策。"②政策作为政党行动的出发点、过程和归宿，当其进入社会之时也必然发挥着统一规范社会行为的作用。在政策下乡的过程中，农民的行为统一在政策的范围之内，统一意志，统一行动，不允许有违反和超越政策界限的行为，否则会受到惩罚。农民长期以来的自然行为因政策下乡而转变为政策行为。如由于农业生产主要依靠劳动投入而不是资本投入，中国农村的人口生育长期处于自然状态，无节制生育导致的人口迅速增多成为影响中国历史进程的重大难题。中华人民共和国成立以后，尽管学习外国一度鼓励生育，但人口数量激增造成的社会负担日益沉重，使中国共产党不得不实行严格的计划生育政策。尽管这一政策不为部分农民理解，甚至出现所谓"超生游击队"，但由于政党和政权组织强有力的贯彻和实施，还是在短时间内有效地控制住了农村人口的无节制增长，并规范起农村人口生育秩序。所谓"超生游击队"的说法就表明超生行为是不合规范的，且要受到处罚。农民也因此被组织到国家体系中来了。正是通过统一的政策实施构建农民的行为，从而将分散的农村社会组织化、规

① ［英］H. K. 科尔巴奇：《政策》，张毅、韩志明译，吉林人民出版社2005年版，第12—13页。
②《毛泽东选集》第4卷，人民出版社1991年版，第1286页。

范化,农村社会不再是分散独立的,而要受到政治组织的支配,成为政治共同体。

其三,"政策下乡"强化了农民对党和国家的政治认同。H. K. 科尔巴奇认为,"政策还包括秩序的建立,也就是说,就不同参与者在特定条件下的行为达成共识"①。在传统社会,赋税和劳役的存在造成农民的"皇权"意识。但"天高皇帝远",除了赋税和劳役以外,农民很少与皇权打交道,特别是国家除了征收以外,没有给农民带来什么"好处",农民的家族意识远远强于国家意识。政策大规模下乡以后改变着农民的政治认同。政策一方面支配和改变着人们的命运,同时也改变和塑造着人们的政治认同。政策体现着政党的理念和倾向,其重要特点是区别性,即针对不同的事务和不同的人群有不同的政策。没有区别,就没有政策。正是通过有区别的政策,强化人们对政策及制定政策者的政治认同。革命时期,中国共产党有着自己的阶级基础和鲜明的政治立场,这会影响其政策的制定和实施。早在 1925 年,毛泽东就提出:"谁是我们的敌人? 谁是我们的朋友? 这个问题是革命的首要问题。"②进行革命首先必须分清敌、我、友,从而明确依靠谁、打击谁和团结谁。这是中国共产党制定政策的基本依据。根据这一依据,中国共产党在农村长期延续依靠贫农、团结中农、打击地主的基本政策。尽管不同时期的方式和程度略有调整,但基本政策取向没有变化,并一直延续到中华人民共和国建立后的相当长时间。正是依靠这一基本政策,占农村人口大多数的贫下中农获得好处。这种好处不仅是分得土地等物质利益,还包括一系列的政治待遇、社会地位和精神环境。如只有出身于贫下中农的人才能担任新政权组织的干部,获得政治荣誉,甚至娶媳妇都容易一些。毛泽东说过:"世上决没有无缘无故的爱,也没有无缘无故的恨。"③正是依靠这一系列

---

① [英]H. K. 科尔巴奇:《政策》,张毅、韩志明译,吉林人民出版社 2005 年版,第 153 页。
② 《毛泽东选集》第 1 卷,人民出版社 1991 年版,第 3 页。
③ 《毛泽东选集》第 3 卷,人民出版社 1991 年版,第 871 页。

的政策好处,确立了占农村人口大多数的农民对这一政策及政策制定者——中国共产党——与其领导的国家的认同。这就是长期形成的"农民对党的深厚感情"。

与此同时,为了获得更多人的政治认同,中国共产党也十分注意防止政策的极端化。如在第一次国内革命战争时期,一方面实行"耕者有其田"的政策,满足大多数农民的需要,另一方面又极力防止"使小资产阶级变成无产阶级,然后强迫他们革命"的"左"的政策,认为"这种打击小资产阶级的过左的政策,把小资产阶级大部驱到豪绅一边,使他们挂起白带子反对我们"①。抗日战争时期,为建立广泛的民族抗战统一战线,又对政策作了大规模的调整,甚至允许开明士绅进入抗日政权机构。毛泽东提出:"为了团结抗日,应实行一种调节各阶级相互关系的恰当的政策,既不应使劳苦大众毫无政治上和生活上的保证,同时也应顾到富有者的利益,这样去适合团结对敌的要求。"②即使是中华人民共和国建立后受极左思想影响的情况下,也确定了给地富子女以出路的政策。在强大的政治压力下,本来属于打击对象的人因为政策能够给予他们一定出路,也能够建立起对政策制定者的认同,至少是不强烈反对。

伴随政党下乡的政策下乡直接影响着农民的命运,使农民对政策的依存达到前所未有的高度。他们不再是与世隔绝的"桃花源中人",而成为直接受政策所支配的"政策对象",并由此进入以中国共产党为核心的政治共同体。

二、"土政策"与政策整合的复杂性

随着政策下乡,党和国家愈来愈深入地渗透到农村社会。但农村社会并不是完全由中央政策塑造出来的。在农村实际生活中,我们可以经

---

① 《毛泽东选集》第 1 卷,人民出版社 1991 年版,第 78 页。
② 《毛泽东选集》第 2 卷,人民出版社 1991 年版,第 525 页。

常听到这样的话语:"上有政策,下有对策","中央的'经'是好的,下面的和尚给念歪了"等。这说明,农村社会实际受两种政策的支配和规范,一是来自中央的政策,一是来自地方的政策,有时又称"土政策"。这种"土政策"也是对农村社会的一种制度整合,只是这种整合有时与中央政策的制度整合不相一致,但它在乡村治理的实际生活中却大量存在。

"土政策"通常是指地方和基层直接作用于民众的地方性规则。它与中央政策是相对而言的。从制度整合的统一性来讲,一般都将"土政策"视为贬义的。但是,"土政策"大量存在本身就表明有产生"土政策"的复杂原因。最根本的是国家建设进入到新的阶段。在改革开放前,国家目标更注重统一的民族-国家建设,强调政策的统一性和中央政策的权威性。但中国是一个大国,随着经济社会的迅速发展,各个地方的发展十分不平衡,地方的多样化愈来愈突出,中央统一的政策不可能完全考虑到不同地方的需要。特别是随着地方利益的出现,地方更希望制定有利于当地的政策,不可能完全照搬统一的中央政策。在这一背景下,仅仅满足地方性利益(无论是地方公利还是地方领导人私利)的"土政策"必然会存在,并产生相应的政策问题,从而影响党和国家对乡土社会的政策整合。

一是政策的非正确性。将"土政策"作为贬义词看待的前提是中央政策都是正确有效的。但事实上这一前提和假设并不成立。政策是少数精英构成的政党领导制定的,它正确与否一要看是否符合实际,二要看能否满足政策对象的需要。毛泽东指出:"我们是无产阶级的革命的功利主义者,我们是以占全人口百分之九十以上的最广大群众的目前利益和将来利益的统一为出发点的"[1]。"应该使每个同志明了,共产党人的一切言论行动,必须以合乎最广大人民群众的最大利益,为最广大人民群众所拥护为最高标准。"[2]"按照实际情况决定工作方针,这是一切共

---

[1]《毛泽东选集》第3卷,人民出版社1991年版,第864页。
[2]《毛泽东选集》第3卷,人民出版社1991年版,第1096页。

产党员所必须牢牢记住的最基本的工作方法。我们所犯的错误，研究其发生的原因，都是由于我们离开了当时当地的实际情况，主观地决定自己的工作方针。这一点，应当引为全体同志的教训。"[1]由于政策制定者认识的局限性和社会的复杂多样性，中央政策也有可能出现失误。特别是中华人民共和国建立之后，决策的偏向性和决策失误的可能性更大。从 1950 年代后期起，随着党的指导思想出现"左"的倾向，政策脱离实际和脱离民众需求的情况愈来愈突出。这一点在农村社会领域反映得格外明显。毛泽东于 1960 年代初强调："各级党委，不许不作调查研究工作。绝对禁止党委少数人不作调查，不同群众商量，关在房子里，作出害死人的主观主义的所谓政策。"[2]但这一指示没有能够发挥应有的作用。其原因除了急于求成的一般倾向外，还在于国家的工业化导向相当程度上是以牺牲农民利益为条件，许多政策是适应这一总体需要制定的。农民获得的政策好处不大，甚至受损于某种政策，由此大大压抑着农民的生产积极性。1970 年代末期开端的农村改革实际是对农村政策的重大调整。

二是政策的单一性。中国农村社会发展状况千差万别且千变万化。但在相当长时间内，为强调中央权威，注重的是政策的统一性、一致性，而忽视政策的多样性，政策取向单一。特别是在单一制的行政体制下，政策取向的单一性很容易造成"一刀切"，脱离实际。如 1960 年代兴起的"农业学大寨"运动，在农村实行统一的生产经营核算模式。农村改革结束了"农业学大寨"运动，调整农业政策，其中的重要政策取向就是强调各地因地制宜，宜耕则耕、宜林则林、宜渔则渔。

三是政策的多变性。政策一般具有稳定性，只有稳定性的政策才更具有权威性。中华人民共和国建立后，国家对农村实行社会主义改造。如何形成正确稳定的农村政策，一直是农村政策整合中的突出问题，其

---

[1]《毛泽东选集》第 4 卷，人民出版社 1977 年版，第 1308 页。
[2]《毛泽东文集》第 8 卷，人民出版社 1999 年版，第 272 页。

结果是政策提法多变。如土地改革政策促使"土地回家",农民积极拥护这一政策。但"土地回家"不久,又归之于集体。直至 1980 年代初期,中央肯定分田到户的做法,实行土地承包经营政策。但对于土地的承包期没有一个一以贯之的规定,开始说是 6 年,后来规定 15 年,再后来是 30年,更进一步的是 70 年。

四是政策的冲突性。在政策实施过程中,除了中央政策以外,地方和基层为了解决各自面临的突出问题,也会制定适应当地需要的政策。这些"小政策"或称"土政策"经常会与中央或者上级的"大政策"不一致,甚至产生冲突,即所谓"政策打架"。如 1990 年代后期,由于税费负担沉重,许多农民抛弃所承包的土地而外出务工。当地农村干部为了避免土地抛荒将土地转给他人耕种。进入新世纪以后,国家免除农业税,同时给粮食生产以补贴。许多外出务工的农民又纷纷返乡要回承包地。基于国家的土地承包大政策,地方和基层干部只好重新调整土地经营关系,由此造成政策冲突及其引起的土地纠纷,使地方性权威受到损害。

五是政策的扭曲性。中国是一个超大型国家,各个地方发展不平衡。统一的政策不可能充分考虑到各方面利益。随着中央放权让利改革的推进,特别是实行分税制改革以后,地方性利益冲动日益强烈。为满足地方利益需要,地方往往根据自己的需要制定当地适用的政策。这些政策又有不同类型:一是满足地方公利的需要,并符合中央统一的政策精神。二是虽然满足地方公利需要,但是与统一的中央政策精神不相符合,甚至相悖。三是满足地方少数领导人的需要并与中央统一的政策精神相悖。农村改革后所说的"土政策"大都是指后两种类型。最为典型的是 1990 年代以来的农业税费政策。伴随着中央和地方的分权改革,地方性利益冲动增强,开始向农民伸手。为了减轻农民负担,中央于 1990 年代提出农民负担不得超过上年人均收入的 5%,并将其提升为不可触动的"高压线"。但是,一些地方,特别是农业地区的财政收入主要来自农村。为了保证本地的财政收入,采取各种办法向农民伸手,造成所谓"乱收费、乱罚款、乱摊派"的"三乱"现象。"三乱"虽然不符合中央精神,但作为地方性规则更直接地作用于农民,由此引起农民的强烈不满。所谓"中央的'经'是好的,但被歪嘴和尚给念歪了""中央是亲人,省里是好人,乡里是恶人,村里是仇人"的说法均出自这一现象。

六是政策的合法性。政策的合法性通常指政策能否得到政策对象的认同。只有更多政策对象参与,政策的合法性才更强。在相当长时间,中国共产党十分强调政策必须来源于实际,来源于群众,主张"从群众中来,到群众中去"的群众路线,强调调查研究。但是这种政策路线属于"领导—群众"决策模型,其实现程度取决于领导者的认识而不是制度。由此就会因为政策倡导和制定者的认识失误导致政策脱离实际和脱离群众,从而使其缺乏广泛的合法性基础。如在1950年代末期的"大跃进"和"人民公社"运动中,推行"公共食堂"的政策做法,并因其政策效果不佳迅速受到质疑。

以上政策问题的存在对于政策整合和农民的政治认同有着复杂的影响。

其一,政策变通。统一或者单一的政策不能满足农村的实际需要,这促使地方和基层寻求与统一的政策不相一致的做法,进行政策变通和修正。如从农业合作化开始,农民就提出了包产到户的要求。为满足这一要求,地方和基层领导人对中央的政策进行了变通,允许实行包产到户和变相的包产到户的做法。但由于中央主要领导人担心这种地方性变通行为会损害人民公社体制及社会主义理想原则而进行压制,包产到户的"土政策"几经取消。直至1978年中共十一届三中全会以后,中央才逐渐肯定包产到户的做法,并经过加工提升为统一的中央政策。为此,邓小平曾经专门强调,中央好的政策都是从实践中来的。"农村搞家庭联产承包,这个发明权是农民的。农村改革中的好多东西,都是基层创造出来,我们把它拿来加工提高作为全国的指导。"[1]只有来自实践并经过实践检验的政策才具有正确性,其权威性和合法性程度才高,其政

---

[1]《邓小平文选》第3卷,人民出版社1993年版,第382页。

策整合的成效才更为显著。

其二,政策不贯彻。中国是一个多行政层级的国家,政策输出要经过多个层次。在政策输出过程中,政策贯彻者会因为各种原因而不贯彻,或者有选择地贯彻上面的"政策精神"。如 1980 年代初期农村改革,中央的政策精神明确,农民也拥护中央的政策精神,但许多地方和基层领导人以种种理由不贯彻中央政策精神,形成所谓的"中间梗阻"现象。邓小平为此说:"农村改革,开始的一两年里有些地区根本不理睬,他们不相信这条路,就是不搞。观望了一年,有的观望了两年,看到凡是执行改革政策的都好起来了,他们就跟着走了。这里指的不是农民群众,主要是一些领导干部。"[1]

其三,政策不落实。政策只有落实到农村生活中才能发生政策效益。但由于种种原因,中央的政策精神并不能得到充分落实,"落实政策"因此成为农村政策整合中经常出现的问题。在农村实际生活中经常会听到"中央的政策再好,如果得不到落实也是一句空话"的话语。如果政策不能有效贯彻落实,国家对乡村社会的政策整合就会"悬"在空中,形形色色的"土政策"就会大行其道。

其四,政策无所适从。政策对象是政策的接受者。政策的多变性和冲突性往往会造成政策对象无所适从,难以规范和统一其政策行为。如在农村改革初期,出于对土地政策多变的担忧,农民中流行着"共产党像太阳,照到哪里哪里亮;共产党的政策像月亮,初一十五不一样"的说法。为此,分田到户以后,为了短期和现实利益,出现了乱伐山林等现象。支配农民这一短期行为的逻辑是"共产党现在正在打盹,说不定什么时候醒过来后就会改变",所以不如得到现利。正是出于稳定人心的需要,中央及时出台土地承包期一定期限不变的政策。但由于山林政策长期不确定,农民处置山林的行为难以规范统一,影响了统一的政策整合。直至 21 世纪初,中央才出台相关的山林政策文件。

----

[1]《邓小平文选》第 3 卷,人民出版社 1993 年版,第 155 页。

其五，政策不服从。政策只有在政策对象高度认同和服从的条件下才能得到落实，发挥其政策整合效益。而要使政策对象服从政策，则需要相应的机制加以保证。在相当长时间里，中国共产党建立了有效的政策贯彻和动员机制。毛泽东指出，"我们的政策，不光要使领导者知道，干部知道，还要使广大的群众知道。有关政策的问题，一般地都应当在党的报纸上或者刊物上进行宣传"，"群众知道了真理，有了共同的目的，就会齐心来做"。① 如每当重大政策出台之后，就要通过包括下派工作队等各种方式到乡村宣传和动员。但自农村改革后，政策动员机制的成效弱化，尤其是利益多样化，使政策的实施面临严重挑战，政策不服从问题突出。如"钻政策空子"，对自己有利的政策就服从，不利的就不服从。

"政策下乡"之后，农民的生活愈来愈受政策所支配，与此同时，政策整合的有效性问题也愈来愈重要。一般而言，由于长期历史传统的影响，农民对中央政策的信任度较高，中央政策的制度整合仍然具有相当的权威性。当下影响农村政策整合的重要变量是地方和乡土规则的介入。农民毕竟生活于具体的地方场域之中。地方性规则直接影响着他们的生活。如果他们仅仅高度认同于中央政策，而对地方性规则及其制定者持不信任态度，则会使中央的统一治理和政策缺乏稳固的基础。因为，中央的统一治理和政策最终也要由地方和基层加以贯彻和实施。农民只是将中央和高层次的领导作为"亲人"和"好人"，而将基层领导人作为"恶人"和"仇人"，是难以获得一个有效治理环境的。

因此，随着现代国家建设的深入，乡村治理政策将表现为多样化的态势。除了统一的中央政策以外，也需要在中央政策精神之下，通过制定和实施地方性政策进行制度性整合，地方的自主性日益显现。而地方自主性又建立在广大农民更多地自主参与地方事务的基础上。如果说一般农民很难直接参与中央政策的制定，那么地方性政策的制定可以更多地吸纳农民参与，使农民的利益能够得到及时有效的表达。只有农民

---

① 《毛泽东选集》第 4 卷，人民出版社 1991 年版，第 1318 页。

能够制度化参与地方政策的制定和实施,建立和强化其公共意识,才能推动民主-国家建设,使乡村治理更好地向民主化治理的方向转变。反之,如果没有广大农民的参与,地方政策既有可能相悖于中央政策精神,同时也可能侵害农民利益。这正是许多地方政策都被冠以"土政策"之名而加以贬抑的重要原因所在。只有当农民既通过中央政策,又能够通过地方性政策建立政治认同,由此统一规范其行为,才能实现有效的制度整合。

三、伴随"政权下乡"的"法律下乡"

法律与国家密切相关,它是由国家制定,并由国家政权保证执行的行为规则,充分体现了主权者的意志。国家作为一种将社会冲突限制在一定秩序内或使社会得以合作共处的政治共同体,通常要使用法律规范人的行为,对社会成员进行法律整合,形成一体化的国家权威和法律秩序。因此,法律与国家可以说是相伴而生的。在国家对社会的制度性整合中,法律整合是核心要素。

法律作为一种制度整合手段,它的产生及效用在不同时期有所不同。由于家与国的同构,在相当长时间,中国的法律具有很强的宗法性和地方性。秦始皇统一中国的首要措施就是"海内为郡县,法令为一统"。随着国家领土的扩大,秦王朝实行皇帝—官僚统治的政治体制,同时推行充分体现皇权意志的统一的法令。正如费正清所说:"公元前 3世纪法家对于法律的早期运用,是作为协助专制政府实行行政统一的工具。"①秦以后的中国基本上承袭了秦朝的政治和法律制度。尽管秦以后的中国有着完备的法律体系和执行法律的官僚体系,但是,国家法律并没有全面深入地渗透并影响到乡村社会。其原因主要有:

其一,与"皇权不下县"相对应的是"国法不下乡"。在中国的政治法

---

① [美]费正清:《美国和中国》,张理京译,世界知识出版社 1999 年版,第 108 页。

律体制下，法律充分体现皇帝意志，官僚则是皇帝的耳目和手足，是执行法律的。中国地方官员的主要职责就是执行国法，并直接判案。其方式是"坐守衙门，不出公堂，不告不理"。所以，在中国，诉诸法律的行为通常称为"打官司"。由于国家职能相对简单，国家正式机构只设到县一级，县以下更多地实行乡村自治。国家官僚承载着国家法律的实施与贯彻。从某种意义上说，国家官僚机构延伸到哪里，法律的实施与贯彻就达到哪里。因此，与"皇权不下县"相对应的是"国法不下乡"，国家法律只是作为一种制度外壳将乡村社会包裹起来，而未能深入延伸到乡村社会内部。

其二，与"自觉守礼俗"相对应的是"轻易不告官"。"国法不下乡"更主要的是乡村社会内部可以通过自生的规范加以调整，并与国家法律整合保持一致。中国传统的乡村社会一般"聚族而居"，具有深厚的家族性。在一个个相对封闭的家族共同体中，人们更多的是运用传统的礼俗调整相互关系，规范社会行为，形成乡土秩序。"礼俗来自人们日常共同生活，基于血缘、地缘而产生。人们要在共同体内生活，不仅要接受，而且必须遵守"。[①] 否则，家族共同体就难以存续。事实上，经过世代教化，礼俗已内化为人们的心理惯习，成为人们自然而然的生活方式。因此，传统乡土社会主要是"礼治"社会。费孝通先生认为，传统乡土社会"是个'无法'的社会，假如我们把法律限于以国家权力所维持的规则，但是'无法'并不影响这社会的秩序，因为乡土社会是'礼治'的社会。……而礼却不需要这有形的权力机构来维持。维持礼这种规范的是传统"[②]。相对内生的礼俗来说，国家法律则是外部强加的。不到不得已，乡民不会上告官府，寻求法律的保护和支持。一则外部力量的介入会造成所谓的"家丑外扬"，破坏共同体的持续团结，二则"打官司"并不一定能够获得当事人认可的公正。费孝通先生对此有过深刻的描述和研究，将其归

---

① 参见徐勇《礼治、理治、力治》，《浙江学刊》2002 年第 2 期。
② 费孝通：《乡土中国　生育制度》，北京大学出版社 1998 年版，第 49、50 页。

纳为"无讼"。① 有外国法律学者也认为："中国解决争端首先必须考虑
'情',其次是'礼',再后是'理',只有最后才诉诸'法'。"②重要原因在于，
"法律是政体的一部分，它始终是高高地超越农村日常生活水平的、表面
上的东西。所以，大部分纠纷是通过法律以外的调停以及根据旧风俗和
地方上的意见来解决的"③。此外，从根本上说，家族习俗和国家法律从
行为的终极规范上都是一致的，即他们都共同遵守长期自然历史形成的
"传统"，只是"传统"的内容和范围有所不同而已。如向国家提供税费兵
役尽管也是国家从外部施予农民的行为，但由于长期历史形成的传统如
此，农民便将其视为理所当然的规则。所以，地方官僚不必运用更多的
法律手段征收税赋。在农业剩余不多的条件下，这种"无讼而治"，是一
种节约治理成本的更好选择。正因如此，在漫长的传统社会，农民的法
律意识十分淡漠。社会学家杨开道认为，"二十世纪的中国农民，还不知
法则为何物，只依照他们的父祖遗传、社会习俗去生活"④。

大规模的"法律下乡"是伴随现代国家的"政权下乡"而展开的。如
果按韦伯的划分，国家统治类型分为传统型和法理型。现代国家属于法
理型统治，它的建构包括不可分离的两个取向：一是将国家机构及其权
力一直延伸到国家主权范围的地域。二是国家机构按照统一的、体现主
权者意志的法律进行治理。当然，如果说传统统治类型是建立在农业和
乡村社会基础上，那么，现代法理型统治则是建立在现代工业和城市社
会之上，是现代国家的统治类型。即韦伯所说："理性的国家是建立在专
业官员制度和理性的法律之上的。"⑤因此，在由传统农业社会向现代工
业社会转变的过程中，法律整合面临着异质社会的冲突。这种冲突在国
家对乡村社会的法律整合中表现得特别突出。因为，现代法律是以人民

---

① 参见费孝通《乡土中国　生育制度》，北京大学出版社 1998 年版，第 54 页。
② ［法］勒内·达维德：《当代主要法律体系》，漆竹生译，上海译文出版社 1984 年版，第 487 页。
③ ［美］费正清：《美国和中国》，张理京译，世界知识出版社 1999 年版，第 113 页。
④ 杨开道：《中国乡约制度》，商务印书馆 2016 年版，第 72 页。
⑤ ［德］马克斯·韦伯：《经济与社会》（下卷），林荣远译，商务印书馆 1997 年版，第 720 页。

主权和公民权利的理想原则为基础的,而乡村社会则仍然按照长期历史形成的传统加以治理,与现代"法治"不相一致,甚至格格不入。现代国家建构不可能将传统的乡村社会置于现代法治之外,形成一个个服膺于传统规则的"土围子"。它必须"要以一套理性建构的理想化标准来把民众的生活统一'拉入'到国家建设的整体进程中"[1]。因此,在现代国家建构中,"法律下乡"势在必然。

政权和法律相伴而行。在中国,1911 年的辛亥革命推翻了帝制,建立了中华民国,其重要标志就是具有宪法性质的《中华民国临时约法》的制定。该法明确了"主权在民"的原则,并按照这一原则组织国家。随着国民革命的勃兴及民国中央政权的建立,国家政权突破长期以来的"皇权不下县"的局限,开始大规模的"政权下乡",政权组织向广袤的乡村社会延伸。执行法律的机构则作为专业机构取得相对独立地位,并设立于地方。"法律下乡"由此开始。当然,与民国政权的"政权下乡"因为未能改造乡村基础而没有取得实际成效一样,民国时期的"法律下乡"也未能取得明显成效。与传统国家一样,国家法律仍然只是包裹在乡村社会外层的规范,未能延展到乡村内部,实际效用有限。

中国共产党领导的"政权下乡"是在根本改变传统秩序基础上进行的。传统统治秩序不仅包括乡土社会经济基础,也包括原有的法律秩序。中华人民共和国建立后不久,制定了新的法律,特别是制定了人民主权为基础的宪法,包括农民在内的人民开始行使法律赋予的权利。

1952 年,国家开展司法改革,其重要内容就是改变过往法律只为少数人掌握的状况,让广大农村民众知晓和接受新的法律。为此,司法改革采用一系列手段,让新的法律观念进入农村民众。包括:将法律观念转化为广大民众诉苦行为,让民众在诉说苦难中感受新法律的人民性。在日常生活中让民众知晓和懂得新法律的好处。通过刚建立的自上而下的党政组织体系将法律观念传导到民众中。改变"办案不出公堂"的

---

[1] 田成有:《乡土社会中的民间法》,法律出版社 2005 年版,第 69 页。

传统做法，到基层和实际生活中办案审判。建立人民调解委员会，让群众参与办案，了解法律知识等。① 这一司法改革是让新的法律进入社会民众日常生活中的重要尝试。

当然，中国共产党主要是依靠"政党下乡"取得国家政权的，"政党下乡"先于"政权下乡"。中华人民共和国成立后实行以党领导国家并着力于社会的大规模改造，因此，革命时期依靠党的政策进行治理的传统延续下来。延伸于乡村社会的政党和政权组织主要依靠党的政策进行制度整合，"法律下乡"并通过法律整合乡村社会的做法未能有效持续。

只是经历了"文化大革命"后，中国共产党领导人才意识到，"我们好多年实际上没有法，没有可遵循的东西"②，而在国家治理中，制度问题更带有根本性、全局性、稳定性和长期性，③为此要求发展社会主义民主，加强社会主义法制。国家对社会的治理和制度整合也因此发生转变。1984年3月13日，全国人大常委会委员长彭真发表《不仅要靠党的政策，而且要依法办事》的讲话。他说："在战争时期，党也好，军队也好，群众也好，注意的是党的政策。一件事情来了，老百姓总是问，这是不是党的政策？""当时，农村根据地长期被敌分割，交通不便，党中央给各地的，概括起来可以说就是政策。""在整个革命队伍（包括军队）里，党的政策也就是'法'"。"建国以后，我们有了全国性的政权，情况不同了，不讲法制怎么行？ 要从依靠政策办事，逐步过渡到不仅靠政策，还要建立、健全法制，依法办事。""党的政策要经过国家的形式而成为国家的政策，并且要把在实践中证明是正确的政策用法律的形式固定下来。"④1997年召开的中共十五大则第一次提出"依法治国，建设社会主义法治国家"的治国方略。正是在走向依法办事和依法治国的过

---

① 参见唐华彭《新法律观念在乡村的强力塑造——以1952年司法改革运动为例》，《当代世界社会主义问题》2017年第2期。
②《邓小平文选》第2卷，人民出版社1994年第2版，第189页。
③ 参见《邓小平文选》第2卷，人民出版社1994年第2版，第333页。
④《彭真文选》，人民出版社1991年版，第491—493页。

程中,伴随着基层政权的重建,大规模的"法律下乡"得以全面启动,其重要标志是:

其一,专门的法律机构延伸到乡村。1984 年,国家废除人民公社体制,在乡镇恢复和设立人民政府。在乡镇基层政权建设中,乡镇一级普遍设立司法所或司法站,专司法律事务。有的乡镇还设立人民法庭,接受县级法院委派进行审判工作。专门的法律机构第一次正式并广泛地向县以下的乡村延伸。与此同时,在乡镇以下的村民委员会组织内还设立了治安调解职位,成为正式法律机构的补充。

其二,依法行政向乡村渗透。在大规模的"行政下乡"过程中,基层行政行为主要是依据政策、上级指示或者个人意志。随着"依法治国"治国方略的提出,依法行政成为重要行政原则。这一原则开始渗透到乡镇行政活动中。尽管依法行政的程度还有限,但随着法律体系的建立和完善,乡镇行政行为日益受到法律的规范和制约。

其三,向农村社会普及法律知识。法律作为一种社会行为规则,只有为法律对象所能了解和理解之时才能实际发挥其制度整合功能。1985 年,国家开始实施向全体公民基本普及法律常识的五年规划,即争取用五年左右时间,在全体公民中基本普及法律知识(后简称"一五"普法)。普法对象包括农村公民,内容包括宪法、刑法、刑事诉讼法、民事诉讼法(试行)、婚姻法、继承法、经济合同法、兵役法、治安管理处罚条例以及其他与广大公民有密切关系的法律知识。目的是通过普及法律常识教育,使全体公民增强法制观念,知法、守法,养成依法办事的习惯。从1985 年开始,国家连续进行五年一次的普法教育,到 2006 年为"五五"普法。每五年的普法教育内容都有所不同,但宗旨都一样,即让更多的人知法、懂法、用法和守法。

其四,《村委会》组织法的实施。人民公社制度废除以后,农村基层实行村民委员会制度。1987 年全国人大常委会通过《中华人民共和国村民委员会组织法(试行)》,1988 年实施,1998 年经过修订去掉"试行"而在全国广泛实施。这部法律是有关农村基层组织的法律,并由广大农民直接掌握和行使。法律的实施过程也是法律广泛深入地渗透到农村社会的过程。这部法律是"法律下乡"最重要的成果,收到的成效也最明显。可以说,村民委员会每一次换届选举的过程,都是相关法律的渗透和传播过程。

大规模的"法律下乡"对于乡村社会的制度整合发挥着日益明显的作用,推动着国家意志以法律的形式向乡土社会的全面渗透。

"法律下乡"推动国家权威的重建。法律作为一种强制性力量,是建构国家权威的制度基础。秦王朝建立统一的中央专制权威,重要的手段就是实行"严刑峻法"。自那以后,"王法"的至高无上性一直延续下来。但是,由于"天高皇帝远",国法的至高无上性并没有渗透到乡村社会的日常生活中,法律虽然威严但不是近在眼前。这也是长期以来,中国有法但没有法制权威的重要原因。乡村社会更多地服膺于乡土传统规则。在家族共同体内,经常会出现"人情大于王法"的情况。儒家创始人孔子也对此表示认同。当然,乡土传统维系的是一个个小共同体的秩序,只是因为这些小共同体与国家大共同体在本质上都遵从传统,所以能够替代国法并为国法所接纳。进入 20 世纪以来,乡村社会规则的传统取向与国家建构的现代取向相冲突,需要建构现代国家的法律权威,将乡村社会纳入统一的国家体系中来。在相当长时间,中国是依靠政策进行制度整合,建构新的政治权威的。但是随着社会的变化及日益复杂,政策整合的权威性日益降低。1980 年代在农村中流行的"共产党像太阳,照到哪里哪里亮;共产党的政策像月亮,初一十五不一样"的说法,已表明政策权威的降低,同时也意味着执政党和国家权威的流失。中国共产党于 1980 年代初提出发展社会主义民主,加强社会主义法制,在相当程度上就是强化法律权威,通过法律的制度整合,推动国家权威的重构。这是合乎现代国家建构一般要求的。正如亨廷顿所说,政治现代化的内容首先"涉及到权威合理化,并以单一的、世俗的、全国的政治权威来取代传统的、宗教的、家庭的和种族的等等五花八门的政治权威。这一变化意味着……对现存法律的服从优先于履行其他任何责任"①。

　　"法律下乡"将社会行为规范进国家体系。法律是调整社会关系，规范社会成员行为的强制性准则。在传统中国，"国法不下乡"的重要原因在于国家法律主要是维护统治者专断意志的。只要不挑战和冲击专制统治权威，国家法律一般不干预乡村社会的日常生活。乡土社会的社会关系调整和日常生活规范主要依靠乡土内部的传统习俗，如家法、族规、乡约等。进入 20 世纪以后，乡村社会基础发生了根本性的变化，社会关系日益复杂。如最根本的土地关系已超出乡村社会内部，成为国家与农民、农村集体与农民的关系。家庭婚姻关系也远远超出家庭和乡村内部。外部性的市场经济日益深入地渗透到农村内部，农民的生产、生活和交往日益社会化。在这一情况下，农民的行为指向必然呈多样化趋势。特别是人民公社的集体体制废除后，农民行为缺乏相应的规范，一度出现行为失范和社会混乱。"法律下乡"的重要内容就是制定能够调整农村社会关系，规范农民日常生产、生活和交往行为的法律制度。除了适用于全国的法律以外，直接涉及农村的法律就有《村民委员会组织法》《土地承包法》《农业法》《渔业法》《农民承担费用和劳务管理条例》等。这些法律与农民的日常生活密切相关，由此将农民的行为规范到国家法律体系之中。因此，"法律下乡"犹如向广袤的乡村社会撒下一张严密的"法网"，乡村社会为国家法律所覆盖，被建构为一个法律共同体。乡村社会关系更多的是依靠国家法律来调整，乡村社会成员的行为更多地为国家法律所规范。

　　"法律下乡"促使农村人口更多地认同于国家法律。法律的效用在于能够为人们提供更为理想的生活。人们之所以接受法律、认同法律，其目的也在于此。在传统中国，"国法不下乡"的重要原因是在专制制度下，法律对百姓更多的是限制性义务和惩罚性规定，"法等于刑"，"法等

---

① ［美］塞缪尔・P. 亨廷顿：《变化社会中的政治秩序》，王冠华、刘为等译，生活・读书・新知三
　　联书店 1989 年版，第 32 页。

于罚"。"中国几乎没有保护公民的民法,法律依然主要是人民想尽可能避开的行政法规和刑法。"①农民对这种专断性的"严刑峻法"避之犹恐不及。而现代国家的法律是以"主权在民"为基础,以权利和义务对等为基本原则的。法律不仅仅在于限制人的行为,更重要的在于寻求一种更为理想的秩序。这种"法律下乡"更容易为人们所接受。当人们了解法律后可以运用法律手段维护自己的权益,改变自己的命运,法律因此成为内在的需要而不是外在的强制。在传统乡村社会,长老权威和官府权威神圣不可侵犯,人们在神圣的传统权威下只能顺从。而"法律下乡"则为民众争取更为理想的生活秩序提供了可能。1980年代的电影《秋菊打官司》便反映了农村妇女为"讨说法"寻求法律支持的现象。尽管这种"讨说法"中还存在许多法律困惑,甚至为法学专家所质疑,②但农民运用法律寻求心中的正义的事实的确愈来愈多。1990年代,许多农民反对地方和基层政府的"乱收费、乱罚款、乱摊派"的行为依据便是《农民承担费用和劳务管理条例》。这种依照国家法律抑制地方和基层官员的"不合法"行为的做法,被学者概括为"以法抗争"。这也表明农民正在摆脱传统的"无法无天"的抗争模式,而寻求通过法律解决问题,获得理想生活。当广大农民更多认同于法律,现代国家的法治权威才有稳固的基础。

四、"国家法"与"民间法"的同一、冲突和整合

20世纪,特别是1980年代以来,伴随着"法律下乡",国家法律广泛而深入地渗透到农村社会。而在"法律下乡"的过程中也遇到了许多制度性冲突。风靡一时的两部文艺作品《被告山杠爷》与《秋菊打官司》便是典型反映。这两部文艺作品都反映了同一个事实,这就是农村社会惯有的规则与国家法律之间的冲突。同时也表明农村社会除了受国家法

---

① [美]费正清、赖肖尔:《中国:传统与变革》,陈仲丹等译,江苏人民出版社1992年版,第57页。
② 参见朱苏力《秋菊的困惑与山杠爷的悲剧》,收于朱苏力《法治及其本土资源》(修订版),中国政法大学出版社2004年版,第24页。

律支配以外，更多的是受乡村社会特有的规则所支配。而这两种不同类型的制度整合在不同时期的表现不一。其深刻的根源在于制度整合的两种社会基础。

在传统中国，法律一般称之"国法""王法"，诉诸法律被称为"打官司"，也就是说它是由国家统治者制定，并由统治机器执行和行使的。受"国法"和官僚支配的社会，我们可以称之为"官僚社会"，即以官僚为主导的社会。而"国法"的支配和影响范围毕竟有限，农村社会更多的是依据家法、族规、乡约、习俗等乡土性规则进行整合。这些乡土性规则来自乡村社会内部的自组织，是一种不需要官方介入的制度。它的制定者、执行者和实施者都是农村社会共同体内部成员，因此被称为"民间法"。受"民间法"支配和主导的社会又被称为"民间社会"。[①] 与"国法"相比，"民间法"的内容相对比较杂乱，也不像"国法"一样有统一清晰的文本。这主要在于，"民间法"更多地来自社会自身，是在社会内部生长出来的，而任何社会都是差异性的。不同的乡土共同体所产生的"民间法"自然也有不同之处。从一定意义上说，"民间法"是一个十分模糊的概念，甚至不能称之为"法"。[②] 只是因为它在实际生活中能够产生国家正式法律一样的制度整合功能，甚至比"国法"更具有权威性，所以才将其称为"法"。田成有对"民间法"作了界定，认为："民间法是独立于国家法之外的，是人们在长期共同的生活之中形成的，根据事实和经验，依据某种社会权威和组织确立的，在一定地域内实际调整人与人之间权利和义务关系的、规范具有一定社会强制性的人们共信共行的行为规范。"[③] 这一界定可能过于烦琐，但将"民间法"作为与"国家法"相对的一个概念，能够

---

① 1990 年代以来，中国学术界引入"国家与社会"的分析框架。之后，"政治国家"与"市民社会"的讨论愈益热烈，由此引申出"官僚社会"与"民间社会"、"统治社会"与"自治社会"、"大共同体"与"小共同体"、"国家法"与"民间法"等二元分析概念。尽管这种二元性分析有简化的嫌疑，但对于认识复杂的社会还是有相当价值的。

② 田成有先生对"民间法"概念的不同观点作了梳理。可参见田成有《乡土社会中的民间法》，法律出版社 2005 年版，第 17—22 页。

③ 田成有：《乡土社会中的民间法》，法律出版社 2005 年版，第 19 页。

比较准确地把握"民间法"的特性和相对性。因此,"民间法"更多的是从创制秩序、整合社会的功能上使用的一个概念。正如一位法国学者所说:"只要对社会生活简单地观察一下就可使我们相信,除了由政权强加给的法律规则外,还存在着某些法律规定或至少具有法律效力的规定。过去存在,现在仍然存在着一些并非从总体社会的组织权限中产生的法律。既有超国家法,也有国家法。"[①]在梁治平看来,民间法相当于习惯法,它是民间的自发秩序,是在"国家"以外生长起来的制度。[②]

导致传统中国"国法不下乡"的重要原因是农村社会可以通过内在的"民间法"调整其社会关系,一般不需要"国法"的外部性介入。杜赞奇认为:"农业经济必然需要一定的组织或权威,这便是习惯法产生的基础。习惯法即村民们在劳动和生活中达成的一种默契或共识,是一种公认的行为规范或惯例。"[③]农村社会自生组织化程度愈高,"民间法"的作用就愈强。秦王朝统一中国,主要是借用严刑峻法建构大一统的国家共同体,以小农经济为基础的农村社会发育不成熟。随着汉唐特别是宋以后小农经济及其家族组织发育日渐成熟,乡村社会内生的家法、族规、乡约、习俗、禁忌等规范日益完善,"民间法"的影响也愈来愈大。[④] 这也是传统中国的国家治理体系从秦汉时期的官制性的"乡里制"到宋明清时期的具有更多自治性的"保甲制"转变的重要原因。如梁治平先生所说:"像在历史上一样,清代'国家'的直接统治只及于州县,再往下,有各种血缘的、地缘的和其他性质的团体如家族、村社、行帮、宗教社团等等,普通民众生活于其中。值得注意的是,这些对于一般民众日常生活有着绝大影响的民间社群,无不保留自己的组织、机构和规章制度,而且,它们那些制度化的规则,虽然是由风俗长期演化而来,却可以在不同程度上

① [法]亨利·莱维·布律尔:《法律社会学》,许钧译,上海人民出版社1987年版,第22页。
② 参见梁治平《清代习惯法:社会与国家》,中国政法大学出版社1996年版,第27页。
③ [美]杜赞奇:《文化、权力与国家:1900—1942年的华北农村》,王福明译,江苏人民出版社2003年版,第128页。
④ 参见费成康《中国的家法族规》,上海社会科学院出版社1998年版,第14—19页。

被我们视为法律。这些法律不同于朝廷的律例，它们甚至不是通过国家正式或非正式的授权产生的，在这种意义上我们可以统称之为民间法。"[1]因此，在传统中国，"国法"主要是维系国家大共同体的整体性、一致性，农村社会的各个小共同体主要是依靠"民间法"来整合。

传统中国的"国法"与"民间法"能够并行共同整合乡土社会，从根本上说，在于"国法"与"民间法"具有同一性。中国自进入农耕文明时代，"家"便成为基本的组织单位和社会共同体的根基。后来出现的"国"不过是"家"的放大，是一个个"家"的聚合。国家统治是占统治地位的"家族"的统治，"国法"的根源来自"家规"，其共同基础都是以维系共同体的义务和"家长"权威为本位。"国法"不是服务于所有国民，而是维系占统治地位的"大家长"——皇帝的权威。只是由于"国"由一个个不同的"家"而聚合，才需要制定专门"国法"进行强制性整合。因此，"国法"不过是"家法"的提升。而作为"民间法"的家法、族规、乡约、习俗等，其根源也是来自久远的家族社会传统，它与"国法"不同之处在于限于家族和乡土共同体内部，主要依靠共同体成员长期形成的自觉习惯和内部压力而遵守。"在国家的立法中，不仅确认了有关封建宗法制度的大量内容，而且承认宗法家规具有一定的法律效力，是国法的重要补充形式"[2]。因此，传统中国依靠"国法"和"民间法"共同整合农村社会，其根基就是农村社会具有"官僚他治社会"和"民间自治社会"的二元性特征。

现代国家的建构改变着农村社会及其制度整合状况。一方面，现代国家的建构首先要求建立统一主权的民族国家，要通过制度变革和统一的法律体系推进国家一体化。因此，20世纪以来，用于整合农村社会的"民间法"被视为"封建落后"的东西而被种种"革命"加以不断摧毁，要与这些"传统"作最彻底的决裂。农村"民间社会"因此退隐，甚至消失，取

---

① 梁治平：《中国历史上的民间法——兼论中国古代法律的多元格局》。转引自马戎、周星主编《田野工作与文化自觉》（上），群言出版社1998年版，第671—680页。
② 张晋藩：《中国法制史》，群众出版社1992年版，第7页。

而代之的是"政权社会"和"政党社会"。另一方面是在急风暴雨式的"大革命"之后,国家制定各种法律并大规模地将国家法律传递于社会,由此开启了"法律下乡"的大门。正是在大规模的"法律下乡"的过程中,产生了国家法与"民间法"的冲突。这种冲突的突出表现是现代国家与传统社会的冲突。

尽管 20 世纪的不断革命旨在摧毁传统、改造社会,但传统并不是能够随意摧毁,社会也不是都能够被改造的。特别是对于中国农村而言,虽然外部力量高度渗透于乡土社会,农村的外部环境发生了重大变化,但是长期沿袭的农业生产方式没有发生根本性变化,用于改造分散的小农经济的人民公社体制最终被废除,具有强烈"传统性"的家户经营重新复活。与此同时,长期附着于农业生产和生活方式之中的"民间法"并没有完全被摧毁,只是以隐形的方式继续存在并支配着社会生活。随着家户经营的重新复活,"民间法"日益活跃并浮出台面。而 1980 年代开始的大规模的"法律下乡",将极富"现代性"的法律传递到农村,从而造成现代法律与传统规则的尖锐碰撞。这是因为,20 世纪以来,"国法"的内容发生了根本性变化,即不再是以"皇权"为本位,而是以"民权"为本位,遵循的是个人权利本位原则。通过"法律下乡",农村社会成员得知自己所具有的各种权利。但是,乡土社会的"民间法"在相当程度上仍然沿袭和遵守的是小共同体义务本位和"家长"(干部在某种意义上也属于"大家长")权威。就农民个人而言,他开始具有国家法律赋予的公民意识;作为国家法律,则具有保护法律赋予每个国民的权利的功能。但是,农民个人日常生活在乡土亲族和地域共同体内,更多地受到小共同体的"民间法"的支配。在此背景下,就会发生国家法和"民间法"传统的碰撞、冲突与困惑。

电影《被告山杠爷》中的"山杠爷"是乡土社会中的权威和领袖,他依据小共同体的传统"民间法",对不听话的村民施予惩罚。在他看来,这种惩罚是天经地义的,否则就无法维系小共同体的秩序。但是,他这种暴力强制性的整合却触犯了现行的国家法律,也因此成为"被告"。"山杠爷"成为"被告"，虽然是国家法律的要求，也出乎村民"原告"的意料。因为，"山杠爷"作为一个大家长，也为村庄"大家"，包括"原告"们办理了许多好事。电影《秋菊打官司》也是如此。秋菊作为一位农家妇女，对于村长踢他男人的"下身"感到不满，因此进城"打官司"，希望寻求外部力量的支持，为自己讨一个"说法"。这种"说法"与传统的"民间法"不合，但却得到了国家法律的支持。村长因此受到国家法律的制裁。但当村长被法律机构带走时，秋菊也迷惑了：她的本意只是讨个"说法"，并不是一定要给予村长以法律规定的惩罚。因为，给村长以法律惩罚意味着与村长及其家人都构成"对立面"，而她们一家还得继续在村里生活，还要受村里的"民间法"所支配。村长受到法律的惩罚不仅意味着村长权威受到挑战，得罪了村长，而且意味着维系村庄共同体的"民间法"权威受到挑战，会得罪全村的人。更何况，村长还为自己办了许多的好事，甚至"大恩"于自己。因此，村长受到法律惩罚超出了她的预料和本意。她为此而迷惑。这种"迷惑"实质上反映了"国家法"和传统"民间法"之间的碰撞和冲突，是来自国家大共同体的法律权利与维系小共同体的义务之间的困惑。

必须注意的是，国家法与"民间法"的冲突还来自现代国家的一致性、统合性与社会的差异性、自主性之间的冲突。在传统中国，国家法律与"民间法"的并行不悖在于两者依据的社会性质是同质的，都来源于农业传统社会。当然，它们两者的整合范围和方式还存在着较大的差别。20世纪以来，随着现代民族国家的建构，特别是对传统农村社会的改造，农村社会不仅同质化，而且纳入到国家体系。"人民公社"实质上是国家的基本组织单位。国家与农村社会保持着高度的一致性，国家统合着乡村社会。即使是人民公社体制废除后，进行大规模的"法律下乡"，也是国家运用法律对乡土社会的制度整合。国家法律的特点就是一致性和统合性，即国家共同体中的所有人都必须遵守统一的法律规范，通过一致性的法律将所有人统合到国家共同体内。但是，农村社会并不是国家所完全能够统合和覆盖的。即使是在统一的公社体制下，农村社会也存在着差异性，并具有一定的自主空间。田成有指出："现代民族国家形成后，在客观上要求做到规则的统一和国家强力的垄断。国家希望能通过统一的国家法律有意识地塑造普通民众的生活，将每个人的行为都纳入预定的轨道。因此，国家法在被引入（乡土社会）之初就含有浓厚的改造民间的冲动。然而，用一套代表'普遍国家意识'的理想化标准去应对基层社会充满'地方性'的日常生活，难免就会出现问题，出现冲突。"[1]特别是随着现代化建设和市场经济的渗透，农村社会的差异性和自主性更加突出。一是人民公社废除后实行村民自治制度，村庄社会开始具有自治特性。村庄社会"自治"不仅延续着自治传统，而且为国家法律所认可。二是农村社会内部开始出现不同群体之间的分化，基于共同利益、兴趣和志向的民间性自治组织愈来愈多。而农村社会自治共同体的存在和延续在相当程度上来自其内部生长的"民间法"，如种种自治组织的章程、成文或不成文的规则、契约等。这些由差异性和自主性社会产生的"民间法"与"国家法"的关系是十分复杂的，有的与国家法律精神是一致的，也有许多是国家法律所未能反映，甚至与之相冲突的。根据张静的观察，"在日常生活中，当国家法和乡规民约形成冲突的时候，如果后者得到多数农民的支持，常常是胜多败少，原因是它的基层秩序基石地位，村民日常生活中的保护和惩罚都以它为根据"[2]。

1980年代以后的农村"民间法"的生成和扩展，反映了国家与社会的再度分离及农村社会的相对自主。由此出现了整合农村社会的两种规范同时并进的状态：一是国家法律继续大规模地向农村社会渗透，二是内生于农村社会的"民间法"日益活跃。这既不同于传统中国的"国家法"与"民间法"此消彼长的格局，也不同于现代中国建构之初的"民间法"濒临消亡的状态。这是农村社会日益复杂需要有更多的法律规范加以整合的体现。

---

① 田成有：《乡土社会中的民间法》，法律出版社2005年版，第164页。
② 张静：《乡规民约体现的村庄治权》，《北大法律评论》1999年第1期。

当然,"国家法"和"民间法"的并存,也存在一定的冲突,同时更需要加以整合。

首先,"国家法"需要调整和完善。1980年代以来,国家制定了大量涉及农村的法律,但许多法律的成效不明显。其重要原因在于国家的许多法律是适应一定阶段解决某些问题的需要而制定的,它并不一定适应于农村社会发展要求,也未能体现宪法的基本精神。如《中华人民共和国土地承包法》明确要求农民不得将所承包的土地抛荒,更多反映的是农民必须尽到的义务。《中华人民共和国选举法》规定,作为国家权力机构的人大的代表选举中,一位人大代表所代表的选民数,农村人口数倍于城市人口。这些法律都反映了1949年后在城乡二元结构下以城市为主导的立法倾向,在一定阶段制约了农村的发展。这种类型的"法律下乡"的结果自然会受到相当的影响。因此,"法律下乡"是现代国家的必然趋势,但更重要的是什么法律下乡。只有那些能够充分体现农民作为平等国民意志的法律才能够真正延伸到乡土社会,发生法律效力。

其次,应该给予"民间法"以生存发展空间。"民间法"的存续是社会差异性和自主性的产物,也是社会活力的体现。由于社会的复杂性和多变性,不可能依靠国家法律调整和规范所有的农村事务,同时国家法律的实施需要较多的成本。人们常说"法网恢恢,疏而不漏"。事实上是不可能的。而"民间法"内生于社会自身,是社会存续的内在需要,反映了多样化和差异性社会的特性。它主要依靠共同体成员的自觉遵守和维系,其实施成本相对较小。因此,只要是"民间法"能够调整的事务,一般不需要国家法律的"出场"。

再次,"民间法"要与国家的基本法律精神保持一致。随着经济社会的发展,"民间法"日益活跃,其作用将会愈来愈大。但是,应该看到,"民间法"是一个边界十分模糊,内容相当复杂的概念。许多"民间法"与国家的基本法律精神是相背离的。尽管其实用性强,但从现代国家的主权整体要求看,"民间法"应该与国家的基本法律精神相一致。否则就有可能出现"民间法"与"国家法"、乡土共同体与国家共同体的脱节,出现一个个所谓"无法无天"的"土围子"。如 1990 年代天津市静海县的"大邱庄"号称"中国第一村"。在其村庄内，国家法律作用微弱，遵循更多的是由"庄主"禹作敏制定的各种村庄规则。这些村庄规则有许多是与国家法律相抵触和相背离的，结果村庄演化为一个不受法律节制的"土围子"。2006 年，广西一个村由族长召集村民会议，决定对一个涉嫌有伤风化的村民加以"孤立"，当事村民表示在村里根本无法生活下去。① 这是因为，"失去了村籍就意味着被从自己赖以生存的社群生活中剥离出去，从此必须独自应对各种生活的困境，在交通闭塞、生产、生活条件都比较恶劣的山寨，其严酷性是显而易见的"，"其严酷性仅次于处死"。② 因此，随着"民间法"的日益活跃，愈益需要促使"民间法"与国家的基本法律精神相接轨。

五、伴随"民主下乡"的"村规民约"

中国的农村社会除了具有家族性外，也有相当的地域性特征。农村的基层组织单位，如村社、村庄、村落、村湾、村寨等都是血缘和地缘的混合体。作为一种地域性单位，必然会产生相应的地方或社区性规则，用以调整当地人的社会关系，规范其行为。因此，地方性规则也是乡村社会整合的重要内容。

地方性规则是随着乡村社会的发育而逐步生长的。愈是早期的乡村社会，具有血缘性的家法族规的作用愈大。随着地方性社会的生长，基于地缘关系而生成的地方性规则开始出现。其重要标志就是"乡约"。早在汉代，就出现了乡村社会的"三老"职位，其主要功能是对乡民进行教化。到宋代，乡村社会的自组织性程度提高，出现了正式的"乡约"，即用于乡村自我管理的规则。乡约由乡民自动、自发地制定，以处理乡村

---

① 中央电视台：《族长开庭审，"色狼"被判"孤立" 百余村民会审"家族风化案"》，《楚天金报》2006 年 1 月 2 日。
② 参见田成有《乡土社会中的民间法》，法律出版社 2005 年版，第 168 页。

社会面临的治安、经济、社会、教育、礼俗等日常生活问题。在牛铭实先生看来，中国最早的成文乡约，是陕西蓝田吕大钧（1031—1082）制定的《吕氏乡约》。制定者的目的，是使乡人能"德业相劝，过失相规，礼俗相交，患难相恤"。它是由人民主动起草的成文法则。乡约采取自愿原则，"其来者亦不拒，去者亦不追"。组织上，每约有"约正一人或二人，众推正直不阿者为之。专主平决赏罚当否。直月一人，同约中不以高下、依长少轮次为之，一月一更，主约中杂事"。同约人"每月一聚，具食；每季一聚，具酒食"，"遇聚会，则书其善恶，行其赏罚"。然而，"若约有不便之事，共议更易"。① 萧公权认为："吕氏乡约于君政官治之外别立乡人自治之团体，尤为空前之创制。"②

从乡约的起源看，它来自乡民在自我管理中的一种约定规范。杨开道认为："乡约制度是士人阶级的提倡，乡村人民的合作，在道德方面、教化方面去裁制社会的行为，谋求大众的利益。"③由于这一规范有利于社会稳定和乡村秩序，因而也为国家所肯定和重视，并渗透了更多的国家因素。明清时期更重视"乡约"的约束功能，并将其仪式化。明初朝廷规定，每年春天都要举行仪式，由乡里德高望重的老人率领众乡民宣读誓词："凡我同里之人，各遵守礼法，毋恃力凌弱，违者，先共治之，然后经官；或贫无所赡，周给其家，三年不立，不使与会。其婚姻丧葬有乏，随力相助。如不从众，及犯奸盗诈伪一切非为之人，不许入会。"④一些地方精英也十分推崇乡约的教化、约束、互助功能。特别是到了晚清和民国初期，由于中央统治式微，一些地方统治者为了维护地方的稳定，将乡约作为乡村地方自治的重要元素。乡约的官方和民间要素揉合和交织在一起，开始具有新的内容。

无论乡约如何变化，都是与传统国家的乡村社会自治密切相关的。

①《吕氏乡约》，三原王承裕校勘，参见《丛书集成续编》，上海书店1994年版，第881—884页。
② 参见牛铭实《中国历代乡约》，中国社会出版社2005年版，第3页。
③ 杨开道：《中国乡约制度》，商务印书馆2016年版，第27页。
④《明会典》卷87。

正因为如此,在 20 世纪的大规模乡村改造中,传统的乡约也遭到摧毁。1949 年后,中国在农村实行人民公社制度。公社是国家组织农民的结果,公社制度也是为国家所建构的。1961 年制定了《农村人民公社工作条例(修正草案)》,即通常所说的"人民公社六十条"。这六十条包括公社经济、政治、文化和社会生活各个方面,是公社组织的基本规范。因此,在人民公社时期,公社组织和成员的行为由国家建构和规范,农村基层组织和成员的自治空间几乎不存在。

但是,随着人民公社体制的式微,农村社会中的许多事务需要农民自己管理。1980 年代,具有地方自治传统的广西北部一些地方出现了村民自我管理自己事务的社会自治形式,重要标志就是村民们自己制定适用本村的规约。比较有代表的是广西宜山县(现宜州区)的合寨村。

合寨是一个由若干自然村组成的生产大队。1980 年代前后,由于公社管理制度式微,当地又处于三县交界之处,治安状况恶化,许多社会事务无人管理。为此,该村的村民自发地聚集推选领头人处理共同面临的问题。其重要内容就是制定村规民约。如,果地自然村制定的村规民约包括:有外来人来本村需要过夜的,户主必须找治安带头人报告(如果有外来人住宿,治安不好,要找户主)。山林水田纠纷一家一户解决不了的,汇报给治安带头人,对乱砍滥伐的要教育处罚。本村人也不能到村外乱砍滥伐,否则会败坏本村的名声。组织村民架桥补路,整修挑水码头。集资购买低压线路设备,解决照明问题等。果作自然村经过村民直接选举产生了村委会,并在村委会领导下制定了村规民约共 9 条,同时制定的封山公约有 6 条。这些规约由村民自己制定,并直接解决村民面临的共同问题,效果很好。[1] 1982 年,在各级领导的关注下,合寨的经验引起中央高层领导人的重视。时任中共中央政法委员会书记、全国人大常委会委员长的彭真专门谈道:"村民委员会过去是有过的,中间一个时期没有,近几年有些地方又建立起来了,是群众自治性组织,大家订立公

---

[1] 参见徐勇《乡村治理与中国政治》,中国社会科学出版社 2003 年版,第 7—9 页。

约,大家共同遵守,经验是成功的,应普遍建立。""有些地方村民或乡民委员会搞乡规民约,规定不准偷、不准赌、不许会道门活动、不许游手好闲不务正业等,很解决问题,群众很高兴。"①

如果说1980年代初期中央肯定村规民约主要是能够解决农村基层问题的话,那么,村规民约的普遍建立则是伴随"民主下乡"而在全国农村普遍建立村民委员会,实行村民自治制度之后。

1980年代兴起的农村改革的核心是权力下放,即将集中在国家组织手中的权力下放给基层和农民,给基层和农民更多的自主权。与此同时,乡村治理的体制和方式也发生了很大变化,这就是重新恢复乡镇,在乡镇以下设立村民委员会。村民委员会的性质是实行自我管理、自我教育、自我服务的基层群众自治组织,运行机制是"民主选举、民主决策、民主管理、民主监督",即村民委员会的主体是村民。因此,村民自治制度是一种以村民为主体的民主化治理体制。国家通过设立村民委员会,让农民自己管理他们内部的事务。而村民在进行自我管理时必须制定相应的规则,这就是在村民自治实施过程中逐步建立的村民自治章程和村规民约。

村民自治章程是村民自治的基本规定,主要涉及村民委员会的组成、职责、权力与要求,村民会议或村民代表会议的组成、职责与权力,村民的权利与义务,村民自治事务及管理规则等,被称为村民自治的"小宪法"。从与国家制度相对看,村民自治章程也属于村民自我管理的村规民约的范畴,但它主要是村民自治的基本规范,而其他的村规民约则是全体村民的具体行为规则。

在"民主下乡"过程中形成的村民自治章程和村规民约,对于将国家的民主治理精神转换为现实行为,从而对乡村社会进行有效的制度整合,具有重要作用。这主要在于,建立在统一的国家法律基础上的制度整合,主要是规范全国性的行为,形成统一的全民共识。但是,任何国家

①《彭真文选》,人民出版社1991年版,第430页。

法律的制度整合都是有限的,不可能规范所有人的所有行为。特别是"民主下乡"本身就意味着权力下放,让人们有自主选择其行为的更多可能。这就决定了乡村社会的多样性更为突出。如何使国家统一的法律精神与多样化和自主性的乡村社会有效衔接便成为关乎民主化治理成败的重要条件。换言之,只有通过制定全体村民自愿同意的"村规民约",才能形成统一的村民共识,有效整合全体村民的行为,将国家的民主化治理规则转换为人们的实际行为。张广修先生将"村规民约"称为"化法为规","为法律在农村社区充分发挥作用开辟了一条切实可行的途径"。[①] 其作用是规范、引导、教育。村民自治实行村民自我管理、自我服务和自我教育,没有村民自我制定和认可的"村规民约"就不可能达到其目的。

村民自治章程和村规民约的整合功能主要取决于它能否上合"国法",下合"民意"。从村民自治的一般属性看,村民自治章程和村规民约都应该是村民自我制定的,具有民间性。但是,在相当长时间,村民自治章程和村规民约的国家因素大于民间因素。其重要原因就是我国的村民委员会的普遍建立不是在村民中间自发形成和乡村内部自我生长的,而是废除人民公社体制后,国家为了重新组织农村基层社会而设立和建构的。村民委员会的建构和运行必须体现国家意志,这就是村民委员会组织法的制定和实施。因此,村民自治章程基本上是根据村民委员会组织法制定的,是村委会组织法的具体化。为了使村民自治章程更能反映法律的意志,许多地方制定出村民自治章程的统一格式文本,各个村都可适用。这种极具"官方"色彩的村民自治章程是"民主下乡"和"法律下乡"的产物,是国家重新建构农村社会的具体体现。如田成有所说:"现代村规民约多是参照国家法的立法技术制定的,与纯粹自然生成的传统村规民约规范体系相比,其具有较高的系统性、规范性,体现出一种形式

---

① 张广修、张景峰:《村规民约论》,武汉大学出版社 2002 年版,第 45 页。

理性化的倾向。"①当然，由于村民自治章程的统一性和外部性，其实施过程难免会出现形式化、格式化问题。章程只是张贴在墙壁上，未能迅速深入民心之中，转化为内心要遵循的规则。

与村民自治章程相比，村规民约的地方性和民间性要突出一些。与"一刀切"的人民公社制度相比，村民自治的精神实质是尊重基层社会的差异性和自主性，强调村民的主体性。如果说村民自治章程更多体现了国家重新组织农村基层社会的意图的话，那么，村规民约就较多地体现了农村基层社会的差异性、自主性。村规民约主要是规范本村人的行为规范。而各个村的行为内容和方式都有差异，因此村规民约也有不同。当然，村规民约虽然更具有民间性，但一般也要体现国家精神。

任何制度整合都受其出发点的制约。由于实行村民自治是一个过程，在许多地方，村民自治章程和村规民约的制定和实施仍然沿袭着公社制度传统，仅仅成为干部约束民众行为的规范，而不是包括干部在内全体村民都需要切实遵循的规则，甚至与村民自治所要求的村民主体精神相背离。于建嵘对湖南省一个村民自治模范县的一个村民自治模范村进行调查时，发现该村的村民自治章程十分详细，共 10 章 60 条。这一章程是在乡镇政府指导下征询村民意见基础上形成的，但主要反映的是村干部的意志，更多地体现着干部如何管理村务和村民的规则。其重要特点是村民权利与义务的严重不对称。于建嵘根据对这份章程的分析，认为，"村民自治作为国家主导和法制权威下的授权性自治，由于国家主义的权威导向和集权式村治习惯的影响，某些乡规民约事实上成为了基层政府和乡村组织通过'形式民主'束管制村民的工具"②。显然，这种章程很难深入民心，其成效也会大打折扣。

当然，由于村规民约更多地体现了地方性和民间性，因此，其内容也

---

① 田成有：《乡土社会中的民间法》，法律出版社 2005 年版，第 156 页。
② 于建嵘：《失范的契约：形式民主下的枷锁——对一示范性村民自治章程的解读》，《中国农村观察》2001 年第 1 期。

有许多与现代国家精神不相一致之处。

更重要的是,村规民约在当代中国乡村的整合功能受到挑战。村规民约的特性是乡土性,即它是由生于斯、长于斯并死于斯的一群人共同制定的自治规则。但自 20 世纪 90 年代以来,农村人口的流动性迅速加剧。人口一旦外流,离开乡土,也就意味着不再受乡土规则的约制。而接受了大量外部信息的流动人口对于村规民约的传统权威性也表示质疑。[①] 在农村人口经常流动和分化的情况下,村民之间的共信很难建立,更难在"共信"基础上形成"共同行动"。由此导致在村民自治制度下本来就发育迟缓的村规民约,同时也很快面临乡村社会的变迁的挑战,从而进一步弱化了村规民约的制度整合功能。

任何一种制度整合功能都是建立在权威性、强制力基础上的,即如有违反便会受到相应的惩罚。而在村民自治过程中建立的村规民约尚缺乏足够的权威性和强制力。它主要依靠村民的共同信任和约定,一旦出现与村规民约不一致的行为却又得不到相应的惩罚,就会导致村规民约的规定受到冲击,成为共同不遵守的条文。村规民约也就无法发挥其制度整合功能了。如 21 世纪初,国家废除农业税费,农村社区依靠收取税费形成的惩罚措施失去经济基础。废除农业税后农村公益事业建设实行"一事一议",本来可以更好地发挥村规民约的作用。但由于各种原因,农村社区的"一事一议",首先是"议事"难,"议事"后实行也难。这反映了长期历史上的农村社区自我整合传统不复存在,主要依靠国家的外部制度整合。而一旦外部性整合弱化,社区内部的制度性整合还不能及时加以替补。[②]

---

① 参见徐勇《挣脱土地束缚之后的乡村困境及应对——农村人口流动与乡村治理的一项相关性分析》,《华中师范大学学报(人文社会科学版)》2000 年第 5 期。
② 参见徐勇《农村微观组织再造与社区自我整合——湖北省杨林桥镇农村社区建设的经验与启示》,《河南社会科学》2006 年第 5 期。

六、"破家为国"与家庭制度的重建

制度整合与社会构成单位密切相关。传统中国的乡村社会是一个以家庭为基本单位的社会。家庭是人们生产、生活的共同体,并形成特有的"家户制"。① 在费正清看来:"中国家庭是自成一体的小天地,是个微型的邦国。从前,社会单元是家庭而不是个人,家庭才是当地政治生活中负责的成分。"②"从社会角度来看,村子里的中国人直到最近,主要还是按家族制组织起来的,其次才组成同一地区的邻里社会。村子通常由一群家庭和家族单位(各个世系)组成,他们世代相传、永久居住在那里,靠耕种某些祖传土地为生。每个农家既是社会单位,又是经济单位。其成员靠耕种家庭拥有的田地生活,并根据其家庭成员的资格取得社会地位。"③巴林顿·摩尔也发现:中国的农民在进入现代化之前是被组织在自己的家庭里的,社会上最大的特点是农民都生活在自己的家庭内部,"中国的村庄与其说是生活和功能性的共同体,还不如说是许多农家的聚居地"④。梁漱溟则认为,西方社会是以个人为本位的社会,而中国社会是以家庭为本位的,中国社会"举整个社会各种关系而一概家庭化之"⑤。正是特有的生产方式和社会组织方式,造成"中国是家庭制度的坚强堡垒,并由此汲取了力量和染上了惰性"⑥。

社会的基本组织单位是家庭,任何个人都要在家庭组织里生活,同时在共同生活中形成相应的规范。家庭在承担从事生产,为人提供生活基础的功能的同时,还承担着教化家人,为家人提供秩序的治理功能。

---

① 参见徐勇《中国家户制传统与农村发展道路——以俄国、印度的村社传统为比较》,《中国社会科学》2013 年第 8 期。
② 〔美〕费正清:《美国与中国》,张理京译,世界知识出版社 1999 年版,第 22 页。
③ 〔美〕费正清:《美国与中国》,张理京译,世界知识出版社 1999 年版,第 25 页。
④ 〔美〕巴林顿·摩尔:《民主和专制的社会起源》,拓夫、张东东等译,华夏出版社 1987 年版,第 166 页。
⑤ 《梁漱溟全集》第 3 卷,山东人民出版社 1990 年版,第 81 页。
⑥ 〔美〕费正清:《美国与中国》,张理京译,世界知识出版社 1999 年版,第 21 页。

由此产生了家教、家训、家风、家传、家规等一系列治家规则。其"执法者"则是内生于家庭生活之中的"家长"权威。人们自出生之日就自然而然接受了"家长权威"而无须外部性授权。在家尽孝，在国尽忠，成为人们生活的基本规范。正因为如此，中国统治者将"齐家治国平天下"作为治国的基本准则，特别强调家规、家教、家风、家传的基础性的制度整合功能，并将家庭规范提升为国家制度，如"三纲五常"①。只要家庭制度巩固了，天下就太平了。费正清为此比较说："对一个享有较高物质生活水平的美国人来说，使他感到惊异的是中国农民在这样困苦的生活条件下，竟能维持一种高度文明的生活。问题的答案在于他们的社会习俗，这些习俗使每个家庭的人员，按照根深蒂固的行为准则经历人生的各个阶段和变迁。这些习俗和行为准则，一向是世界上最古老而又最牢固不变的社会现象"。②

　　传统国家以家庭而不是个人为单位，通过家规、家教、家风、家传等一系列规范将人们限定在家庭组织结构之中。这一治理体系进入近代社会以后受到严重挑战，被认为是严重束缚了个体的自主性。在一些先知先觉者看来，延续已久的家庭制度牢牢限制着个人，已成为新国家建构的桎梏。新文化运动对于长期延续的家庭礼教进行了激烈批判，有人甚至提出要"毁家"，为了国而须"破家"。随着民主革命的深入，毛泽东对于与旧的统治制度联为一体的家庭权力给予了批判，认为："政权、族权、神权、夫权，代表了全部封建宗法的思想和制度，是束缚中国人民特别是农民的四条极大的绳索。"③其中的族权与夫权都来自传统的家庭制度。与此同时，毛泽东对以家庭为单位的个体经济也给予了否定。20世纪40年代，毛泽东在《组织起来》一文中指出："在农民群众方面，几千年来都是个体经济，一家一户就是一个生产单位，这种分散的个体生产，就

---

① 三纲：君为臣纲，父为子纲，夫为妻纲。五常：仁、义、礼、智、信。
② ［美］费正清：《美国与中国》，张理京译，世界知识出版社1999年版，第21页。
③ 《毛泽东选集》第1卷，人民出版社1991年版，第31页。

是封建统治的经济基础，而使农民自己陷于永远的穷苦。克服这种状况的唯一办法，就是逐渐地集体化"①。

20世纪，为了建立一个新的中国，人们以革命和改造的方式，对传统的家庭制度加以否定，力图将广大农村人口置于超越家庭的社会组织中。这一革命和改造对于重新构造乡村社会，进行国家整合具有重要价值。但是，以"破家"这种激进的方式进行社会重构，特别是对于国家的制度整合，也有相当限度。首先，尽管家庭的功能有所弱化，但家庭毕竟仍然是社会的基本生活单位。尤其是在广大农村，家庭单位更适应于农业生产。自人民公社成立开始，以家庭为生产单位的要求便一直不断，直到废除人民公社体制，实行家庭承包责任制。家庭的经济功能由此恢复。与此同时，家庭的社会功能也不可或缺。1990年代，邓小平表示："欧洲发达国家的经验证明，没有家庭不行，家庭是个好东西。我们还要维持家庭。孔夫子讲，修身齐家治国平天下，家庭是社会的一个单元，修身齐家才能治国平天下。"他还特别举例说明了家庭养老的社会功能。他说："都搞集体性质的福利会带来社会问题，比如养老问题，可以让家庭消化。欧洲搞福利社会，由国家、社会承担，现在走不通了。老人多了，人口老化，国家承担不起，社会承担不起，问题就会越来越大。全国有多少老人，都是靠一家一户养活的。中国文化从孔夫子起，就提倡赡养老人。"②

家庭承包制的确立，促使人们重新认识家庭的功能，也开始重视家庭组织在国家的制度整合中的作用。尤其是2010年代以后，执政党和政府高度重视传统文化的制度整合功能，其中，家规、家教、家风、家传等一系列与家庭制度相关的元素得到重建，试图通过家庭日常生活传递符合社会主义核心价值观念的理念体系。传统家庭子女只有义务没有权利固然不对，而受片面的"物的依赖关系"支配的子女只享有权利而不尽

---

① 《毛泽东选集》第3卷，人民出版社1991年版，第931页。
② 中共中央文献研究室：《邓小平年谱》（下），中央文献出版社2004年版，第1338页。

义务,也会产生大量问题。尽管社会日益个体化,但个体不可能天然具备现代社会要求的素质,还必须在家庭怀抱里得到良好的规训。"教子无方,何以治国"。国家治理需要激活家庭细胞的治理功能,将家庭作为国家治理的基本单元,发挥家庭在制度整合中的基础性作用。特别是强化与社会主义核心价值观相一致的良好家教,建立与国法相衔接的家规,提倡树立良好的家风,鼓励通过撰写家史传导良好的家传。

第五章　计划、市场与服务：乡村的经济整合

物质生产资料的生产是人们最基本的活动。传统乡土社会的最突出特点是农业经济活动的分散性，由此造成社会组织的高度离散性。中华人民共和国建立以后，国家对高度离散性的乡村社会进行整合的一个重要方式，就是将国家权力深深地延伸和直接介入到农业经济活动中，实行计划经济体制。随着计划经济体制向市场经济体制转变，国家整合的方式有所变化，但在乡村社会的经济活动中，国家仍然以其特有的方式存在并影响乡村社会。

一、自然自由到计划干预

农业生产活动高度依从于自然。特别是中国的自然地理条件，非常适宜于一家一户为单位组织农业生产活动。这种生产方式又影响和构成了传统中国乡土社会的生活方式和社会交往方式，这就是农户为单位的社会组织。费正清对这一点有着深刻的认识。他说："中国家庭是自成一体的小天地，是个微型的邦国。从前，社会单元是家庭而不是个人，家庭才是当地政治生活中负责的成分。"[1]在古代，这种家庭为单位的生

---

① ［美］费正清：《美国与中国》，张理京译，世界知识出版社 1999 年版，第 22 页。

产方式使社会组织和交往活动呈分散性和隔绝性。马克思对小农经济的分散性有着深刻而生动的刻画,他在谈到法国的小农经济时说:"小农人数众多,他们的生活条件相同,但是彼此间并没有发生多种多样的关系。他们的生产方式不是使他们互相交往,而是使他们互相隔离。""每一个农户差不多都是自给自足的,都是直接生产自己的大部分消费品,因而他们取得生活资料多半是靠与自然交换,而不是靠与社会交往。一小块土地,一个农民和一个家庭;旁边是另一小块土地,另一个农民和另一个家庭。一批这样的单位就形成一个村子;一批这样的村子就形成一个省。"①中国古代思想家老子曾将其极而言之为"鸡犬之声相闻,老死不相往来"。当然,家庭经济并不是完全与社会隔绝的。在一个村庄内,农户之间,尤其是具有亲缘关系的农户之间在生产和生活方面都有一定交往,从而形成亲缘性的小地域社会。特别是在古代中国,为了兴修水利、道路及帝王官府,国家要有组织性地征集农民从事公共工程活动。

从总体上看,传统中国乡土社会的经济活动是分散的自然经济,国家除了大型公共工程建设以外,对日常经济活动并不直接介入和干预。人们自由地从事农业生产活动,进行简单的交换,自我分配和消费。如吉登斯所说:"即便是中央集权的官僚帝国,国家也极少'干预'经济生活,绝大多数农民是在独立于政治中心所发生的一切这种状态下从事劳作的。"②费孝通先生将传统的乡土政治视为"无为政治",其经济根源就在于"乡土社会是个小农经济,在经济上每个农家,除了盐铁之外,必要时很可关门自给"。③孙中山先生将中国社会的状态形容为"一盘散沙",其根本原因亦在于此。

直到进入 20 世纪,乡土社会的不受外部干预的自然自由的经济活动仍然延续下来。中华民国建立后,民国政府虽然试图改善传统的农业

---

① 《马克思恩格斯选集》第 1 卷,人民出版社 1995 年第 2 版,第 677 页。
② [英]安东尼·吉登斯:《民族-国家与暴力》,胡宗泽、赵力涛译,生活·读书·新知三联书店 1998 年版,第 85 页。
③ 参见费孝通《乡土中国 生育制度》,北京大学出版社 1998 年版,第 63 页。

经济,甚至成立了专门的农业机构,但其主要功能是着眼于农业复兴,而不是农业经济组织和活动的改造。中华人民共和国建立前后,中国共产党进行了土地改革,将土地分配给农民,但农户为单位的生产方式没有变。只是大规模的土地改革为日后的国家对乡村社会的经济整合奠定了基础。

李放春认为:"权力与生产发生关联并不奇怪,因为所有政权都会出于财政需要而关注生产。"①但二者联系的形式、渠道以及紧密度等有所不同。"皇权主要通过祭天、春耕、祈雨等仪式来象征性地展示其对生产的关注,其与生产的直接关联则一般只限于农业赋税的征收,而没有对生产领域的组织性渗透。与皇权相比,现代党政权力与生产的联系则有了性质的不同:它密切地关注如何发展生产,积极地介入生产,强烈地企图领导生产。"②中华人民共和国建立不久,中国就开始了工业化为主导的大规模的社会改造运动。这一社会改造是在资源极度紧缺的状态下进行的。为了将资源配置到国家目标最需要的地方去,国家实行了由国家直接控制资源和组织经济活动的计划经济体制。计划经济体制虽然发端于工业生产,但很快就扩展到农业经济和乡土社会,因为工业化所需的资源需要农村提供。因此,伴随着农村内部组织的变化,计划经济体制全面延伸于农村,国家直接介入到农民的日常经济活动中,并由此对乡村社会进行了前所未有的整合。

计划经济的重要特点是国家控制着经济资源,主导着经济活动,以服从和服务于国家经济目标。中华人民共和国建立以后,国家在农村进行了土地改革,随后又开展农业生产合作运动,其主要目的还是争取农民支持,提高农业生产效率,但国家并没有直接介入和干预农村的日常经济活动。国家在农村实行计划经济体制,与国家对粮食等农产品实行

---

① 李放春:《北方土改中的"翻身"与"生产"——中国革命现代性的一个话语—历史矛盾溯考》,收于黄宗智主编《中国乡村研究》第三辑,社会科学文献出版社 2005 年版,第 247 页。
② 李放春:《北方土改中的"翻身"与"生产"——中国革命现代性的一个话语—历史矛盾溯考》,收于黄宗智主编《中国乡村研究》第三辑,社会科学文献出版社 2005 年版,第 247 页。

统购统销政策和体制有关。1950年代初，国家为了直接掌握紧缺的粮食资源，对以粮食为主的农产品实行统购统销，其文字表达就是"计划收购和计划供应"。1953年11月19日，政务院发布了《关于实行粮食的计划收购和计划供应的命令》。计划收购是直接面向农民的，其内容就是"生产粮食的农民应按国家规定的收购粮种、收购价格和计划收购的分配数字将余粮售给国家"。[①] 计划收购作为政府行政命令，每年要将相应的任务下达给农民，且必须完成，具有强制性。由此要求农村经济活动都要适应国家的目标，从而使计划经济体制深入地渗透到农村经济活动中，形成国家主导的管理体制，并建构着农民的国家意识。

其一是生产活动的国家化。计划经济作为管理体制需要所有制作为支持。伴随着计划经济体制的实行，农村生产资料所有制由最初的农民生产合作转向国家主导的集体所有制。这就是"通过集体化道路，在生产环节建立一种能够有效控制的制度，以便既能囤积过剩的农业劳动力资源，将农民稳定在土地上，又能使之根据国家计划及时安排农业（首先是粮食）生产活动，以保证农产品供给与国家需求相符合"[②]。农村的计划生产起源于国家统购统销政策。统购的来源是农民的产品。要实现统购，必须确定农民的土地和产品。1955年国家出台"粮食三定"政策，即定产、定购、定销，农民必须完成国家所定购的任务。之后的人民公社更是计划经济在农村的重要组织支撑。首先，人民公社与农业合作社的最大不同是"政社合一"，即政权组织与经济组织合为一体，从而更有利于政权组织直接行使经济管理权力。其次，人民公社又是行政地域组织，即一定行政地域的人都成为该组织的成员或为其所管辖，不可能自动退出。人民公社管辖的生产大队和生产队均为生产组织，组织内部实行垂直的自上而下的管理。管理目标直接服从和服务于国家目标。中共中央1961年讨论通过的《农村人民公社工作条例（修正草案）》第一

[①] 参见薄一波《若干重大决策与事件的回顾》上卷，中共党史出版社2008年版，第189页。

[②] 陈吉元等：《中国农村社会经济变迁（1949—1989）》，山西经济出版社1993年版，第575页。

条规定："农村人民公社是政社合一的组织，是我国社会主义社会在农村中的基层单位，又是我国社会主义政权在农村中的基层单位。"第三条明确规定，"人民公社的各级组织，都必须执行国家的政策和法令，在国家计划指导下，因地制宜地合理地组织生产"。其管理方式是层层下达计划。第十条规定，公社"根据国家计划和各生产大队的具体情况，兼顾国家和集体的利益，向各生产大队提出关于生产计划的建议，并且可以对生产大队拟定的计划，进行合理的调整"。生产大队和生产队都要根据国家任务制定相应的生产计划，并根据计划安排生产。第四十四条规定："人民公社社员，在公社内必须履行自己一切应尽的义务。"[①]在计划体制下，生产组织实行半军事化管理，上工收工统一指挥。通过这一管理模式，将长期以来的分散生产的农民组织了起来，实行统一生产，集体劳动，形成以广大农民为基座的"金字塔"式组织结构。国家意志前所未有地直接介入到农民日常生产活动中，农民的经济活动行为直接服从于国家计划和命令。如李放春所论："现代权力不只是消极地与生产发生关联，而是把生产作为建设乡村领导权的重要政治场域。"[②]

其二是交换活动的国家化。小农经济尽管剩余产品少，但出于生活必需或者满足更多需要的目的，仍然有简单的经济交换，从而形成一定区域的集市。这种集市基本上是一种自然的经济交换场所，政府介入很少。中华人民共和国建立初期，一些地方出现了农民供销合作社，虽然有政府背景，但性质仍然是农民之间的合作组织。实行统购统销体制以后，粮食等农产品实行国家专营，农民生产的主要产品为生产集体所有，没有自由支配权。只是农民利用集体生产以外的时间生产的某些产品才有自由交换的可能。《农村人民公社工作条例》第四十条规定："社员家庭副业的产品和收入，都归社员所有，都归社员支配。除了由国家统

---

① 参见《当代中国农业合作化》编辑室编《建国以来农业合作化史料汇编》，中共党史出版社 1992 年版，第 640、642、645 页。

② 李放春：《北方土改中的"翻身"与"生产"——中国革命现代性的一个话语——历史矛盾溯考》，收于黄宗智主编《中国乡村研究》第三辑，社会科学文献出版社 2005 年版，第 248 页。

购统销的农产品以外,其他的农副产品,在完成国家订立的定购合同以后,都可以拿到集市上进行交易。"①但是,这一规定并没有得到实现。一则除集体劳动生产的集体产品以外,农民剩余劳动时间生产的农副产品数量极少。二则在极左思想影响下,集市被视为复活农民私有意识的温床而受到限制,甚至取消。绝大多数经济交换行为只能在农民与政府主导下的供销合作社之间发生。

其三是分配活动的国家化。在传统中国,国家除了向农民收纳税赋以外,并不干预农民对自己生产产品的分配活动。随着统购统销体制的建立,特别是主要农产品为集体所有,农民的分配活动纳入国家体系,国家意志直接渗透到产品分配活动中。首先,在人民公社建立初期,出现了供给制,即集体供给农民个人以生活资料,只是供给的范围和种类有所不同。其次,在公社体制下,实行按劳分配,其中的"劳"主要以集体劳动活动为主。集体劳动实行工分制度,即根据集体劳动量计算工分,根据工分和人口分配产品。主要产品的分配因此纳入国家体系。再次,在产品的分配序列中实行国家优先原则。根据产品去向和属性,农产品分为国家的、集体的和农民个人的三种,并形成分配关系。分配的原则则是"先国家,再集体,最后是农民个人"。即便是那些产品数量本来就不多的地方,也需要首先完成国家计划任务,然后由国家根据情况返还,即所谓的"返销粮"。由于产品的集体化,支配产品的主导权在集体而不是生产者个人,集体领导可以决定向农民个人分配产品的数量。这一分配关系,决定了农民必须高度依从于国家和集体,否则就会失去生活来源。在实行供给制时,有的社队干部动辄以不给饭吃威胁社员。河北农村有的农民说:"干部有了刀把子,稍微有点毛病,就说不让吃饭,你到厕所里去吃。"②即使实行工分制,由工分所决定的分配数量也取决于国家行为。

---

① 《当代中国农业合作化》编辑室:《建国以来农业合作化史料汇编》,中共党史出版社 1992 年版,第 645 页。

② 转引自罗平汉《农村人民公社史》,福建人民出版社 2003 年版,第 99 页。

四是消费活动的国家化。消费本来是极其个人化的行为。家庭是基本的消费单位，人们消费什么，消费多少，主要由消费者自我决定。但是，消费活动取决于可供消费的来源。在公社体制下，由于分配的主导权在集体，消费活动也不能不受集体支配。消费什么，消费多少，怎样消费都会受到集体的影响。如由于产品较少，农民家庭会采取"农忙吃干，农闲吃稀"的消费模式。① 特别是在人民公社刚兴起时，许多地方实行消费集体化，即由集体统一提供消费品，家庭失去了消费功能。最典型的是兴办"公共食堂"。1958 年，《中共中央关于在农村建立人民公社问题的决议》明确认为"公共食堂"做法可以"把农民引向更幸福的集体生活，进一步培养和锻炼着农民的集体主义思想"②。只是这一行为造成产品的极大浪费而不得不终止。但不管劳动如何，人们吃一样的饭的所谓"大锅饭"一词却流传下来。

正是通过一系列的经济活动，国家深入渗透到农民的日常行为活动中，由此建立了国家与农民之间的垂直联系。农民在日常生活中无处不在、无时不有地感受到国家的"在场"和影响。20 多年时间里，中国在一个高度分散的乡村社会基础上建立起一个高度集中统一的经济体制，使国家权力得到极大扩张。

二、突破大一统体制的自主行为

中华人民共和国建立以后，国家主导的计划经济体制全面支配社会。但是，与城市工厂企业不同，计划经济体制在农村社会并没有得到农民的高度认同。计划经济体制的重要特点是追求高度的统一性和同一性，对经济生活进行人为的干预和控制。而农村社会高度依赖于自

---

① 所谓"农忙吃干，农闲吃稀"的消费模式是指：农业活动繁忙、劳动强度大时吃干饭，较能抵抗饥饿。农业活动松闲、劳动强度较小时吃稀饭，可以节省粮食。
② 中共中央文献研究室：《建国以来重要文献选编》第 11 册，中央文献出版社 1995 年版，第 447 页。

然,各个地方的情况千差万别,农民的需求和行为也各不相同。特别是国有企业员工领取国家工资和享受相应的福利,而农民只能通过自己的劳动获得工分,且难以享受国家提供的公共福利。农民是否认同国家强制性的经济整合,有一个基本的底线,这就是要满足最基本的生存需要和不断增长的生活需要。由此就决定了农民希望通过自主性的经济活动来保障和扩展自己的利益,自我满足其需要。从而也就有了农民突破国家集中过多、统得过死的大一统体制的自主行为。

随着国家全面渗透与介入农村经济活动,国家与农民的关系成为最主要和直接的经济关系,农民直接面对国家,国家主导乡村社会。自1950年代初开始,国家全面改造乡村社会,实行国家优先的战略和体制,特别是行政命令治理方式扩张,农民的利益受到一定程度影响,并以特有的方式表达自己的不满。1954年,负责中央农村工作的邓子恢在第三次全国农村工作会议上指出:"现在农民对我们的警告,已经不只是言论上说怪话,发牢骚,并且表现在行动上,积极的是骚动,消极的是不务生产,宰牲口,砍树木。"①邓子恢等人已意识到随着新经济体制的建立,需要采用新的办法,以满足和维护农民的利益要求。他提出农业集体经济应当实行以包工包产为主要形式的生产责任制。他说"要把劳动组织好,分工分业,分组分队,并实行按件计工、小包耕、大包耕,以至包耕包产等制度",认为这种制度可以充分发挥劳动效能,"是搞好集体经济的重要制度"。②他还特别强调,生产责任制是个体经济所没有也不需要的,但集体经济则非有不可,否则便无法办好这种新型经济。③当然,邓子恢当时主要还是从巩固和发展集体经济这一角度提出责任制的。而1956年以浙江省永嘉县为代表的包产到户的责任制,则是农民和基层干部为改变集中统一的管理体制而进行的一种自主性探索。④

---

① 转引自罗平汉《农业合作化运动史》,福建人民出版社2004年版,第185页。
② 转引自徐勇《包产到户沉浮录》,珠海出版社1998年版,第13页。
③ 转引自徐勇《包产到户沉浮录》,珠海出版社1998年版,第13页。
④ 参见徐勇《包产到户沉浮录》,珠海出版社1998年版,第30—33页。

1958 年建立人民公社后，农村经济体制更为集中和统一。农村计划经济体制的建立与生产资料所有制改造是同时进行的。在生产资料所有制改造之初，相当一部分农民更主要的是以消极行为来抵制国家过急过快的改造。但这种抵制在强大的国家渗透面前是无能为力的。国家迅速实现对生产资料的改造，为实行计划经济体制提供了所有制基础，同时也为国家意志的急剧扩张，甚至为所欲为提供了可能。1950 年代底和 1960 年代初，农村因"高指标、高征购"等原因，出现严重的经济困难。为了应对经济困难，国家对农村的经济政策出现了一定的松动，农民在大一统体制下有了一定的自主活动的空间。农民借助这一空间以其自己的行为不断突破体制的限制和束缚，从而也影响着国家对乡村社会的整合。

一是"责任田"里的自主性。高度集中统一的兵营式管理体制必然产生生产活动的"一窝蜂""大呼隆"与分配活动中的"平均主义"，从而影响生产效率。农民除了以偷懒等方式消极抗拒以外，更主要的是借助国家政策的松动寻求满足其利益需要的空间。因为，偷懒耍滑最终会直接影响农民群体的生活。农民的积极行为最主要的是能够自主生产经营的"责任田"，以在体制内将自己的劳动与收益最紧密地联系起来。1960 年代初，安徽等地的农民和基层干部面对"大饥荒"，突破公社体制，偷偷地将土地承包到户，并得到一些高级领导人的直接支持。为了寻求其行为的正当性，将这一形式命名为"责任田"。毛泽东出于救灾考虑也表示可以进行试验。还有些中央领导人甚至表示可以将这种"不合法"的行为"合法化"。如时任中共中央总书记的邓小平 1962 年公开表示："生产关系究竟以什么形式为最好，恐怕要采取这样一种态度，就是哪种形式在哪个地方能够比较容易比较快地恢复和发展农业生产，就采取哪种形式；群众愿意采取哪种形式，就应该采取哪种形式，不合法的使它合法起来。"[1]由于"责任田"突破了人民公社"三级所有，队为基础"的体制，被定

---

[1]《邓小平文选》第 1 卷，人民出版社 1994 年第 2 版，第 323 页。

性为"分田单干"而坚决取消。但农民在"责任田"里显示其生产积极性的行为对于大一统的体制还是给予了冲击,而使之未能进一步极化,出现生产活动的绝对国家化。首先是中央以文本条例的形式正式确立了"三级所有,队为基础"的公社管理体制,强调生产队为基本核算单位,以纠正和制止所有制形式和核算单位愈大愈好的趋势。其次,尽管生产队因为属于集体性质而成为不能逾越的政策和体制"底线",但在生产队内部却是可以采取包工包产等多样化的生产形式的。再次,中国农村地域辽阔,在许多偏远地方仍然实行着各种"责任田"。更重要的是,农民在"责任田"里所展示的积极性为后来的体制整体性突破奠定了基础。

二是"自留地"里的自主性。计划经济体制是一种国家指令性体制。在农村,种什么、不种什么,甚至什么时候种,都完全由上级政府决定,生产者没有生产经营自主权,也没有对自己生产产品的支配权。而将所有生产资料都归于国家主导下的集体,又难以保障农民的正常生活。1960年代初,国家调整农村政策,其重要措施之一就是给农民一定数量的"自留地"。1961年通过的《农村人民公社工作条例(修正草案)》第三十九条规定:"自留地一般占生产大队耕地面积的百分之五到七,长期归社员家庭使用。在有柴山和荒坡的地方,还可以经营由人民公社分配的自留山。""经过生产大队批准,开垦零星荒地,开垦的荒地一般可以相当于自留地的数量,在人少地多的地方可以少一点,在人多地少的地方也可以略多一点。""社员的自留地和开垦荒地生产的农产品,不算在集体分配的产量和口粮以内,国家不征收农业税,不计统购。"[1]由此就意味着在"自留地"和开垦的"荒地"里,农民个人不仅有完全的生产经营自主权,也有完全的产品支配权。正因为如此,相当多数的农民在这一自主领地内充分发挥出其生产积极性。1960年代中期以后,尽管"自留地"被作为

---

[1]《当代中国农业合作化》编辑室:《建国以来农业合作化史料汇编》,中共党史出版社1992年版,第644—645页。

"三自一包"①的非社会主义倾向的重要体现受到批判,但是未能在体制上加以取消。相反,农民在"自留地"里展示的积极性成为对大一统体制整体性突破的重要依据。

三是"自由市场"里的自主性。根据计划经济体制,产品交换主要由国家控制,农村长期自发形成的市场日渐萎缩,但还没有完全消失。特别是 1960 年代初的经济政策调整,给予了农村自由交换以一定空间。1961 年通过的《农村人民公社工作条例(修正草案)》第四十条规定:"除了由国家统购统销的农产品以外,其他的农副产品,在完成同国家订立的定购合同以后,都可以拿到集市上进行交易。"②1960 年代初,随着农业生产的恢复,农村集市贸易日益活跃。在集市贸易活动中,农民是经济活动的主体,自主地进行交易,以满足自己的需求。这种农民自由自发的交易活动在 1960 年代中期被视为"自由市场"而受到批判,大量的农村集市被取缔。对农民自发的自由交易活动作为"投机倒把"的犯罪行为加以严厉打击。"市场管理与对'投机倒把'的清理,一直是国家处理经济事务的重要内容。"③但是,有形的集市不存在了,隐性的市场交易活动仍然在政治高压下顽强地存在着。特别是浙江等地的农民,走出本乡本土,利用国家大一统经济不可能完全覆盖和控制的种种"经济缝隙",进城串乡,进行商品交换。这种极原始和在高压下生长的自由交换行为,突破了计划经济体制"一统天下"的限制和束缚,发育出新的经济要素。"这些因素到了后毛泽东时代就成为邓小平改革的'火种'。"④

四是工副业生产中的自主性。统购统销政策要求农民优先向国家

---

① 所谓"三自一包"是指 1960 年代国家调整经济时的政策。"三自"即"自留地、自由市场、自负盈亏","一包"即"包产到户"。1960 年代中期,这一政策被视为资本主义道路而受到批判。

② 《当代中国农业合作化》编辑室:《建国以来农业合作化史料汇编》,中共党史出版社 1992 年版,第 645 页。

③ 冯筱才:《一九五八年至一九六三年中共自由市场政策研究》,《中共党史研究》2015 年第 2 期。

④ 冯筱才:《一九五八年至一九六三年中共自由市场政策研究》,《中共党史研究》2015 年第 2 期。

提供主要的农产品,适应国家需要进行生产活动。但 1960 年代初的经济政策调整,还是给予了农民自主发展生产的一定空间,其重要内容就是允许家庭副业的发展。1961 年通过的《农村人民公社工作条例(修正草案)》专门列了"社员家庭副业"一章。《条例》第三十八条规定:"人民公社的家庭副业,是社会主义经济必要的补充部分。它附属于集体所有制经济和全民所有制经济,是它们的助手。在积极办好集体经济,不妨碍集体经济的发展,保证集体经济占绝对优势的条件下,人民公社应该允许和鼓励社员利用剩余时间和假日,发展家庭副业,增加社会产品,补助社员收入,活跃农村市场。"第四十条规定:"社员家庭副业的产品和收入,都归社员所有,都归社员支配。"①由于集体只能向农民分配日常生活需要的粮食等产品,农民日常生活需要的其他消费品主要得由副业产品和收入加以满足,因此家庭副业十分活跃。这种自主性的家庭副业活动成为农民消费生活的重要来源。1960 年代中期,国家强调"以粮为纲",许多地方领导担心家庭副业会影响粮食生产而对家庭副业采取压制措施,甚至对饲养鸡鸭的行为采取强制手段,"割资本主义尾巴"。但是,由于生活的需要,农民家庭副业仍然长期存在。特别是一些社队以集体的方式发展的工副业得以迅速生长,成为日后突破计划经济体制的"异军突起"的力量。

自 1960 年代初到 1970 年代末,一方面是计划经济体制更加严密,国家力量更加努力地向乡土社会渗透;另一方面是国家政策不断调整,计划经济体制并没有将农村经济完全"统死",农村经济领域尚有许多农民自主活动的空间。其重要原因在于国家计划经济体制是一种强制性的整合,当这种整合不能为农民带来相应的好处时,就难以得到农民的完全认同。相反,基于生活需要,农民以自己的自主行为,促使国家政策松动,冲击大一统的体制,改变国家对乡土社会的经济整合方式。

①《当代中国农业合作化》编辑室:《建国以来农业合作化史料汇编》,中共党史出版社 1992 年版,第 645 页。

三、重建农民认同的市场化改革

尽管 1960 年代到 1970 年代，农民以自己的自主行为争取更多的生存空间，抑制了农村经济活动的绝对国家化，但是由于高度集中统一的体制未能从根本上改变，其成效有限。而农民不断扩展的自主行为与体制的冲突又积聚着巨大的变革力量，在适当时候就会迸发。

农民的体制性突破起源于 1970 年代末。尽管中华人民共和国建立后，执政党十分重视农业，但是农业发展的成果主要为工业和城市所享有，农村发展相对滞后，特别是广大农民未能从根本上改变其生活状况。1976 年粉碎"四人帮"以后，长期以来处在持续不断政治运动高压下的政策有所松动。如何调动农民的生产积极性，推动农业发展成为党和国家的重要工作。一些地方领导人出于改善农民生活的考虑，也有意识地从政策上"开口子"。正是在这一背景下，安徽和四川两地的农民率先要求并实行包产到户。[①] 生产经营以家庭为单位，显然是对"三级所有，队为基础"的人民公社体制的突破，因此而引起广泛的争议。但在中共十一届三中全会的"解放思想"方针的主导下，家庭生产责任制得到中央领导的认可和支持，由此也拉开了农村改革的大幕。

农村改革的核心是给农民以生产经营自主权，突破传统的计划经济体制，其趋向是市场化。

一是农民成为生产经营活动的主体。人民公社是生产单位，同时又是政权单位，从而决定了农业生产经营活动直接听命和服从于国家支配。实行家庭承包经营，农户是独立的生产经营单位，种什么、不种什么、什么时候种等具体的生产经营活动主要由农民自己决定，农民成为生产经营活动的主体。农民出工、休息等日常生产生活活动不再需要国家的代理人和农村集体领导人进行统一指挥。农民也因此具有了能够

[①] 参见徐勇《包产到户沉浮录》，珠海出版社 1998 年版，第 217—238 页。

自主支配自己的独立人格,而不是一切依附于国家权威。这是农村改革最重要的变化,被称为农民的"第二次解放"。由此也为农村经济的市场化改革奠定了微观基础。

二是农民有了自由交换的空间。农村经济改革带来的一个重大成果是沿袭了20多年的统购统销制度得以改变。1985年,中共中央、国务院发布《关于进一步活跃农村经济的十项政策》(即中央一号文件)。第一项就是,从1985年起,除个别品种外,国家不再向农民下达农产品统购派购任务,按照不同情况,分别实行合同定购和市场收购。定购以外的农产品可以自由上市。统购统销体制的改变,不仅仅是农民可以自由交换自己的产品,而且能够根据市场需要独立自主地决定自己的生产,以获得更多的收益。国家也因此从微观生产领域退出,不再直接干预农民的具体生产活动。1985年的一号文件明确规定:"任何单位都不得向农民下达指令性生产计划。"[1]

三是农民作为分配主体的地位确立。农村经济改革实质上是国家与农民利益关系的再调整,这种调整确立了了农民作为生产主体同时又是分配主体的地位。传统体制的最大弊端是生产与分配的脱节。以包产到户为主的家庭经营,从根本上说,是在生产资料集体所有制条件下,将生产与分配最大限度地一体化。这就是农村改革中农民所说的"交够国家的,留足集体的,剩下都是自己的"。在新的体制下,农民有了支配自己产品的权利,产品的分配主体不再是集体而是农民个人。

四是农民消费完全个体化。消费为生产和分配所决定。在传统体制下,尽管农民家庭是独立的消费单位,但其消费内容和方式不能不受集体生产和分配的支配。农村经济改革后,农民成为生产和分配主体,其消费活动因此完全个人化,消费什么、消费多少都由农民根据自己的生产水平和消费偏好决定。

---

[1]《当代中国农业合作化》编辑室:《建国以来农业合作化史料汇编》,中共党史出版社1992年版,第1108页。

总体上看，与城市和工业相比，国家计划经济体制的控制力在农村和农业领域相对薄弱，农村改革因此得以在整个国家率先取得突破，国家从农村经济微观领域基本退出。但是，这一国家"退出"行为只是国家不直接干预农民的经济活动，它所带来的结果并不是弱化国家的影响，而是重建农民对国家的认同。

这首先在于改革符合农民的要求。自 1950 年代实行集体化后，农民就在不断寻求体制突破，以争取获得更多利益。但是，受传统体制和政策的制约，农民的自主行为不断受到限制，以致只能以"消极反抗"的方式表达自己的利益要求。只是这种"消极反抗"不仅不能使国家受益，也使自己的利益受到进一步损害。农村改革作为整体体制的变革是自上而下地主导和推动的，只是这一改革顺应了农民的要求，因此得到了农民的积极拥护。

改革之所以能够得到农民拥护，从根本上说在于它使农民从改革中获得了好处。农村改革是从贫困地区开始的。通过改革，贫困地区的农民能够吃饱饭，非贫困地区的农民生活更加宽裕，由此强化了农民对国家改革政策的认同。1980 年代农民将生活改善归结为"政策好，天帮忙"，就反映了农民对改革政策的支持，从而增强了国家对农民的吸引力和农民对国家的向心力。邓小平在南方谈话中曾经专门谈道："为什么'六·四'以后我们的国家能够很稳定？就是因为我们搞了改革开放，促进了经济发展，人民生活得到了改善。"①

农村改革虽然是从经济领域开始的，但是它直接改变的是国家与农民的关系，其重要成果是在下放权力的过程中赋予了农民以自主权利。国家整合的成效取决于整合对象的认同。人民公社时期，尽管国家将分散的农村社会整合为一体，但这种整合带有很强的外部性，且是以牺牲农民利益为代价的，其结果是整而不合，农民并没有持续不断地真正认同于国家体制。农村改革的实质是下放权力，让农民成为生产经营主

①《邓小平文选》第 3 卷，人民出版社 1993 年版，第 371 页。

体,农民也因此获得和享有了自主性权利。"交够国家的,留足集体的,剩下的都是自己的。"这实际上是在国家、集体和个人之间划定了一定界限,并确立一种权利,即在承包地范围内由农民自己决定其生产和分配。由此就标志着,国家对乡村社会整合的基础发生了变化,将由外部性的义务性整合,转变为内部性的权利性整合,即主要依靠赋权于民、让利于民来获得农民对国家的认同。邓小平认为:"把权力下放给基层和人民,在农村就是下放给农民,这就是最大的民主。"①民主是现代国家的基础。人民公社体制虽然强调民主办社,但由于经济权力高度集中,农民的民主权利被"悬空",不可能奢望一个连自己人身都不能自主支配的人能够实际享有民主权利。即使有,也是因为外部性输入而获得某种发表意见的权利,如"四清"运动和"文化大革命",并没有内在的经济自主权作为基础和持续不断的动力。

也正是由于放权改革的推行,以村民自治为主要内容的农村基层民主迅速生成,进一步改变了国家整合和乡村治理的微观基础。

四、市场化进程中的国家调控

自 1980 年代开始,农村改革的总体趋势是市场化改革,农民越来越多地获得经济自主性。有人搬用国家与社会二元理论,将这一趋势概括为"国权退,民权进"。这种概括显然过于简单。在市场化进程中,国家虽然从微观生产领域退出,但并没有从乡土社会"退场",反而是以一种新的形式更深入地渗透于乡土社会,重新建构国家对乡村社会的整合。

下放权力的主导者是国家。中国的市场化进程不是经济社会自然发育的,而是国家下放权力,从而建构独立的商品生产者的结果。因此,市场化进程具有很强的国家主导性。农村改革也是如此。农村改革是国家将一部分权力下放给基层单位和农民,而下放多少、怎样下放、什么

---

① 《邓小平文选》第 3 卷,人民出版社 1993 年版,第 252 页。

时候下放,在相当程度上取决于国家行为,农民只能在国家所给予和确立的范围内自主选择。如农户对土地的承包经营期限由国家确定,先是规定为15年,后再延续若干年。农村改革改变了长期不变的统购统销制度,但不是完全放开农产品经营。对不同类型的农产品采取不同的政策,有的实行国家定购,有的则完全放开,由农民自由交易。到1990年代,粮食等重要农产品较为紧张时,一度又对粮食实行政府专营。

国家以新的方式建立与农民的经济联系,并引导农村经济生活。改革前,国家以单向的方式调控农村经济。如统购统销就是一种自上而下的任务,农民更多的是履行一种义务。改革后,国家确立和尊重农民的主体地位,开始以一种双向或者双方更能接受的方式建立与农民的经济关系。其重要标志就是改国家强制性的统购制为合同定购制和奖励制。1985年,中共中央、国务院关于进一步活跃农村经济的十项政策规定:"粮食、棉花取消统购,改为合同定购,由商业部门在播种季节前与农民协商,签订定购合同。"与征购相比,合同制更具有平等性,对合同双方都有一定约束。同时,国家还通过奖励政策引导农民的生产经营活动。特别是进入21世纪以后,国家对粮食等重要农产品给予直接补贴,使农民的生产经营活动更符合于国家利益。合同制和奖励制是国家与农民之间建立的一种新的经济关系,国家更多的是运用合同、奖励等"软性权力"渗透和影响农民的经济行为,对农村社会进行经济整合。

农村改革的突出成果是放开市场,使农民更多地参与市场经济,成为市场经济主体。因此,在中国,农民作为市场主体在相当程度上是国家塑造的。如改革中出现的"专业户""种粮大户""万元户"等,都带有政府塑造或者保护的背景。邓小平在总结改革历程时说:"农村改革初期,安徽出了个'傻子瓜子'问题。当时许多人不舒服,说他赚了一百万,主张动他。我说不能动,一动人们就会说政策变了,得不偿失。"[1]国家政策、体制仍然影响和制约着农民的行为,农民不可能成为与国家政策和

---

[1]《邓小平文选》第3卷,人民出版社1993年版,第371页。

体制无关的纯粹"经济人",并完全依据经济理性支配自己。

与国家主导的计划经济相比,市场经济带有相当程度的自生自发性。而在中国市场化进程中,市场经济运行所必需的秩序不仅依靠市场自身形成,而且一开始就注重政府的规范。随着农村市场经济的发展,国家工商管理部门开始向农村延伸,对农村经济生活行使管理和监督职能。与此同时,与市场经济相关的其他国家行政部门也延伸到农村。这就是农民所说的"十几顶大盖帽管一个小草帽"①。

中国农村市场化进程中充满着悖论。一方面,政府着力于塑造市场主体,另一方面又经常直接干预农村经济生活。尽管农村改革后政府一般不直接下达指令性生产计划,但各种政府经济任务仍然大量存在。完成自上而下的政府经济指标和任务仍然是基层组织和农民的义务。如调整经济结构本来是农民自己的事情,政府只能加以引导,但在农村经济生活中,政府经常运用其特殊的权力和影响力要求农民调整经济结构。只是,改革之后,农民毕竟成为经济主体,这种政府直接干预经济的行为成效愈益弱化。

五、国家对乡村经济的服务性渗透

国家力量向乡村社会渗透,进而对传统的分散落后的乡村社会进行改造和整合,是现代国家建构的一般趋势。学术界关于国家建构乡村的讨论,一般着眼的是国家政权建设,政权建设又关注的是国家组织机构的下沉。其实,现代国家向乡村社会渗透的形式愈来愈多。除了政权组织直接的控制性渗透以外,还有一种重要方式,这就是政府通过提供公共服务,将政府力量渗透到乡村社会,形成农民对政府的依从和认同机制。在"政权下乡""政党下乡""政策下乡"和"法律下乡"等一系列国家

---

① 国家部门人员一般戴着大檐帽,这种帽子被农民称为"大盖帽"。而农民在夏天一般戴的是草帽。同时,农民在国家工作人员面前总感到人微言轻,所以自贬为"小草帽"。

控制性或规制性渗透的过程中，中国还有一种特殊的国家渗透方式，这就是通过"七站八所"等机构，为农民提供公共服务，从而在服务中将国家力量渗透于农民的日常生产和生活之中。

根据马克思主义国家学说，国家具有双重职能，除了政治统治职能以外，还有社会管理职能。恩格斯认为，"一切政治权力起先都是以某种经济的、社会的职能为基础的"，"政治统治到处都是以执行某种社会职能为基础，而且政治统治只有在它执行了它的这种社会职能时才能持续下去"。① 政治统治职能主要是维护阶级的政治统治，满足阶级的特殊需要，具有强制性。社会职能包括管理社会公共事务和为社会提供公共服务，满足社会的公共需要，具有服务性。但是，国家职能并不是一成不变的。愈是早期国家，其政治统治职能愈强，其社会管理职能，特别是公共服务职能则愈弱。其原因主要有三：一是由于生产力低下，全社会的剩余财富有限，国家财力不足，为社会提供公共服务的能力不强。二是在"家天下"的专制制度下，有限的财力高度集中于极少数人手中，主要用于维护政治统治和满足当权者的享受，用于公共服务的财力十分有限。三是国家对地域的管辖能力有限，不能将国家控制能力有效延伸到自己的领土内，公共服务自然也难以延伸至全社会。美国学者米格代尔认为："传统国家通常既没有官僚体制的管理能力，也没有在农村中提供各类服务的意向，尤其是当这些农村远离社会中心时。"②

中国是一个早熟的国家。国家的社会管理职能可以说是与生俱来的。最有名的就是"大禹治水"的传说。尽管中国的国家起源有许多传说，但是，兴修水利和大型交通设施等公共工程，可以说一直是国家的重要职能，而且只有有效地履行这些职能才能获得有效的国家统治。传统

---

① 《马克思恩格斯选集》第 3 卷，人民出版社 1995 年版，第 526、523 页。
② ［美］J. 米格代尔：《农民、政治与革命——第三世界政治与社会变革的压力》，李玉琪、袁宁译，中央编译出版社 1996 年版，第 39 页。

中国政府中很早就设立了"工部"之类的机构。正因为如此,德国的魏特夫将中国视为"水利国家",国家因治水而兴,并形成了所谓的东方专制主义制度。① 我们可以不同意魏特夫的结论,但必须承认传统中国具有较强的社会管理职能。当然,这里所说的较强的社会管理职能是相对于同时期的其他地域和国家而言的。特别是同时期的西欧国家,处于四分五裂的封建庄园状态,大型的公共工程的修建基本是不可能的。传统中国除了大型水利、交通、救灾等社会职能以外,对农民的微观生产和生活领域介入很少,更谈不上直接的公共服务。农村的社会管理,特别是社会服务职能主要由社区本身提供。这也是"村民治村,乡绅治乡"的重要根据。费孝通由此认为,在传统中国:皇帝无为而能天下治的原因是有着无数的自治团体自我服务,"集权的中央可以有权无能,坐享其成"。②同时,我们也必须认识到,传统国家较强的社会管理职能经常会由于统治者的随意性超出国家财力人力的限制,异变为一种新的社会灾难,并导致政治统治的失效,甚至政权颠覆。中国的秦朝、隋朝、元朝等几个朝代都是因为统治者滥施民力,兴修大型工程引起民怨沸腾而灭亡。此外,传统中国的公共工程基本上是"官办"模式,造成大量浪费,也成为官员中饱私囊的重要渠道。

进入近代,由于政权经常更迭,统治者腐败无能,根本没有意向也没有能力履行社会管理职能。中华人民共和国的成立是现代中国建设的重要转折点。一是国家的管治能力空前强大,可以延伸到社会每个领域,直至传统中国鞭长莫及的乡村田野。二是国家高度重视生产。尽管长期以来的国家主题是革命,但生产也一直处于相当重要的地位,即使是"文化大革命"的极端革命时期也强调"抓革命,促生产"。三是为了促进生产,由政权组织直接指挥和组织生产,农民生产和生活国家—集体

---

① [美]卡尔·A.魏特夫:《东方专制主义——对于极权力量的比较研究》,徐式谷、奚瑞森、邹如山译,中国社会科学出版社1989年版。

② 参见费孝通《乡土中国·乡土重建》,群言出版社2016年版,第161页。

化。四是为了促进生产,改善生产和生活条件,国家的社会管理职能空前强大。除了兴建大型公共工程以外,与传统中国最突出的区别就是,伴随着国家政权下乡,公共服务也"下乡",其重要标志就是"七站八所"的设立。

所谓"七站八所"是一种简称,它主要指代设立在乡镇一级的社会管理与公共服务机构,在中国通常称之为事业单位。这些机构属于政府主办的,但又与政府管理机构有所不同,主要行使的不是政治统治职能,而是社会管理与公共服务职能。"七站八所"不是自我存在的,而是国家相应的机构向乡土社会的延伸。这些机构随着国家对农村经济社会生活的全面介入而不断增多。以下是袁方成对湖北省咸安区乡镇"七站八所"设立情况的调查与统计:

湖北省咸安乡镇"七站八所"的设立和发展统计表①

站所名称	始建年份	备注
农业技术推广站	1955	1966 年全县 6 个区普遍建立农技站。1984 年全市 9 个区级农机站配技术干部 56 人。1985 年有农技员 777 人、兽医 153 人、养殖能手 916 人。
农机站	1965	1985 年设立 9 个农机管理站。
检疫站(兽医站)	1955	1975 年全县社、镇畜牧兽医站达到 24 个,1984 年,增设温泉、贺胜桥、高桥、桂花检疫站。1984 年,市增设畜牧兽医站。1985 年,有市畜牧兽医站、检疫站各 1 个,区、镇、办事处畜牧兽医站 9 个,乡兽医集体诊所 36 个,人员 208 人。
林业组	1953	1958 年将原设的高桥、马桥、汀泗、横沟 4 个收购组改为"林业工作站"。
会计辅导站	1956	1976 年后由原来单纯会计辅导改变为生产经营管理。
水管处	1970	1984 年改为水管所。

---

① 引自袁方成《使服务运转起来——基层治理转型中的乡镇事业站所改革研究》,西北大学出版社 2008 年版,第 42～44 页。

（续表）

站所名称	始建年份	备注
企业管理委员会	1976	1976 年 4 月 2 日成立"咸宁县革命委员会人民公社企业管理局"，1984 年把乡镇企业管理局改为经济实体，既经营又管理。
供电所	1982	1984 年水利电力局分为水利局、供电局。1985 年供电所、变电站和发电站扩大。
运输委办站	1957	1960 年横沟桥、高桥民间运输工具管理站改为交通管理站，另设 3 个交通管理站。
邮政营业处	1951	1973 年 12 月 18 日，邮政局和电信局合并为邮电局。1974 年 1 月 1 日执行。1985 年设 8 个邮电支局和 13 个邮电所。
供销社	1951	1950 年 10 月，县人民政府设合作科发展农村生产、供销、信贷三大合作事业。年底县供销联社筹委会及城关、汀泗桥、马桥、横沟桥、黄阙铺区联社筹委会先后成立。1961 年 8 月 13 日恢复供销合作社。
税务所	1949	1949 年底成立税务局及税务稽征所。1958 年 5 月 27 日，财政、税务二局合并为财政税务局。1984 年财政所专设。
信用部	1952	1961 年改建信用社。
扫街组	1957	1966 年 6 月成立环境卫生管理所。
武装部	1959	1950 年 3 月，为适应清匪反霸斗争需要，建立县人民武装大队和各区武装中队。
文化站	1952	1957 年 4 月 13 日文化科、教育局、体委会合并为文化教育局。1959 年 12 月 15 日成立文化局。
广播站	1957	1950 年 10 月 1 日成立咸宁县有线广播站。1952 年全县设 15 个收音点。1956 年 9 月 14 日正式成立咸宁县广播站。1957 年，先后建立横沟、汀泗、马桥、双溪、高桥、城关 6 个区广播站。
派出所	1956	
卫生防疫站	1952	1952 年 7 个区成立卫生所，各配职工 7—12 人。1983 年咸宁的乡镇卫生院扩大到 22 个，并增设医疗点 9 个。
计生服务站	1978	1979 年所辖六个区设计划生育助理员，1984 年计生办更名为"咸宁市（县级）计划生育委员会"。1990 年起，增设计划生育协会办公室。23 个乡（镇、办、场）设计生办。
法庭	1978	1978 年设高桥、桂花、双溪、向阳、十好桥 5 个法庭，1981 年增设横沟、汀泗、大幕、双溪法庭。

从上表可以看出，乡镇"七站八所"的设立是逐步增加的：1950 年

代开始设立，1960—1970 年代发展，1980 年代开始迅速扩张。这些站所主要履行社会管理与公共服务职能。特别是直接为农民生产服务的机构从无到有，由少到多，如农业技术推广站、农机站、供销社、水管所、供电所等。同时，这些机构都属于政府主办的，即通常所说的"官办"。如兽医站是通过对民间兽医的改造而建立，并逐步过渡到官办机构的。

"七站八所"的设立和发展标志着国家的社会管理与公共服务职能迅速扩大，并将公共服务直接延伸到乡土社会中，属于"服务下乡"。"服务下乡"是国家向乡土社会渗透的一种新的方式。如果说"政权下乡"更主要的是国家借助政权强制力对乡村社会进行控制的话，那么，"服务下乡"则是国家通过向农民提供公共服务将国家权力延伸到乡村社会，是"政权下乡"的重要补充，并能够起到国家政权整合所无法起到的作用。

首先，"七站八所"隶属于乡镇以上的机构，属于"条条"。中国的政府层级多，中央与地方的关系呈现为纵向的"条条"与横向的"块块"关系。在乡村，基层政府的地方化、血亲性色彩较浓，有可能消解自上而下的垂直权力。而"七站八所"为自上而下"对口"设立的，主要对上级业务主管部门负责，有可能相对超越地方性和血亲性，更具有公共性的特性，其公共服务能够尽可能满足更多人的需要，由此也更加强化了国家对乡村社会自上而下的整合。

其次，"七站八所"的功能渗透于农村的日常生产和生活活动中，形成服务性网络。农村的日常生产和生活要与之经常发生交往。如农民不需要每天与政府机构联系，但不可一日无水无电，离不开技术推广和产品供销。由于"七站八所"都是"官办"的，其服务的结果是将政府权力也带入到农村日常生产和生活之中。这种权力是一种网络权力，可以使农民经常性地感受到"国家"的存在。

再次，"七站八所"，特别是服务性机构的设立强化了农民对政府的依赖。政府通过设置服务性机构，提供农民难以自己提供的公共服务产品,来影响和改变农民的日常行为。如政府机构为水稻地区的农民提供某种杂交稻种,使得优质高产的杂交水稻得以广泛推广。政府组织农民兴修水库,使得更多的地区改旱地为能够提高产量的水浇地。农民在经济活动中遇到病虫灾害,要寻求政府的技术支持。农民使用农业机械,需要向政府机构购买,维修则也寻求政府机构的支持。

第四,"七站八所"的设立也有利于强化农民对国家的认同。政治统治的有效性最终建立在被治者认同的基础上。如果说传统的国家认同基于某种先天的传统,那么,现代国家的国家认同愈来愈取决于为国民提供的服务。这也是中华人民共和国建立以后,一直强调政府是"人民政府"并以"为人民服务"为宗旨的重要原因。而在乡土社会,"七站八所"提供的服务能够直接满足农民的需要。农民通过接受这种服务而直接感受到政府的人民性,从而建立起国家认同。

国家设立"七站八所",一方面前所未有地将公共服务传递到乡村社会,促进了农村经济社会发展,另一方面也通过公共服务将国家权力带入乡村社会,实现国家对乡村社会的进一步整合。可以说,"服务下乡"是非强制性但更有成效的"软性整合"。

但是,"七站八所"的设立及发展也带来了新的问题,并影响着国家对乡村社会的有效整合。

其一,机构迅速增多,许多机构的职能主要并不是服务,而是管理。通常所说的"七站八所"是乡镇事业单位的统称,实际上的机构数量在不断增多,而且管理类的职能超出服务类的职能。如林业站、交通管理站、土地管理站、派出所、财政所、税务所等站所更多履行的是管理职能,即使是水管站、供电所、计划生育服务站也同时包含有管理的职能。正如袁方成所说:"对于各类乡镇站所而言,它们是中央政府职能部门的缩影,是承担我国政府体系政治、经济、福利和文化等所有公共职能的组织载体,实际上兼具两方面的政府职能:一方面它们是公共产品和公共服务的生产者和提供者;但一方面它们同时也是社会与政治控制的组织者，承担相当程度的社会组织、管理以及意识形态传播的功能。"①由于站所属于政府序列，在实际工作中往往也要围绕政府中心任务来展开，从而将服务于政府管理作为主要目标。

其二，"七站八所"的官办性质，使公共服务的渠道单一，服务质量不能充分满足农民需要。因为站所是自上而下设置的，其收入由上级机构支付，主要是对上负责。服务主体的单一性使农民没有更多的选择，服务主体也不能通过竞争改善自己的服务质量，满足服务对象的要求。特别是"官办"性质很容易造成服务机构的官僚化，服务对象办事只能"托人""找路子""拉关系"。如能否供电、供水，或者供多少水、电往往取决于管理者而不是服务对象。

其三，完全由政府提供服务，必然要求增加政府支出。农村经济社会发展需要的服务愈多，政府提供的服务性产品愈多，政府支出就愈多。而事业机构和人员愈来愈多，提供的服务却不一定成比例，出现人浮于事的状况。特别是农村经济改革以后，地方和基层财力相对薄弱，有限的财力难以满足服务性机构运转的需要。由此使得这些机构因财政紧张而向农民收费，从而出现"服务就是收费"的"自利化"现象。由于服务性机构的官办性和唯一性，其收费也具有独断性，不需要经过多个主体竞争而形成服务价格，造成服务质量下降，服务价格上升，增加了农民负担。

愈来愈严重的"收费服务"成为农民沉重的经济负担，不仅会弱化农民对国家的认同，还会造成农民拒绝服务，与国家产生离心力。

六、完善公共服务中实现国家的再建构

由于农民负担沉重，2002 年开始进行农村税费改革，特别是取消了

---

① 袁方成：《使服务运转起来——基层治理转型中的乡镇事业站所改革研究》，西北大学出版社 2008 年版，第 45 页。

沿袭多年的农业税。农业税取消后,原来以农业税费为重要财政支柱的乡镇基层机构的运行成为迫切需要解决的问题。为此,农业税废除后,一些地方开始进行乡镇改革及村镇合并,其主要目的是减少财政供养人员,减少财政支出。而在这一过程中,为农村经济活动提供服务的政府服务性机构也属于改革之列,许多地方首先就是改革服务性机构。由此大大弱化了政府对乡村经济的服务性渗透能力,且使乡村治理面临新的问题。这也是进入新世纪以后乡镇改革未能取得明显成效并引起广泛争论的重要原因。

农村税费改革被视为农村第二次改革。有人将其与以实行家庭经营为主的第一次农村改革相类比,认为这一改革也属于"国权退,民权进"。这一类比显然过于简单。因为,国家并不是只有一个属性。从功能上看,可分为控制性国家和服务性国家。随着农村经济社会发展,计划经济体制时代的国家直接干预将会愈来愈少,而国家对农村经济活动提供的服务会愈来愈多,国家需要在完善公共服务中实现国家的再建构。

首先,农村经济社会发展使农民的社会化服务的需要迅速增多。农村改革之后,实行家庭经营。中国的农户家庭无论是人口,还是生产规模都很小,可以称之为"小农户"。与此同时,农村经济活动与外部间的联系却愈来愈多,无论是生产资料、生产过程,还是生产结果都迅速社会化,这就是所谓的"社会化小农"。[①] 生产的社会化一方面为农民提供了经济发展的更多机会,另一方面也会使农民面临更多的风险,除自然风险外,还包括更多的社会风险。这些风险显然是一家一户的农民难以承受和化解的,需要更多来自农户外部的社会服务。而农村改革后,由于实行家庭经营,原来建立在集体经济基础上的社区自我服务能力大大弱化。农村税费改革后,原来建立在村集体提留基础上的社区自我服务能

---

① 参见徐勇《"再识农户"与社会化小农的建构》,《华中师范大学学报(人文社会科学版)》,2006年第 3 期。

力进一步弱化。农村经济社会发展所形成的公共服务也是农村社区无法承担的，如种子、农药、农业机械、病虫害防治、水利、道路等。这都需要有更多的主体满足农民的社会化服务需要。其中，政府是最重要的服务主体。因为，农业经济是一个呈分散状态且利润较薄、生产周期较长的经济领域，以追求利润为主要目的的一般的市场主体一般不愿意参与提供服务。以提供公共产品为主的政府因此成为主要的服务主体。

与此同时，从现代国家建构的角度看，国家的功能将发生变化。一是随着经济社会发展，国家的经济整合愈来愈依靠向社会提供公共服务，而不是依靠直接的经济干预。国家主要是通过提供公共服务建构国家权威，使国家成为社会不可或缺的"有用者"，而不是社会的"赘生物"。从现代国家建设的路径看，许多国家是权力渗透与服务提供同时并举的，以服务来获得权力渗透的合法性。而在中国，权力渗透与服务提供是错位的。在相当长时间，国家更多的是汲取，而不是给予。这一历史欠账需要及时还报。二是从政府的层级看，愈往上，其政治统治性愈强，愈往下，其公共服务性愈强，基层政府的主要职能就是向本区域提供公共服务。正是通过无处不在的服务，将国家权威渗透于广泛的日常生活之中，并对分散的小农户加以经济整合。由于中国的现代国家建构路径相当程度上是在城乡二元社会结构下，甚至牺牲农民利益的基础上发展起来的，国家公共服务并没有伴随着政权建设一并下沉。随着现代国家建设的推进和农民自主意识的增强，过往的方式再难为继，必须加以变革。

正是基于以上原因，农村税费改革后，农村治理体制将发生重大变革，这就是基层政府的职能要从管理为主型向服务为主型转变，农村公共服务不能弱化，相反应该进一步强化。在这一过程中，国家对乡土社会的服务性渗透将更加突出。当然，在服务性渗透中，应该更加强化服务效能，而不是简单地保存或设立机构。这就需要通过乡镇体制改革，重新建立和完善乡村公共服务体系。

首先，建立以公共服务为主的基层政府体系。在相当长时间，政府的主要职能是政治统治,改革开放以来的主要职能是发展经济,政府的公共服务职能相对弱化。政府在经济活动中扮演的不是利益协调者,而是利益相关者,甚至与民争利的角色。由此必然影响农民对政府的认同,甚至导致与政府对立。如2008年发生的贵州省"瓮安事件"[①]。中共十七大报告提出"加快行政管理体制改革,建设服务型政府",强调要"健全政府职责体系,完善公共服务体系,推行电子政务,强化社会管理和公共服务"。[②] 乡镇体制改革首先必须为乡镇政府"定位",即建立以公共服务为主的基层政府体系。基层政府目标和任务主要以为所在地提供多少有效公共服务为主。

其次,围绕公共服务目标设立机构。机构的设立具有传承性。中华人民共和国建立以来,政府机构,包括"七站八所"的设立都是围绕政治统治、经济发展、社会管理及公共服务的序列进行的。相对其他目标而言,公共服务机构的设立及其职能处于边缘位置。而农村税费改革后进行的乡镇体制改革中,许多地方首先就是将公共服务性机构减去,或者其结果是弱化公共服务机构和公共服务职能,如简单地将服务性机构和人员推向市场。即使是湖北省咸安等地的乡镇体制改革,所保留的也主要是政治、经济和社会管理机构,公共服务性机构保留相对较少。[③] 随着服务型政府的目标的设立,基层政府体系的机构设立也需要将重心转向公共服务,应该,而且必须由政府承担的公共服务职能必须由政府机构承担,而不宜一般地推向社会。同时,需要将公共服务机构和职能从以往的政府管理中进行适当剥离,使公共服务专一化、专业化、专门化,从而避免围绕乡镇党政"中心工作"运转而削弱公共服务。

再次,形成多元化的服务主体和运行机制。以往的服务主体主要是

---

① 2008年6月28日瓮安县发生的严重打砸抢烧突发事件。该事件造成百余名公安民警受伤,县委、县政府和县公安局大楼被焚烧打砸,公共财产损失严重。

② 本书编写组:《十七大报告辅导读本》,人民出版社2007年版,第31页。

③ 参见袁方成《使服务运转起来——基层治理转型中的乡镇事业站所改革研究》,西北大学出版社2008年版,第130—144页。

"官办"的,运行机制难免"官营化"。改革和完善乡村公共服务体系,需要根据服务需求、服务产品性质等加以分类,建构多元化的服务主体和运行机制。少量的服务需要通过"养人"才能"养事"。更多的服务可以采取政府购买服务的方式,即"养事不养人",将竞争机制引入公共服务,以保证服务主体能够提供价廉质优的服务产品。除了政府以外,经济组织、社区、个人都可以参与提供公共服务,成为服务主体,由此可以满足农民多层次多样化的服务需要。

第四,以公共财政支持公共服务。传统的公共服务体系之所以在乡镇体制改革中受到冲击,从根本上说是财政短缺引起的。无论是"养事",还是"养人",都需要公共财政加以保障。随着"以工业反哺农业,以城市带动乡村"的战略实施,国家将加大对农村的投入,其中的主要部分当用于公共服务。当然,与日益增长的公共服务需求相比,公共财政能力总是有限的。在乡村,村民为办理自己所需公益事业的共同集资,也是满足村民公共服务需求,特别是差异性服务需求的重要财政来源。当然,这种共同集资只是政府公共财政的补充,而不能成为政府减少公共财政投入的理由。

第五,以服务需求作为提供服务的依据,以服务对象的满意度作为检验服务有效性的尺度。传统的公共服务体系是一种自上而下的运行机制,这造成许多服务并不是农民的真实需求,其服务产品也不需要得到服务对象的检验和认可。改革和完善公共服务体系,需要改变公共服务运行机制。服务的提供者应该以服务需要作为提供服务的依据,需要什么提供什么。其服务产品需要得到服务对象的检验和认可,服务对象的满意度是检验服务工作的主要标准。湖北咸安的乡镇体制改革中采用了"农民签单"的方式,即建立公共服务考核评估体系,提供服务者的服务工作必须通过作为被服务者的农民签字加以确认才能予以认可。这种方式符合新型公共服务体系的基本要求。

第六章　汲取、分配与投入：乡村的财政整合

　　财政，财是政的基础。国家因财力而立，并通过财力向社会渗透。民因财而生，并因财而建立对国家的认同。现代国家的建构过程是一个财政集中与渗透过程，但它的起点则是一个财力相对薄弱的乡村社会。国家通过对乡村社会的汲取、分配和投入，建构国家权威并将国家力量带入乡村，实现对乡村社会的整合。

一、"皇粮国税"：国家的汲取与渗透

　　财政是以国家为主体，依托政府强制力量从社会无偿获取的社会资源，以履行政府职能和满足社会公共需要。财政收入主要来自政府运用强制性手段从社会获得的资源，最主要的是各种以国家名义向社会征收的税赋等。在马克思主义看来，国家是一种具有强制性的特殊公共权力，"为了维持这种公共权力，就需要公民缴纳费用——捐税"。① 税收是国家的基础性资源。民众缴纳费用的过程，也是国家汲取财源的过程；国家汲取的财力愈多，对社会的控制或影响能力就愈强。在传统中国，

①《马克思恩格斯选集》第 4 卷，人民出版社 1995 年第 2 版，第 171 页。

对于财与政的关系认识十分深刻。《汉书·食货志》说："财者，帝王所以聚人守位，养成群生，奉顺天德，治国安民之本也。"在中国历史上，国家对农村的财政汲取可以分以下类型：

1. 传统汲取型

中国是一个农业文明古国，很早就有了完整的国家形态，同时也成为一个很早就有国家向社会主要成员——农民征收税赋历史的国度。"在大型非现代国家中，国家与民众（亦即农民）之间总体上的主要联系在于国家需要征税"。[①]。在黄仁宇先生看来，"中国是世界上唯一从公元前迄 20 世纪始终直接向各个农户抽税的国家。……为西方经验所无"[②]。早在国家萌芽时期，就出现了人民向国家统治者无偿提供劳务和实物的情况。而正式的国家税收与农户生产单位几乎是同时产生的。在公元前 594 年，鲁国实行"初税亩"制度，即凡是占有土地者，一律按其实际占有田亩数征税。由此开始了国家、土地、人口、税收四位一体的历史。国家依据土地数量向人口，主要是农民，征收税赋，获得国家运行的经济基础。人口，主要是农民，根据其土地或人口数量向国家缴纳税赋，并建立与国家的联系。

在传统中国，国家从社会获取的社会资源，一般被称为"皇粮国税"。其含义是：皇帝是国家的主权者、国家的象征；民众向国家缴纳的资源主要是粮食等实物，同时也包括劳役等。传统社会的产业主要是农业，因此，"皇粮国税"的征收对象主要是农村人口。

由于财力是政治的基础，统治者高度重视获取财政收入，尽可能多地汲取社会资源，并在这一过程中建立国家统治基础。传统中国，无论哪一个统治者都十分重视和鼓励农耕，实行重农政策，因为只有重农，才能有更多的财源。反之，国家重农的实质是重税。为此，国家建立行政

---

① ［英］安东尼·吉登斯：《民族-国家与暴力》，胡宗泽、赵力涛译，生活·读书·新知三联书店 1998 年版，第 69 页。
② 黄仁宇：《中国大历史》，生活·读书·新知三联书店 1997 年版，第 47 页。

机构和户口制度,为天下人口造册登记,其重要目的就是尽可能地从每一个户籍人口中获得税赋。国家专门设立了管理人口和收取税赋的机构并将人口管理与财政管理一体化。就这一点而言,传统中国也具有"现代国家"的某些特性。在吉登斯看来:"绝对主义时期,税收成为严格意义上的'财政'……现代'税收国家'的发展在许多方面集中体现了非个人的主权的形成以及政治和经济的分离。……只有伴随着现代国家的发展,国家的行政权限才开始同所有的人联系起来,才开始将它的活动同所有人的日常生活整合起来。……税收也开始同国家的监控措施密切联系起来了。税收政策开始既用于控制人员的分布,又用于控制人们的活动,而且它们还开始成为日益发展的全部监控措施的一部分。"①

在传统中国,国家行政权的延伸与收缴"皇粮国税"有着直接的关联性。可以说,国家行政延伸的主要目的一是管理人口,二是收取税赋。而这两者又是高度相关的。如马克思所说:"强有力的政府和繁重的赋税是一回事。"②传统中国实质上是"税收国家",农民与国家的关系实质上是税收关系。农民作为分散孤立的经济个体,成为一个国家的政治国民,主要取决于向统治者提交税赋。孙中山说:"在清朝时代,每一省之中,上有督抚,中有府道,下有州县佐杂,所以人民和皇帝的关系很小。人民对于皇帝只有一个关系,就是纳粮,除了纳粮之外,便和政府没有别的关系。因为这个原故,中国人民的政治思想便很薄弱,人民不管谁来做皇帝,只要纳粮,便算尽了人民的责任。政府只要人民纳粮,便不去理会他们别的事,其余都是听人民自生自灭。"③在中世纪西欧,土地实行领主所有,分封割据,没有统一的国家政权,农民只是依附于领主的农奴。而在传统中国,农民的耕地同时是国家的国土,皇帝则是国家的代表,农民自然是皇帝—官僚体系的臣民或子民,依附于国家。由于国家(皇帝)

---

① [英]安东尼·吉登斯:《民族-国家与暴力》,胡宗泽、赵力涛译,生活·读书·新知三联书店1998年版,第194—195页。

②《马克思恩格斯选集》第1卷,人民出版社1995年版,第681页。

③ 孙中山:《三民主义》,岳麓书社2000年版,第89页。

对土地有终极意义上的所有权，从而决定了"皇粮国税"天经地义的合理性和合法性。换言之，农民向国家提交税赋是单向强制而不是双边同意的义务，是天经地义，无可置疑的。农民义务缴纳"皇粮国税"，已成为沿袭恒久并无可置疑的传统，一直延续于21世纪。直至20世纪末的最后两年，作者在四川省东部山区做调查时，农民中还流传着"天干地裂，皇粮国税少不得"的说法，即无论发生什么情况，都必须缴纳国家税赋。因此，在长期历史上，农民只有抗税的要求，没有反税的思想。种地交钱，天经地义。

　　所以，皇粮国税的汲取对于国家整合分散的乡村社会具有至关重要的作用。国家正是为了获得支撑国家的财力物力而将行政权延伸到县，建立起庞大的中央集权统治体系，形成统一的行政网络。散落在广袤乡野大地的农民因为缴纳税赋而成为行政网络中的一员，建立起与国家的联系，并形成对国家的认同。特别是处于边缘地区的人民，要成为那个国家的国民，必须向其统治者缴纳贡赋。

　　在国家、人口、土地和税收四位一体的框架内，除了人口以外，土地是重要的财政来源。有土才有财。而在农村人口中，可分为无地或者少地的农民和有地或者多地的地主。因此，在传统社会，国家征收"皇粮国税"时实际上面临着国家、地主与农民的关系，面临着国家共同体与村庄共同体的关系。就国家而言，总是希望汲取更多的税赋。而占有土地的地主，特别是享有政治特权和势力强大的豪强地主则希望有更多的地租并逃避国家税赋。农民一方面要承受国家税赋，另一方面得向地主缴纳地租，负担最为沉重。但是，无论怎样，农业生产的剩余总是有限的。国家为了在有限的剩余中获得更多份额，不得不采取将税收与土地联系起来的政策，为此实行各种税制改革。唐朝实行与"均田制"相关的"租庸调法"。租即田租，庸即徭役，调即户调。陆贽因此说"有田则有租，有家则有调，有身则有庸"。唐中期，农民土地兼并严重，地主庄园扩张，唐德宗改革财政，实行"两税法"，其中重要的内容是按占有土地、资产分类征收税赋。明代中期实行"一条鞭法"的税制改革，规定赋额一律按田亩计算。清代实行"摊丁入地"改革,地丁完全按田亩征收,田多则赋多,无田则无税。

从传统中国的税赋改革看,愈是早期,税赋依据对象愈主要是人口,愈是后期,税赋依据对象愈主要是土地和收入。从这一点看,具有历史的进步性。但是这种历史进步性又是十分有限的。最主要的是,义务与权利严重反差,交税人只有上缴"皇粮国税"的单向义务,而没有获得"皇粮国税"带来的好处的权利。尽管国家收取税赋也会用于公共需要,如治理大江大河、保卫边疆等,但总的来看,"皇粮国税"主要用于政治统治或满足统治者的生活要求。而且这种需求是不受任何交税人节制的。这就意味着,传统中国的"皇粮国税"来自社会,而大部分并没有返还于社会。国家汲取财政的能力远远强于渗透能力,由此也大大弱化了人民对国家的认同。民众交税只是一种习惯,而且是一种迫不得已的传统,并不是高度自觉自愿的行为。正因为如此,民众经常出现逃税免税的行为。国家也难以通过税赋建立起民众对国家的自觉认同。人民与帝国的联系是水与油的关系。就一般民众而言,个人生活和交往关系由内向外为个人—家庭—家族(扩大了的家庭)—地方—国家。由此才有了家族主义、地方主义而少有现代国族主义。孙中山是现代国家在中国的创立者。他深刻地反思了人口最多的中国在西方列强的入侵下不堪一击,甚至有亡国灭种之忧的原因,这就是"一盘散沙"。他认为,"中国人最崇拜的是家族主义和宗族主义","中国人的团结力,只能及于宗族而止,还没有扩张到国族范围"。[①] 造成这一状况的重要原因是国家税赋取之于民,而并没有用之于民。国家不能通过为交税人提供好处将国家力量渗透到乡村社会。国家对乡土社会的财政整合,主要是征收而不是向民支出,这种整合只是强制性的而不是有机的整合。

唐代以后,国家数次推行税制改革,方向是向有地者或者有钱人征税,对地主不利。但由于皇帝和各级官僚本身就是大大小小的地主,其

———

① 孙中山:《三民主义》,岳麓书社 2000 年版,第 2 页。

改革的成效十分有限。地主可以通过提高地租等方式将负担转嫁给农民。而统治制度又从各个方面赋予地主以特权。其后果也大大限制了国家对财源的集中。

2. 暴力汲取型

进入 20 世纪，国家治理农村的一个重要变化，就是国家政权组织全面深入地渗透到农村社会。与此相伴随的是需要税赋供养的人员急剧增加。与此同时，连年的战乱导致军事开支恶性膨胀。而外国的入侵，使得国家的财政资源更为紧缺。20 世纪上半叶是国家财政危机的时期：一方面是生产难以正常进行，财政收入仍然主要依靠传统农业。另一方面是财政支出急剧扩大，政府入不敷出，只有更多地从农村汲取财政资源。由于这种汲取大大超出农村能够承受的范围，也没有制度性约束，其主要方式是暴力汲取，是一种依靠强制性的暴力对农村的无止境剥夺。美国学者杜赞奇利用大量实地调查资料研究了近代中国政权建设与农民税收的相关性。他说："从国家政权建设的角度来看，推行乡制是成功还是失败了呢？此举确实达到了某些国家目的，如催征钱粮、清丈土地，使国家行政机构得到加强。但同时，为完成这一任务而往往迫使乡村领袖与村民对立，结果使得正直之人'退位'，地痞恶棍充斥于乡村政权，这使国家政权在民众中的威信更为降低，实际这是一种'内卷化'的政权扩张"，即税收增加与行政效力递减的反差。[1] 所以，伴随国家政权向农村渗透的是农民负担日益沉重。这种渗透不仅没有能够有效整合农村，反而造成农村对国家政权的背离。这正是清王朝之后军阀统治和国民党治理失败的重要原因。正因为如此，美国学者孔飞力将国家税收及其代理人问题，视为现代国家建构中的一个"根本性问题"。[2]

---

[1] ［美］杜赞奇：《文化、权力与国家：1900——1942 年的华北农村》，王福明译，江苏人民出版社 2003 年版，第 162 页。

[2] ［美］孔飞力：《中国现代国家的起源》，陈兼、陈之宏译，生活·读书·新知三联书店 2013 年版，第 22 页。

3. 生产汲取型

20 世纪后半期,国家对乡村社会的财政整合的一个重要进展,就是从土地制度入手,消灭了地主阶级,将国家税赋直接与农业人口联系在一起,同时为了汲取财政资源而直接转入生产领域。

在 20 世纪里,直至中国共产党执政以后,才进入到一个新的相对稳定的国家财政时代。早在中国共产党成立之初,在实现"耕者有其田"的同时也注意到"耕者有其利"。在革命根据地,中国共产党一方面分配土地给农民,另一方面按照土地和收获征收一定数量的税。当时的税收主要以缴纳"公粮"的方式进行。"公粮"一词一直延续到中华人民共和国建立以后。中华人民共和国建立后,进行了土地改革,消灭了地主阶级。随后进行了农业社会主义改造,实行土地、产品、劳动的集体所有。1958年,中华人民共和国颁布了《农业税条例》。至此,将农业人口、农村土地与农业生产紧密结合在一起,成为国家汲取财政资源并整合乡土社会的重要方式。

中华人民共和国建立之初,中国尚是一个农业国家,主要人口是农业人口,主要财政收入来自农业。其后开始的大规模工业化建设的原始积累,也主要来自农业。因此,中华人民共和国建立之后,国家特别重视农业生产。如果说传统统治者"重农"只是一些象征性仪式而已,那么,中国共产党执政以后,则将农业生产放在十分重要的位置上。政党和国家政权力量一直延伸到乡村社会,并以生产组织的形式将农民组织起来。在农村人民公社之下,设立生产大队和生产队,每一个农村人口都是生产组织的一员。国家以行政的方式管理生产,下达生产任务,发展农业生产。正是在国家的强力推动下,农业生产得到迅速发展,也为国家从农业领域获得更多的财政收入提供了基础。1949 年以后,农业生产的发展是空前的,国家从农业领域汲取的资源也是空前的。

中华人民共和国建立之后,国家从农村汲取资源的另一个特点是将农业生产人口与农业税赋密切联系在一起。在传统社会,国家编制户口的重要目的是获取税收。但是,户籍制度与产品分配没有直接联系。

1949年后，国家实行农产品的统购统销制度。这一制度与户籍管理制度、农业税收制度是三位一体的。全国户籍人口分为商品粮户口和非商品粮户口，即非农业户口和农业户口。凡是农业户口，必须从事农业生产，与此同时，也必须履行缴纳农业税赋的义务。这一制度将大量人口限制在土地上从事农业生产，从而保障了国家能够从农业领域汲取更多资源。

人民公社组织的建立则为国家从农村汲取资源提供了极大的便利。在传统社会，国家政权组织未能延伸到乡村，政权组织对乡村的控制力相对较小。一个重要原因是农业剩余过少，无法供养庞大的行政体系。另一个原因是农村组织化程度不高，国家征收税赋的成本过高。这反过来又削弱了国家对乡村社会的整合能力。进入20世纪，实行土地改革，国家面对数亿农户或者征税对象，其成本仍然很高。实行农业社会主义改造以后，农村人口进入人民公社组织内，而人民公社又属于"政社合一"的组织，国家只需要与数万个自己的下属组织发生联系。公社组织的产品分配则实行"先国家、后集体、再个人"，即先交公粮，再交余粮，最后剩下的才是农民口粮的原则。集体组织为"税收的基本单位"[1]。这就为国家从农村获得资源提供了极大的组织便利。除了产品以外，国家还可无偿地从农村获得劳务资源。国家兴建大型公共工程所需劳务大量来自农村人口的无偿供给。这是因为，公社社员的劳动也属于公社，尽管国家没有提供报酬，但公社还是支付了社员的报酬，只是这种报酬仍然来自公社组织和农民的生产。

中华人民共和国建立后，国家的财政汲取能力空前扩张，而财政渗透能力也得以加强。这是因为，中国革命是农民为主体的民主革命，中华人民共和国是以工人农民为阶级基础的国家。国家汲取的资源不归属于皇帝，本质上属于人民。这也是作为国家税收的"公粮"取代"皇粮

---

[1] ［美］孔飞力：《中国现代国家的起源》，陈兼、陈之宏译，生活·读书·新知三联书店2013年版，第98页。

国税"的重要原因。国家从农村汲取资源之后,有相当一部分又返还于农村,特别是对兴修水利工程的投入。中华人民共和国建立以后,农村水利、道路等公共工程的兴建是前所未有的。这些公共工程促进了农业生产,同时也使农民看到了国家的投入,将国家形象带入农民的日常生产和生活之中。当然,与国家汲取相比,国家投入相对较小,农民负担较重,生活没有能够得到相应改善,也影响了农民的生产积极性,由此才有了农村改革。

4. 保护汲取型

以家庭承包制为主要内容的农村改革,是对农村管理体制的全面改革,也是对国家与农民关系的调整,并带来国家对乡村社会财政整合的变化,即注重对农民的保护。

1978 年开始的改革与 1950 年代相比有一个重要的宏观环境变化。这就是经过近 30 年的发展,已形成相当的工业规模,工业产值对国家财政收入的贡献占有相当比重。换言之,国家的财政来源不再限于农业,而更多来自非农领域。与此同时,工农差距、城乡差别日益扩大。为了解决迫切的农业、农村问题,调动农民生产积极性,国家在推行农村改革的同时,力图减少从农村汲取资源,实行"多予少取放活"的政策,即"轻徭薄赋,与民休息"。农村改革后,中央从农村汲取的财政资源逐渐减少,而给予农村的投入不断增多。

1978 年的改革,使国家从乡村社会汲取资源的格局发生了很大变化。一是人民公社组织体制废除后,实行家庭承包经营,农户成为生产经营主体,也成为税赋主体。家庭承包由生产责任制而来,这种责任不仅意味着农民可以自主生产并获得生产经营成果,还意味着农民必须完成政府的任务,其中就包括缴纳各种税费的任务。二是改革后国家实行行政集权与财政分权,地方财政相对独立。地方行政的财政负担更多由当地人口,在农业地区主要由农业人口承担。中央征收的农业税虽然没有增加,而地方政府依托农业税收"搭便车"的各种费用收取却不断增长,其数额远远超出中央汲取的资源。如果根据事权统一和行政财政统一的原则，地方政府的必要行政开支也应该统一由中央支付。行政和财政的不统一必然带来各地因产业结构不同而从农村汲取资源的比例不同。沿海发达地区从农村汲取的资源只占很小比例，而中西部，特别是中部农业地区从农村汲取的资源却占较大比例。三是改革后，国家的工业化、城市化进程加快，国家目标愈益增多。许多目标是从国家现代化的角度设立的，这导致各种达标升级活动迅速增多。但实现其目标的财政在农业地区主要来自农民。如 1990 年代国家实行"九年制义务教育"，并要求改善农村中小学设施。而改善设施的费用却要从农民手中集资。这种集资活动也是在国家名义下对农村资源的汲取。因此，改革后，国家虽然希望与民休息，减少从农村的汲取，但事实上从农村仍然汲取了大量的财源。只是这种汲取的方式和流向发生了很大变化。

正是由于资源汲取过多，城乡差别过大，农民积极性受到严重影响，进入 21 世纪以后，国家一举废除农业税。长达 2000 多年，从农业人口收取税赋的历史至此终结。国家对乡土社会的财政整合进入到一个新时代。这一举措从根本上说是在工农和城乡差别格局下，基于对农民和农业生产的保护而实行的。国家对乡村社会的财政整合由此由汲取向投入转变。

二、负担：财政合法性与国家认同

国家向农民征税的方式使国家对农村社会的财政整合显得十分重要，也强化了农民与国家的联系。特别是在分散的小农经济条件下，农民与国家的主要联系就是税收，农民向国家提交税赋成为天经地义的传统。但是，这种传统并不是没有边界的。农民应当缴纳税赋，但缴纳的数量则有一定的限度。在农民能够承受的限度内，农民对于国家的态度是认同的，而超出难以承受的限度，则会出现相反的结果——农民不仅不会认同，相反会持反对态度。由此便出现了所谓财政合法性问题。

财政合法性是从财政的角度理解政治合法性的概念，它主要指由于国家财政引起的人们对国家统治的认同，既包括基本的财政体制，也包括具体的财政行为。[①] 在传统中国，农民对于国家基本财政制度是认同的，将缴纳皇粮国税视为天经地义之事，但是对于具体的财政行为则持不同态度，有一定的界线。这个界线就是基本的生存需要，即国家征收的税赋不能危及农民的基本生存，否则就会导致农民的不认同，甚至反对。由于传统国家的税赋主要是一种农民义务，而且义务的种类太多，所以，我们将这种由农民义务缴纳的税赋和提供的劳役统称为农民负担。在传统中国，政治统治的合法性基础与农民负担有着十分直接的关联性。可以说，农民负担轻，政治统治就稳定，农民负担重，民不聊生，政治社会就可能发生动乱。正如《大学》中所说，"财聚则民散，财散则民聚"，赋税轻重直接关系到民心的向背和国家的长治久安。

在传统中国，农民负担的一般标准是十分之一，即收入的十分之一为税赋。但是这一标准经常被突破，其原因就是国家拥有不受限制的强制权力，可以随意突破农民能够承受的税赋范围，加重农民负担。因此，在传统中国，中央统一集权国家的建立、农户为单位的生产、日益沉重的农民负担、大规模的农民反叛几乎是同时发生的。早在春秋战国时期就有了国家向农民征收税赋的体制，也有了借用国家力量剥夺民众的行为。当时的思想家因此提出"赋敛厚则下怨上矣，民力竭则令不行"[②]，强调"赋税有常"，并反对"苛政猛于虎"。但是当时的国家能力并不强大，征收税赋尚没有引起广泛的农民反对。秦始皇统一中国，建立了庞大的中央集权帝国和官僚行政体制，其国家汲取能力空前提高。与此同时，以农户为单位的小农经济日益生长。农户作为生产单位的同时，也是负担国家税赋的单位。各种国家征派任务都以农户为单位进行，而小农户的生产剩余十分有限，应对自然风险的能力也十分脆弱，外部性的负担

---

① 任宝玉是最早从政治合法性的角度研究财政问题的学者。他提出了"财政合法性"的概念并运用这一概念描述和研究了一个乡的财政体制。参见任宝玉《财源政治："财政下乡"视角下的财政合法性研究》，中国社会科学出版社2008年版。

②《管子·权修篇》。

超出农民的承受能力就非常容易引起农民的生存危机。而这种危机却会经常性地发生。一个重要原因就是帝国体制的财政行为的非制度性、随意性。在专制权力体制下，国家权力高度集中于皇帝之手，没有任何体制性的制约力量。这就为帝国横征暴敛提供了方便。其财政用途除用于保卫国家、兴建公共工程等公共事业外，相当部分用于当政者及其亲属的个人消费。而且这种消费在统治者看来是维护国家体面和张扬国力的体现，因此成为其财政行为随意性的合理依据。但这种合理性经常会超越农民的承受能力。由于国家的征收税赋的对象是普遍的农户，当国家能力借助征收税赋整合分散的乡村社会时，也为集聚农民反对国家的力量提供了共同性基础。在传统中国，每一次王朝的更替都与农民负担日益沉重，民不聊生，农民被迫揭竿而起相关。

秦始皇统一中国，第一个建立了中央集权国家，由于军事征战，国家财富也相当充盈。但是，长期处于征战之中的秦始皇在征调农民劳役上却大大超出农民的承受能力。在农业社会，生产活动主要由男性承担，男性长期被征用，必然严重影响生产和生活过程，直到生命的正常延续。秦始皇建立中央集权国家后，除了修建长城这一巨大工程以外，还大规模兴建都城和皇陵，连年征调大量民力，造成"天下苦秦久矣"。当时全国人口约 2000 万，每年征调的丁壮不下 300 万，占总人口的 15％，农民的力役负担，"三十倍于古"，税赋负担"二十倍于古"。[①] 特别是秦王朝还采用极其严厉苛刻的方式强制农民出力出税，从而导致很快出现了中国历史上第一次大规模的农民起义。秦王朝被推翻以后，汉王朝初期吸取秦灭亡的教训，实行"轻徭薄赋"的政策，与民休息，出现了所谓的"文景之治"。当然，由于国家经常受到周边民族的侵扰，需要强大的保卫力量，"轻徭薄赋"的政策不可能长期实施。至汉武帝，农民负担日益沉重。这其中既有国家军事战争的需要，同时也有皇家消费的扩大，仅是修建皇帝陵墓所需费用就占全国贡赋的三分之一，引起农民极大不满。汉武

---

① 参见《汉书·食货志（上）》。

帝晚年下诏自责,"深陈既往之悔",表示"当今务在禁苛暴,止擅赋,力本农"。① 汉朝之后的隋王朝也是一个统治时间不长的王朝,重要原因就是隋的统治者兴建大运河等大型工程,滥用民力,使得经受长期战乱的民众无喘息之日。隋之后的唐太宗认为隋末农民反抗是"赋繁役重,官吏贪求,饥寒切身",因此要"去奢省费,轻徭薄赋,选用廉吏,使民衣食有余"。由此才有了后来所谓的"贞观之治"。但在传统中国,统治者的雄才大略与好大喜功、横征暴敛总是形影相随的。强国与重税相生相伴,重税则带来民贫。那些雄才大略的皇帝在建立伟大功勋的同时,是对民力的征调甚至滥用,而在他们之后往往是王朝的衰败和覆亡。

唐宋以后,传统中国统治者治理国家的历史经验教训更多。在王朝更替之初,统治者往往将分地与减税联系在一起。其目的是分地以增收,减税以节支。而在以农户为单位的小农经济条件下,减少税赋就意味着增加收入。至唐代以后,统治者滥用民力的现象有所节制。但是,随着皇帝—官僚体制的日益成熟,庞大的帝制需要更多的赋税来供养,农民负担仍然十分沉重。明王朝的奠基者朱元璋出身赤贫,王朝建立初期由于其个人的因素,对征用民力比较节制。但是,帝国体制性的财政消耗却日益增大,且是体制无法克服的顽疾,农民负担日益沉重。明末期李自成为领袖的农民起义的口号便是"闯王来了不纳粮"。满族作为异族进入中原以后,竟然没有受到多少激烈的反抗。一个重要原因就是,统治者更替以后,原有的王朝税赋也一并免除。基于生存理性,农民不在乎统治者是谁,而在意统治者能否使自己正常生存下去。而清王朝初期的统治者吸取明王朝覆亡的教训,统治初期便强调"永不加赋"。但是,与明王朝一样,随着时间的推移,帝国的体制性腐败愈演愈盛,各种非体制性负担也愈来愈多。如晚清王朝的慈禧太后为自己过生日的排场可以挪用紧缺的军费。这种非体制性的负担同样会激起农民的反叛。至 19 世纪,非帝国整体体制的局部性动乱一直未停息,从而一步步地掏

---

① 参见《汉书·西域传·渠犁》。

空了清王朝统治的合法性基础，直到帝国体制的全面崩溃。

20世纪上半世纪的中国处于战乱和动荡之中。帝制崩溃之后，国家陷入军阀统治状态。中国第一个现代政党——国民党及其前身，担负着建立民国新制度的使命，而其前提是结束军阀统治，政治统一中国。在这一过程中，国家力量更深地渗透于乡村社会，官僚体制急剧膨胀。而要改变地方军阀统治的格局，也需要支付大量财政和人力成本。同时，国民党的新统治并没有克服传统旧体制的腐败痼疾。所有这一切，都导致农民负担不仅没有因为新统治的建立而减轻，反而不断加重。而这正是国民党统治刚建立就受到农民反抗的重要原因。也正因为如此，才有了新兴的中国共产党的崛起。

中国共产党一诞生，就将农民作为自己的依靠对象，其基本政策及之后的基本制度是有利于农民的，从而得到了农民的拥护。但是，个别时期的财政行为超越了农民承受农民负担的能力，也仍然会为农民所不接受。这说明，不论是谁，农民负担都是农民政治认同和统治合法性的重要尺度。

1949年中华人民共和国建立以后，农民负担情况发生了变化。从制度上看，国家废除了实行两千多年的田赋制度，改为按产量征收的农业税制度，并力图将农民负担限定在一定范围内，使之合理化。1958年的《中华人民共和国农业税条例》规定农业常年产量的15.5％为农民上缴的全国平均税赋，略高于历史上的"十一而税"。《条例》对农民负担作出了规定，由此将农民负担制度化。这种制度化的负担被称为合理负担。但是，制度化的负担界线经常会为非制度化的负担所突破。在1958年后的人民公社体制下，农民负担比较沉重。只是这种负担是以"隐性"的方式出现的。其重要原因有二：其一是国家以"工农产品价格剪刀差"的方式，通过统购统销，以低廉的价格收购农民的产品，而农民很难意识到这种负担的实际存在。其二是负担单位发生了变化。公社将一家一户的农民组织起来了，农民负担是以组织而不是个体农户的形式承受的。换言之，农民并不直接与国家发生税赋关系。他们的所有劳动行为，公社都以工分形式支付了酬金和实物,尽管这种返还十分低,与其付出极不成比例。所以,虽然公社体制下农民负担比较沉重,农民的收入增长极其缓慢,但公社组织作为负担单位,使农民难以直接体验到负担的沉重性,也未引起农民的直接反对。但是,公社组织使负担行为"隐性化"并不等同于没有负担。农民往往是以支出和收入对比来看待其负担的。农民在公社组织内劳动支出很高,收入却很低。特别是"自留地"的存在,使农民直接感受到公社内劳动支出与收入的不成比例。这种支出与收益的反差使农民在集体组织内的劳动缺乏积极性。公社体制下农民负担的"隐性化"使农民的不认同也隐性化了,这就是以消极怠工来间接表达自己的不满。这种怠工行为最终造成的是国家和农民都不能获得理想的结果。于是才有了 1980 年代初开始的农村改革。

农村改革的目的是调动农民积极性。除了实行家庭经营以外,就是国家减轻农民负担。这类似于历史上的分地以增收、减税以节支的做法。但是,公社体制废除后的一个重要结果是,农民成为生产经营单位的同时,也成为负担单位,由此使农民负担"显性化"了。尽管农民负担不一定很重,但能直接感受和体验到负担的存在。为了规范农民的负担行为,国务院专门下发了《农民负担管理条例》,其主要内容是规定,农民负担的比例不能超过上年纯收入的 5%。但正是在 1990 年代,农民负担却不断加重。其特点,一是施予负担的主体多样化了,除了中央农业税收以外,地方政府和基层组织成为主要的施予负担的主体。二是负担的种类多样化了,除了税收等常规性负担以外,大量的是各种摊派、集资等非常规性负担。三是负担的非制度性因素越来越多,常规性负担有一定范围和限度,而非常规性负担则有很大的随意性和不可预期性。农村中普遍流行着"头税(中央政府收到的农业税)轻,二税(提留统筹)重,各种摊派无底洞"的说法。1993 年《中共中央办公厅、国务院办公厅关于涉及农民负担项目审核处理意见的通知》(中办发[1993]10 号)明令取消 37 项对农民的收费、集资和基金项目。其中涉及土地管理部门收取的费用有农村宅基地有偿使用收费、农村宅基地超占费、土地登记费。公安部门收取的有治安联防费。广播电影电视部门收取的有农村看电视的集资费、乡镇以下广播网络维护费。妇女部门收取的有中华女子学院在农村的集资。卫生部门收取的有农村改水集资、农村改厕集资、农村鼠防集资、血吸虫病防治集资、乡村医疗卫生机构建设集资、乡村医生补助费。水利部门收取的有农村办电集资、农村水电建设基金、县乡两级农村水利建设发展基金、水利工程修建维护管理费。国务院贫困地区经济开发部门收取的有基本农田建设集资。教育部门收取的有部分农村教育集资。建设部门收取的有村镇规划建设管理费、建设用地规划许可证、房屋所有权登记费。交通部门收取的有乡镇船舶管理费、长江干线航道养护费和内河航道养护费对从事农业生产的船舶收取部分。电力部门收取的有乡镇级管电组织维护管理费。农业部门收取的有农机管理费、渔船渔港管理费、农业广播学校学员误工补贴。林业部门收取的有林政管理费、林区管理建设费、森林资源更新费、绿化费在农村收取的部分。地质矿产部门收取的有乡镇集体和个体矿管费。邮电部门收取的有农村集体电话杆线设备更新费。文化部门收取的有乡镇文化站经费由集体和农民缴纳的部分。国家无线电管理部门收取的有农民集资办的电视差转台频率占用费等。以上收费可谓名目繁多。农民根本无法知晓收费项目明细，而乡村干部向农民收取费用时也是统一收取，没有也不可能逐项说明。除此之外，地方和基层还会通过"搭便车"的方式收取各种费用。日益增多的收费项目大大超出了农民的承受能力，也经常突破国家规定的上年收入5％的限制。为了不超出国家"红线"，一些地方和基层干部以虚报农民收入的方式将农民负担控制在表面的5％的限制内，实际收费则大大超出国家的负担线规定。据统计：农民直接税费同比增长1995年为31.7％，1996年为17.4％，1997年为8.6％，1998年为8.5％。① 一些地方出现了因交不起费用而自杀的现象。据当时中央财经领导小组办公室农村组的唐仁健的统计测算，农村税费改革前的

---

① 资料引自国风《农村税赋与农民负担》，经济日报出版社2003年版，第40页。

农民负担"相当于上年农民人均收入的近50％"①。

更重要的是各种摊派行为缺乏合法性，既没有"皇粮国税"所具有的传统合法性，也没有中央文件依据的现实合法性。因此，这种非常规性负担最容易引起农民的反对。自1990年代初中期，地方性反对负担的农民行为开始出现，这种行为被视为"农民抗争"。这种农民以自己的对抗行为直接抵制和反对施予负担的地方和基层政府的情况，在中华人民共和国建立以后是少见的，因此为中央政府所高度重视。中央三令五申要求减轻农民负担。时任国务院总理朱镕基甚至警告农民负担引起的农民不满已达到了"民怨沸腾"的程度。即使如此，农民负担问题仍然十分严重。然而，与以往有所不同的是，农民对负担不满除了直接抗争以外，更大量的是消极抵制，这就是抛弃农田，外出务工。外出务工给予陷入沉重负担中的农民一条出路，大大缓解或者抵消了农民对政府的不满。然而，大量农民外流，离开他们依以生存和生活的土地，毕竟最终会影响农业生产和国家粮食安全。

为了从根本上解决农民负担问题，进入新世纪以后，中央政府决定废除农业税，因农业税而衍生的各种税费也被取消。这一举措大大缓解了农民与政府间的矛盾，得到农民的高度认同，农民祖祖辈辈都难以想象的"种田不交钱"得以在21世纪初实现。

三、"集体经济"：草根财政

中国农民是以乡村共同体为生活依托的。乡村共同体是国家与农民之间的中介。国家行为需要借助乡村共同体达致农民，实现国家对乡村的整合。农民也需要借助乡村共同体完成自己的生命过程，实现自我管理。为了区别于国家共同体，有学者将乡村共同体称为小共同体。既然是共同体，就会产生相应的财政，只是这种财政没有为国家的正式制

---

① 唐仁健：《"皇粮国税"的终结》，中国财政经济出版社2004年版，第3页。

度所规定,更多出自乡土社会之中,因此可以称之为"草根财政"。这种草根财政因为其与国家的关系,也是国家对乡土社会进行财政整合的重要内容。

在传统中国,实行财产私有,乡村共同体的共同性财产很少。但是,乡村共同体出于共同生活的需要,也会产生一些共同性财产。其主要来源有：一是共同体的共有财产。中国的传统村庄是在血缘关系的基础上形成的,具有强烈的家族共同体的特征。为了维系大家族的存在和延续,共同体内会聚集一些共有财产。比较典型的是宗祠。宗祠是族人共同供奉祖先的场所,也是族人集聚进行家族公共活动的地点。修建宗祠的费用来自族人,其归属也是族人的共同所有。除此之外,一些地方还有公山、公林、公田等公有财产,主要用于乡村共同体的公共需要。直到1990年代,广西一些地方的村干部的报酬有相当一部分来自公山、公林和公田。村干部为村民办事,村民不是直接支付薪酬,而是将一部分公山、公林和公田的使用权给予村干部,所产生的收入用于支付干部管理公事的报酬。二是出于乡村共同体共同生活需要,共同体成员集资形成的共同性财政收入。乡村共同体还是一个地缘关系为基础的共同体,乡民共同居住在一个地域内,有许多地域性事务需要乡民共同解决,特别是具有公共性的道路、桥梁、公共安全等。传统乡村共同体以血缘关系为核心,内聚力和排他性强,经常会发生共同体之间的纠纷,从而也需要共同体成员共同出资维护共同体的安全。当然,传统乡村共同体内部也有贫富分化。在共同体内,往往那些富裕些的大户捐资更多一些,而贫困的小户出劳更多一些。尤其是有些大户出于获得社会声望的需要,愿意捐资修桥补路。这是因为,乡村共同体是一个依靠共同认可的道德来维系的文化共同体。要成为共同体的领袖或享有高威望,必须成为一个能够为共同体谋取公共利益的道德高尚的人,即所谓"乡贤""士绅"。这些人尽管有经济能力,但如果不能够为乡亲们做"善事",也无法获得必要的社会地位,甚至为乡亲所不认同。

在传统国家,国家从农民中获取的税赋是不会直接返还于农民的。农民大量的日常生活需要在乡村共同体,并通过乡村共同体解决。出于维护共同体稳定和谐的考虑,国家允许并支持乡村共同体拥有共同财产并将这些财产用于共同体事务。对那些以家产来举办公益事业的举动更是给以表彰,甚至授予国家功名加以鼓励。乡村共同体能够拥有共同财产并以公共财产维系共同体的正常生活,可以达到国家财政整合乡土社会难以达到的目的,是一种间接性但行之有效的整合方式。

中华人民共和国建立以后,经过合作化,农村社会形成人民公社体制。人民公社是完全不同于历史上家户经济的一种全新的经济组织。这种经济组织被称为集体经济组织。其特点是原有为农户所有的生产资料全部归属于集体,形成所谓集体所有制;农村社会成员都属于集体经济组织成员,共同生产,并根据人口和劳动获得生活资料。集体经济组织完全替代了原有的家庭经济,成为生产、经营、提交税赋和居住生活的单位。在集体经济组织内,不仅有土地等集体资产,而且要进行收益分配,还得担负教育、养老等集体社会事务和公益事业,从而有了集体经济组织的财政。这种财政虽然不同于国家财政,但对于农民日常生活更为直接和重要。由于土地归属于集体,集体成员必须在集体组织内从事劳动,才能获得生活资料。集体经济组织并不是完全按照集体成员的劳动给予分配,集体收入中的相当一部分必须以"公粮"等形式上缴国家;集体收入中有相当一部分要作为再生产的资金留存,还有一部分要用于社会公益事业。这部分资金一般以"公积金""公益金"的方式提取。由于农业生产主要是实物收入,集体经济组织因此也主要是实物分配。实物分配除了按照劳动分配外,还需要按照人头分配。正是在这一体制下,农村社会成员对于集体经济组织有了高度的依存性。他们不可随意离开集体经济组织,也不可随意在集体经济组织内活动。他们的生命和生活过程都与集体经济组织的收支过程密切相关。

人民公社既是集体经济组织,同时又是"政社合一"的基层政权组织。从根本上说,集体经济组织是归属和服从于国家政权组织的。国家通过集体经济组织对农民进行财政整合,使之形成对国家—集体的认同。集体收益好,集体成员的生活才好;反之,集体收益不好,集体成员也缺乏向心力和凝聚力。由于人民公社体制下,国家通过集体获取农业剩余过多,加上集体组织内的分配平均主义,劳动者缺乏积极性,相当多数的集体缺乏凝聚力,最终导致人民公社体制的废除。

公社体制的废除源自于家庭经营制的兴起。而农村改革后的家户经济与传统的家户经济有很大区别。农村改革后,土地等生产资料的所有权仍然为集体所有,集体组织是土地等生产资料的发包者。除了土地以外,还有一些农村有集体资产及其资产性收入。这些资产及其收益也为集体所有,并要对集体成员进行分配。改革后的"集体经济"主要是指这一范围,通常被称为"小集体经济",以与人民公社体制下所有生产资料、资产和劳动收获都为集体所有的"大集体经济"相区别。公社体制废除后,集体经济比较多的是非农产业较发达的地方,绝大多数的农业地区,集体经济极少。农户成为生产、经营和核算单位,也成为提交税赋和日常生活的单位。但是,公社体制下由集体经济组织所承担的社会管理和社会事业的职能仍然存在,并由改革后的村委会和乡镇政府承担。除此之外,村委会和乡镇政府还承担发展经济的职能。这些经济和非经济职能的履行都需要费用。改革后的基层财政因此出现了"三提五统"的体制。

所谓"三提五统"是指由村委会和乡镇政府根据自己职能所收取的费用。村提留是村级集体经济组织按规定从农民生产收入中提取的用于村一级维持或扩大再生产、兴办公益事业和日常管理开支的费用的总称。包括三项,即公积金、公益金和管理费。乡统筹费,是指乡(镇)合作经济组织依法向所属单位(包括乡镇、村办企业、联户企业)和农户收取的,用于乡村两级办学(即农村教育事业费附加)、计划生育、优抚、民兵训练、修建乡村道路等民办公助事业的款项。由于改革后绝大多数村和乡镇都已没有集体经济组织和合作经济组织,收取"三提五统"费用的主体主要是作为村民自治组织的村民委员会和作为基层行政管理组织的乡镇政府。除"三提五统"这一制度性规定外,乡镇和村委会还会经常以发展经济和社会事业等名义,收取费用。这种费用一般以集资、摊派的方式出现,具有很大的随意性。由于家庭承包不仅仅是农民获得生产经营自主权,而且要承担获得经营权后的责任和义务,因此,"三提五统"及其他基层政府和基层组织直接收取的费用与中央规定的农业税捆绑在一起,成为农民负担的重要组成部分。这是农村改革实行家庭承包制后国家与农民之间新的财政联系。

随着农业税的废除,"三提五统"体制也一并废除。这一体制废除后,许多主要依靠"三提五统"及其相关收入维持自身运转并履行职能的村委会和乡镇,迅速陷入财政危机之中。许多村成为没有任何财政来源的"空壳村"。正是在这一背景下,一方面,一些地方为了缓解财政危机,进行合村并乡和乡镇机构改革,以减少财政支出;另一方面,国家通过财政转移支付的方式来维持村委会和乡镇政府的运转并履行基本的职能。中央和上级财政转移支付的新体制显然大大减轻了农民的负担,但也弱化了基层组织和基层政府与农民之间的财政关系。国家数千年来依靠税收与农民联系的整合方式面临着新的挑战。

四、草根财政的自治与他治

国家财政是国家主导和控制的,国家对乡土社会的财政整合也是由国家主导的行为。而草根财政则是乡村社会自身产生的财政,主要依靠乡土社会自身的力量加以治理。其治理方式和成效也与国家对乡村的财政整合的有效性密切相关。

在传统社会,属于乡村共同体的共有财产和收入并不多,也缺乏制度性的治理规定。传统的乡村共同体是以道德为纽带形成的,管理公共财产和公共收入的人一般具有较高的道德品质。如果发生假公谋私行为,很快就会失去道德感召力。由于公共财产和收入取自本乡本村本族的成员,财产和收入的获取与支出,一般都要经过本乡本村本族人的同意。宗祠的重要功能之一就是族人议事。一些公共工程修建和公益事业的办理结果及其收支情况,还要通过一定方式公告,甚至刻在石碑上,以昭告众人及其后代。这种财务公开和村民监督可以说是传统的民主财政形式。它保障了传统草根财政的运行,能够为乡村共同体的正常运行发挥积极作用,也为国家所认可。

进入人民公社体制以后,集体经济组织成为农民赖以生存的单位,草根财政的规模和数量空前增大。由于人民公社本身就是在国家主导下建立的,为了管理好集体财产和收入,国家作出了相应的规定。草根财政因此走向制度化。1961年公布的《农村人民公社工作条例(草案)》第十五条规定:"公社管理委员会的财务工作,必须严格执行财务管理制度,严格遵守勤俭办社的原则。一切开支,都必须有预算和决算,都必须按照规定的批准手续办事。"第二十五条规定:"生产大队必须严格执行财务计划,严格遵守财务制度,防止贪污舞弊。"第三十五条规定:"生产队必须建立和健全财务管理制度。管钱、管账、管物资,要有专人负责。"①

由于集体经济组织的性质属于集体成员共有。因此,集体财务管理具有集体自治和民主理财的特性。《农村人民公社工作条例》强调"民主办社"的原则,集体成员有权参与集体财务管理。该条例规定:公社"财务必须公开,要按期向社员代表大会报告财务工作"。生产大队"一切收支账目都要日清月结,按月向社员公布"。② 但是,人民公社组织同时又是"政社合一"的基层政权组织,实际是国家政权向基层的延伸。因此,公社集体组织除了内部自我管理外,还得服从于上级组织的管理,其财务管理也是如此。《农村人民公社工作条例》规定:人民公社的财务管理

①《当代中国农业合作化》编辑室:《建国以来农业合作化史料汇编》,中共党史出版社1992年版,第633、634、635页。

②《当代中国农业合作化》编辑室:《建国以来农业合作化史料汇编》,中共党史出版社1992年版,第633—634页。

职能对上要"接受县的财政部门的领导和监督",对下则要"领导和监督各生产大队的财务工作"。"生产大队还必须经常督促、检查和帮助生产队作好财务工作和物资管理工作"。因此,人民公社的财务管理又具有自上而下的政府管理的特性。

从制度上看,公社财务的他治特性比自治更突出。但是,这种自上而下的财务他治,愈往基层就愈松弛,特别是生产大队以下的管理。因为公社一级的财务完全纳入县财政管理,公社干部也是国家工作人员。而公社以下的财务管理主要是自我管理。这种自我管理需要健全的民主监督制度。而在一个没有民主制度历史的农村社会,这种民主监督制度不仅难以迅速建立,而且其成效也不能很快显现。就在《农村人民公社工作条例》公布后几年,中央部门就发现农村基层出现了干部脱离群众、多吃多占,财务管理混乱的问题,并将这些问题提升到阶级斗争的高度认识。认为这些问题依靠农村自身的力量是无法解决的,由此开展了通过外派干部发动群众解决农村问题的"四清"运动。"四清"运动是社会主义教育运动,主要是"清政治、清经济、清组织、清思想"。在农村基层,"清经济"成为主要内容,因为经济问题直接关系到集体成员的利益。"四清"运动尚未结束,又开展了更为猛烈的"文化大革命"运动。因此,1960 年代以后的人民公社的财务管理和监督主要是依靠持续不断、上下结合、内外互动的政治运动加以维系和保障的。

进入 1980 年代以后,人民公社体制被废除,国家进入到以经济建设为中心的时代,大规模的政治运动不再进行。虽然人民公社体制废除后家庭成为基本的生产和经营单位,但是农村仍然存在集体财产和收入。如制度规定的由村集体提取并支配的公积金、公益金和管理费。还有大量非统一制度规定的各种收入和支出,如南方水稻地区由村集体统一收取的水费。特别是一些沿海地区或城市附近的村庄,由于土地转让、举办企业而产生大量集体财产和收入。与公社时代不同的是,改革后的村集体的收支主要是以货币而不是实物的方式存在的。这种方式对财务管理提出更高的要求。但与公社体制不同的是,改革后村财务管理却相对松弛。到1980年代后期，随着《中华人民共和国村民委员会组织法（试行）》的颁布，农村社会开始根据法律建立村委会组织，并相应地建立村集体的财务管理体系。由于村民委员会属于村民群众自治组织，自治的重要内容就是村集体的财务管理，实行村财自治。1998年修订后的《村委会组织法》更明确地强调村财自治，特别是民主管理。该法第十九条规定："涉及村民利益的下列事项，村民委员会必须提请村民会议讨论决定，方可办理：（一）乡统筹的收缴方法，村提留的收缴及使用；（二）本村享受误工补贴的人数及补贴标准；（三）从村集体经济所得收益的使用；（四）村办学校、村建道路等村公益事业的经费筹集方案；（五）村集体经济项目的立项、承包方案及村公益事业的建设承包方案；（六）村民的承包经营方案；（七）宅基地的使用方案；（八）村民会议认为应当由村民会议讨论决定的涉及村民利益的其他事项。"这八条规定可以说都与村集体财产和财务密切相关。该法律的第二十二条还规定："村民委员会实行村务公开制度。村民委员会应当及时公布下列事项，其中涉及财务的事项至少每六个月公布一次，接受村民的监督：（一）本法第十九条规定的由村民会议讨论决定的事项及其实施情况；（二）国家计划生育政策的落实方案；（三）救灾救济款物的发放情况；（四）水电费的收缴以及涉及本村村民利益、村民普遍关心的其他事项。"由于村集体财产和财务是村民最为关心的事宜，进入21世纪以后，国家对村务公开和民主管理更加重视。

总体而言，农村改革后，国家主要是通过国家法律赋予村民委员会和村民以财务自治权，对村集体财务进行民主管理。但是这种内部化管理并非很快就能达到法律期望的效果。正如许多地方的村民自治变成村干部自治一样，村财自治实际上则是少数村干部自我决定，由此造成村财务管理混乱，村民意见很大。村民不信任村干部，村干部也缺乏必要的权威。为此，在一些地方，乡镇政府介入到村集体财务的管理，实行"村财乡管"。乡镇管理村级财务，有不同形式。有的是指导，这是符合法律精神的。有的是直接控制，实际上弱化了村财自治。还有的则以此为名,形成村干部与乡镇干部的结盟,谋取私利。

村民自治的制度安排是朝着村民参与财政治理的方向发展的。尽管这种参与还很有限,但它打开了民众参与财政治理,从而通过参与建立政治认同的大门。只有经过公开和监督的财政治理才能得到村民的信任。这种参与式的财政治理正在向政府治理的层面扩展。21世纪以来,在浙江省的一些地方的乡镇出现了"参与式预算",村民通过乡镇人大参与乡镇财政治理。参与式的财政治理成为国家对乡村社会进行财政整合的新方式。

五、农业财政向公共财政的转变

进入21世纪之初,以国家废除农业税为标志,国家对乡土社会的财政整合进入到一个崭新的历史时期,这就是从农业财政向公共财政的转变。国家财政不仅仅是从农村汲取,更重要的是投入到农村。

在农业社会,农业是主要的产业,甚至是唯一的产业,自然也是国家财政的主要来源。因此,农业社会与农业财政是一致的。特别是在专制制度的传统国家之下,农业税收的主要承担者是农业生产者,国家依靠暴力和传统从农村汲取财政资源,而极少投入到农村去。直到1949年,中国仍然是农业国家,主要税收来源于农业。中华人民共和国建立后,国家的性质发生了根本变化,但是农业财政的农业社会基础没有改变,因此,农业财政的特性仍然以新的形式延续下来。

农业财政有以下两个突出特点:

其一,汲取型,即国家通过农业税赋等方式向农村汲取财政资源,而相应的投入却很少。1949年以后,国家不仅要依靠从农村汲取财政资源供养国家治理,还要为国家的工业化和城市化提供支持。因此,1949年以来,国家从农村的财政汲取数量是历史上空前的。特别是借助一系列制度安排,国家的汲取能力大大提升,国家也能够实现超限度汲取,如"征收过头粮"。正是这种超征多征,引起了1959—1961年期间的农村严重饥荒。当然，1949 年后，国家对农村的投入也是传统国家无法想象和难以企及的，只是这种投入主要限于农业生产领域，服务和服从于农业生产。没有这种投入，国家也不可能从农村获取更多财政资源。而大量的农村社会公共物品的投入主要依靠的是农村自身的力量。与城市社会的教育属于公办（实际为国家兴办）不同，农村老师则是民办，即由农民出资出力。民办学校建设资金来自农民，民办教师拿取的工分也是农民生产收入的一部分。与城市医疗实行公费医疗不同，农村主要是自费医疗。虽然在"文化大革命"期间出现了"合作医疗"，但这仅仅限于农村内部，其医疗费用仍然来自农村内部。

至 1979 年，通过近三十年的经济建设，国家的财政状况发生了重大变化，这就是农业收入占国家收入的比例迅速下降，国家对农业财政的依靠性也变小。但是，农业财政的汲取性没有发生根本性变化，并有了新的特点。一是国家对农业生产的投入，特别是农业基础工程的投入相对较小。1980 年代，国家通过体制改革，从农村获取了大量的农产品，但与此相应，国家对农业生产的投入却不成比例。二是农户成为生产主体，也成为纳税主体。在这种情况下，各种各样正式或非正式的税赋都加于农民。特别是在那些主要由农业税赋供养政府的农业地区，农民负担迅速增长。三是农村公共物品的提供仍然依靠农村自己，而且具有强制性。如国家颁布义务教育法，规定适龄人口都必须接受九年制义务教育。而为实现国家目的的费用在农村得由农民自己解决。许多地区以"人民事业人民办"的名义，向农民集资办学。教育集资因此成为 1990 年代农民的主要负担之一。随着人民公社体制的废除，农村合作医疗的基础不复存在，农民主要依靠自费医疗。而自 1980 年代以后，医疗费用迅速提高，大大超出农民收入的增长幅度。所以，虽然改革后农民能够实现温饱问题，但就学就医问题十分突出，出现了"因学返贫""因病返贫"的现象。

其二，义务型，即国家根据土地和人口收取税赋，这种税赋是由产业决定的，并具有强制性。在农业社会，农业是主要产业，也是主要甚至唯一的财政来源。因此,国家根据农业生产资料——土地和从事农业的人口——农民收取税赋。只要拥有土地或者是从事农业的人口,就必须缴纳国家税赋。否则就会受到法律的制裁。而国家的财政收支则无须经过提交税赋者的同意。换言之,农民只有提交税赋的责任,而没有过问财政收支并享受财政产品的权利。在传统国家,国家向农业人口要求纳税成为理所当然之事,没有就为何纳税作出论证。这一历史传统一直延续下来。中华人民共和国建立以后,国家明文规定了农业税,并就为何征收农业税作出了说明。但农业税作为一种因农业产业和人口而征收的税的特性并没有改变。特别是随着工业和城市的发展,国家征收税赋也体现了城乡的差异。依靠工资收入生活的城市职工及干部,尽管收入要高于农业人口,但并不直接从收入中上缴税收。1978年后,农村实行家庭经营,村集体将土地承包给农民,同时也将缴纳税收的责任转移给农民。农民的承包地又称为"责任田",即农民在承包集体土地的同时,必须承担上缴税赋的责任。而上缴多少,上缴后如何使用,农民却没有太多实质的支配权。尽管1978年,城市人口开始缴纳个人所得税,但上缴的起点较高,城乡差别仍然相当大。如城市人口提交个人所得税的最初起点是月收入800元。与此同时,农村人口的月收入平均才200元左右。这说明在一个国家同时存在着两种纳税标准。不平等的交税标准导致农民的收入增长更加缓慢,也不利于农民对国家的认同和调动农民的农业生产积极性。

进入21世纪,国家废除了农业税。这是一个历史的转折点。它的意义不仅仅是废除了延续数千年的农业税传统,更重要的是开启了一个新的时代,这就是由农业财政向公共财政的转变。

公共性具有普适性和平等性。现代国家的重要特性是国家公民享有平等的权利,处于平等的地位。而现代国家的财政基础则是公共财政。即国家的财政收入取自所有成员,特别是那些收入较高的成员,国家财政支出对象包括所有社会成员,特别是那些收入较低的成员。进入21世纪以后,国家财政由农业财政向公共财政转变主要体现在两个方面:

一是支持型，即农村得到国家更多的财政支持。21世纪初，国家得以废除农业税，结束农业财政的时代，从根本上说在于国家的财政基础发生了重大变化。1949年前，国家的财政收入来源85％以上来自农业，而在50年后，国家的财政收入来源85％以上来自非农产业。换言之，国家可以不再依靠农业来支持工业，不依靠农业税赋供养政府。随着经济发展，特别是经济结构的变化，国家对经济社会发展格局作出了新的判断，这就是国家进入了一个"以工业支持农业，以城市带动乡村"的新时代。这种支持和带动的重要体现就是国家对农村的财政支持。其背后的政治逻辑实际上体现了现代国家的公平财政原则。由于长期历史原因，城乡经济和收入差距日益扩大。国家需要通过财政支持的方式去缩小这一差距，体现现代国家的公共财政的特质。

国家开启公共财政后，对农村的财政支持有：(1) 对农村基础设施的投入。1978年前实行人民公社体制期间，国家为了获得更多的农业产品，对农业生产基础设施给予了前所未有的投入。特别是人民公社将农民劳动国家化，国家可以通过人民公社组织进行大规模的基础设施修建。这种修建主要依靠农民的劳动投入，而无须太多国家的直接财政投入。1978年以后，由于人民公社体制的废除，依靠公社组织进行农业基础设施投入的基础不复存在，而农村改革后实行的家庭经营方式使得大规模修建农村基础设施十分困难。这种状况不仅造成原有的基础设施年久失修，而且农村发展中需要的新的基础设施也无法修建，从而影响制约着农村发展。针对这一状况，改革后，农村基础设施的建设主要依靠国家财政的投入。尤其是国家提出建设社会主义新农村的任务以后，加大了对农村基础设施的投入，极大地改善了农村基础设施条件。(2) 对农产品生产的直接补贴。1950年代，国家为了实行工业化，通过工农产品价格剪刀差的方式，从农村汲取财政资源。为了调动农民生产积极性，国家给予农民生产奖励，如对产量高者给予化肥奖励。1978年以后，这种奖励的力度更大。但是这种奖励政策尚未制度化、普适化。进入新世纪以后，国家以财政支持农村的重要举措，就是实行对粮食等农产品生产的直接补贴。这种补贴政策不仅是调动了农民的农业生产积极性,同时也加强了农民与国家的联系,使农民从生产领域直接感受到国家公共财政的支持。(3) 对农村社会建设的支持。农村改革前的社会建设主要依靠农村内部积累。这种积累水平不高,但有人民公社组织作为支撑。农村改革后,由于公社体制的废除,农民的就学、就医等迅速外部化,即需要从农村外部提供。而外部性的就学和就医价格急剧上升,大大超出农民生产产品价格的上升程度。同时,农民的就学和就医要求也高了。由此造成农民的就学和就医困难。在历史上,养老主要依靠家庭内部。人民公社体制为那些家庭养老困难者提供了一定的条件。人民公社体制废除后,家庭养老的功能日益弱化,养老成为重要的社会问题。农村改革,特别是进入新世纪以后,国家对农村的财政支持的重要方面,就是农村的社会建设,解决农民就学、就医和养老等民生问题。九年制义务教育是国家的法定目标,全部由国家财政支付。在农村实行新型的合作医疗制度,重要的特点就是由国家支付一部分资金。国家实行前所未有的新型农村养老保障制度,由国家给予财政支持。

国家对农村的财政支持,导致农民与国家的日常经济联系更为紧密。国家将各种补贴直接打入农民的账户,使农民能够在日常生活中处处感受到国家的存在,得到国家公共财政阳光的普照,其国家公民意识通过日常生活得以强化。与传统国家的农民以向谁交税作为国家认同基础不同的是,现代国家的农民是以得到国家财政支持作为国家认同的基础。

二是公平型,即城乡人口按公平的原则提交税赋,并同等享受财政的好处。在农业财政时代,农民的支付与获得是不成比例的。废除农业税尽管其初衷是调动农民的生产积极性,但其直接结果是导致现代国家公共财政的确立。现代公共财政的重要特点是"所得才所交"的原则。农民作为一个整体,其收入尚没有达到城市个人所得税的起征点。废除农业税后,国家没有向农民群体,特别是务农群体开征个人所得税。这体现了公平税赋的现代财政原则。在农业财政时代,公共服务具有城乡差异性，城市主要是国家财政提供，农村主要是自我提供，其水平自然较低。废除农业税以后，国家提出城乡基本公共服务均等化，国家为城乡统一提供基本的公共服务，让农民分享国家财政好处。当然，由于长期的城乡分割的格局，农民要跨越城乡获得统一的均等的公共服务还有一个过程。农村户口的适龄学生要到非户籍所在地的城市就学就受到限制。但总体上看，这种限制正在减少。

农民享受公共财政阳光的普照，标明农民作为一个平等的公民开始得以享受平等的公民权利。他们不再只是宪法名义上的平等国民，而在日常生活中也能够作为一个享有平等权利的国民而存在。后者对于农民更为直接，也更为真切。

因此，由农业财政向公共财政的转变，不仅仅在于农民能够获得国家财政好处，更重要的是国家可以借助公共财政的方式对乡村社会进行有机的整合。这种整合由于更多的是国家给予农民，因此更能够得到农民的认同。所以，废除农业税不是割断农民与国家的联系，而可以借助公共财政重新建立和强化农民与国家的联系，农民在日常生活中对国家的依赖更为直接和广泛。在农业财政时代，农民将缴纳税赋作为一种不得已的行为，"交完粮，自在王"，向国家提交税赋后便与国家没有关系，也不希望发生更多的关系。而在公共财政时代，农民获得了更多的国家的财政支持，这种支持对于农民来说愈多愈好，且他们的正常生产和生活愈来愈难以离开国家的财政支持，国家也因此从中获得更多的统治合法性。

六、公众治理：乡村公共财政的建构

废除农业税以后，国家与农民的关系发生了很大变化。一个重要特点是国家与农民之间的联系更为直接。国家对农村的支持主要是通过国家对农民的直接补贴方式实现的。如粮食补贴通过银行账户的方式直接发放给农民，农村人口上学由国家直接承担费用，农村人口就医的国家补贴部分由农民直接享用等。为此,在农民个人、农村基层社会组织和国家三者之间,农村基层社会组织的财政功能大大弱化了。一是废除农业税以后,农业地区基层政府和基层组织的日常经费通过上级政府的转移支付加以解决,基层政府和基层组织不得随意向农民收取费用。二是政府给农村的支持大都直接发放给农户,农村基层政府和基层组织没有使用权。三是废除农业税以后,政府试图通过"一事一议"的方式解决社区公益事业兴办缺乏经费的问题,但面临的困难较多。

显然,实行公共财政以后,农民可以享受到公共财政的阳光普照了,但国家并不可能包办农村所有事务。农民大量的日常生产生活事务还得依靠乡村共同体加以解决。如国家可以给农民直接发放农产品补贴,但生产农产品需要水利设施、交通道路、防疫等公共产品。这些公共产品是一家一户无法解决的,也是政府难以有效解决的。乡村干部的报酬直接发放给干部,也可能造成干部对上级政府的直接依从,而缺乏为农民提供服务的意识。一些基层组织因此成为仅仅只是有一个机构存在的"维持会"。农村公益事业缺了农民自己提供费用,不仅难以兴办,而且会进一步弱化农村的社区共同体意识。

国家要对分散的乡村社会进行有效整合,还需要借助于乡村共同体,乡村共同体的形成则需要相应的财政能力。废除农业税以后,农业地区的地方和基层干部普遍反映,大量的中央资金直接下拨给农民,农民不愿意将资金拿出来举办共同体事业,造成资金分散,缺乏效率。他们希望中央政府涉农资金交由地方政府和基层组织统一安排和使用。这一想法不无道理,但中央资金为什么直接下拨给农民呢?重要原因是信任问题。

共同体的存在和延续是以共同体成员的信任为基础的。在1949年后的农业财政时代,特别是1979年农村改革以后,大量资金由地方政府和基层组织掌握和使用。农民的负担虽然十分沉重,但中央政府并没有从农业税中得到太多。而大量由地方政府和基层组织掌握和使用的财政没能够受到中央政府和农民的有效监控,由此造成中央政府和农民对地方政府和基层组织的不信任。这种不信任一直延续到废除农业税之后。中央政府担心下发的涉农资金会被地方政府和基层组织挪作他用，农民更为希望中央政府的资金直接拨付给农民，担心地方政府和基层组织不将资金真正用于农村发展，使农民受益。

很显然，要建构乡村公共财政，必须破解乡村信任难题。为此需要建构起公共财政治理体制。公共财政的特点是"取之于民，用之于民"。要达到这一目标，必须有相应的治理体制。农业财政时代的财政治理体制是政府治理。在中国这样一个有着多层次政府的国家里，政府治理很容易出现滥用财力的问题。农业财政向公共财政的转变，不仅仅是财政收入状况的转变，而且包括财政治理体制的转变，即由政府单一治理转变为多方治理，以保障财政的公共性。特别是农民，不仅仅是财政的受益者，而且是财政的治理者。只有这样，才能建构起乡村公共财政。

在乡村公共财政的治理体制下，中央直接下发给农民的资金还是应该直接下发给农民，而不得以公共性随意侵占农民个人利益。特别是政府直接出资用于农民个人生产的。那些可以由地方和基层组织统一掌握和使用的资金，则需要通过中央政府主管部门、地方政府和基层组织、农民等三方共同参与，保障涉农资金能够真正惠及农民。相关资金的使用方案、使用去向、使用结果等向社会公布，得到主管部门和农民的监督。

进入公共财政时代，基层干部的工资由政府直接下发。这很容易造成干部不对本村农民负责。实际上，政府为基层干部提供工资补贴，是希望基层干部为农村提供公共管理和公共服务。而公共管理和公共服务的对象则是农民，其成效则需要农民加以评判。因此，基层干部工资发放需要引入农村居民的参与。一些地方引入民主测评的方式评价基层干部的工作并决定其报酬的方式，有利于强化基层干部对乡村共同体的责任感。

进入公共财政时代之后，政府公共财政将愈来愈多地用于农村。但是，任何政府公共财政相对农村需求而言都是有限的。农村社区兴办的公益事业,有相当部分可以通过本社区集资。农村税费改革以后,国家试图通过"一事一议"的方式解决农村公益事业兴办的问题,但困难多多,主要原因是没有建构起一个能够得到出资者信任的公共治理体制。社区兴办公益事业,受惠者是社区成员。出资者可以是社区成员,也可以是非社区成员,出资者的数量可多也可少,关键是资金的使用要真正用于公益事业,能够得到出资人的信任。1990 年代农村开始实行的"财务公开、民主管理"的机制可以在公共财政时代更好发挥作用。

显然,公共财政需要公共治理加以支撑,由此涉及乡村治理体制的改进和完善。广东省清远市在新农村建设进程中对此加以探索。2010年代初,清远市推进"重心下移"的改革,将村委会下沉到自然村,运用自然村这一熟人社会的传统资源促进村民自治,通过公共参与的村民自治实现资源整合,将各种财政资源整合起来,在听取村民意见基础上统筹使用,收到了较好的效果。

第七章　宣传、教育与文艺：乡村的文化整合

相对于现代国家而言,传统中国主要是文化中国。但这种文化是与分散的乡土社会相联系的。现代国家对分散的乡村社会进行整合以实现有效治理,其重要方式就是改造传统国家的文化,将新的文化理念输入到乡村社会,对乡村社会进行文化重组。现代中国不仅将国家行为延伸到农村基层,更重要的是将国家意识输入到农村基层,对农民进行思想意识改造,国家对乡村社会的整合因此有牢固的基础。

一、"宣传下乡":阶级、政党和国家意识

人是有意识的社会动物。人的行为活动受其意识支配。一个社会要实现有效治理,重要条件就是得到人心的归顺。古代中国广为流传的一句话是"得民心者得天下"。因此,国家不仅仅借用暴力机器及以其为后盾的行政力量统治社会,同时也利用各种"软实力"的影响方式征服人心,获得民众对国家的认同,从而对社会进行整合。

在世界上,中国是一个很早就善于将"兵战"与"心战"相结合的国家。特别是随着中央集权统一国家的建立,以"教化"征服人心、治理社会便成为重要手段。秦始皇建立中央集权统一国家,主要依靠强制性暴

力统治,王朝很快覆亡。秦之后的汉,开始重视对"民心"的影响,不仅在国家层面确立了儒家的至尊地位,将其提升为国家意识形态,而且将基层政权与教化民众结合起来。如汉朝在乡村设置的"三老"职位,便主管教化。汉之后的朝代各级命官都负有教化民众的责任。特别是实行科举制以后,通过科举考试将国家意识转化为乡土意识。传统国家依靠"乡绅治乡",重要原因就是通过乡绅可以实现国家意识与民众意识的对接。如在家尽孝,在国尽忠。这种文化的一体性是实现国家一体化的重要基础。

当然,传统中国的意识形态渗透能力十分有限。一是"家国一体",国家意识和乡村意识同构,国家没有必要设立专门的机构进行"教化",以建立民众对国家的认同。二是国家与乡村社会的关系更主要的是税收关系,乡村社会高度自治,政府管理主要是税收和司法。三是国家也没有能力对一个个高度自治而分散的乡村社会进行意识形态"监控"。正因为如此,与传统中国文化一体化过程相伴随的,是文化结构的二元性,即国家意识形态与乡村意识形态的二元分离。乡村社会有自己的意识,且这种意识并不总是与国家意识相一致。如传统乡村社会活跃着民间宗教。每到农民反抗王朝之时,民间宗教就扮演着整合分散的反抗力量的重要作用。

与传统国家的农民反抗不同,现代国家的建构是一场结构性革命,即革命不仅要破坏旧的秩序,更要创造新的制度。这种革命性改造,首先要改变的是人心。在亨廷顿看来,"从心理的层面讲,现代化涉及价值观念、态度和期望方面的根本性转变"①。

20世纪是中国通过革命对乡村社会进行翻天覆地改造并建立现代国家的世纪,在这一过程中,"宣传下乡"是重要方式。

中国现代国家的建构是以激进的革命方式进行,同时又依靠少数精

---

① [美]塞缪尔·P.亨廷顿:《变化社会中的政治秩序》,王冠华、刘为等译,上海人民出版社2008年版,第25页。

英的宣传发动的。中国革命的先行者孙中山先生在进行推翻专制王朝统治的革命时，就将人分为三类：先知先觉者、后知后觉者、不知不觉者。革命需要先知先觉者运用新的意识去启蒙、教育、动员，影响和带动后两类人。推翻数千年王朝统治的辛亥革命便是由孙中山等先知先觉者发动的。辛亥革命及其后的国民党主导的国民革命对于改变中国人的思想观念发挥了重要作用。它不仅使得在一个有着浓厚皇权意识的国度里，"民主共和国观念从此深入人心"①，"谁要再想做皇帝，就做不成了"②，而且将革命的理念传播到底层乡土社会。在国民革命中，经过改造后的国民党专门成立了宣传机构，并针对农民进行宣传动员。伴随国民革命，新的观念、新的词汇进入乡村社会之中。毛泽东在著名的《湖南农民运动考察报告》一文中生动地描绘出这样的情景："孙中山先生的那篇遗嘱，乡下农民也有些晓得念了。他们从那篇遗嘱里取出'自由'、'平等'、'三民主义'、'不平等'条约这些名词，颇生硬地应用在他们的生活上。"③但总的来看，辛亥革命及其后国民党主导的国民革命还没有将革命宣传带到乡土社会。正如毛泽东所说，辛亥革命失败最主要的原因，是占全国人口百分之九十以上的工农劳动群众还没有动员起来。"国民革命需要一个大的农村变动。辛亥革命没有这个变动，所以失败了。"④只是在中国共产党领导下，宣传才进入到广阔的乡村社会，并深刻地改变和影响着乡村意识。

中国共产党是以马克思列宁主义为指导思想的现代政党。马克思列宁主义十分重视意识的作用。马克思在研究欧洲无产阶级时，使用了"自在阶级"和"自为阶级"的概念，认为自在阶级只是经济地位决定的自发进行斗争的阶级，自为阶级则是具有阶级的自我意识和觉悟能够进行自觉斗争的阶级。由阶级中的先进分子组成的政党便担负着将无产阶

①《建国以来毛泽东文稿》第4册，中央文献出版社1990版，第546页。
②《毛泽东文集》第6卷，人民出版社1999年版，第346页。
③《毛泽东选集》第1卷，人民出版社1991年第2版，第34—35页。
④《毛泽东选集》第1卷，人民出版社1991年第2版，第16页。

级由自发阶级提升为自觉阶级的使命。列宁直接领导和发动了革命。在他看来，工人阶级自己不可能自发地产生马克思主义，只能从外面加以"灌输"。① 其灌输者便是由少数先进分子组成的无产阶级政党。因此，以马克思列宁主义武装起来的党都具有组织和宣传的两大功能。中国是一个农民占大多数人口的国家，对广大农民的宣传无疑是中国共产党的重要使命。当中国共产党将革命重心从城市转移到农村之后，更加重视对广大农村人口的组织和宣传，"宣传下乡"由此启动。

中国共产党"宣传下乡"的目的是进行广泛的农村动员，将广大而分散的农民组织到自己的旗帜下。由于中国共产党是以武装斗争的方式实现自己的目标的，因此"宣传下乡"的重要功能是对分散的农民进行组织整合，将农民由一个自在的阶级提升为自为的阶级，从而使之成为具有阶级意识和阶级觉悟的革命阶级。农民的经济地位低下，是旧秩序天然和本能的反对者。但是，由于生产方式上的分散性，农民是一个特别缺乏阶级自我意识的阶级，因此又具有天然的保守性。马克思对法国小农的评价也适合于中国农民。在马克思看来："各个小农彼此间只存在地域的联系，他们利益的同一性并不使他们彼此间形成共同关系，形成全国性的联系，形成政治组织，就这一点而言，他们又不是一个阶级。"② 以研究革命、阶级和阶级意识而著称的马克思主义理论家卢卡奇对比了资本主义和前资本主义社会不同的意识形态，认为："在前资本主义时期，人们从不可能意识到（即使借助"归属"意识也不可能意识到）'历史中人们行动的动机背后存在的真正的推动力'。它们被隐蔽在动机的背后，实际上是历史的一种盲目力量。"③ 在中国，宗族和宗法关系的存在，更是弱化了农民的阶级自我意识。阶级利益冲突和对立为温情脉脉的宗族乡亲人情伦理关系所稀释。此即梁漱溟先生所说的"中国人缺乏阶

---

① 《列宁选集》第 1 卷，人民出版社 1995 年第 3 版，第 317 页。
② 《马克思恩格斯选集》第 1 卷，人民出版社 1995 年第 2 版，第 677 页。
③ [匈]乔治·卢卡奇：《历史和阶级意识——马克思主义辩证法研究》，张西平译，重庆出版社 1989 年版，第 66 页。

级意识（阶级自觉），尤不习于阶级观点（本于阶级眼光分析事物）"①。马克思也曾论述到在前资本主义时代"罩在家庭关系上的温情脉脉的面纱"②。而中国共产党"宣传下乡"的重要目的是启发和强化农民的阶级自我、阶级对立和阶级冲突意识。早在中国共产党成立前夕，《共产党月刊》1921 年第 3 号就发表《告中国农民书》，指出：中国农民占全国人口的大多数，无论在革命的预备时期，和革命的实行时期，他们都是占有重要位置的。设若他们有了阶级觉悟，可以起来行阶级斗争，我们的社会革命、共产主义，就有了十分的可能了。而要使他们获得阶级觉悟，就要对他们宣传。毛泽东在著名的《中国社会各阶级的分析》中开宗明义："谁是我们的敌人？谁是我们的朋友？这个问题是革命的首要问题。"同时他认为："农民中极艰苦者，极易接受革命的宣传"③。中国共产党的"宣传下乡"开天辟地地将阶级意识带入乡村社会，把乡村社会成员划分为一个个边界清晰的阶级，并通过宣传，提升和强化其阶级意识。如土地革命时期乡村经常可见的"打倒土豪劣绅""一切权力归农会"等口号标语。尤其是专门提出"打破地方观念，打破姓氏观念""不分姓氏地方，只分穷人富人"等口号。④

"宣传下乡"是中国共产党的政治动员，目的是将分散的广大农民组织化，成为中国共产党领导下的革命力量。"宣传下乡"的过程也是植入和强化农民的政党意识的过程。在马克思看来，农民之所以不能成为一个阶级，就在于他们无法建立全国性的联系，形成政治组织。传统农民的反抗都具有强烈的自发性。虽然农民领袖利用宗教等进行动员，但并没有形成一个代表农民利益、具有革命替代性的政治组织。他们仍然要依靠传统类型的统治权威来保护自己。尽管在中国政治生活中，出现过类似于政党的组织，但这类组织都未进入乡村社会，特别是农民中间。

---

① 转引自善峰《梁漱溟社会改造构想研究》，山东大学出版社 1996 年版，第 209 页。
②《马克思恩格斯选集》第 1 卷，人民出版社 1995 年第 2 版，第 275 页。
③《毛泽东选集》第 1 卷，人民出版社 1991 年第 2 版，第 3、7 页。
④ 参见袁征主编《中央苏区思想政治工作研究》，江西高校出版社 1999 年版，第 111 页。

中国共产党的"宣传下乡"则前所未有地将政党意识带入乡村社会。首先是通过宣传,将中国共产党的思想和纲领灌输给农民,让农民觉悟到只有中国共产党才能代表他们的利益,从而形成跟着共产党走的意识。其次是将那些具有阶级觉悟的农民发展为共产党的成员,使之在政党组织内进一步接受党的教育,强化党的意识。中国共产党从性质上讲是无产阶级政党,但在相当长时间,其绝大多数成员都是农民。作为中国共产党党员的农民,在党的宣传教育下,其党的意识逐步替代农民意识。

中国共产党依靠发动农民取得国家政权,建立中华人民共和国。强化国家意识成为"宣传下乡"的重要内容。传统中国是一个文化意义上的国家,农民虽然是国家成员,但没有也不可能参与国家公共政治生活。作为皇帝的子民,他们只有缴纳皇粮国税的义务。国家对于农民来说只是一个外在的附着物,而没有进入他们的日常生活和心理中。这就是孙中山先生所说的,传统的中国人只有家族意识而没有国族意识。就生产方式而言,农民与传统社会没有太大区别,他们的生产方式决定了具有强烈的自我生产和自我消费观念的农民意识。这种意识被称为"小私有"和"小生产"意识,是被马克思列宁主义政党认为必须与其决裂的"传统观念"。因此,还在中国共产党取得全国性政权前夕,毛泽东就提出了新国家面临的"严重的问题是教育农民"[①]的思想。教育农民就是要改造农民的"小私有"和"小生产"意识,强化国家和大集体意识。因此,在革命中形成的"宣传下乡"在革命后延续下来,只是其内容主要在于强化农民的社会主义国家意识,强化国家、集体先于个体的意识,如宣传"农民是国家的主人",宣传"大河无水小河干,大河有水小河满"。政治国家的意识开始进入农民的日常生活和心理活动之中。

阶级、政党和国家均是整体性概念。从生产方式来讲,农民是个体生产者,天生具有个体意识。但在中国共产党"宣传下乡"的过程中,农民的个体意识被弱化和改造。在生产方式没有根本性改造的条件下,

---

① 《毛泽东选集》第 4 卷,人民出版社 1991 年版,第 1477 页。

"宣传下乡"成功地将亿万分散的农民个体整合到阶级、政党和国家的整体体系中，实现了对乡村社会的重组和改造，把分散分离的乡村社会与政党国家联结在一起。

二、改造与重构乡土意识形态的机制

传统中国社会具有上层与底层相互隔绝的特点，其意识形态也具有一体化中相互分离的特性。中国共产党之得以通过"宣传下乡"，改造千百年以来形成的乡土意识形态，并建构起新的意识形态，其突出特点是将宣传工作延伸到底层社会、延伸到人的灵魂深处，从而打通上层与基层、国家与乡村社会的精神通道，建立起一体化的相互联系的精神意识网络。这一特点体现在一系列宣传工作机制之中。

1. 宣传组织

宣传工作由人来做。中国共产党的"宣传下乡"之所以能够取得显著成效，重要原因是形成了一个完备的组织体系。

中国共产党是以军事武装斗争取得全国性政权的。军事斗争是革命时期的主要任务。中国共产党的成员也主要集中于军队中。而作为武装斗争专门集团的军队同时也肩负着宣传动员的使命。早在江西革命根据地时期，毛泽东就明确指出："红军决不是单纯地打仗的，它除了打仗消灭敌人军事力量之外，还要负担宣传群众、组织群众、武装群众、帮助群众建立革命政权以至于建立共产党的组织等项重大的任务。"[1]毛泽东在总结红军长征时高度概括了军队的宣传功能，认为红军是宣传队、是播种机。红军走到哪里就将革命的道理带到哪里。西部地区距离国家政治中心遥远，甚至与世隔绝，正是红军力量的进入，才使西部地区农村得到政治动员。

宣传功能是中国共产党的重要功能。政党组织延伸到哪里，宣传工

---

[1]《毛泽东选集》第 1 卷，人民出版社 1991 年版，第 86 页。

作组织就延伸到哪里。伴随着"政党下乡",不仅农村党组织领导人高度重视政治宣传,而且设立专门从事宣传的机构并配有专门人员。特别是在 1960 和 1970 年代,党的政治宣传组织一直延伸到农村最基层的生产生活单位——生产队。生产队除设立主管生产的队长以外,还设立政治队长,专门负责政治宣传和教育。除了党组织外,为共产党所领导的群众团体也担负着宣传工作。

为了动员、改造和重建乡村社会,中国共产党经常从乡村社会外部下派工作队进入乡村。工作队的主要功能之一就是进行宣传发动。因为毕竟农村党组织成员生活于农村,先天具有传统的乡土意识并无时无刻不受到乡土意识的影响。而来自乡土外部的工作队受乡土意识影响较小,且主要功能是传递党的意识。通过工作队改造和重构乡土意识可以起到特殊的作用。工作队可以说是中国共产党"宣传下乡"的重要力量。每到中央有大政方针出台,都要向乡村下派工作队进行宣传动员。如土地改革时期有"土改工作队",人民公社时期有"'四清'工作队""基本路线教育工作队",改革开放以后有"小康工作队""新农村建设工作队"。仅仅是"四清"运动,全国就有 150 多万各级干部参加工作队。[①] 这些工作队都具有做宣传动员和思想政治工作的功能,其重要任务是将党的意识从外部"灌输"到乡土社会内部。

2. 宣传形式

在中国共产党的"宣传下乡"中,形成了一系列卓有成效的形式。

标语口号是"宣传下乡"的重要形式。标语口号是用生动、简明、易懂、醒目、针对性强的文字表达所要宣传的主要思想,其特点是"直截了当,一目了然"。[②] 农村民众的文化知识较少,在 1949 年前,90% 以上的农民是文盲。他们不可能接受和理解深奥的政治理论。而中国共产党

---

① 转引自李德芳、杨素稳《中国共产党农村思想政治教育史》,中国社会科学出版社 2007 年版,第 180 页。

② [美]诺姆·乔姆斯基、戴维·巴萨米安:《宣传与公共意识》,信强译,上海译文出版社 2006 年版,第 7 页。

的大多数成员来自乡村社会，他们也知道农民的接受理解能力有限。因此，标语口号成为宣传教育的重要方式。正如毛泽东所说："很简单的一些标语、图画和讲演，使得农民如同每个都进过一下子政治学校一样，收效非常之广而速。"①这些标语口号的内容都围绕着党的中心工作，体现着党的意志。各个重要时期的标语口号都有所不同。如土地革命时期是"打倒土豪劣绅""一切权力归苏维埃"。土地改革时期是"土地回家""农民翻身"。人民公社时期是"人民公社好"。改革开放以后是"致富奔小康"等。凡是党中央特别重视思想政治工作时，标语口号就特别多。这种简明扼要的口号使农民容易接受和理解。特别是通过标语口号能够形成一种具有强烈感染力的社会舆论，引导农村公众，建构一种新的社会共识。在传统社会，乡土意识主要是自我传递的，很少有外部性的影响，也很难形成一种对社会进行反复刺激的公众舆论。而中国共产党作为现代政党组织，特别重视以社会舆论改造、改变和影响人心。"宣传下乡"中的标语口号就是重要载体。通过这种公众舆论告知人们怎样做才是正确的，如果不这样做则会带来什么不利后果。农村是"熟人社会"和"道德社会"，一旦自己的行为偏离标语口号的范围，就可能成为公众舆论所不容忍的对象，受到社会排斥。所以标语口号尽管形式简单，但效果显著。毛泽东在《湖南农民运动考察报告》中形象地描述道："打倒帝国主义，打倒军阀，打倒贪官污吏，打倒土豪劣绅，这几个政治口号，真是不翼而飞，飞到无数乡村的青年壮年老头子小孩子妇女们的面前，一直钻进他们的脑子里去，又从他们的脑子里流到他们的嘴上。"②也正因为如此，为了达到宣传的目的，有些标语口号将所要宣传的内容推向极端，甚至流于简单粗暴。这种标语口号尽管具有震撼性，但也仅仅是外部性的威慑力，而不能延伸到人的内心灵魂。党的高层领导往往并不主张使用那种粗野极端的用语。

---

① 《毛泽东选集》第 1 卷，人民出版社 1991 年版，第 35 页。
② 《毛泽东选集》第 1 卷，人民出版社 1991 年版，第 34 页。

开会在"宣传下乡"中发挥着重要作用。对于传统农民来说,平时少有公共性的聚会。一般逢年过节时有一些本族、本村和本乡的聚会,但不具有政治内容。伴随中国共产党的"政党下乡","开会"这一现代政治形式被引入农村。"开会"与共同体议事性会议不同,主要承载着宣传教育的功能。"开会"有会议召集者,通常是党组织和受党委托的组织;有会议内容,通常是党和政府意志;有会议对象,通常是会议听众。正是通过"开会",将党的意志传递给农村公众;也正是通过不断反复地"开会",使党的意志深入到人们的灵魂之中。在革命时期,农村中普遍流行的是"国民党税多,共产党会多"的说法。国民党税多,必然导致农民的反对。而农民的反对情绪则因为共产党"开会"而动员起来,形成组织性的反对力量。中华人民共和国建立后,执政党仍然依靠"开会"输入自己的政治意志。如人民公社时期,"开会"成为生产活动的组成部分。"开会"与生产活动一样可以获得工分报酬。毕竟"开会"要比生产劳动轻松,所以能够吸引人们积极参加会议,尽管许多会议并不是他们所真正关心的。

大众传播成为"宣传下乡"的重要载体。传统乡村社会没有大众传播工具。村民之间的信息传递主要依靠口口相传。进入 20 世纪,尤其是 1949 年以后,大众传播工具迅速进入古老的乡土社会。其重要原因是执政党和政府高度重视将政治信息传递到农村,以建构新的乡土意识形态。1949 年后,大众传播工具进入乡土社会有三次高潮。第一次是 1950 年代后期以"大字报"为载体的宣传方式。毛泽东在《介绍一个合作社》一文中说:"'大字报'是一种极其有用的新式武器。"[1]在农村,要广泛运用大字报的方式发动群众、宣传群众。"在整风整社中,广东农村贴出大字报 1.2 亿张"。[2] 第二次是"文化大革命"时期的有线广播。"文化大革命"被发动者认为是一场触及人的灵魂的革命,宣传教育居于十分重要的地位。为此,在国家支持下,农村的有线广播发展迅速。在大多数

---

[1]《建国以来毛泽东文稿》第 7 册,中央文献出版社 1992 年版,第 178 页。
[2] 罗平汉:《墙上春秋》,福建人民出版社 2001 年版,第 90 页。

农村地区,每家每户都有广播喇叭。广播内容除了少量当地农业生产活动安排以外,主要是来自中央的"声音"。正是通过一个个广播喇叭,将毛主席和党中央的"声音"传递到农民中;也正是年复一年日复一日的传播,将毛主席和党中央的"声音"渗透到农民的心灵中。第三次是改革开放以后的"村村通工程"。人民公社体制废除后,依附其上的有线广播系统也不复存在,农民与国家之间的政治信息沟通相对缺乏。为了改变这种状况,国家举办了"村村通工程",其中之一就是使每个村都能接收到电视信号。由此每家每户都可以收看电视。而电视主要是由政府开办的,承载着宣传教育的功能。这种通过大众传播进行的文化整合是历史上从未有过的。它可以将政党和政府的意志以便捷的方式迅速传递给农民。农民不仅每天能听到党和国家领导人的"声",而且能够看到党和国家领导人的"像",从而大大强化了其党和国家意识。

3. 宣传活动

宣传是通过一系列行为活动来影响人的思想心理的行为模式。"宣传下乡"过程中的活动有着鲜明的特点。

一是政治运动。政治运动是由一定阶级的政党或政治集团为了实现某种政治目的所发动与领导的具有明确的目的、严密的计划性和组织性的社会活动。中国共产党是在一个民众长期不知政治为何物的国度里进行革命和新社会建设的,政治运动是达致其政治目的的重要方式。这种政治运动具有广泛性、群众性和经常性。早在1920年代,毛泽东就在著名的《湖南农民运动考察报告》中将"普及政治宣传"列为农民运动成绩的大事之一。即使是建立全国性政权后,中国共产党成为执政党,仍然习惯于运用政治运动实现政治目标。如土地改革运动、合作化运动、"四清"运动、"文化大革命"运动等。而政治运动本身就是一个发动群众、动员群众、教育群众的过程。它规模大,参与性高,力量猛烈。正是通过经常性的政治运动,党的意志高强度地输入到乡村社会,以改造既有的乡土意识和建构符合党和国家意志的乡土意识。

二是心理引导。农民意识是在长期历史中形成的,要从根本上加以改变很不容易。急风暴雨式的政治运动能够很快改变人的表层意识,但难以触及人的深层心理。而这种深层心理才是支配人的行为的内在机制。中国共产党的"宣传下乡"不仅仅借助于群众性的政治运动将党的意识从外部输入到乡村社会,更重要的是通过一系列合乎农民心理特点的政治活动改变人的深层心理。

将广大农民动员到自己的领导下是中国共产党"宣传下乡"的重要使命,也是共产党获得和巩固政权的基础。为此,共产党在革命战争时期采取均分田地、减租减息等方式,给予农民以经济好处来动员农民。但是,农民受数千年传统思想影响,并不敢获得好处,认为自己受苦是"天命",是地主出租土地养活了自己。对此,共产党在"宣传下乡"中,以"算账"的方式解决农民思想中"谁养活谁?"的问题。首先是启发农民"地主的土地从何而来?"。随后根据生产资料和劳动投入算账,让农民明白"穷人不种地,地主断了气",没有穷人的劳动,就不可能有地主的富裕,是农民养活地主而不是地主养活农民,分地主土地和减租减息是理所应当的。

土地改革是中国共产党对乡村社会进行的天翻地覆的改造。在土地改革中首先必须建构起农民的阶级和阶级斗争意识。但对于农村家族社会来讲,农民的家族亲缘意识往往强于阶级意识,因此很难建构起阶级斗争意识。为此,中国共产党领导的土地改革工作队以"诉苦"的方式建构和强化农民的阶级和阶级斗争意识。在传统社会制度下,贫苦农民的"贫苦"客观存在。但这种客观存在的事实却被人们视为与生俱来和不可改变的"天命",人们有"苦"也无处诉说,只能以压抑自己的方式生活。在土地改革运动中,工作队召集会议,让贫苦农民诉说自己的苦难生活。中共中央为推动土地改革,要求"各地报纸应多找类似《白毛女》这样的故事,不断予以登载,应将各处诉苦大会中典型的动人的冤苦经过事实加以发表"[1]。在河北省解放区的土地改革中,农民群众在"诉

---

[1] 转引自罗平汉《土地改革运动史》,福建人民出版社 2005 年版,第 16 页。

苦"大会上"越诉越痛、越痛越伤、越伤越气、越气越起火、越起火劲越大，经过诉苦，群众的情绪高起来，斗争自然易于掀起"。① 正是通过"倒苦水"，将深藏在自己内心深处的怨恨发泄出来，从而痛恨给自己带来痛苦的压迫阶级和相应的社会制度，明确了自己的处境正是由阶级压迫造成的，因此获得和提升了自己的阶级觉悟，萌生和强化了阶级斗争意识。正如亨廷顿所评价的，随着城市的启蒙到乡下，"农民不仅开始意识到自己正在受苦，也认识到能够想办法来改变自己的苦境。没有什么比这种意识更具有革命性了"②。在中国，"将个体的身体之苦和精神之苦转变为阶级苦、阶级仇恨，是在革命政权进入乡村社会之后才发生的，正是通过'诉苦'、'挖苦根'等技术的引导，才将农民的阶级意识挖掘出来，从而使苦难得以归因"③。因此，"诉苦会，建构起了农民的阶级意识，使一直以来认为农民政治觉悟不高的观点显得苍白无力，诉苦攻心的方式，坚定了处于社会底层的农民对新政权的认同"④。

　　土地改革后农民获得了土地，成为小私有者和小生产者。但中国共产党为了从根本上改造传统社会，很快推行集体化。这种集体化直接触及农民的小私有心理，并不为农民所主动接受。中国共产党之所以在土地改革后不断开展政治运动，重要目的就是改造农民的小私有心理。在强化集体化意识的政治运动中，"忆苦思甜"是重要活动，即回忆过去的苦难，思念今天的幸福生活。农民的生产主要依靠历史积累的经验，其思维习惯于"向后看"，即与过去比较，在与过去比较中寻求人生的支点。同时，农民的生产方式高度依赖于自然，他们的收获和生活好坏取决于

① 《中共冀中区党委关于土地改革第一阶段几个问题的经验介绍》，1946 年 12 月 1 日。转引自李德芳、杨素稳《中国共产党农村思想政治教育史》，中国社会科学出版社 2007 年版，第 121 页。

② ［美］塞缪尔·P. 亨廷顿：《变化社会中的政治秩序》，王冠华、刘为等译，三联书店 1989 年版，第 272 页。

③ 郭于华：《受苦人的讲述：骥村历史与一种文明的逻辑》，香港中文大学出版社 2013 年版，第 47 页。

④ 陈益元：《革命与乡村——建国初期农村基层政权建设研究：1949—1957》，上海社会科学院出版社 2006 年版，第 291 页。

"天"的恩赐,因此具有强烈的感恩意识。"忆苦思甜"活动恰恰适应了农民的思维特点。通过回忆过去的痛苦生活,感受到今天生活的幸福;而今天的幸福生活则是中国共产党带来的,因此要感谢共产党并永远跟着共产党走,"吃水不忘挖井人,翻身不忘共产党"。

三是树立典范。传统中国是一个道德社会。这种道德社会往往是通过道德楷模来教化社会。所以皇帝会经常对那些符合道德标准的人物加以表彰,以此进行精神文化整合。在中国共产党的"宣传下乡"过程中,通过宣传各种先进模范人物,以树立典范影响社会是重要活动方式。在每个时期都会围绕党的主导意志和标准树立典范,对他们加以表彰,引导人们向他们学习。1950年代末和1960年代初,中国农村出现严重的经济困难,人民公社制度的好处受到质疑。正是在执政党领导层出现农村方针政策走向分歧之时,山西省大寨大队在大队党支部书记陈永贵的带领下,依靠集体的力量不仅克服困难,而且取得农业丰收。这一事迹很快得到执政党最高领导层的关注,并成为农村集体化道路的典范,从而号召全国"农业学大寨"。1964年12月,国务院总理周恩来在三届全国人大一次会议上对大寨的经验进行了概括和总结,指出:"大寨大队所坚持的政治挂帅、思想领先的原则,自力更生、艰苦奋斗的精神,爱国家爱集体的共产主义风格,都是值得大家提倡的。"①自此,"农业学大寨"成为一场持续达10多年之久的政治运动。

四是思想斗争。中国共产党依靠农民阶级取得国家政权。但党还要改造传统社会,重建新的社会。而要实现这一目的首先得改造人的思想。特别是长期形成的农民意识并不是很快能够改变的。中国共产党的"宣传下乡"除了以各种宣传行为影响人的思想意识外,就是伴随着政治运动对不符合党的意志的思想进行斗争。1957年,农村集体化进行到高潮阶段,为了迅速推进集体化,同年8月8日,中共中央发出《关于向

———

① 《当代中国农业合作化》编辑室:《建国以来农业合作化史料汇编》,中共党史出版社1992年版,第794页。

全体农村人口进行一次大规模的社会主义教育的指示》，要求用大辩论的方式引导农民走社会主义道路，并与各种错误思想作斗争。1960年代执政党在农村开展"四清"运动，重要内容是"清思想"，与干部的错误思想作斗争。"四清"运动之后的"文化大革命"更是一场"触及人的灵魂的大革命"，思想斗争方式更激烈。除此之外，各种政治学习也伴随着思想斗争。

应该说，中国共产党的"宣传下乡"在改造传统乡土意识，建构阶级、政党和国家意识方面是卓有成效的。它将分散的乡村社会纳入到统一的精神文化体系中来，建构起农村基层社会与国家意识形态的精神通道，使"只知有家不知有国"的传统意识改变为"国与家相连"的现代意识。当然，由于"宣传下乡"伴随着政治运动，伴随着经济政治压力，因此也有一定限度。这就是人们往往更多的是基于某种外部性压力服膺某种思想，而不是基于内心的自觉。正因为如此，改革开放以后的"宣传下乡"出现了新的情况。如与人民公社体制相伴随的"开会"已没有以往的影响力了，从事家庭经营的农民对于开会缺乏积极性，许多地方出现了10多年不开会的"会荒"。大众传播传递的信息多样化，也使人们的思想意识呈多样化态势。简单的单向的宣传"灌输"不再受欢迎。特别是来自乡土自身生产生活活动且曾经受到批判的乡土意识又迅速复活，如家族意识、乡土信仰等。

三、"教育下乡"：从私塾到普及教育

人的意识、思维、观念不是先天具有，而是后天习得的。由此就产生了教育，即教育者根据一定社会需要，有目的、有计划、有组织地对受教育者的身心施加影响，从而将其培育成一定社会所需要的人。作为塑造人的活动，教育成为国家整合乡村社会的重要方式。

传统中国的国家上层与社会底层是相互隔离的，重要原因是教育系统造成的文字官僚与文盲百姓的隔离。传统乡土社会从事农田耕作的

农民不需要经过专门教育获得专门的书面知识。他们在狭小的生产和生活范围内,只需要通过口口相传的经验就可以满足自己的日常需要。他们生活在一个简单的社会环境里,主要通过简单的、相互熟悉的语言进行交往,而不需要书面文字知识,也无须经过专门的教育。因此,对于广大一般平民百姓而言,传统乡土社会是一个"有语言而无文字的社会"。费孝通先生对此有过专门的阐述。他在"再论文字下乡"一文中表示,不能简单地说乡下人"愚不可及"。"中国社会从基层上看去是乡土性,中国的文字并不是在基层上发生。最早的文字就是庙堂性的,一直到目前还不是我们乡下人的东西。我们的文字另有它发生的背境,我在本文所需要指出的是在这基层上,有语言而无文字。不论在空间和时间的格局上,这种乡土社会,在面对面的亲密接触中,在反复地在同一生活定型中生活的人们,并不是愚到字都不认得,而是没有用字来帮助他们在社会中生活的需要。"①

中国的文字产生及传递文字知识的教育主要源于国家统治。因为,国家是一个范围远远超越于村庄的复杂的社会共同体。国家要对一个个互不相干的村落进行有效治理,必须使用文字。文字是人类用来记录语言的符号系统。它可以突破口语受到的时间和空间的限制,创造和传递知识信息。国家通过一级级官僚发布命令,治理天下,必须借助明确的书面文字,而不能是只有乡亲熟人才能听懂会意的口语。因此,费孝通先生说"最早的文字就是庙堂性的"。特别是中国的文字属于象形文字,且载有丰富的政治文化含义,没有专门的教育训练是很难掌握的。费正清和赖肖尔先生评价道:"汉字与比较简易的西方拼音文字相比有某些弊端,显然要花费多得多的时间和精力才能掌握汉字。""这套复杂的文字与那些在文化上比较简易的文字相比增加了识字的难度,这样也

---

① 费孝通:《乡土中国 生育制度》,北京大学出版社 1998 年版,第 22—23 页。

就使只有相当少有时间用于长期苦读的人才能进入上层阶级生活。"①
"因此,中国的书写文字并不是中国农民借此可以获得真理和知识的敞
开的大门,而是阻挡其上进的拦路虎,需要花费实实在在的大力气才能
加以克服——它是钻研学问的障碍而不是助力。""西方作家也素来认为
中国的考试是真正的民主制度,使聪明的农民有机会出人头地。但事实
上这种情况似乎是比较少见的。为考试入选所必需的多年寒窗苦读,是
普通农民不能逾越的障碍。"②中国文字对于农民来说是外在于生活且十
分困难的,而对于国家治理来说则是十分必需的。因为"汉字"除了字体
优美和有活力外,"另一个大优点是它很容易就克服了方言的差异或是
其他更多的语言障碍。所有识字的中国人尽管他们说着互不相通的'方
言',但都能读同样的书,都把标准的汉语看作是他们自己的语言"。"中
国能成为世界上最大的民族这一点至少有部分原因应从其文字中找到
解释。"③

　　正因为中国文字具有复杂性和国家整合的功能,国家的统治者历来
重视专门的教育,这就是兴办专门的教育机构——学校,以培养国家治
理的人才。这类教育机构称为"官学",即官府兴办并用于培养国家治理
专门人才的机构。"学在官府","官守学业"。传统国家的教育并不是面
对社会大众的,官方主办的教育不下乡。一则农民生活不需要,二则农
民如果知道太多,反而不利于统治。统治者往往利用孔子的"唯上智与
下愚不移"这句话实行愚民政策。

　　在传统国家,"教育不下乡"并不是乡村无教育。因为,传统国家兴
办的官学只是训练专门的治理人才,并不承担识字等基础教育的功能。
这一功能主要为遍布乡土社会的"私塾"承担。私塾是由私人举办的学

① ［美］费正清、赖肖尔:《中国:传统与变革》,陈仲丹等译,江苏人民出版社1992年版,第25—
　　26页。
② ［美］费正清:《美国与中国》,张理京译,世界知识出版社1999年版,第43、45页。
③ ［美］费正清、赖肖尔:《中国:传统与变革》,陈仲丹等译,江苏人民出版社1992年版,第26—
　　27页。

校,主要有塾师自己办的教馆、学馆、村校,有地主、商人设立的家塾,还有属于用祠堂、庙宇的地租收入或私人捐款兴办的义塾。私塾产生于春秋时期,作为私学的一种,延绵 2000 余年。私塾也是一种教育机构,只是它远远没有"官学"严格。一是它没有国家财政支持,费用主要是学生自己和其他民间人士及机构支付。二则它没有固定的学制,学习时间可长可短。三是它没有入学的门槛,一般人的子弟都可以入学。正因为如此,私塾在中国的基础教育中发挥了重要作用。但是,这种作用也是极其有限的。一则是农业生产和生活不需要太多的知识,一般农家子弟只要认识几个字就可以了,不需要接受更多教育。二则接受更多的教育需要更多的投入,而这种投入主要是用于获取国家功名,进入上层社会,"学而优则仕"。对于一般民众来讲是没有条件投入更多财力和时间的,且会冒考试不上的风险。美国学者摩尔对此评价说:"在理论上,官僚阶层对一切人开放,哪怕是地位卑贱的农民。只要智慧超群而又雄心勃勃,都能做官。但由于缺少普遍的大众教育体制,学生进行长期艰苦的学习就必须要以家族的富裕为后盾。"[1]三则女性因为不主事,被排斥在接受教育大门之外。所以,在传统中国,绝大多数农民属于不识字的"文盲"。如胡庆钧所说:"对于一个大字不识的农民,文字是具有神秘性的。"[2]中国的平民教育家晏阳初将中国农民的病根归于"贫弱愚私","愚"就是文盲。文盲不是不会说话,主要是不识字。"文字"未能进入乡土社会的日常生活之中。

中国的"文字下乡"和普及教育是伴随着现代国家建构而进行的。19 世纪中叶,在工业文明支撑下的西方世界入侵中国,中国遭受亡国灭种的威胁。一些仁人志士认为,其重要原因是民众愚昧。他们没有文字,不能识字,只知有家,不知有国,更不知天下大势,因此是"睁眼瞎",

---

[1] [美]巴林顿·摩尔:《民主和专制的社会起源》,拓夫、张东东等译,华夏出版社 1987 年版,第 131—132 页。
[2] 胡庆钧:《论绅权》。转引自费孝通、吴晗等著《皇权与绅权》,华东师范大学出版社 2015 年版,第 94 页。

无法睁眼看世界，更难以形成一个团结的整体。为了挽救民族，必须开启民智，兴办教育。如梁启超提出"新民说"，认为"新民为今日中国第一急务"。要造就新民，必须举办教育，特别是改造传统教育体系。从晚清开始，中国开始了"文字下乡"和普及教育的过程。一是建立专门的教育机构。政府在地方主办学校，即所谓"公立学校""国立学校"，教育面向普通大众。二是实行"新学"。教学内容主要是识字和现代社会所需要的知识。三是有正规的社会教育体制。1906年清政府颁布《劝学所章程》，规定"各府厅州县就辖境内划分学区"，"每区设劝学员一人，任一学区内劝学之责"，垂直隶属于州县劝学所。"这是中国近代在建立区乡行政方面的最早官方创制。"①之后，伴随"行政下乡"，教育机构成为重要行政机构。

在20世纪上半叶，中国的"文字下乡"和普及教育过程是极其缓慢的，特别是没有深入到乡土社会中。正式学校主要兴办于县城以上的城市。乡村百姓受教育程度仍然很低。正因为如此，中国共产党在农村革命根据地做的一件重要的事就是教农民识字和扫除"文盲"。毛泽东在1927发表的《湖南农民运动考察报告》中指出："中国历来只是地主有文化，农民没有文化。""中国有百分之九十未受文化教育的人民，这个里面，最大多数是农民。"②伴随农民运动，农民办的十四件大事之一就是办农民学校。1934年1月第二次全苏区工农兵代表大会上，毛泽东在工作报告中提出：文化建设的中心任务，"是厉行全部的义务教育，是发展广泛的社会教育，是努力扫除文盲，是创造大批领导斗争的高级干部"。③由此在苏区推行全民识字运动。在抗日战争时期的陕北，"边区是一块文化教育的荒地。学校稀少，识字者亦稀少。在某些县如盐池，一百人中识字者有两人，再如华池等县，则两百人中仅有一人"。为此，边区政

---

① 魏光奇：《官治与自治——20世纪上半期的中国县制》，商务印书馆2004年版，第122页。

②《毛泽东选集》第1卷，人民出版社1991版，第39页。

③《毛泽东、邓小平、江泽民论教育》，中央文献出版社、人民教育出版社、北京师范大学出版社2002年版，第9页。

府开展了"冬学运动",开展广泛的识字教育。①

　　中国大规模的普及教育是在 1949 年以后。一是学校体系延伸到农村。尽管在相当长时间里农村学校属于"民办教育",但只是经费渠道不同,教育方针、教育内容和教育体系均属于国家教育。特别是 1980 年代以后国家通过义务教育相关法律,将普及九年制义务教育作为一项普遍遵守的法律确定下来。进入 21 世纪以后,又全面实行免费义务教育。这就意味着经济文化相对落后的农村人口有了更多接受教育的可能。到 20 世纪末,中国实现了基本普及九年义务教育。进入 21 世纪后,重点加强和发展农村教育,将义务教育全面纳入财政保障范围,义务教育进入到巩固提高和全面普及新阶段。2008 年,全国小学净入学率达到 99.5%,初中毛入学率达到 98.5%;青壮年文盲率降低到 3.58% 以下。

　　"教育下乡"和普及教育对于国家整合分散的乡土社会起到了重要作用。农民子弟有了知识,能够通过文字认识国家,从而将个人与国家联系起来,有利于形成国家认同。有了知识还可能改变命运。以往只有少数大户人家子弟通过学习考试进入上层社会,如今一般人家的子弟也可以通过学习改变世代延续的命运。当一个人可以通过正式渠道向上流动时,他更多的是对国家体制的认同而不是反叛。近代的革命领袖洪秀全、孙中山等都是因为正式体制无法接纳他们而形成对国家体制的反叛意识的。

　　中国的"教育下乡"和普及教育也存在着一些农民并不认同的方面。一是"教育下乡"和普及教育是国家主导下发生的,并不是乡土社会变迁的需要,甚至某些方面与乡土社会是脱节的。费孝通先生认为:"如果中国社会乡土性的基层发生了变化,也只有在发生了变化之后,文字才能下乡。"②尽管费先生的话有些绝对,但它从乡土社会需要本身来讲还是

---

① 参见李德芳、杨素稳《中国共产党农村思想政治教育史》,中国社会科学出版社 2007 年版,第 103—104 页。
② 费孝通:《乡土中国　生育制度》,北京大学出版社 1998 年版,第 23 页。

有其道理的。中国的"教育下乡"和普及教育是国家行为,且这种国家行为主要是为现代化建设服务的,而乡土社会的现代化进程大大慢于城市,这使得现代"新学"教育与乡土社会生产和生活需要本身往往是脱节的。毛泽东早在1927年就看到了这一点。当时他就发现农民并不喜欢"洋学堂"。"农民宁欢迎私塾(他们叫'汉学'),不欢迎学校(他们叫'洋学'),宁欢迎私塾老师,不欢迎小学教员。"[①]在普及教育过程中如何调整国家化与乡土性的关系显然还是有待解决的难题。二是"教育下乡"和普及教育过程是城乡非均衡发展的。特别是农村长期属于自己出资办教育,农民出资培养的人才却都属于城市发展所需要的人才。乡土优秀人才大量流失,造成乡土人才空心化。这种非均衡发展造成的教育不公平感会伤害农民对国家的认同,其重要方式就是有知识的农民想的是如何"跳出农门",而不是投身于国家倡导的农村建设。

四、乡村教育的政治社会化机制

教育是塑造人的活动,也是政治社会化的重要机制。特别是中国的教育自一开始就是由政府举办。通过教育活动将人塑造为国家需要的人,进而实现国家整合,是中国教育的重要特点。

在传统中国,学习知识与思想教育是高度重合的,且寓于思想教育知识学习之中。统治者之所以强调"学在官府",就是可以按照官府的意志开展教育活动。秦汉以"三老掌教化"强调乡村领袖对于教化的重视。特别是汉代以后,独尊儒学,官学主要是学习治国理政所需要的儒学经典。儒学经典的核心是构建和维护既定的秩序。乡村教育尽管主要是私塾,但其学习的内容与儒家思想是一脉相承的。如私塾中通行的蒙养教本是"三、百、千、千",即《三字经》《百家姓》《千家诗》《千字文》,以及《女儿经》《教儿经》《童蒙须知》等等。学生进一步则读四书五经、《古文

---

① 《毛泽东选集》第1卷,人民出版社1991版,第40页。

观止》等。因为私塾主要是最为基础的教育,其内容以识字习字为主,但识字过程中也体现了儒家的价值,并为进一步的提升奠定基础。同时,学习过程中还贯穿着一系列礼仪规范。因此,就学习内容和学习目的来说,私塾与官学是一致的,都是政治社会化的重要机制。

进入近代以后,"新学"与旧学的重要区别是知识与政治有所剥离。自然科学与政治价值无关,一些社会科学也具有相对独立性。但是,近代中国教育一开始兴起就与国家建构密切相关。"新学"之所以要取代旧学,是因为旧学已无法保国保种。"文字下乡"和普及教育都是为了救亡图存。正如李书磊所说:"中国的新式学校一开始就同民族国家的观念与实体紧密相连。1905 年废科举、兴学堂就是在新的民族国家观念的指引下对于中国危急形势的一种因应,新式学校本身就是国家自我觉醒的产物。"[1]特别是伴随"政党下乡",教育更是承载着政治教育的功能。国民政府实行"党化教育"。1928 年,国民政府将三民主义确定为"中华民国教育宗旨"。

由于国民政府的教育机构主要集中于县城以上,真正将政治社会化功能带入乡村教育的是中国共产党。中国共产党在农村兴办教育的目的非常明确,就是服从革命斗争的需要,塑造具有共产主义信念的新人。早在 1922 年,中国共产党领导下的社会主义青年团作出了《关于教育运动的决议案》,强调要"努力从事识字教育和阶级斗争的教育运动"。1934 年,毛泽东强调,苏维埃文化教育总方针"在于以共产主义的精神来教育广大的劳苦民众,在于使文化教育为革命战争与阶级斗争服务,在于使教育与劳动联系起来,在于使广大中国民众都成为享受文明幸福的人"。[2]《夫妻识字》的歌词说:"庄稼人为什么样要识字?不识字不知道大事情。旧社会咱不识字,糊里糊涂受人欺。如今咱们翻了身,受苦人

---

[1] 李书磊:《村落中的"国家"——文化变迁中的乡村学校》,浙江人民出版社 1999 年版,第 9 页。
[2]《毛泽东、邓小平、江泽民论教育》,中央文献出版社、人民教育出版社、北京师范大学出版社 2002 年版,第 9 页。

变成了当家的人，睁眼的瞎子怎能行！"中华人民共和国建立后，伴随着教育的普及，国家教育方针确立并在全国实施。1956 年，在生产资料的社会主义改造基本完成后，毛泽东主席在《关于正确处理人民内部矛盾的问题》中提出，"我们的教育方针，应该使受教育者，在德育、智育、体育各方面都得到发展，成为有社会主义觉悟的，有文化的劳动者"。1995 年国家通过的《中华人民共和国教育法》规定："教育必须为社会主义现代化建设服务，必须与生产劳动相结合，培养德、智、体等方面全面发展的社会主义事业的建设者和接班人。"同时还专门规定"国家在受教育者中进行爱国主义、集体主义、社会主义的教育，进行理想、道德、纪律、法制、国防和民族团结的教育"。2004 年，颁布了《中共中央国务院关于进一步加强和改进未成年人思想道德建设的若干意见》，专门就如何对未成年人进行思想道德教育提出了具体的要求。

在农村普及教育对于国家整合分散的乡村社会具有十分重要的作用，是国家在农村进行政治社会化的重要机制。它主要由以下环节构成：

1. 学校。学校是从事教育的专门机构。在传统社会，虽然存在着私塾这类教育机构，但是这类机构不正式，有的地方有，有的地方没有。特别是私塾不属于"官学"，具有较大自主性和灵活性，不具有政治社会化的直接工具属性。统治者把教育儿童看成是家长自己的责任，对蒙学只是略加提倡、引导而已。官府从不干预私塾办学，任凭私塾在民间自由发展。而在当今中国，随着教育的普及，几乎每一个村庄都有学校。特别是兴办学校属于国家行为。尽管在一定时期内，乡村学校的经费由农民和农村社区自己筹办，但其教育内容仍然属于国家教育体系，具有很强的国家属性。正如西方马克思主义学者路易斯·奥尔萨瑟所说的："学校是一种国家机器"。①《中华人民共和国教育法》规定：学校应当履

---

① ［英］戴维·布莱克莱吉：《当代教育社会学流派——对教育的社会学解释》，王波等译，春秋出版社 1989 年版，第 178 页。

行"遵守法律、法规；贯彻国家的教育方针，执行国家教育教学标准，保证教育教学质量"的义务。在当代中国，即使是在人民公社时期，国家的正式机构也未深入到最基层。而在乡村，几乎每一个村都有一所学校。这种贯彻国家教育方针的学校就是国家意志在乡村社会的体现者。尤其是它塑造着每一个乡村成员，为乡村成员进入社会建构起最基本的政治意识。这是专门的国家机构永远也无法实现的功能。李书磊先生以一个村的小学为例，详细地描述了乡村学校扮演的政治社会化和国家整合乡村的角色。①

2. 教师。教师是施教者。由于教育承载的政治社会化功能，教师的社会地位相对较高。中国传统社会供奉的牌位包括"天地君亲师"。教师是受到尊敬的人。"尊师"与"重教"是相联系的。即使是至高无上的皇帝对自己的老师也十分尊重。至于在乡村社会，由于教师是少有的"文化人"，也受到一般民众的尊崇。但在传统社会，存在于乡间的私塾老师并没有国家化和专业化，不是吃"皇粮"的人，国家很难对其进行政治上的要求。而进入 20 世纪后，伴随着教育的普及，教师走向专业化和国家化。政府出资主办的学校，教师属于国家公职人员，领取政府支付的报酬。即使在一定时期，乡村教师主要属于非国家公职人员的"民办教师"，但能否任教也要服从当地政府及其代理者的意志，在教育活动中更要服从政府提出的教育要求。1993 年颁布的《中华人民共和国教师法》明确规定："教师是履行教育教学职责的专业人员，承担教书育人，培养社会主义事业建设者和接班人、提高民族素质的使命。教师应当忠诚于人民的教育事业。"教师的义务包括"遵守宪法、法律和职业道德，为人师表；贯彻国家的教育方针，遵守规章制度，执行学校的教学计划，履行教师聘约，完成教育教学工作任务；对学生进行宪法所确定的基本原则的教育和爱国主义、民族团结的教育，法制教育以及思想品德、文化、科

---

① 李书磊先生可以说是用材料对乡村学校的政治社会化功能进行实证研究的重要作者。其代表作为：《村落中的"国家"——文化变迁中的乡村学校》，浙江人民出版社 1999 年版。

学技术教育,组织、带领学生开展有益的社会活动"等。国家尊师重教,将每年的 9 月 10 日规定为"教师节"。但同时也规定了教师的资格,只有符合国家的特定要求才能具有担当教师的资格。其中的重要条件是思想政治状况。教师因此成为国家意志的体现者。教师在按照规范履行教育活动时,实际上在扮演着国家代理人的角色。他们通过言传身教,实施政治社会化行为。正因为教师是乡村少有的"文化人",且有较强的政治意识,因此他们中的一部分人很容易被选拔为乡村干部,从而又可担当进一步的政治教化的角色。

3. 教材。教材是用于向学生传授知识、技能和思想的材料。在传统社会,乡村私塾的教材范围大体一致。但由于是私人举办的教育,因此在学什么、学多少等方面具有一定自主性和灵活性。进入 20 世纪以后,随着教育的普及,教材承载了明确的政治教育功能。不同时期的教材体现着不同时代国家的意志。小学生语文本来是以识字作文为主。但是识字作文都有一定的政治标准。教材内容要符合特定的国家需要和为国家所认可。如一本指导语文老师授课的《教师教学用书》表达了教材指导思想:"在安排语文知识和进行语文基本功训练的同时,注意渗透思想教育——使学生在获得语文知识的过程中,同时受到一定的思想教育,以体现语文学科的工具性和思想性。"①特别是国家实行统编教材,即由政府主持编写全国统一使用的一个版本的教材。学生根据统编教材在同样的时间学习同样的内容。这有利于将统一的国家意志传递给受教育者。

4. 课程。课程是指学校学生所应学习的学科总和及其进程与安排。在传统中国,乡村私塾的课程设置较灵活,思想政治教育寓于文化知识学习之中。随着"文字下乡"和教育普及,思想政治课程设置专门化和固定化。从国民政府的"三民主义"课程到中华人民共和国的社会主义教

---

① 人民教育出版社小学语文室编著:《九年义务教育五年制小学语文第三册教师教学用书》,人民教育出版社 1995 年版,第 1 页。

育,相关的思想政治教育一直是专门的课程,且处于重要地位。即使是在改革开放以后,小学也设立了专门的思想品德课程。而除自然科学以外的其他课程也要体现国家所认可,并有助于政治社会化的内容。

5. 仪式。仪式典礼的秩序形式,是学习和规范人的行为的过程。传统中国乡村的私塾教育非常重视礼仪,但这种礼仪主要是对教师的敬奉,一般不具有国家属性。20世纪以来的教育普及过程,是学校仪式的正规化和国家化。如学校上课之前,要举行升旗仪式。在学生高唱国歌中国旗冉冉升起。这一过程中,学生获得了对国家的认知。尽管有的乡村学校条件较差,但升旗仪式仍然成为学校重要的活动。作家刘醒龙的小说《凤凰琴》描述了一所山区小学在条件极其简陋的情况下举行升旗仪式的场景。远离政治中心的乡村孩童正是在这一场景下不断强化其国家意识的。正如李书磊所说:"中国的学校不仅作为培养现代人才的国家机器而存在,而且还以其鲜明有力的符号系统——如统一的校服、肃穆的校园、谨严的校礼、激昂的校歌——成为国家意志与形象的展现。"[1]这种展现不仅是塑造了学生的国家意识,还影响着整个乡土社会。在一般乡村,即使是村级学校也一定经常升国旗,村庄小学的国旗和国歌成为国家在乡村社会的主要,甚至唯一表征。

6. 典范。典范是可以作为学习、仿效标准的人或事物,具有特殊的影响力和示范性。传统中国私塾对于学习好的学生也给予一定的鼓励。特别是那些通过苦读获得国家功名的人,更可以得到国家表彰,光宗耀祖。但这种人毕竟是极少数,且与一般平民家庭没有什么关系。而在普及教育过程中,学校按照国家认可的标准树立典范,号召其他人学习。如每年评选"三好学生"。由于普及教育,几乎每个家庭都有学生,因此,国家认可的典范进入每一个家庭,从而将政治社会化的过程带入到广大农民的日常生活之中。

---

[1] 李书磊:《村落中的"国家"——文化变迁中的乡村学校》,浙江人民出版社1999年版,第9页。

五、"文艺下乡"：底层农民成为文艺主角

思想价值的重构和一体化是国家重建和一体化的基础。伴随中国"宣传下乡"和"文字下乡"的是"文艺下乡"。运用文艺作品改造人的思想，塑造新的农民形象，是中国共产党进行政治动员，并进而整合分散的乡村社会的重要方式。

文艺，是人们通过形象对生活进行提炼、升华和表达，从而获得一定精神心理满足的精神产品。文艺可以说是随人类产生而出现的。但作为一种专门的精神产品，文艺长期主要为上层社会所享受。在早期中国，显示统治者权威的祭祀活动伴有音乐。孔子所教的六门课程中头两门就是"礼、乐"。作为统治者独享的精神产品，国家没有将其传递给乡村社会。但乡村社会也有自己的文艺生活。张鸣举例说，有"乡间戏曲和故事、传说，包括各种舞台戏、地摊戏、说唱艺术及民歌（谣）、俚曲、故事、传说、童谣、民谚、民间宗教的各色宝卷（已化为说唱艺术的一部分）等等"。"农村的集市与庙会，一般都具有娱乐功能，搭台唱戏，必不可少。在村落内部，平时年节、婚丧嫁娶，也非有艺人掺合才算热闹。""农民不仅乐于看戏听曲，而且还积极参与，某些技巧要求不高的角色，往往由农民业余演员担任；有些剧种，如哑队戏、地摊戏、傩戏，基本是由农民自己来演；其他一些半戏剧性的娱乐活动，如社火、秧歌，则更属农民群众参与性的自娱自乐。"①

无论是上层统治者，还是下层农民社会，农民都没有成为文艺的主角。在生产文艺作品的文人和艺人那里，也有对劳苦民众的同情，如杜甫的诗。但并没有文艺为农民大众服务的自觉意识。乡土文艺尽管与农民的生活密切相关，并曲折反映了农民的心声，但也没有以农民自己

---

① 张鸣：《乡土心路八十年——中国近代化过程中农民意识的变迁》，上海三联书店1997年版，第17页。

为文艺主角的自我意识。"从内容上,乡间戏曲大体可以分成这样几类:说忠孝节义的伦理戏;道精忠报国的忠良戏;叙解民倒悬的清官戏;讲因果报应的宗教戏;唱男欢女爱的爱情戏和淫秽下流的黄色戏。至于民歌、俚曲、故事、传说,也大抵离不开这几类的范围。"①

进入近代以后,文艺生产成为一个专门性的精神生产领域。文艺种类也越来越多,不仅有本土文艺的提升和专业化,如各种剧团,还有大量外国进入的文艺样式,如电影。文艺开始具有以下特征:一是社会化。如以往主要为皇家宫廷官府所享受的文艺作品也走向社会,为社会公众所享受,如京剧。二是专业化。在传统中国,除了极少数皇家宫廷艺人以外,很少有以文艺为职业的专业人员。而在近代,专业文艺生产人员迅速增多。三是国家化。政府开始关注和干预社会公众的文艺生活。但是,近代中国出现的专业文艺生产主要停留在城市,农民不仅被排斥在专业文艺之外,也不是专业文艺服务的对象。

不过,近代文艺的产生一开始就与政治有密切的关系。因为它产生之际正面临着国家的生死存亡和社会的天翻地覆。在这一过程中,占人口大多数的农民大众必然会进入文艺生产者的视野。20世纪二三十年代出现了左翼文学和乡土小说。左翼文学关注底层社会民众的生活和命运。以鲁迅为代表的乡土小说则直接将农民作为文学作品的重要角色。只是左翼文学和乡土小说当时都着重于批判——身居城市的作家以批判的眼光审视故乡风习,对农民的愚昧、落后进行尖锐的讽刺与批判。他们往往怀着哀其不幸、怒其不争的复杂情绪描绘生活在苦难中而又麻木、愚昧的故乡人,同情与批判,讽刺与哀怜相互交织。比较典型的是鲁迅的小说《阿Q正传》。这是一部以乡村农民为主角的小说,但所刻画的并不是一个积极和正面的农民形象。

专业性的"文艺下乡"是在中国共产党推动下发生的,而且在这一下

———

① 张鸣:《乡土心路八十年——中国近代化过程中农民意识的变迁》,上海三联书店1997年版,第17—18页。

乡过程中,农民第一次成为文艺作品的主角,并塑造出积极、正面的农民形象。

1940 年代初,随着中国共产党在陕北开辟抗日革命根据地,大批城市知识分子和文艺工作者进入根据地。他们原来熟悉的是城市生活,而对农村生活不熟悉,尤其是对当时的革命时代缺乏深入的了解。为此,1942 年,在中国共产党主持下专门召开了延安文艺座谈会。毛泽东先后两次在座谈会上发表讲话。毛泽东指出为了革命文艺的正确发展,中心问题"是一个为群众的问题和一个如何为群众的问题"。他特别强调"为什么人的问题,是一个根本的问题,原则的问题",提出文艺为工农兵服务的方针。他指出:"我们的文学艺术都是为人民大众的,首先是为工农兵的,为工农兵而创作,为工农兵所利用的。"[①]当时的延安几乎没有什么工人,军队的来源也主要是农民。因此,为工农兵服务说到底是为农民服务。这一方针从根本上改变了历史上文艺为上层统治者服务的指向,农民第一次成为文艺服务的对象和文艺作品的主角。而且文艺作品应该塑造的是农民的积极和正面的形象。毛泽东认为,农民也有落后的思想,但"不应该只看到片面就去错误地讥笑他们,甚至敌视他们"。为此要改变创作者的思想感情,深入生活,了解农民,将"文艺工作者的思想感情和工农兵大众的思想感情打成一片"。[②]

文艺座谈会后,各文艺团体和有关单位组织作家、艺术家认真学习文件,进行自我反省、自我批评,开展思想整风运动。随后,中共中央文化工作委员会和组织部于 1943 年 3 月召开党的文艺工作者会议,动员和组织作家、艺术家深入工农兵群众的实际斗争,实践延安文艺座谈会所制定的文艺的工农兵方向。中共领导人凯丰在会上作了《关于文艺工作者下乡的问题》的报告,提出要解决文艺工作者与实际结合、文艺与工农结合这两大问题。之后,作家、艺术家们纷纷下乡感受和体验生活。

①《毛泽东选集》第 3 卷,人民出版社 1991 年版,第 853、857、863 页。
②《毛泽东选集》第 3 卷,人民出版社 1991 年版,第 849、851 页。

农民不仅第一次进入文艺工作者的视野,而且成为文艺作品的主角。例如:表现农民与地主阶级矛盾及农民反抗的有歌剧《白毛女》、长篇叙事诗《王贵与李香香》等。表现农村妇女深重苦难及她们翻身经历的,有传记小说《一个女人翻身的故事》、长篇叙事诗《漳河水》。表现农民在中国共产党领导下为推翻地主阶级所进行的减租减息、土地改革运动的,有中篇小说《李有才板话》,长篇小说《太阳照在桑干河上》《暴风骤雨》。表现农民翻身后摆脱贫困和恢复、发展生产的斗争的,有描写农村集体生产劳动的长篇小说《种谷记》等。还有描写农村进行社会改革,农民内部为改变旧观念、旧风习而斗争的,如短篇小说《小二黑结婚》《我的两家房东》等。这些作品来自农民生活,为农民所了解,熟悉农民语言,能够为农民所懂得。特别是它们深刻地反映了农民的心声,能够激发农民的共鸣,打动农民内心深处的情感。如《白毛女》上演时,农民军人因为感情投入而将戏中角色视为真实情景。通过这样的方式,使得"农民不仅开始意识到自己正在受苦,也认识能够想办法来改变自己的苦境。没有什么比这种意识更具革命性了"①。

中国共产党在延安根据地的"文艺下乡"只是局部性的。1949 年获得全国性政权以后,中国共产党可以在全国,特别是利用国家的力量推动"文艺下乡"。1949 年 7 月,召开了第一次中华全国文学艺术工作者代表大会。大会把毛泽东的文艺思想作为新文艺的基本方针,号召文艺工作者"为建设中华人民共和国的人民文艺而奋斗"。1950 年代,一方面是文艺迅速发展,另一方面是国家对文艺界的影响愈来愈深,但总体上看文艺尚处于"百花齐放"的局面。农民在文艺创作中仍然占据重要地位。特别是文艺生活与政治动员和思想教育结合在一起。如配合合作化运动出现的《三里湾》《山乡巨变》《创业史》等小说。其中《创业史》就是作者柳青于 1951 年放弃城市 9 级高级干部生活,下乡扎根农村 14 年而创

---

① [美]塞缪尔·P. 亨廷顿:《变化社会中的政治秩序》,王冠华、刘为等译,上海人民出版社 2008 年版,第 245 页。

作成的。农村农民除了是文艺的主角和享受者以外，还成为积极的参与者。最典型的是 1950 年代后期伴随"大跃进"运动出现的"农民诗歌运动"。"大跃进"时期的诗歌的创作主体大都是农民中的"文化人"，反映了农民对理想生活的向往和为达到目标的意志，但是它们大多是与政治运动相配合的口号，因此也容易伴随政治运动而消逝。

尽管中华人民共和国建立以后，国家对文艺生活的影响愈来愈深，但毛泽东对进城后的文艺工作仍然很不满意。1955 年，毛泽东在报告《合作化的带头人陈学孟》中批示："在中国，这类英雄人物何止成千上万，可惜文学家们还没有去找他们"。[1] 进入 1960 年代，他认为文艺活动中充斥着"帝王将相、才子佳人、牛鬼蛇神"，这种情况与旧社会差不多。要求在思想文化领域进行革命，突出阶级斗争，依靠工农群众。文艺工作者要走出城市，走向基层，与工农结合。中共广东省委负责人陶铸于 1963 年 3 月 9 日在广东省广州市文艺界集会上的谈话题目就是"关于文艺下乡"。正是在这一背景下，农民再次成为文艺的主角。

1960 年代开始，"文艺下乡"形成风气。"文化大革命"时期创作的文艺作品将农民的思想境界提升到前所未有的高度。最为典型的是浩然创作的《金光大道》。这部长篇小说想给新时期的中国农村写一部"史"，给农民立一部"传"；想通过它告诉后人，几千年来如同散沙一般个体单干的中国农民，是怎样在短短的几年间就"组织起来"，变成集体劳动者的。作者试图记述这场天翻地覆的变化，歌颂这一奇迹的创造者！小说中的主人公姓名为"高大泉"就有"高大全"的象征。在"文革"中还产生了第二次以农民为创作主体的诗歌活动，即天津小靳庄的农民诗歌，只是这次活动远远不及"大跃进"时期。

改革开放以后纠正了文艺工作的极左倾向，文艺工作提出为社会主义服务、为人民服务的方针。农村和农民在文艺创作中仍然占有重要地位，只是其丰富性和多层性更加鲜明。最为典型的如美术作品《父亲》，

---

[1]《毛泽东文集》第 6 卷，人民出版社 1999 年版，第 456 页。

小说《陈奂生进城》和《人生》，电影《老井》《秋菊打官司》《红高粱》等。

1980年代以后，中国步入城市化迅速加快的过程之中。一方面是文艺生产和消费主要集中于城市，二是农村文艺生活也迅速城市化。在这一背景下，农村和农民在文艺领域的地位相对弱化。文艺作品塑造的农民更多的是一种与城市文明不相吻合，甚至很容易为城市人所讥笑的边缘性人物。比较典型的如赵本山在小品中扮演的角色。进入21世纪以后，随着国家提出社会主义新农村建设，"文艺下乡"再次成为政府的重要工作。政府通过财政补助等经济方式支持和鼓励"文艺下乡"。2006年出台的《国家"十一五"时期文化发展规划纲要》提出：要加大对农村题材重点选题的资助力度，把农村题材纳入书刊、音像制作、舞台艺术、电影等的出版计划，并要求保证农村题材的文艺作品在出品总量中占有一定比例。提出用政府采购来补贴重要的文化项目和文化产品，直接将其送到农村，让农民享受。

"文艺下乡"使农民能够享受到以往上层和城市社会才能享受的专业性文艺作品。特别是农民成为文艺作品的主角。这体现了农民翻身做主人的历史变革，有助于形成农民的政治和国家意识。农民正是在广泛和经常传颂文艺作品中建构起党和国家的意识和对其的认同。如歌曲《唱支山歌给党听》中唱道："唱支山歌给党听，我把党来比母亲，母亲只生了我的身，党的光辉照我心。"在农民日常生活中，父母是生养自己的亲人。但这首歌曲传递的是党比父母更伟大的思想。同时，许多以农民为主角的文艺作品与农民的阅读心理、欣赏习惯相一致。这类作品既有强烈的时代精神、浓郁的生活气息，又有鲜明的民族色彩，能够为文化程度不高的农民所接受，并产生广泛深入的影响。如赵树理和周立波的小说努力用农民的语言写作，产生了广泛的影响。《小二黑结婚》仅仅在太行一个区就销行三四万册。费正清评价延安时期的文艺时说："在共产党地区，合唱同古代农村的一种舞蹈相结合，产生了'秧歌'这种新的艺术形式，它是说、唱、舞合在一起的一种穷人歌剧，用简单的旋律、民间的曲调、一连串的舞步、宣传故事和日常生活题材为公众提供娱乐，这种方式既给予观众有获得解放的感觉，同时也使他们受到政治教育。"①在"文艺下乡"过程中，许多文字作品被改编为美术作品和戏曲，拍成电影，以更形象直观的形式影响农民大众。如农民群众自动将《小二黑结婚》改编成戏曲演出。《山乡巨变》被改编为一套四本、长达 396 幅的连环画。

当然，农民对"文艺下乡"和农民成为文艺主角的接受和反应是复杂的。那些"高大全"式的农民主角距普通农民的认识很远，农民并不都认同。而那些带有戏剧性，甚至消极性的农民角色，如赵本山小品中刻画的农民，也能获得农民的笑声。那些尽管以农民为主角，但表现手法与农民的思维和行为方式有较大距离的文艺作品，对农民的影响也不大。

六、被政治形塑的农民形象及其机制

20 世纪以来是中国农村和农民社会发生剧烈变革的时代。这一变革并不是生产方式的巨大变革推动的，更主要地来自政治变革。而政治变革的先声和重要动力是思想意识形态变革。思想意识形态变革又与文艺的变革密切相关。特别是中国的思想意识形态变革不只是少数精英的思想变革，而是伴随着政治运动转换为大众的思想意识。在这一过程中，通过塑造形象表达情感、思想和意识的文艺发挥了重要作用。特别是对于广大文化知识水平较低，甚至大多属于文盲的农民来说，直观的形象化的文艺作品的影响远比思想政治学习和正规学校教育的效果更为明显。正因为如此，领导底层工农大众进行社会变革的中国共产党格外重视文艺的政治属性，注重运用文艺作品影响农民大众。在中国共产党领导下的"文艺下乡"过程中，农民前所未有地成为文艺的主角。但这种农民形象更多的是被政治所形塑的，体现了创作者和表现者的政治理念和倾向。

---

① ［美］费正清：《美国与中国》，张理京译，世界知识出版社 1999 年版，第 282—283 页。

文艺是通过塑造典型化的形象影响、感染人的思想、意识和情感的。在"文艺下乡"的过程中,被政治所形塑的农民形象主要有两大类:

一类是直接与时代主题相关的农民形象。他们的共同特点是对中国共产党领导下不同阶段任务的积极回应,由此建构人们对党及其领导的国家的政治意识。包括:

革命的农民。由于小农经济的脆弱性,旧式农民是对于命运的无奈者和消极臣服者。即使是鲁迅小说里面的农民形象也属于这一类型。但在中国共产党领导的新的文艺形式中,农民在中国共产党领导下成为命运的积极反抗者,是革命性力量。如《白毛女》中的"大春"、《红色娘子军》中的"吴琼花"。这类形象力图表达的是只有跟着中国共产党走,农民才能改变自己的命运。

土改的农民。土地改革是中国共产党领导的农村社会底层的基础性变革,由此产生了土改文艺,形塑出积极参与土地改革运动的农民形象。如《太阳照在桑干河上》中的农民群体,《暴风骤雨》中的"赵玉林"和"郭全海"。

合作的农民。合作化是继土地改革后中国共产党领导的又一农村社会变革运动,由此产生了合作化文艺,形塑出积极响应和参与合作化,并与反对合作化、集体化运动的力量进行斗争的农民形象。前者如《创业史》中的"梁生宝",后者如《艳阳天》中的"肖长春"、《金光大道》中的"高大泉"。

爱乡的农民。自 1950 年代后,城乡差别日益突出,农村和农民在经济社会发展中呈现出边缘化倾向。为此产生了一批响应党的号召,热爱农村、愿意为改变农村面貌而奋斗的新型农民形象。如豫剧《朝阳沟》中"党叫干啥就干啥""我坚决在农村干它一百年"的回乡知识青年"银环",电影《我们村里的年轻人》中回到家乡用自己双手创造令城市人羡慕的美好生活的"高占武"。

一类是折射时代主题和反映政治价值的农民形象。他们的共同特点是通过文艺形象反映中国共产党给农民生活和命运带来的变化,由此建构起农民对党和国家的热爱、忠诚和认同。包括：

苦难的农民。长期以来，农民深受贫穷与苦难。以鲁迅为代表的新文学也塑造了一系列苦难的农民形象。但在中国共产党领导下的文艺，有其鲜明的特点：一是将苦难的农民高度典型化，将农民最深层的苦难挖掘、概括和提炼出来，甚至将其极致化。二是将农民的苦难根源归于与之相敌对的统治阶级，并通过刻画、典型化及极致化这类形象，反衬农民的苦难，由此建构起农民的阶级感情和对本阶级领导人——中国共产党的认同。如影响深远的四大阶级斗争作品的形象塑造，包括歌剧《白毛女》中的苦难农民"杨白劳""喜儿"与将人变成鬼的恶霸地主"黄世仁"及管家"穆仁智"，小说《半夜鸡叫》中的"长工"与极具剥夺性的地主"周扒皮"，歌剧《红色娘子军》中的苦难农民"吴琼花"与残暴欺压农民的恶霸地主"南霸天"，泥塑《收租院》中交租的苦难农民与逼迫交不起地租的农民"坐水牢"的地主"刘文彩"等。这四大地主形象成为"地主"的典型代表，从而不断强化着人们对农民的同情、对地主的痛恨，使其进而拥护带领农民推翻地主阶级的中国共产党。这种形象的刻画也比较符合农民黑白分明、简单对立的传统思维，容易感染人。

幸福的农民。在中国的长期历史上，农民成为苦难生活的代名词。而中国共产党领导的文艺不仅仅是进一步挖掘农民的苦难，更重要的是描写在中国共产党领导下经过人民的努力奋斗获得的幸福生活和对幸福生活的向往。在这一过程中，农民不仅高度认同共产党的现实领导，而且相信在共产党领导下，生活会愈来愈美好，由此建立对共产党领导的信念。新社会、新农民与新生活是密切相关的。如延安时期《小二黑结婚》中获得婚姻自由的"小二黑"和"小芹"。反映新社会给农民带来幸福生活最多的是歌曲，不同时期都有这类传颂式的歌曲。如《翻身农奴把歌唱》《在希望的田野上》等。

感恩的农民。中国农民长期生活在社会底层。他们对在艰难的条件下获得的生存机会和有限的幸福生活充满着感恩心理。感恩是农民的重要心理，也是对生活的期盼。农民之所以喜欢历史上的一些戏曲，与其感恩心理密切相关。中国共产党领导下的新文艺不仅仅是描述农民的幸福生活,更重要的是反映农民对给他们带来幸福生活的党的感激之情。而且这种感恩式的文艺作品以民间文艺的方式出现,就更具有影响力和说服力。早在延安时期,根据地农民重新创作了陕北民歌《东方红》。该歌曲将共产党视为"太阳",将共产党领袖毛泽东视为"救星"。中华人民共和国建立后,感恩性的农民形象更为广泛和突出。如《太阳最红毛主席最亲》倾诉了翻身农奴对共产党、毛主席的无限感恩之情,歌中颂扬毛主席"您的功绩比天高,您的恩情似海深"。在中国农民心目中,生育自己的父母是最亲的人,但在文艺作品中,共产党和毛主席比父母更亲。如歌曲中唱道:"天大地大不如党的恩情大,爹亲娘亲不如毛主席亲。"

对于文化程度不高的农民来说,情感重于理性。形象化的文艺作品比理性化的理论著作更能打动和感染他们。中国共产党推动的"文艺下乡",运用文艺作品影响农民,将亿万个体分散的农民成功整合到自己的旗帜之下,使农民成为社会变革的强大动力。这在现代世界中也是少见的。而这一整合过程是由一整套机制构建的。

1. 文艺方针

文艺方针是领导和指导文艺工作的原则和政策,体现了一定的价值和思想。传统中国更主要的是文化中国,即主要依靠文化而不是经济联系实现国家的一体化,因此非常重视文化的政治思想属性和国家整合功能。"文以载道",文艺不仅仅是个人思想情感的反映,更重要的是体现一定的道理和道德。这种道理和道德集中起来就是文艺为谁服务的问题。但是,在传统中国,统治者没有专门制定明确的文艺方针。尽管统治者有对文艺的要求,但这种要求尚未明确化和系统化,更没有扩展到全社会。文艺的创造者和表现者有自己相对独立的思想倾向。如杜甫可以在地主阶级占统治地位的时代写出"朱门酒肉臭,路有冻死骨"这样同情底层百姓的诗句。古代中国的四大名著也并不都是传达统治者的理念,甚至与统治思想是相背离的。远离政治中心的乡土社会更是有自己的文艺理念。农民尽管不能创造出反叛统治思想的文艺，但许多文艺作品曲折地反映了农民的向往、要求和呼声。如农民喜欢看清官戏，反映了农民对贪官的不满；农民喜欢看爱情戏，反映了农民对美好生活的向往和追求。如张鸣所说："因为如此，乡戏才令统治者头痛，历代都有禁戏令（从中央到地方），但是谁也禁不了。"①

在传统中国，统治者也试图影响和干预文艺，只是其影响和干预的能力有限，"谁也禁不了"。进入 20 世纪以后，"文艺下乡"实际上是与现代民族国家建构同步的。现代国家对社会的影响和干预能力空前提高，包括对文艺生产和生活的影响和干预。而作为现代中国领导者的中国共产党是最早意识到通过对文艺的影响和干预达到政治动员和国家整合目的的。由党的最高领导人和国家最高治理者直接提出文艺方针和文艺标准是历史上从未有过的。

中国共产党是从底层革命开始进行现代国家建设的。因此必须依靠底层民众，特别是占人口大多数的农民。毛泽东在延安文艺座谈会上的讲话中鲜明地提出了文艺为什么人的根本问题，强调文艺要为广大人民服务，首先是为工农兵服务。由此确立了中国共产党关于文艺工作的基本方针，并将文艺纳入到政治的范畴，明确赋予文艺以政治属性。"政治正确"成为衡量文艺作品的首要标准。正因为如此，"文艺下乡"才成为一种组织性行为和规模化运动，有史以来的小人物——农民才有可能进入文艺的视野并成为文艺作品的主角。

1950 年代，党和国家最高领导人毛泽东又提出了适用于任何文艺活动的六条政治标准，"最重要的是社会主义道路和党的领导两条"②。这之后描写农村合作化、集体化及两条道路斗争的乡村文艺作品迅速增多，特别是塑造出带头走集体化道路的正面农民形象、与集体化格格不

---

① 张鸣：《乡土心路八十年——中国近代化过程中农民意识的变迁》，上海三联书店 1997 年版，第 19 页。
②《毛泽东文集》第 7 卷，人民出版社 1999 年版，第 234 页。

入的反面农民形象及破坏集体化的原地主形象。最为典型的有小说《艳阳天》和《金光大道》。

为贯彻党的文艺方针,党和政府不仅直接批示和号召,甚至直接运用自己的力量加以实施,实行党和政府对文艺的直接干预。如《李有才板话》被指定为中国共产党领导的整风学习、减租减息和土改运动的干部必读教材。《半夜鸡叫》进入全国小学教材。《收租院》在全国巡回展出。

这种运用政治力量直接干预文艺的做法,一方面可以推动文艺方针的落实,另一方面也会出现简单化和概念化的问题。许多文艺作品具有图解政策、主题先行的倾向。如1959年由中共在思想文化领域的领导人郭沫若、周扬主编的《红旗歌谣》极富夸张性,其中的一些诗句远远脱离农村实际生活。浩然的小说《艳阳天》和《金光大道》也带有强烈的主题先行的倾向。而"文革大革命"中生产的电影《春苗》《青松岭》等更是将政治倾向推到极端。

2. 文艺组织

文艺方针的实施需要相应的组织载体。在传统社会,不仅主政者没有明确的文艺方针,而且没有专门的文艺组织。专业文艺人员数量少,且依附和寄生于皇家官府。民间文艺人员是以个体的形式出现并散落于社会之中。即使是近代以后,文艺人员迅速增多,但其组织化程度仍然较低,特别是没有形成真正具有全国意义的专门文艺组织。

中国共产党是高度组织化的政党组织。通过政党进行社会组织和社会动员是中国共产党的重要功能。为组织和动员社会,中国共产党不仅提出了明确的文艺方针,而且建立起党直接领导下的文艺组织,通过文艺组织组织文艺人员,贯彻实施党的文艺方针。早在延安时期,一方面是大量文艺人员来到延安,另一方面是作为延安根据地领导者的中国共产党将这些人员组织起来,成立专门的文艺团体,且大量的文艺团体直接归属于党、政、军组织。如在中国共产党领导人毛泽东等人的倡导下,1938年在延安成立鲁迅艺术学院,毛泽东出席成立大会并讲话。学院的教育方针是"团结与培养文学艺术的专门人才，以致力于新民主主义的文学艺术事业"。这一由中国共产党创办的文艺组织后来成为贯彻实施党的文艺方针的重要载体。歌剧《白毛女》就是由该院创作的。延安时期还有军委平剧团、八路军一二〇师战斗平剧社等直接隶属于军队的文艺团体。

1949 年后，中国共产党得以在全国建立起专门的文艺组织。1949 年 6 月 30 日至 7 月 28 日召开了第一次中华全国文学艺术工作者代表大会，并成立了中华全国文学艺术界联合会（简称中国文联）。这一团体几乎将所有专业文艺工作者包括其中。文联是党领导下的文艺组织。作为党领导下的文艺团体必然要积极贯彻党的文艺方针。第一次文代会就明确了将"全国文艺工作者团结起来为工农兵服务"的方针。

中华人民共和国成立后的文艺组织具有的重要特征，就是行政化。所有正式的文艺团体都属党和政府管辖，团体的领导者具有行政级别，财政收入也主要来自政府。这种高度行政化的组织体系是文艺组织实施贯彻党的文艺方针的重要保障。

3. 文艺工作者

文艺工作者是文艺生产者。在传统中国，文艺人员的专业性不强，地位更不高。当然，除依附于皇家官府的人员以外，当时大多数文艺人员属于民间艺人，具有相对独立性。遍布田野的乡村文艺更是乡土社会的自主行为。

20 世纪以来，伴随着政治变革和政治动员，文艺成为重要工具，文艺工作人员的地位空前提高，与此同时是文艺人员对政治和政府的从属性愈来愈强。文艺工作者成为党和政府的一员，其经济收入来源于政府。这有助于贯彻实施党的文艺方针。一方面，政府可以提供经济基础，保证文艺从业人员无经济之忧。早在延安时期，来到延安的文艺人员的生活来源不是依靠自己的商业性的精神生产，而是根据地财政，属于财政供养人员。在"文艺下乡"的过程中，文艺工作者深入和体验农村生活，专门创作和表演农民为主角的文艺作品，没有稳定的经济保障是不可能的。这也是国民党统治区不可想象的。中华人民共和国建立后,文艺工作者更是成为国家公职人员,伴随专业化的是行政化。作为国家公职人员,按照国家要求,贯彻党的文艺方针成为理所当然的职业行为。文艺生产与其他物质生产一样成为一项政府要求的"任务"。为了"赶任务"而产生了许多简单图解政策的文艺作品。政府还通过职务、财政等各种方式鼓励"文艺下乡"。另一方面,文艺工作者的行政化和从属性,也使其行为面临某种行政和经济压力。1960年代初期,毛泽东对当时的文艺工作极度不满,要求文艺工作者到农村去,甚至表示要将他们"统统赶下乡",不下乡就不给饭吃。

4. 文艺奖励与批评

政党和国家都是具有一定约束力或强制性的组织。政党和国家确立的方针背后有实现这一方针的力量作为支撑。这种奖励或者惩罚力量,即文艺奖励和文艺批评,可以形成对文艺创作和流传的巨大影响。延安文艺座谈会后的"文艺下乡"活动是在反复的政治动员之后发生的。尽管大多数人是动员后的自主行为,但也存在着不自主的意识和行为。只是不自主的行为可能会受到某种压力。而符合党的文艺方针的作品及其作者则可以得到更多的鼓励。特别是1949年后,执政党更可以运用国家组织性和强制性力量实施文艺方针。

首先是对那些符合党的文艺方针或者紧跟形势的文艺作品和文艺人员给予奖励和支持。早在延安时期,《小二黑结婚》并不为文艺界所看好,但得到中共领导人彭德怀、杨献珍的鼓励和支持。彭为该书题词:"像这样从群众调查研究中写出来的通俗作品还不多见。"之后,这部雅俗共赏、风格独特的小说迅速引起轰动,不仅以低廉的价格在太行区发行了数万册,而且还被当地农民百姓改编成流行的秧歌剧到处演唱,一时家喻户晓。赵树理因此一举成名,《小二黑结婚》也成为新文艺创作的代表作之一。《太阳照在桑干河上》于中华人民共和国建立之初获得"斯大林文艺奖金",《暴风骤雨》则获得斯大林文学奖。1963年,在文化部与中国美术家协会举办的首届连环画评奖中,连环画《山乡巨变》获得金奖。

其次是开展文艺批评，对那些不符合党的文艺方针的文艺作品和文艺工作者给予批评。沈从文是一位著名的乡土小说作家，撰写有《边城》这样的优美小说。但他的创作被视为与革命的乡土文艺格格不入而于1948年开始受到左翼文化界的猛烈批判，即使1949年后他已不再从事文学工作，但仍然受到批评。1951年全国文艺界对电影《武训传》进行讨论，并演化为高度政治化的文艺批判。《武训传》描写了武训依靠磕头行乞，为穷人家的孩子兴办"义学"的过程。对于这部电影，文艺界存在两种截然不同的观点。1951年5月20日的中共中央机关报《人民日报》发表毛泽东为该报撰写的社论《应当重视电影〈武训传〉的讨论》，随之在全国开展对武训及《武训传》的批判。自此开创了最高领导人亲自直接干预文艺批评的先河。这种文艺批评很容易演变为政治运动式的文艺批判。

中华人民共和国建立以后，伴随着对农业的社会主义改造，执政党和政府采用了一系列机制，以塑造新型的农民形象，并以此感召农民大众，实现国家对乡村的文化整合。但是，这种机制是在一系列政治斗争中形成的，产生的效果并不理想。一是过分夸大了文艺的整合功能。物质生活总是第一位的。特别是对于农民而言，他们进入新社会以后，更期盼的是长期以来的贫困生活能够得到改变。尽管文艺作品能够起到激励作用，但其作用是有限的。更何况，有相当数量的农民还处于文盲状态，许多文艺产品难以接受。二是脱离了绝大多数农民的生活和思想实际。中国农民毕竟是长期历史进程的产物，他们进入到新社会，但思想和文化还保留着历史带来的元素。对于他们而言，每天都必须面对日常生活的各种问题，甚至为生活所忧。而一些作品将农民塑造成"高大全"的形象，尽管高于生活，但与现实的农民生活毕竟距离太远，可望不可即，其艺术的感染力反而受到影响。如彭德怀所说："从群众调查研究中写出来的通俗作品还不多见。"三是忽略了农民的多样化需要。在长期历史上，乡土文化从日常生活中来，使得农民能够在日常文化生活中乐以忘忧。1949 年后，为了塑造农民新人，创作人员专业化，作品种类单一化，过分注重思想性，而忽视了农民的多样化的文化生活需求。特别是在"文化大革命"期间，农村题材的文艺产品不仅少，而且有很强的片面性。四是文艺下乡的成效受到影响。中华人民共和国建立以后，执政者反复强调文艺要为广大工农服务，并努力建构相应的机制。但由于过分注重形塑机制，甚至不惜以斗争的方式推进机制的运转，反而使得文化生产者更多地受上层意识形态的影响，未能充分地深入生活，创作更多农民喜闻乐见的文艺产品。

早在 1970 年代中期，毛泽东就意识到文艺领域存在的问题，要求调整文艺政策。只是到了改革开放以后，文艺政策才作了根本性的调整，文艺对农民形象的形塑更加多样化。

第八章　阶级、集体与社区：乡村的社会整合

在传统农业文明时代，乡村社会结构具有高度的分散性，并由这种经济社会的分散性导致对国家的离散性。在中国的现代化进程中，国家建构的一个重要任务就是通过社会整合，将高度分散性的乡村社会组织起来，形成相互联系并对国家具有向心力的社会共同体。这种共同体是现代国家对乡村治理的社会基础。在中国现代化进程中，主要依靠阶级—集体—社区的逻辑重新构造社会，实现对乡村社会的整合。

一、"划成分"：家族社会到阶级社会

自有人类社会以来，社会成员就分化为不同的群体。特别是乡村社会，处于分散隔绝状态，个体成员之间缺乏有机的横向联系，组织化程度低。所谓社会整合，就是通过社会组织和社会联系的方式将分化分散的个体联结为一个整体，其目的在于促进团结，使各种社会要素之间形成一种相互统一、相互协调的状态。在中国，乡村的社会整合首先是从孤立的家族社会进入到具有更广泛联系的阶级社会。

长期以来，中国乡村社会是一个家族性社会。一家一户是基本的生产和生活单位。在长期的定居农耕过程中，由一个家庭繁衍出一个家

族,形成家族性村落。家族世代生于斯,传于斯,形成一个具有共同认同性的宗族。中国农村社会实行"分家析产制",从制度上不断巩固家庭财产制,形成家族利益共同体。中国人的姓氏随父姓,强调家族血统的正宗性和对祖先的崇拜。因此,中国传统的乡村社会实际上是一个家族社会。人们日常生活中的交往领域主要是家庭和家族,由此形成强烈的家族认同性。跨越传统与现代的孙中山先生对此有深刻的感悟。他指出,"中国人最崇拜的是家族主义和宗族主义","中国人的团结力,只能及于宗族而止,还没有扩张到国族范围"。① 各个家庭和家族之间缺乏横向的有机联系,具有天然的分散性——孙中山先生将其喻为"一盘散沙"——因此无法形成全国性的整体社会。这种社会具有对国家的离散性,人们在日常生活中难以建构起国家意识。

分散的小农是中国传统乡村社会的根基。这种由自然经济产生出来的分散小农,更多地具有自然属性,而缺乏社会属性,即缺乏社会的广泛联系,没有丰富的社会关系。马克思对小农社会的特性有过深刻的阐述。他认为:"小农人数众多,他们的生活条件相同,但是彼此间并没有发生多种多样的关系。他们的生产方式不是使他们互相交往,而是使他们互相隔离。""每一个农户差不多都是自给自足的,都是直接生产自己的大部分消费品,因而他们取得生活资料多半是靠与自然交换,而不是靠与社会交往。一小块土地,一个农民和一个家庭;旁边是另一块土地,另一个农民和另一个家庭。一批这样的单位就形成一个村子;一批这样的村子就形成一个省。"小农社会"好像一袋马铃薯是由袋中的一个个马铃薯所集成的那样"。② 马克思主义对社会的分析方法是阶级分析法。马克思对小农社会的阶级特性也有过精当的分析。他说:"数百万家庭的经济生活条件使他们的生活方式、利益和教育程度与其他阶级的生活方式、利益和教育程度各不相同并相互敌对,就这一点而言,他们是一个

① 孙中山:《三民主义》,岳麓书社 2000 年版,第 2 页。
② 参见《马克思恩格斯选集》第 1 卷,人民出版社 1995 年版,第 677 页。

阶级。而各个小农彼此间只存在地域的联系,他们利益的同一性并不使他们彼此间形成共同关系,形成全国性的联系,形成政治组织,就这一点而言,他们又不是一个阶级。"①这意味着,就客观的经济地位和条件而言,小农是一个不同于其他阶级的"自在"阶级,但就小农的全国性联系和自我意识而言,小农又没有形成一个具有阶级自我意识和能动行动的"自为"阶级。他们只有对国家行政权力的"纵向联系",缺乏彼此之间的"横向联系"。

中国的现代国家建构自辛亥革命开始。辛亥革命推翻了上层国家的帝制,没有动摇社会根基。这一历史使命是由中国共产党承担的。中国共产党是马克思主义武装起来的先进政党。在现代中国,中国共产党一方面要推翻旧制度,建设新社会,另一方面要进行广泛的社会动员,寻求依靠力量以实现自己的目标。在西欧工业化国家,马克思主义政党的阶级基础主要是工人阶级。而在20世纪上半期的中国,90%以上的人口是农村人口。用马克思主义武装起来的中国共产党人一开始就非常强调阶级分析。毛泽东在1925年发表重要文章《中国社会各阶级的分析》,开宗明义地强调"谁是我们的敌人? 谁是我们的朋友? 这个问题是革命的首要问题"②,并将占中国人口大多数的农民作为革命的团结力量。到1927年,毛泽东更是将农民视为革命先锋,认为"农民成就了多年未曾成就的革命事业,农民做了国民革命的重要工作"③。为此,他将对待贫农的态度提升为对待革命的态度。中国革命走的是一条"以农村包围城市"的道路。这条道路决定了中国共产党必须在农村进行社会动员,寻求依靠力量。这一力量就是在旧秩序下生活贫苦的农民。但是,中国共产党在农村进行社会动员时很快发现,尽管在客观上,农民的阶级地位低下,生活贫苦,但却缺乏阶级的自我意识。其重要原因就是在

---

①《马克思恩格斯选集》第1卷,人民出版社1995年版,第677页。
②《毛泽东选集》第1卷,人民出版社1991年版,第3页。
③《毛泽东选集》第1卷,人民出版社1991年版,第18—19页。

乡村社会长期历史中形成的宗亲意识。虽然农村有贫富分化,但久远的血缘关系和血亲意识大大淡化了阶级分化和阶级对立。地主和农民、富农和贫农之间有着千丝万缕的血缘联系。毛泽东在《井冈山的斗争》一文中写道:"边界的经济,是农业经济……社会组织是普遍地以一姓为单位的家族组织。党在村落中的组织,因居住关系,许多是一姓的党员为一个支部,支部会议简直同时就是家族会议。""说共产党不分国界省界的话,他们不大懂,不分县界、区界、乡界的话,他们也是不大懂得的。"①"无论哪一县,封建的家族组织十分普遍,多是一个姓一个村子,或一姓几个村子,非有一个比较长的时间,村子内阶级分化不能完成,家族主义不能战胜。"②

尽管农民在经济地位上是一个阶级,但分散经济和家族社会使他们无法形成一个具有全国性联系的阶级并缺乏阶级的自我意识。他们更多的是在长期历史中自然生成的家庭血缘和地域乡亲意识。"中国农村的居民是按照群落和亲族关系(如宗族成员、邻居和村落),而不是按被剥削阶级和剥削阶级来看待他们自己的。"③因此,中国共产党要将广大分散的农民动员到自己的旗帜下,形成一个具有全国性联系的社会整体,必须强化阶级和阶级意识,对农村社会进行阶级化。"阶级化"是一个将客观上的阶级变为具有主体意识的阶级的过程:一方面对农村社会成员进行阶级划分,寻找可靠的阶级基础和团结力量。另一方面是对农村社会成员进行阶级教育,强化阶级意识,形成阶级认同,从而获得阶级性。与孙中山先生国民革命时期运用"国民"的概念不同,中国共产党特别强调以"共同利益"为基础的"阶级"的概念。这在于,"'共同利益'的获取不仅培养了农民、工人的阶级意识,而且促使他们为了共同的思想

---

① 《毛泽东选集》第 1 卷,人民出版社 1991 年版,第 74 页。
② 《毛泽东选集》第 1 卷,人民出版社 1991 年版,第 69 页。
③ [美]弗里曼、毕克威、塞尔登:《中国乡村,社会主义国家》,陶鹤山译,社会科学文献出版社 2002 年版,第 124 页。

和行动而结成一个整体"①。吴森在实地调查基础上指出,国家建构新型
农村的重要举措是"用'阶级'切割农民间的联系纽带,简化乡村社会结
构"。② 而建构一个超越家族、老乡的狭隘的社会组织联系的整体"阶级"
的重要方法,便是"划成分"。

"划成分"是中国共产党对农村社会成员身份的确认,并由此决定其
地位和命运。从阶级的角度为社会成员划定成分是一个社会改造、重组
的过程,同时也是社会整合的过程。在《中国社会各阶级的分析》中,毛
泽东就对中国社会的阶级阶层进行了详尽的划分。在《湖南农民运动考
察报告》中,他进一步认为,对农民也要细分为不同的阶层和群体。中国
共产党对农村的社会动员和社会整合是伴随着土地变革进行的。土地
变革是一场土地制度革命,面临着土地关系的再调整和土地资源的再分
配。1933 年,毛泽东专门为井冈山革命根据地的土地革命写过《怎样分
析农村阶级》一文,并将其作为划分农村阶级成分的依据。这篇文章将
农村社会成员划分为地主、富农、中农、贫农、工人。

随着全国性政权的取得及之后农村土地改革的实行,中国共产党运
用国家政权的力量对农村进行全国性的"划成分"。1950 年 8 月 20 日,
政务院公布《关于划分农村阶级成份的决定》,全国农村全部开始划成
分。按规定,凡占有土地、自己不劳动而靠剥削为生的为地主,其主要剥
削方式是收取地租。占有或租入土地、有比较优良的生产工具及活动资
本、参加小部分劳动但主要以剥削雇佣劳动为生的为富农。占有或租入
土地、有相当工具、直接从事劳动并以此为生的是中农。租人土地来耕
作、有不完全工具、受地主富农剥削的是贫农。全无土地和工具、主要以
出卖劳动力为生的是工人(含雇农)。《决定》规定:18 岁以下的少年和在
校青年学生,一般不划成分,只划分家庭出身;地主、富农在土改后服从

① 参见陈红娟《中共革命话语体系中"阶级"概念的演变、理解与塑造(1921—1937)》,《中共党
史研究》2018 年第 4 期。
② 参见吴森《决裂——新农村的国家建构:江汉平原中兴镇的实践表达(1949—1978)》,中国社
会科学出版社 2007 年版,第 281 页。

法令,努力生产,没有反动行为连续 5 年与 3 年以上者,可按有关程序改划成分。"划成分"不仅是确立社会成员的身份,更重要的是取得相应的待遇。正是在"划成分"的基础上,中国共产党确定了"依靠贫农,团结中农,有步骤地、有分别地消灭封建剥削制度,发展农业生产"的路线。根据这一路线,将没收的地主土地无偿分给贫农。因此,"阶级划分,则使处于温情中的传统农村社会第一次出现了差别极大的阶级分层"[①]。

"划成分"是建构阶级意识的基础。"划成分"是一种资源的再分配方式,决定了有的人得到,有的人失去。物质生产和生活资料是人的存在基础。利益关系是最根本的社会关系。血缘关系尽管可以淡化利益关系,但是改变不了利益关系的客观存在。由于"划成分"可以给人们带来实际利益,因此人们更愿意认同自己所划定的某一阶级,而不是某一姓氏。而阶级可以超越血缘、地缘和业缘关系及其边界,从而形成一个全国性的整体社会。阶级不是某一个家族、某一个地方、某一个群体具有的,而是全国性的。正如王沪宁所指出的:"阶级意识从观念形态上超越了血缘关系,它不再依据人们在血缘关系中的地位划分每个人的身份,而是依据人们在社会经济政治关系中的地位划分每个人的身份。"[②] 传统的分散性的乡村社会因此成为具有阶级联系的整体性社会。由于"划成分"和资源再分配是在执掌政权的中国共产党领导下进行的,阶级性的整体社会便为中国共产党所组织和领导,并成为中国共产党治理乡村社会的基础。叶匡正为此指出:"划阶级成分可以说彻底变更了农村的社会关系和社会结构。旧的乡村秩序是以宗族、学识、财产、声望为根基的,这一切都被'阶级'这个新概念颠覆了。那些过去主导了乡村社会的地主和富农们,在土改中是被批斗、控诉的对象,其后很长一段时间成为被管制、镇压的对象。它不仅摧毁了原来乡村精英的社会与经济基

---

① 陈益元:《革命与乡村——建国初期农村基层政权建设研究:1949—1957》,上海社会科学院出版社 2006 年版,第 291 页。
② 王沪宁:《当代中国村落家族文化——对中国社会现代化的一项探索》,上海人民出版社 1991 年版,第 52 页。

础,使他们'权威失落、土地被分、声望扫地',更通过授予不同阶级以差别各异的政治权力,达到了社会动员与社会控制的目的。划阶级成分,其实是重组国家权力的第一步,目的就是通过打击一小撮阶级敌人,来显示新政权和以前穷人的力量。"①

"划成分"除了政权力量的划分外,还有被划分成员的自我认同。在土地革命和土地改革中,尽管农村社会成员被划分为不同的阶级,但仍然缺乏阶级的自我意识。因此,"划成分"的过程还是一个建构阶级认同的过程。其主要方式就是启发和提高阶级觉悟。为此,中国共产党下派工作队到农村进行阶级教育,强化人们的阶级意识。一是在经济上提出"谁养活谁?",启发农民意识到是自己养活地主,从地主手中获得土地是天经地义的。二是在政治上"斗地主",消灭地主权威。对于农民来说,"斗争会,强化了他们的斗争观念,这种面对面撕破脸皮的斗争形式,使原来处于敬畏地位的乡村权威一下子从最高层跌落到最低层"②。三是在思想文化上强调"亲不亲阶级分",只有同一阶级的人才是亲人,不同阶级的人则是敌人。正是在一系列的阶级教育过程中,淡化了人们的家族意识,强化了人们的阶级意识。而这种阶级意识是中国共产党赋予的。具有阶级意识的农民因此成为中国共产党在乡村的依靠力量,形成了一个以阶级为基础的全国性政治共同体。农村由家族社会转变为阶级社会。中国共产党也由此将广阔而又分散的乡村社会整合在自己的组织和领导之下。如王立胜所说:"当农民在接受了'阶级'这个概念,认同了自己的阶级身份之后,农民之间的普遍的联接方式马上产生彻底的改变,就不再是单个农民之间的可有可无的极为松散的联系,而成为阶级内部各份子之间非常紧密坚固的关系,并以这种关系形成的一致行动

① 叶匡正:《土改学:划阶级成分》,《南方周末》2007 年 9 月 13 日。
② 陈益元:《革命与乡村——建国初期农村基层政权建设研究:1949—1957》,上海社会科学院出版社 2006 年版,第 291 页。

能力再造了中国。"①所以,中国农民是以"阶级"而不是"国民"的符号第一次获得其政治身份的。

二、"摘帽子":阶级社会的极化与消解

"划成分"是对农村社会成员的一种阶级身份认定。"成分"具有客观性,而"划"则是人为的认定活动。如李海金所指出的:"阶级成分不是村落自发生长的,不是农民自主选择的,而是外在于村落和农民的政治社会力量从外部建构的结果。"②这种建构基于一定社会目的,一定阶段的产物。但是,中华人民共和国建立以后,阶级身份延续了很长时间,阶级社会意识也趋于极端化。

根据马克思主义理论,阶级是与生产资料、生活方式和相应的社会地位相联系的。列宁认为:"所谓阶级,就是这样一些大的集团,这些集团在历史上一定的社会生产体系中所处的地位不同,同生产资料的关系(这种关系大部分是在法律上明文规定了的)不同,在社会劳动组织中所起的作用不同,因而领得归自己支配的那份社会财富的方式和多寡也不同。所谓阶级,就是这样一些集团,由于它们在一定社会经济结构中所处的地位不同,其中一个集团能够占有另一个集团的劳动。"③根据这一理论,随着生产资料所有制的变化,社会成员相应的阶级属性也随之发生变化。正是基于此,1950 年 8 月 20 日政务院公布《关于划分农村阶级成份的决定》,明确规定:"18 岁以下的少年和在校青年学生,一般不划成份,只划分家庭出身;地主、富农在土改后服从法令,努力生产,没有反动行为连续 5 年与 3 年以上者,可按有关程序改划成份。"

但是,政务院的这一规定并没有在实际生活中得到体现。这是因

① 王立胜:《论中国农村现代化的社会基础——一个分析框架》,《科学社会主义》2006 年第4 期。
② 李海金:《身份政治:国家整合中的身份建构——以土地改革以来鄂北洪县为分析对象》,中国社会科学出版社 2011 年版,第 102 页。
③《列宁选集》第 4 卷,人民出版社 1965 年版,第 10—11 页。

为，"划成分"伴随着利益的再分配，而且是强制性的分配。中华人民共和国建立前夕，毛泽东就指出："土地改革的目的是消灭封建剥削制度，即消灭封建地主之为阶级，而不是消灭地主个人。因此，对地主必须分给和农民同样的土地财产，并使他们学会劳动生产，参加国民经济生活的行列。"[①]中华人民共和国建立之初，在执政党看来，那些失去生产资料和社会地位的地主、富农等剥削阶级必然会不满，从而会挑战和反对既定秩序，进行"阶级报复"。只有那些"没有反动行为连续 5 年与 3 年以上者，可按有关程序改划成份"。但是，土地改革以后，执政党继续对乡村社会进行改造，要求建立和巩固社会主义制度。在执政党看来，社会主义改造和变革仍然充满着阶级和阶级斗争。地主、富农等剥削阶级尽管失去了生产资料，但他们仍然会反对现政权和社会主义道路，因此必须对他们进行监督和改造。阶级成分因此成为一个人的政治身份和政治地位的标识，并且长期延续。被赋予了某一阶级成分就如戴上了某一顶"帽子"，不仅容易标识，而且很难摘下。

"戴帽子"实际上是在生产资料所有制变革完成后继续强化社会成员的阶级性。只是这种阶级性不是与生产资料，而是与实际行为表现联系在一起，并在日常生活中体现出来的。在社会主义改造时期，曾对那些原为地主、富农阶级的人群加入农业合作社进行限制。后来因为所有农村土地都变为社会主义集体所有，原地主、富农等阶级成员才进入人民公社体系中来。但他们与出自贫下中农的公社社员有所不同，只能在劳动中改造，进行群众"管制"，而不能享受一般社员的待遇。特别是随着 1950 年代后期，以人民公社为支撑的社会主义道路受到挫折，执政党领导人认为，农村充满着两个阶级、两条道路的斗争，强调千万不要忘记阶级斗争。而阶级斗争的主要对象就是原地主、富农等社会成员，由此对他们给予了更多的限制。1963 年，《中共中央关于农村社会主义教育运动中一些具体政策的规定（草案）》明确要求：对地主、富农、反革命和

---

①《毛泽东选集》第 4 卷，人民出版社 1991 年版，第 1314 页。

坏分子等"四类分子进行一次评审,切实加强对他们的经常的监督和改造工作。已经摘掉帽子但又有破坏活动、需要重新戴帽子的四类分子,经过县人民委员会批准可以重新戴上"。[①] 他们不能与其他人一样参加会议和其他社会活动,需要多承担一些义务劳动。

一般来讲,阶级是与本人在经济结构中的地位相联系的。而1949年以后的阶级则与社会身份紧密联系。身份指人的出身和社会地位。身份一经获得不仅不容易随着经济地位的改变而改变,而且会延续到自己的后代。原划分为地主、富农的社会成员不仅本人不能享有同其他人一样的社会地位,其子女也成为一个特殊的群体。他们的子弟不能参军,不能参加民兵训练。《中共中央关于农村社会主义教育运动中一些具体政策的规定(草案)》明确要求:"地主、富农的子女,一律不能担任本地的基层干部,一般地也不宜负责会计员、记分员、保管员等重要职务。"[②]"应当加强对地主、富农子女的教育和改造工作","争取他们背叛自己出身的阶级"。[③] 该规定还披露,有些地方对"一些党员、团员和贫、下中农青年同地主、富农子女通婚的问题进行了种种限制,不准他们同地主、富农子女结婚,已经结了婚的,则被认为是丧失立场,甚至对他们进行组织处理"。[④] 尽管文件认为这些做法不妥,但在强化阶级斗争的氛围下,这种做法很难限制。[⑤]

"戴帽子"是通过对原地主富农分子及其子女的限制,强化社会成员的阶级意识。与此同时,对原贫下中农阶级的成员也采取措施,进一步

[①] 参见《当代中国农业合作化》编辑室编《建国以来农业合作化史料汇编》,中共党史出版社1992年版,第776页。
[②]《当代中国农业合作化》编辑室:《建国以来农业合作化史料汇编》,中共党史出版社1992年版,第774页。
[③]《当代中国农业合作化》编辑室:《建国以来农业合作化史料汇编》,中共党史出版社1992年版,第776—777页。
[④]《当代中国农业合作化》编辑室:《建国以来农业合作化史料汇编》,中共党史出版社1992年版,第777页。
[⑤] 参见李海金《身份政治:国家整合中的身份建构——以土地改革以来鄂北洪县为分析对象》,中国社会科学出版社2011年版。

强化其作为依靠阶级的阶级意识。一是突出其阶级地位。只有贫下中农及贫下中农出身的人才更有可能加入中国共产党和担任干部。同时建立贫下中农组织，促使他们团结起来并巩固其政治和社会地位。二是通过忆苦思甜唤起他们的历史记忆，从而保持他们的阶级本色。张乐天的调查发现，"在不同的历史时期和不同的社会场合，忆苦思甜总是被用来激发农民的日益淡化的阶级感情。"[1]三是通过政治运动整顿基层干部。某些基层干部尽管出身于贫下中农，但在执掌权力后背离了自己的阶级，成为蜕化变质分子。对他们要进行清政治、清经济、清组织、清思想。

"帽子"极具形象化意义。"帽子"不是实体意义的符号，而是更具有象征意义的符号。如"地主"早已不占有土地并依据土地获得收入，但由于他们原生于"地主"而仍然必须戴上"地主"的"帽子"。他们的子女也因此成为"地主子女"，尽管他们从来没有看见属于他们前辈的土地。这种符号性的身份具有强烈的建构性而不是实在性。"帽子"前加的"戴"这一动词最为贴切地反映了这一状况。

在消灭了剥削阶级以后仍然延续"戴帽子"，目的是不断强化农村社会成员的阶级性，团结 95% 以上的农民群众，通过阶级整合社会。但是，这种整合本身又在不断再生产着社会对立和冲突，难以达致所有社会成员的一致性。如果说在革命时期通过强化阶级意识，可以改变原有社会结构中血缘主导的社会关系，建构一个阶级性的整体社会，那么伴随着生产资料所有制的改变，继续强化阶级身份，则有可能造成整体社会的再分化和再离散。首先，"划成分"是具有差异性待遇的政策。1955 年，毛泽东在《关于农业合作化问题》的报告中指出："在最近几年内，在一切还没有基本上合作化的地区，坚决地不要接收地主和富农加入合作社。在已经基本上合作化了的地区，在那些已经巩固的合作社内，则可以有条件地分批分期地接收那些早已放弃剥削、从事劳动，并且遵守政府法

---

[1] 张乐天：《告别理想——人民公社制度研究》，上海人民出版社 2012 年版，第 9 页。

令的原来的地主分子和富农分子加入合作社,参加集体的劳动,并且在劳动中继续改造他们。"①在差异性政策之下,原剥削阶级分子难以通过自己的积极努力改变自己的地位,甚至他们的子女还要背上由他们造成的历史包袱。根据中共中央《关于农村社会主义教育运动中一些具体政策的规定(草案)》的说法,"在农村青年中,地主、富农子女约占10%左右"②。这部分人处于社会排斥地位,难以形成对新秩序的认同。与此同时,"整个中农阶层的思想顾虑是,怕关在社会主义门外,当地主、富农看待"③。其次,作为依靠对象的贫下中农的阶级意识也开始淡化。人的意识最终取决于其经济地位和经济利益。土地革命时期,阶级认同的形成在于能够从中获得物质利益。享有贫下中农身份的人有可能得到许多好处。尽管土地改革以后贫下中农及其子女仍然可能得到一些好处,但是这种好处的边际效用会逐步减少,即:某人在近期内重复获得相同报酬的次数越多,那么,这一报酬的追加部分对他的价值就越小。特别是土地改革后,农民总体上的经济状况改善不大。他们虽然可以在日常生活中获得某些"好处",但与其现实总体生活状况相比却微不足道。如1960年代初,挨饿者也包括贫下中农及其子女。这种状况使得在"忆苦思甜"活动中,一些贫下中农所回忆的更多的是1960年代初的饥饿痛苦。其三,持续不断的政治运动使基层干部处于经常性的担忧之中,不知哪天政治运动又会将自己清除到政治体系之外,成为新生的阶级敌人。这种缺乏经济支撑的"划成分"的成效自然是有限的。"在实践中阶级话语很多时候只能停留在公共空间话语层面,被村民的日常生活逻辑和乡村生存理性所消解,而不能完全支配村民的思想行动和村庄的日常

---

① 《当代中国农业合作化》编辑室:《建国以来农业合作化史料汇编》,中共党史出版社1992年版,第250页。
② 《当代中国农业合作化》编辑室:《建国以来农业合作化史料汇编》,中共党史出版社1992年版,第776页。
③ 陈益元:《革命与乡村——建国初期农村基层政权建设研究》,上海社会科学院出版社2006年版,第236—237页。

运作。"①

由此可见，在生产资料所有制改造完成以后，仍然强化阶级和阶级斗争，不利于社会整合，不利于团结尽可能多的社会成员并调动其积极性。1978年召开的中共十一届三中全会决定停止"以阶级斗争为纲"的路线。1979年1月11日，中共中央发布《关于地主、富农分子摘帽问题和地、富子女成分问题的决定》。《决定》要求，除极少数人外，对地主、富农、反革命分子、坏分子，一律摘掉帽子，给予农村人民公社社员的待遇。地主、富农家庭出身的农村人民公社社员，他们本人的成分一律定为公社社员，享有同其他社员一样的待遇。今后，他们在入学、招生、参军、入团、入党和分配工作等方面，主要应看本人的政治表现，不得歧视。地主、富农家庭出身的社员的子女，他们的家庭出身应一律为社员，不应再作为地主、富农家庭出身。②《决定》认为，这一决定将有利于更好调动一切积极因素，化消极因素为积极因素。与此同时，《人民日报》还专门发表社论，批判过往的极左政策，即"搞反动的血统论，把地、富、反、坏的子女同没有改造好的地、富、反、坏分子同样看待，甚至连地主、富农的第三代、第四代也当作地主、富农分子，'为渊驱鱼，为丛驱雀'，蓄意在人民内部制造分裂，摧残青年一代的身心"③。

随着中央决定的实施，农村社会成员一律视为社员，其阶级身份因此而淡化并最终趋于消失。由阶级而分割的社会成员结构因为统一的"社员"身份而获得社会成员的一体化，从而建构起一个统一的政治共同体。当然，数十年的阶级分割不是一朝一夕能够消失的。直到1979年过去了40年后的今天，民间还流行着"斗地主"的游戏。尽管这只是一种纸牌游戏，但反映出一段历史给人留下的深刻记忆。

---

① 马维强：《阶级话语与日常生活：集体化时代干群身份及其关系的历史建构》，《中国农业大学学报（社会科学版）》2018年第1期。

② 参见中共中央文献研究室、国务院发展研究中心编《新时期农业和农村工作重要文献选编》，中央文献出版社1992年版，第12—13页。

③ 《适应情况变化的一项重大决策》，《人民日报》1979年1月29日。

三、"集体化":个体社会到集体社会

摘掉地主、富农帽子后,农村社会成员统一称为"社员"。"社员"是长期历史以来没有的称号,是农村集体化过程中产生的人民公社的产物。除了政治社会的农村阶级化以外,经济社会的农村集体化,也是对农村进行社会整合的重要内容。乡村的社会整合除了经过家族社会进入阶级社会以外,还伴随着从个体社会到集体社会的转变。

集体化是相对个体性而言的。自秦朝以来,中国农村实行一家一户的生产经营方式。这一生产方式决定了农村社会的分散化和对政治的离散化。农村社会因此被视为"一盘散沙"状态。不仅农村成员之间缺乏组织联系,而且国家也很难进入农村社会,从而造成政权的"悬浮"状态。

中国共产党通过阶级化的方式组织农民,实现对农村社会的重组。但土地改革以后,农村一家一户的生产方式沿袭下来。而且由于消灭了地主,历史上的农民与地主之间的经济联系也没有了,农村社会的横向联系纽带更少了,个体分散性更强了。为此,伴随着土地改革,中国共产党便在农村推行集体化。

中国共产党在农村土地改革之后迅速实行集体化,是从经济的角度整合分散的农村社会。其目的主要有三个方面:一是防止新的社会分化。尽管土地改革之后,农民分得了土地,但由于各家各户的生产能力不一样,能力弱的农民很可能因经营不善而无法维持自己的生活条件,甚至失去土地。而另一部分人则可能成为所谓"新富农"。这种情况是以消灭剥削阶级为己任的中国共产党所不愿看到的,也不利于巩固通过消灭剥削阶级实现社会整合的成果。二是巩固国家基层政权的需要。土地改革是中国共产党领导农民对农村进行的社会重组。尽管政权组织和政党组织下沉到乡村,但如果生产方式仍然沿袭一家一户的独立经营,人们更多考虑的是自家利益,使得"自私自利"的农民意识得以萌生

和强化，久而久之就会缺乏对政权组织的向心力，形成政治离散性。早在中华人民共和国建立前夕，中国共产党领导人毛泽东就指出要防止这一倾向，提出"严重的问题在于教育农民"。但仅仅教育是不够的，还需要从经济基础上解决产生这一倾向的土壤。三是国家工业化的需要。农村土地改革刚完成，中国共产党便提出要实现工业化的总路线。而工业化的积累需要农业发展提供支持。在中国共产党人看来，个体经济生产能力有限，不能满足国家工业化的需要。同时，个体经营方式也不利于国家直接从农村获取产品。1950年代初，国家对农产品实行统购统销政策，但面对亿万分散的个体农户，统购统销的实行是极为困难的。国家统购统销政策需要有一个整体统一的农民社会作为支撑。

正是基于此，土地改革后不久，中国就开始了史无前例的农村集体化过程。在一个历史长久的个体经济基础上进行集体化，中国共产党没有经验，而作为社会主义国家先行者的苏联提供了唯一的模式，这就是集体农庄制。即便如此，中国的集体化也经历了一个由不同阶段构成的过程。

第一步是互助组。中国长期历史上虽然是个体生产，但一家一户并不能完全完成其生产和生活过程，因此也有相互之间的互助。这种互助是基于农民自己的需要和意愿。愈是个体经济能力不足的地方，社会互助就愈多。中国的土地改革首先是在经济和自然条件较落后的革命根据地进行的。这些地区土地改革后，为了发展生产，出现了农民之间的互助。这种互助由于超越了个体生产组织形式，因此受到中共领导人的赞赏和鼓励。

第二步是合作社。互助组只是农民的劳动互助，生产资料仍然为农民所有。合作社则是一种超越个体经济的农业经济组织。合作社又分为初级社和高级社。初级社一般是在互助组的基础上发展起来的。其特点是：农民在自愿互利的原则下将自有土地、耕畜、大型农具等主要生产资料分社统一经营和使用，按照土地的质量和数量给予适当的土地分红，其他入社的生产资料也付给一定的报酬。初级社在社员分工和协作的基础上统一组织集体劳动,社员根据按劳分配的原则取得劳动报酬,产品由社统一支配。初级社有一定的公共积累。初级社与互助组相比,实行了土地和其他生产资料的统一经营,积累了一定的公共财产,在社的统一计划下集体劳动,产品分配部分地实现了按劳分配的原则。初级社部分地改变了个体所有制,是集体经济的初级形式。尽管建立合作社要求自愿,但由于它被认为是具有社会主义性质的组织,因此得到政府多方面的鼓励和支持并很快过渡到高级社。与"土地入股,统一经营"的初级社不同,高级社的特点是土地、耕畜、大型农具等生产资料归集体所有,取消了土地报酬,实行按劳分配的原则。

第三步是人民公社。无论是初级社,还是高级社,都属于经济合作组织,与此相并行的还有政权组织。而人民公社则是政社合一的组织,是社会基层单位和集体经济组织,还是国家政权在农村中的基层单位。在人民公社体制下,所有生产资料都归集体所有(后来允许农民保留少量的自留地,以满足日常生活需要),实行统一经营,劳动成果为集体所有。社员根据自己的劳动从公社组织中获得生活资料,同时必须完成集体组织所规定的生产义务。

人民公社是农村集体化的极端形式。在人民公社体制下,农民个体的经济基础和活动空间基本消失了。所有人都是统一的社员,归属于集体组织。人们从出生到死亡,从生产到生活,都离不开集体组织。即使是保留的极小部分的个体经济和个体活动也被认为是与社会主义集体格格不入的,经常受到压制。

人民公社是国家对分散的农村进行社会整合的重要形式。通过人民公社,迅速、彻底地将分散的个体农民组织起来,形成了一体化的农村社会。如陈胜祥所说:"集体化运动将亿万农民改造为同质的公社社员。"①在集体化的农村社会里,没有社会分化,所有人都是公社社员。尽管地主、富农分子不能享有公社社员的待遇,但也在公社内劳动、居住并

① 陈胜祥:《中国农民土地产权幻觉研究》,中国社会科学出版社 2015 年版,第 71 页。

接受监督。公社社员的活动高度统一于集体，没有个体活动的空间。公社社员的日常生活高度依赖于集体组织，离开了集体组织基本上没有生存的可能。同时，在集体化中形成的各种组织是一种超越了传统组织的新型组织。"新型组织的组织原则是超家族体制的组织原则……它把家族成员组织在以社会地位而非血缘地位为依据的组织之中"①，重新建构了一个新型的农村集体社会。

　　虽然通过人民公社实现了对农村的社会整合，但这种整合更主要的是中国共产党主导下依靠国家政权力量进行的一种外部性整合，而不是像早期互助组那样的基于社会成员需要的自愿性整合。公社作为集体经济组织同时又是政权组织单位。国家可以通过公社体制实现国家意志，如保障统购统销的实行，从农村直接获得产品，巩固政权统治。但是，这种政府主导的社会整合很难实现真正的社会整合。作为政权组织单位，公社内存在干部与社员的区别。在互助组和合作社时期，干部主要是农村党和政府体系的工作人员。而在人民公社内，由于政权、经济和社会组织的一体化，干部进入经济组织体系内，成为组织的管理者。公社组织的权力由干部掌握。公社组织内分化为干部和社员两个层次。虽然通过土地改革消灭了农村的阶级分化和对立，但出现了新的社会分化和社会矛盾。这就是干部与社员群众的分化与矛盾。1960 年代，中国共产党领导人注意到这一新的矛盾，并试图通过政治运动的方式来解决这一矛盾。但干部与社员之间的区别和矛盾内生于人民公社管理体制，依靠外部性的政治运动完全解决这一矛盾是不可能的。因此，人民公社只是在形式上实现了对农村的社会整合，且这种整合是极其脆弱的。

四、"大包干"：家庭基础上的集体社会

　　由于农村集体化具有政府推动和主导的性质，农民的个体意愿和权

---

① 王沪宁：《当代中国村落家族文化——对中国社会现代化的一项探索》，上海人民出版社 1991年版，第 52 页。

利没有能够得到足够的尊重,因此一开始,一部分农民就缺乏集体积极性。只是这种状况被认为是落后的个体意识,甚至被提升为敌对阶级意识而被压制。但是,历史上长期存在的个体意识并不是借助国家强制力就能够简单消灭的。特别是农民进入集体组织体系之后,生活并没有得到根本性改善,其集体经济的动力不断减弱。相比在个体所有的"自留地"里的积极性而言,农民集体劳动的积极性大为逊色。这是由希望通过劳动满足自己生活需求的生存逻辑所决定的。正是同一逻辑推动着农民对人民公社体制的突破,此即与公社体制相伴随的"包产到户"行为。直到1980年代初,农民要求承包到户的行为得到中央认可。

发起于1970年代末1980年代初的农村改革是以"大包干"的形式出现并定格的。"大包干"由"包产到户"而来,但又超越了历史上的"包产到户",更强调家庭的主体地位。它是以农户为单位,在集体经济组织统一组织和经营下,根据统一计划,承包一季或全年以至更长时间的生产任务。即根据双方签订的有关权利、责任和利益的承包合同,由农户自行安排各项生产活动,产品除向国家缴纳农业税、向集体缴纳积累和其他提留外,完全归承包者所有。农民将其概括为"保证国家的、留足集体的、剩下都是自己的"。在"大包干"基础上形成了农村以家庭为单位的经营体制。

家庭经营是以家庭为单位的生产经营形式,它的兴起直接导致了人民公社体制的废除。1982年,国家宪法规定在农村建立乡政府,乡以下建立村民委员会。人民公社体制自然而然解体,在人民公社基础上建立的农村集体社会也随之变化。这一变化的根本标志,就是家庭成为生产经营主体,成为基本经济单位和生活单元。人们的日常生活更多地依赖家庭,家庭成为人们生活的基础,也成为农村社会和国家对乡村进行整合的基础。

当然,人民公社体制废除后,虽然家庭的基础性地位重新恢复,但农村社会并没有简单地回复到公社体制之前。这就是作为主要生产资料的农村土地等的所有权仍然归集体所有,农民所获得的只是土地承包经营权。生产资料的集体所有使集体社会依然存在,只是这一集体社会是以家庭为基础的。家庭是基本生产经营单位,也是利益主体。为适应这一特性,国家在农民自发创造基础上实行村民自治制度,并试图通过这一制度对分散的农村进行社会整合。根据村民自治制度,土地等生产资料的发包要经过村民代表会议讨论决定。作为村集体资产代表的村民委员会要经过村民选举产生,并接受村民监督。村民正是在村民自治过程中真切感受和体验到作为村集体主人的存在。这种集体社会对于农民来说是真实而不是虚幻的,是由自己决定而不是外部强加的,因此可以强化对集体社会的认同和归属感。相较于人民公社的社会整合,家庭经营和村民自治基础上的社会整合更注重农民的主体性和意愿。

实行家庭经营体制以后,集体经济的含义也发生了很大变化。在人民公社体制下,只有集体统一经营的集体经济而没有家庭个体经营。人民公社体制废除以后,除了家庭经营以外,还存在集体统一经营。这种集体统一经营的经济被称为集体经济。特别是随着工业化和城镇化的发展,集体经济在一些地方长期存在并发展壮大,由此形成新的集体社会。在这种集体社会里,农村社会成员生产在集体,生活在集体,并从集体中获得从未有过的社会福利。

当然,农村改革后的新型集体经济的形式有所不同。主要有三种:一是土地等生产资料完全归集体所有,实行集体统一经营,农村社会成员高度依赖于集体。村庄成为一个融经济、政治和社会于一体的共同体。如江苏省的华西村、河南省的南街村等。二是实行股份合作。农村土地为集体所有,农民作为集体成员根据土地份额分红。农民可以参加集体统一经营活动,也可自主经营。这在沿海工业化、城镇化发达地区的农村较多。三是农民专业合作。农民在土地家庭经营基础上,根据农业生产需要进行专业合作。这在全国普遍存在。

在集体经济基础上生成的集体社会显然有助于形成和强化农村社会成员之间的横向联系,实现社会整合。但是,一些地方的集体经济过分依赖于集体人格代表——集体领导人的权威。一旦权威发生变化,集体经济组织难以持续，集体社会也会相应发生变化，农村社会又要以新的形式进行社会整合。同时，现有的集体经济均是以村庄集体为基础的，一旦超越村庄，集体社会就会面临新的挑战。如江苏省华西村通过合并其他村庄扩张集体社会，但在扩张后的集体社会里存在差异，并引起社会矛盾，因此面临着新的社会整合。这也说明，以往农村的社会整合更多的是长期存在的村庄内部的社会整合，而建立在村庄之间横向联系基础上的社会整合较少。农村社会的分散性不仅仅是农民个体之间的分散，还是村庄之间的分散。即使是人民公社的社会整合也只是解决了前一个问题，村集体之间的联系依靠的是国家而不是社会本身。要解决后一个分散性问题，需要以更高级的形式进行社会整合。

五、"社区化"：家庭社会到社区社会

从生产方式来看，农村改革后的家庭经营与历史上的生产组织形式相类似。家庭不仅重新成为经营单位，而且是基本的政治和社会生活单位。但与历史上的个体经济时代不同，农民的社会生活内容和需要大大丰富了。单个的家庭难以建立广泛的社会联系，也远远无法满足农民的生活需要。因此，进入 21 世纪以后，中国政府在农民自发创造的基础上，以社区建设将单个的家庭整合起来，构造农村社会生活共同体，从而在农村社区化过程中，实现家庭社会向社区社会的转变。

中国历史上是家庭基础上的家族社会。因为单个的家庭是无法满足农民全部的生产和生活需要的。如农忙季节需要他人帮助，生老病死需要他人帮助，家庭内部和家庭之间的矛盾纠纷需要他人调解等。在传统农村社会，人们能够和最愿意寻求帮助的对象是家族。家族是由若干个有血缘关系纽带连接的家庭共同体。它以家庭为基础，但由多个家庭构成，从而形成家族社会。如果说家庭是初级社会群体，那么，家族就是次级社会群体。在传统社会，作为高级社会群体的国家并没有深入到农村社会生活领域，也不可能为农村日常生活提供公共服务。大量社会生

活问题依靠家族解决。正是通过家族实现农村有限的社会整合，建立起家族共同体。正如孙中山先生所说，中国人只有家族主义而无国族主义。

出于建设现代国家需要，20世纪以来，家族社会被认为是落后因素而受到冲击和压制，取而代之的是阶级社会和集体社会。但自1979年以后，相互对立的农村阶级社会不复存在。虽然集体社会仍然存在，但是由于家庭经营的长期性，农村又进入到家庭社会。然而，家庭社会解决的是基本生产经营问题，还有一些共同性的生产条件和大量的社会生活问题没有相应的社会组织解决。农村改革之前的人民公社既是生产单位，又是生活单位，还是政权单位。国家可以通过公社集体的方式组织农民兴修水利、道路等公共设施，解决农民的生产生活条件问题。同时，公社组织还提取公积金和公益金，自我解决农村社会成员的公共福利问题。农民的日常生活纠纷也主要依靠公社组织的干部加以解决。公社就如大家庭，干部犹如大家长。只是这一大家庭和大家长难以为大家提供更好的生活而导致小家庭的重新崛起。但单个的家庭之间缺乏必要的组织联系，也难以解决公共性社会生活问题。

从制度建构的角度看，取代人民公社体制的是家庭经营、村民自治和基层政府。国家试图通过村民委员会这一群众自治组织，解决农村社会公共问题，建立新的社会联系，促进农村社会团结。如1987年通过的《村民委员会组织法（试行）》规定村民委员会的职能主要是办理本村的公共事务和公益事业，调解民间纠纷，协助维护社会治安，向人民政府反映村民的意见、要求和提出建议。但是，村民委员会并不能很好地履行解决农民公共生活问题的职能。一是村民委员会负责管理本村公共事务，具有准行政组织的特点。村民委员会之上的乡镇政府的主要职能是管理本乡镇的行政事务，而它在行使管理职能时必须依托村委会。因此，在乡村治理的实际过程中，村委会很容易行政化，成为乡镇政府的"一条腿"，主要承担的是政府事务。二是村委会缺乏办理公共事务和公益事业，解决农民公共生活问题的能力。人民公社能够解决一些公共生产和生活问题,依托的是统一的集体经营这一基础。公社体制废除后,村委会缺乏办理公益事业的经济和组织依托。特别是大量的农业税费为地方政府所提取,村委会"无钱办事"。正因为如此,那些保留集体统一经营的村庄,公共事务和公益事业往往办理得更好。只是这类村庄毕竟是极少数。三是农村改革以后,农民的社会化生产和生活需求大量增加,远远超出家庭和村庄范围,需要政府加以解决。而政府公共服务却未能延伸到农村,农村成为事实上的政府服务的"薄弱地区"。正是因为以上原因,家族社会因素在农村重新复活。根据农村改革以后的一项调查,家庭之间的合作互惠关系,发生在家族与亲属之间的占 67.1%,而发生在邻居和乡友中的则只占 32.9%;在家族和亲属的合作中,三代之内的小家族的合作占 33.4%,三代之外五服之内的家族间的合作占 28.9%,女系亲属间的合作占 32.8%。[1] 农民只能求助于家族的力量解决自己的一些生活问题。但是,传统的家族力量非常有限。它不仅受到阶级斗争时代的打击,也受到市场经济的冲击。依靠传统家族力量已很难满足农民日益增长的公共生活需要。

为了解决自己的问题,农民开始探索出路。进入 21 世纪,为解决日益严重的"三农问题",国家废除农业税。出于减轻农民负担,巩固农业税费改革成果的需要,许多地方实行合村并组。村组规模扩大,村组干部减少。农村公益事业办理更加困难。在这一背景下,位于深山区的湖北省秭归县杨林桥镇的村民自发组织起来修建通往外村的公路。这一行为为当地领导所重视,并以农村社区的名义广泛推行。在原有村委会下辖地,根据"地域相近、产业趋同、利益共享、规模适度、群众自愿"的原则组建社区,设立社区理事会,主要功能是办理本社区的公共事务和公益事业,调解社会纠纷,维护社会治安等。[2]

---

[1] 胡潇主编:《世纪之交的乡土中国》,湖南出版社 1991 年版,第 97 页。

[2] 参见徐勇《农村微观组织再造与社区自我整合——湖北省杨林桥镇农村社区建设的经验与启示》,《河南社会科学》2006 年第 5 期。

　　"社区"这一概念来自外国。最初主要指农村生活共同体，后来广泛适用于城市和农村基层社会。"社区"与其他社会单位不同，特别强调共同体。德国社会学家滕尼斯认为，"共同体是持久的和真正的共同生活"①。人们长期生活其中，形成强烈的认同感和归属感。而在中国，社区具有相当程度的建构性。1990年代社区建设率先在城市开展，主要解决城市中那些没有单位依托的居民的日常生活问题，将分散在工作单位之外的零散人员整合起来。21世纪，随着农村税费改革，村委会不能收取提留，办理公益事业的能力大大弱化。而农民的公共生活需要却迅速扩大，实践中也出现了农民通过建立社区办理自己的事情的经验。更为重要的是，随着中国特色新型工业化、信息化、城镇化、农业现代化进程加快，农村社会正在发生深刻变化，农村基层社会治理面临许多新情况新问题：农村人口结构加剧变化，部分地区非户籍居民大幅增加，非户籍居民的社会融入问题凸显，部分地区存在村庄空心化现象，农村"留守老人""留守妇女""留守儿童"等群体持续扩大；农村利益主体日趋多元，农村居民服务需求更加多样，农村社会事业发展明显滞后，社会管理和公共服务能力难以适应等。② 为此，国家提出在农村进行社区建设的要求。农村社区建设因此成为在全国普遍推行的政府行为。

　　农村社区建设是指在村党支部和村委会的领导下，在农村建立社区组织，开展社区公益事业服务，发展社区卫生，繁荣社区文体活动，美化社区环境，调解社区民间纠纷，倡导社区互助精神，树立社区良好社会风气，建立良好的人际关系，把农村建设成为管理民主、治安良好、环境优美、文明祥和的新农村。2002年召开的中共十六大报告只是将"社区"的概念运用于城市，2007年召开的中共十七大报告则将"社区"的概念运用于农村，提出"把城乡社区建设成为管理有序、服务完善、文明祥和的社

---

① ［德］费迪南·滕尼斯：《共同体与社会：纯粹社会学的基本概念》，林荣远译，商务印书馆1999年版，第54页。

② 参见中共中央办公厅、国务院办公厅印发《关于深入推进农村社区建设试点工作的指导意见》，新华网2015年5月31日。

会生活共同体"①。2015 年,中共中央办公厅、国务院办公厅印发了《关于深入推进农村社区建设试点工作的指导意见》。

"社区"显然不同于农村家族、人民公社及之后的村委会等社会组织。它是新型的农村社会生活共同体,主要功能是解决农村社会生活问题,并在这一过程中建立家庭之间的社会联系,实现对分散孤立的家庭社会的社会整合。"社区建设"本身就意味着人为规划性的建设。在一部分地方,社区成为政府统一规划、统一建设的新的农村人口集聚区。

在农村社区中,社会服务是关键。农村改革后的农民正在发生迅速变化,一个重要特点就是社会化的程度和需求愈来愈高。但是一家一户的家庭社会解决不了社会化的需求问题。农村社区建设主要是提供完善的社会服务。只是这种服务形态是政府公共服务与农民自我服务的结合。长期以来,农村的社会服务主要是依靠农村自身的力量。农业税费改革以后,国家明确提出要将基本公共服务延伸到农村,实现城乡公共服务的全覆盖。在这一背景下,政府将公共资源投入到农村,并以农村社区为平台配置资源。在以往,国家与农民的联系主要是税收关系,废除农业税后,政府与农民的联系减少了。通过社区建设,政府将公共服务延伸到农村,可以重新建立政府与农村社会的联系,增强农民对国家的向心力。

除了政府提供公共服务以外,农民还可以在农村社区建设中加强自我服务。农村社区建设主要是满足农民自己的生活需要,能够激发农民的参与意识。正是在共同参与活动中,增强了农民之间的有机联系,将分散分离的个体农民聚合起来。因此,农村社区建设过程也是实现社会整合的过程。

六、"流动性":城乡一体化的社会整合

由于农业生产的分散性,农村社会是由一个个农民聚集地——村庄

---

① 本书编写组:《十七大报告学习辅导百问》,学习出版社、党建读物出版社 2007 年版,第 28 页。

构成的。无论是阶级社会、集体社会，还是社区社会，农村的社会整合都是在村庄内部完成的。这种整合的重要特点是根据农民与土地的联系对农村社会成员加以组织和聚合。传统农村社会是一个缺乏流动性的社会。恩格斯在谈到传统农民时说："在人口不多，只是随着世代的交替才发生变化的偏僻的村庄里，农民过着与世隔绝的生活；他们的劳动紧张而单调，比任何农奴制都更有力把他们束缚在一块土地上，而且代代相传，始终如此；他们的整个生活关系不变，千篇一律，他们的极其重要而有决定意义的社会关系仅仅限于家庭，——这一切都使农民目光如豆。"①这一特点也符合中国传统农民的特性。尽管由于生存所迫和政府强制的原因，中国历史上有过"走西口""闯关东""下南洋"的历史，但主要是一时的人口迁移。对土地的依附性则主要是由农业生产的特性决定的。如费孝通所说："乡土社会的生活是富于地方性的。地方性是指他们活动范围有地域上的限制，在区域间接触少，生活隔离，各自保持着孤立的社会圈子。"②因此他将中国视为"被土地束缚的中国"③。

1949 年以后，特别是 1950 年代随着统购统销政策的实施和与之相联系的户籍制的形成，城乡二元社会结构固化，农民基本上没有离开所生活的土地和村庄的可能。农村改革的重要结果是将农民从土地上解放出来，不仅有了生产经营的自主权，而且有了自由流动的权利。1980年代以来，与工业化、城市化相伴随，大量农村人口从土地和村庄流向城市和外地。这对于改变中国农民的传统特性具有革命性意义。如邓小平所指出的，"总不能老把农民束缚在小块土地上，那样有什么希望？"④。

但是，由于城乡二元结构的长期存在，相当多数外出的农民尽管人不在村庄，户籍关系却仍然在村庄，他们没有能够融入城市社会。由此出现了与城乡二元结构相适应的"农民工"这一名词。改革开放以后，中

---

① 《马克思恩格斯全集》第 5 卷，人民出版社 1958 年版，第 560 页。
② 费孝通：《乡土中国　生育制度》，北京大学出版社 1998 年版，第 9 页。
③ 《费孝通选集》，天津人民出版社 1988 年版，第 158 页。
④ 《邓小平文选》第 3 卷，人民出版社 1993 年版，第 214 页。

国的农民工达 2 亿人以上。早在 20 世纪 90 年代初,温锐等人的调查就发现,赣闽粤边区的农户平均每户就有一个人外出务工。[①] "农民工"这一名词本身就反映了农村社会成员在城市与乡村之间的流动状态。他们中间的绝大多数如"候鸟"一般,春节后流向城市,春节前返回农村,农忙时在乡村,农闲时外出。除此之外,市场经济的发展也增加了农村人口的流动性。农民的交往活动范围远远超出本村本乡。因此,1980 年代后中国农村社会的一个最重要的特点就是"流动性"。农村社会处在一个大规模和持续不断的跨越城乡的流动之中。这是中国农村社会前所未有的新现象。

从国家的角度看,流动性有助于实现全社会的整合。它可以打破传统城乡二元结构对社会的分割,促使人们从狭隘的地域认同转向国家整体社会认同。但是,传统的城乡二元结构并没有因为流动性而消失,而且流动性本身就反映了城乡二元结构的存在,由此也给社会整合带来新的挑战和问题。

一是农村社会成员之间的联系弱化了。农村社会共同体是因土地而形成的。农村社会成员因为土地而产生共同的利益关系、生活方式、行为规范和情感,并建立起相互之间的联系和对村庄的认同。而在流动性社会里,相当一部分成员的大部分利益关系、交往活动都不在村庄。家庭、村庄社会不再是以往的完整状态。如大量"留守老人""留守妇女""留守儿童"的存在即反映了家庭的形式虽然存在,但由于流动性,它的日常生活状态是不完整的。由不完整的家庭构成的村庄社会也是不完整的。还有相当一部分农户常年举家在外,属于所谓"空挂户"[②]。传统农村社会成员之间的相互联系中断了,相当一部分成员也缺乏对村庄的认同。

[①] 温锐、游海华:《劳动力的流动与农村社会经济变迁——20 世纪赣闽粤三边地区实证研究》,中国社会科学出版社 2001 年版,第 141 页。

[②] 即户籍在村,而全家人常年都不在村居住和生活的农户。

二是农村流动人员未能建立新的社会联系。农村流动人口流入城市和外地获得了新的就业机会，但不能与城市和当地人口享有同样的待遇，长期被认为是"外来人"，甚至处于城市社会歧视和排斥状态。农村流动人口难以与工作地居民建立起有机的社会联系，也无法建立起新的认同。由此形成双重性人格：从收入方面他们向往城市和外地，从情感上他们更留恋乡村和家乡。一首流行于中国大地的歌《九月九的酒》中的歌词"家中才有自由，才有九月九"，真实反映了农村流动人口的心态。

流动性使农村社会成员缺失了原有的社会联系以后，又未能建立起新的社会联系，从而出现了新的社会分散性和离散性。相当一部分人员处于社会管理和社会支持的"盲点"中，对社会秩序构成了挑战。由此需要对一个流动性社会进行社会整合。其重要方式就是促进城乡一体化。

城乡一体化，首先是消除长期存在的城乡二元社会结构，促进社会融合。自1950年代到1990年代，长达40多年中，城市与乡村之间横亘着制度性壁垒，城市社会排斥农村人员的进入。进入21世纪以后，制度性的有形壁垒日益消除，但地方性规范的隐性壁垒仍然存在，从而使得大量进入城市务工而且城市社会也需要的农村人员无法融入城市社会。特别是相当一部分新生代农民工进入城市后就没有回到乡村的打算。如果他们不能迅速地融入城市社会，就会对现有秩序构成严峻挑战。正因为如此，许多地方加快了外来人口融入城市社会的进程。广东省的一些城市甚至不再提"农民工"和"外来人口"，而改称"新××人"，这有助于促进农村人口融入城市，消除社会排斥，促进社会团结。

城乡一体化，其次是提供城乡均等的公共服务，缩小城乡差别，减少流动性。大量农村人口流向城市，除了土地无法容纳更多农村人口以外，主要还是长期历史形成的城乡差距。农村改革以来，农民收入有了很大增长，但城乡差距仍然存在。公共服务方面的城乡差距更是日益突出。相当一部分农村新生代流出乡村，是因为农村的公共服务与城市差距太大。如在城市已进入网络社会，网络成为城市市民日常生活的一部分时,部分农村还处于网络社会之外。如果大量新生代农村人口都流向城市,将会造成城乡差距进一步扩大。因此,在新农村建设中,除了发展生产,增加农村收入以外,更重要的是提供更完善的公共服务,让农村人口可以享受城市人一样的生活条件。只有当城乡生活条件相近,才能实现真正的城乡融合。

第九章　消费、生育与健康：乡村的生活整合

衣食住行、生老病死是人们每天都要进行的日常生活活动。在传统农业文明时代，乡村的日常生活处于高度自由自在的状态，远离政治，属于国家没有进入的私人空间领域。在中国的现代化进程中，特别是1949年以后，国家对乡村社会整合的一个重要特点，就是国家意志得以进入乡村日常生活之中。通过对人们生活活动的整合，国家意志传递并深入到乡村社会，国家成为乡村日常生活中的一部分。

一、"公共食堂"：生活集体化

日常生活是人们每天都要从事的生活活动。任何人首先且必须进行消费活动。在恩格斯看来，马克思的重大贡献就是发现了人类社会发展规律，这就是："人们首先必须吃、喝、住、穿，然后才能从事政治、科学、艺术、宗教等等；所以，直接的物质的生活资料的生产……人们的国家设施、法的观点、艺术以至宗教观念，就是从这个基础上发展起来的。"①人们的生活消费活动是人存在的基础，也是人们意识形成的来源。

---

① 《马克思恩格斯选集》第3卷，人民出版社1995年版，第776页。

正如人不是孤立存在的一样，人们的消费活动的进行也是一个历史过程。在人类初始，人们共同生产、共同消费。伴随着"天下为家"的进程，人们的消费活动也愈来愈具有私人性，开始以家庭为单位消费。尤其是在一家一户为生产单位的传统中国，人们到一定年龄时就要分家，"分灶吃饭"则是家户独立的标志，家庭作为独立的消费单位的意识特别深厚。消费活动属于私人领域，即消费行为是消费者个人的自我活动。在传统农业时代，"交完粮，自在王"，农村社会成员除了因纳税等与国家交往以外，日常消费与国家没有关系，消费活动极具私人性。在由原始氏族部落转换而来的宗族中，存在族人共吃"大锅饭"的习俗，但并不是每天如此，绝大多数时间仍是以一家一户为单位进行消费活动。在农忙或一些特殊时间，农民共同消费，但这也不是经常性的行为。如摩尔所说："像现代集权政府那样重新安排民众的日常生活，这在帝制时代的中国简直是不可能的。"①

随着现代国家的建构，农民的日常生活也与国家紧密关联起来了。在吉登斯看来："只有伴随着现代国家的发展，国家的行政权限才开始同所有的人联系起来，才开始将它的活动同所有人的日常生活整合起来。"②在中国，广大农民日常生活消费的私人性是伴随着生产的集体化而改变的，其标志就是农村"公共食堂"的建立。

生产方式与生活方式密切相关。1950年代中期，农村合作化迅速推进，农民开始以集体共同劳动的方式进行生产。在农忙季节，一些地方的合作社实行集体做饭，集体统一就餐。但这只是农民的自愿行为，且是临时性的。1957年底，中国掀起农业生产高潮，提出农业和农村工作实现一个巨大的跃进，特别是在冬季大办农田水利。集中大量劳动力兴修水利工程，不可能通过一家一户吃饭消费，由此出现了专人做饭、统一

---

① ［美］巴林顿·摩尔：《民主和专制的社会起源》，拓夫、张东东等译，华夏出版社1987年版，第136页。
② ［英］安东尼·吉登斯：《民族-国家与暴力》，胡宗泽、赵力涛译，生活·读书·新知三联书店1998年版，第195页。

就餐的工地食堂。进入 1958 年以后，生产组织规模进一步扩大，集体生产与私人消费的矛盾突出，公共食堂应运而生。河北省徐水县是人民公社的发源地，也是普遍推行公共食堂的发源地。该县决定在普遍实行劳动大协作的同时大办食堂，尽快实现全县食堂化，实行生活集体化。① 河南也是人民公社最早兴起的地方，并在许多地方兴办起集体食堂。在这一阶段，兴办农村食堂成为地方政府推动的行为，并上升到国家政治的高度。如 1958 年 6 月，中共河南沁阳县委在一份有关农村食堂的报告中强调：食堂的发展，"不仅有效地挖掘了大量的劳动潜力，解决了劳力不足的困难，而且是改造农民，使其树立共产主义思想、集体观念的一个有效措施，又是走向共产主义的一个生活习惯的大革命，是党的总路线的具体体现"。② 河南省嵖岈山人民公社和七里营人民公社是全国最早兴办的人民公社并成为公社制的样板，在其公社章程中都有了建立公共食堂的规定。

伴随着人民公社的兴起，公共食堂成为与人民公社相适应的生活方式问题，并上升为国家意志和国家行为。1958 年 8 月 21 日，毛泽东在北戴河会议上说："人民公社就有共产主义的萌芽……公共食堂，吃饭不要钱，就是共产主义。"③1958 年 10 月 25 日，《人民日报》发表题目为《办好公共食堂》的社论。社论开门见山指出："全国基本实现公社化以后，人民公社当前的关键问题是什么呢？是分配问题；是办好集体福利事业特别是办好公共食堂、托儿所问题；是实现组织军事化、行动战斗化和生活集体化问题。在这三大问题中，公共食堂和儿童福利这两件事情如果办不好，就不可能巩固生活集体化，不可能从家务劳动中把妇女解放出来，而使整个生产受到影响。办好公社的集体福利事业，特别是办好公共食堂，已经成为当前人民公社化运动中的一项十分重要的工作、成为巩固

① 参见罗平汉《大锅饭——公共食堂始末》，广西人民出版社 2001 年版，第 5 页。
② 转引自罗平汉《大锅饭——公共食堂始末》，广西人民出版社 2001 年版，第 8 页。
③ 转引自辛逸《农村人民公社分配制度研究》，中共党史出版社 2005 年版，第 85 页。

人民公社的一个基本关键。"社论强调:"办好公共食堂,不仅是一件极其重要的经济工作,也是一项十分重大的政治任务,每个人民公社都应该把公共食堂办好。"①

正是在执政党和国家的推动下,公共食堂得以普遍建立起来,成为人民公社制度的重要组成部分。1958年中共八届六中全会通过的《关于人民公社若干问题的决议》指出:"人民公社的生产、交换、消费和积累,都必须有计划。人民公社的计划应当纳入国家的计划,服从国家的管理。"②公共食堂是人民公社制度的消费方式。这一方式的特点,一是集体共同吃饭,即"大锅饭",而不是以往农民在家庭吃饭的"小锅饭";二是"大锅饭"来源于集体共同生产的产品,是集体生产产品分配的一种体现。公共食堂成为生产者和农村社会成员的消费场所。

公共食堂的兴办是生活集体化的产物。它不仅仅是一种消费方式的变化,更重要的是国家全面深度介入农村社会成员的日常生活之中,从日常生活方面改变农民性,将分散的农村社会成员整合到国家体系中来。

其一,公共食堂将国家带入到农村社会成员的日常生活之中。长期以来,吃饭是中国人的头等大事,人们的生产活动最终是满足自己的消费需要。人们的生产是私人的事情,吃饭等消费更是私人的事情。尽管国家统治者也不得不重视吃饭问题,但主要着眼于赋税的轻重,而没有介入农村社会成员的日常消费,更遑论人们如何吃饭、能否吃好饭了。因此,对于每天要为柴米油盐操心的农民来说,国家更多的是外在于人们日常生活的,人们与国家的关系也因此是若即若离的。而兴办公共食堂以后,国家倡导下的公共食堂成为每天的消费场所,须臾不可分离,由此形成在日常生活中与国家的高度一体化状态。不仅是吃饭,而且怎样

---

① 《当代中国农业合作化》编辑室:《建国以来农业合作化史料汇编》,中共党史出版社1992年版,第508—509页。
② 《当代中国农业合作化》编辑室:《建国以来农业合作化史料汇编》,中共党史出版社1992年版,第518页。

吃饭,都成为国家意志和行为。中央和地方政府多次下达文件,指导和要求办好公共食堂,从而将分散在各家各户吃饭的农民整合到国家—集体中来。

其二,当公共食堂由人们的自发自愿行为转换为地方政府以至国家的意志和行为时,相伴随的是自上而下的宣传、发动和教育,并在这一过程中将国家意志带入到农村社会生活之中,强化国家意识。这种宣传、发动和教育,主要是讲公共食堂的优越性。1958 年 10 月 25 日《人民日报》发表的《办好公共食堂》社论专门阐发了办好公共食堂的重要意义。1958 年 10 月 29 日的《人民日报》发表了中共南阳地委农村工作部的文章《办好公共食堂的经验》,通过群众之口,归纳出公共食堂的十四大优越性。1958 年第七期的《红旗》杂志发表李友九的《河南信阳来信》,列举公共食堂的十二大好处。各个地方的媒体也都大力宣传公共食堂的种种好处。

其三,当公共食堂作为自上而下的政治行为成为人民公社制度的组成部分之后,就不再仅仅是一个生活方式问题,而成为一个政治问题,且上升到阶级和路线的高度。这就意味着一定的强制性。中共河南遂平县委的一份报告中强调:“家庭私有观念是私有制的总和,同时也是产生资本主义的温床。公共食堂的建立,能够提高人们的共产主义觉悟和集体主义精神,有利于克服农民的自私本位狭隘的落后意识”。① 作为中共最高领导人的毛泽东积极支持公共食堂,并提出,办公共食堂,吃饭不要钱,就是共产主义。② 家庭私有制是支撑各家各户分散吃饭的基础。改变家户分散吃饭才能改变传统的私有观念,巩固新型的集体所有制。罗平汉评论说:“毛泽东也正是从改变吃饭方式能改变生活方式、改变人的观念的角度,才赋予公共食堂特别的意义。”③应该说,兴办公共食堂是一

---

① 转引自罗平汉《大锅饭——公共食堂始末》,广西人民出版社 2001 年版,第 33 页。
② 转引自罗平汉《大锅饭——公共食堂始末》,广西人民出版社 2001 年版,第 39 页。
③ 罗平汉:《大锅饭——公共食堂始末》,广西人民出版社 2001 年版,第 95 页。

件历史上从未有过的大事,这一过程中也会出现问题,并产生不同的认识。但是,由于将公共食堂视为与社会主义乃至共产主义相关联的问题,因此不能容忍不同看法,甚至采取政治斗争的方式解决不同意见的存在。由此,对待公共食堂的态度便成为阶级和路线问题。一些地方干部也因此受到批斗。同时,阶级路线被引入公共食堂的兴办过程中。河南省委发出指示,要求选拔具有高度社会主义和共产主义觉悟的党员,团员,贫农、下中农成分的积极分子,担任公共食堂的炊事管理工作,将地主、富农分子排斥在公共食堂管理之外。人们从公共食堂的生活活动中再次获得和强化了国家建构的阶级意识。

其四,公共食堂不仅是消费方式,也是分配方式,分配权力执掌在干部手中。"吃饭不要钱"的供给制是公共食堂的基础,而供给来源则是公社生产产品的统一分配。辛逸指出:"从本质上看,公共食堂是由食堂来控制农村最主要生活资料——粮食的一种制度安排。随着食堂的成立,各地都建立起了一套通过食堂来控制粮食的分配制度。"①在公社体制下,集体劳动产品的分配由集体或者说由干部决定,人们别无选择,只能在公共食堂消费,由此形成对代表政府意志的干部的依从性。河北省的一份农村公共食堂调查中反映:"有些干部把食堂作为控制群众的工具,规定许多限制群众吃饭的办法,如不出工的不给饭吃,劳动消极的人少吃,病人、小孩不让吃干饭,群众说自己是'吃饭无权,挨吹受克',对此极为不满。"②

二、"大锅饭":散伙与回归

公共食堂开办之初,对于长期历史上温饱都难以稳定维持的农民来说,有一定的吸引力。特别是公共食堂与供应制联系起来,并在实际过

---

① 辛逸:《农村人民公社分配制度研究》,中共党史出版社 2005 年版,第 100 页。
② 转引自罗平汉《大锅饭——公共食堂始末》,广西人民出版社 2001 年版,第 120 页。

程中演化为"吃饭不要钱"和"放开肚皮吃"的"大锅饭"以后,其吸引力就更大了。以往农民虽然一家一户吃"小锅饭",但在小锅里不时会出现缺米甚至无米下炊的状态。有了公共食堂这一"大锅饭",人们不用再为一日三餐发愁,不仅"吃饭不要钱",而且可以"放开肚皮吃"。这对于千百年来经常在饥饿线上徘徊的贫苦农民来说,是做梦也想不到的大好事。他们因此而激动,更是由衷地感谢执政党和政府。中共高层领导人刘少奇在江苏视察时,一位乡党委书记说:"大家一听说吃饭不要钱,都高兴得跳了起来,有个老头说,过去担心受苦一辈子,怕吃不饱肚子,这下子可好了。"有的干部汇报说:"群众都非常赞成实行粮食供给制,他们说:'一个心思丢下了,一个心思又来了。'丢下的是几千年愁吃愁穿的苦心思,又来的心思是怎样把生产搞得更好,不然就对不起共产党。"①尤其是那些生活困难和做饭不方便的人,对于能够吃"大锅饭"可谓情有独钟。尽管开始有人持怀疑态度,但看到公共食堂确实能够保证供应,加之各种宣传动员,对"大锅饭"也持顺应态度。而一些地方领导人受激情所左右,除了提倡"吃饭不要钱"以外,还鼓励"放开肚皮吃饭",使那些长期为饥饿所困的人产生了前所未有的美好梦幻。所以,如人民公社一样,公共食堂能够在不到一年的时间里在全国普遍兴办,与农民的顺应态度是密切相关的。这反映了温饱不能满足的底层人们对改变生活状态的热切期盼。

然而,任何事物的产生和延续都是有条件的。马克思认为:"历史不是作为'产生于精神的精神'消融在'自我意识'中而告终的,而是历史的每一阶段都遇到一定的物质结果,一定的生产力总和,人对自然以及个人之间历史地形成的关系,都遇到前一代传给后一代的大量生产力、资金和环境,尽管一方面这些生产力、资金和环境为新的一代所改变,但另一方面,它们也预先规定新的一代本身的生活条件,使它得到一定的发

---

①《刘少奇同志视察江苏城乡》,《人民日报》1958 年 9 月 30 日。

展和具有特殊的性质。"①消费的前提条件是有消费物品。供给制的前提条件是有供给物品。实行公共食堂,让所有人都能够吃上"大锅饭",与执政者在战争期间的供给制经验有关系。但是,战争期间的供给制只局限于军队,且军队的供给也需要生产者提供。而公共食堂是在全国范围普遍兴办,生产者直接享用"大锅饭",由此要求的条件更高。其基本条件就是能够源源不断地满足消费者的需要。但恰恰是这一条件并没有充分的保证。公共食堂的兴办与"大跃进"期间各地争相开展粮食"放卫星"活动,从而造成粮食过剩的假象相关。

"放卫星"造成的粮食过剩泡沫很快就显现出原形。实际的粮食产量增长并不能保证人人都能够持续不断地在公共食堂吃饱。这一状况首先在部分地方出现,并造成农村社会成员对公共食堂的离心倾向。但相当部分领导人并不认为公共食堂本身存在问题,而是试图用各种措施维持公共食堂。随着粮食紧张,公共食堂问题引起了中央高层的重视,出现了不同的看法。中央为解决包括公共食堂在内的一系列农村问题,专门召开会议讨论。毛泽东在1959年庐山会议上的讲话中专门谈到公共食堂问题,提出:"要积极办好。按人定量,分粮到户,自愿参加,节约归己。吃饭基本上不要钱。在这几项原则下,把食堂办好,不要一轰而散,都搞垮了,保持百分之二十也好。""食堂要小,形式要多种,供给部分要少些,三七开或四六开,可以灵活些。食堂和供给制是两回事。"②但是,这一努力由于其他历史因素的干扰而一度遇到曲折。1959年9月22日的《人民日报》还专门发表《公共食堂前途无量》的社论,强调人民公社、公共食堂是新生事物,反对者必将被抛弃。率先兴办公共食堂的河南更是要求坚持公共食堂并将其提升到政治斗争的高度。1959年10月9日的《河南日报》发表题为《公共食堂好得很》的社论,特别指出,公共食堂的优越性是人民公社的优越性的重要组成部分,否认公共食堂的优越

---

① 《马克思恩格斯选集》第1卷,人民出版社1995年版,第92页。
② 《毛泽东文集》第8卷,人民出版社1999年版,第80—81页。

性,反对公共食堂,实际上就是反对人民公社。正是在政治压力下,公共食堂又延续了一段时间。只是粮食短缺危机愈发严重,公共食堂难以为继,才迅速大批自动解散。

公共食堂尽管对于长期面临饥饿威胁的农民有一定的吸引力,但是从农民生活经验看,公共食堂并不方便群众生活,"大锅饭"不如"小锅饭"自由。如在河南修武县,一些农民有顾虑:"一是认为入了食堂不方便,大家吃啥自己也得吃啥,以后吃不上小锅饭。二是担心入食堂后'吃马虎',算不清账,自己吃亏。三是觉得大家在一起吃饭合不来",等等。沁阳群众的担心是:怕不自由,怕吃不好,余粮户怕吃亏,会过日子的担心浪费。河南新乡的一份报告反映,对于办公共食堂,贫农、下中农和青年人积极拥护;富裕中农则是试试看,如果不好就散摊,他们怕降低生活水平,怕不自由;老年人怕人多事多不好办,担心婚丧嫁娶、人来客往怎么办,怕天阴下雨刮风吃饭不方便;妇女担心食堂办不长,怕垮台;劳力多的怕搞平均主义吃大锅饭,不能多劳多得按劳取酬,担心平时不好好劳动的懒汉一嘴插到大锅里一样吃;较懒的人有呼大堆的思想,总说"吃着,说着,总不会叫饿着";勤俭持家的农户怕入食堂后把粮食拿出来,食堂办不好把粮食也搭上了;有的干部怕办食堂粮食超过指标,并且觉得办食堂麻烦。公共食堂兴办不久,与供给制相关的公共食堂的弊端日益明显,河北省一个队的全体党员提出了尖锐的批评和强烈的要求,认为:"吃饭不要钱,实际把人钳;社员劲不大,下地像拉纤;干活不干活,一天三顿饭;劳多闹吃亏,劳少也不上算;全年饭费几十万,秋后想分红难上难。继续这样办,那就太危险;大家提建议,砸掉铁饭碗。"①应该说,以上顾虑、担忧和反映是农村的真实想法,也反映了农民基于现实生活的特性。只是这种看法在公共食堂成为政治问题时,不仅没有引起重视,反而会受到批评,被认为是小农意识。国家化的公共食堂力图抑制和消解长期历史形成的消费生活的农民性。

① 参见罗平汉《大锅饭——公共食堂始末》,广西人民出版社 2001 年版,第 11、13、130 页。

但是,消费生活的农民性是以物质基础为前提条件的。由于粮食严重短缺并造成灾难性后果,以公共食堂为载体的"大锅饭"难以为继。中共领导人刘少奇在调查中表示:"食堂是勉强搞起来的,极不得人心。在这个问题上,我们犯了错误,蛮干了三年,一直不明白。"①毛泽东也意识到食堂兴办后的问题,他在一次讲话中表示:"有些食堂难以为继。广东有个大队党总支书记说,办食堂有四大坏处:一是破坏山林,二是浪费劳力,三是没有肉吃(因为家庭不能养猪),四是不利于生产。前三条都是讲的不利于生产,第四条是个总结。这个同志提出的问题值得注意。这些问题不解决,食堂非散伙不可,今年不散伙,明年也得散伙,勉强办下去,办十年也还得散伙。没有柴烧把桥都拆了,还扒房子,砍树,这样的食堂是反社会主义的。看来食堂要有几种形式,一部分人可以吃常年食堂,大部分人吃农忙食堂。北方冬季食堂非散伙让大家回家吃饭不可,因为有个取暖的问题。"②执政党在广泛调查基础上,调整了政策。1961年中共中央发布的《农村人民公社工作条例(修正草案)》规定:在生产队办不办食堂,完全由社员讨论决定。社员的口粮,不论办不办食堂,都应该分配到户,由社员自己支配。这一规定实际上将农民消费权归还给农民,特别是将口粮等消费品的消费权归还到户。经历过与食堂相伴随的饥饿痛苦煎熬的农民对公共食堂难以再有热情。政策一有所松动,作为"大锅饭"的公共食堂迅速解散,农民的日常消费仍然回归到家户个体的"小锅饭",家庭仍然成为消费单位。作为消费单位,必然会产生家户个体意识。国家通过公共食堂的消费解决私有意识问题的尝试没有能够达到预期目的。这或许也是造成人民公社体制难以为继的重要原因所在。尽管公共食堂是新生事物,但在这一事物产生和延续的条件还没有达到的前提下,是很难替代原有的生活方式的。正如马克思在《〈政治经

---

① 转引自中共中央党史研究室《中国共产党历史》第2卷(1949—1978),下册,中共党史出版社2011年版,第579页。

②《毛泽东文集》第8卷,人民出版社1999年版,第254页。

济学批判〉序言》中所说："无论哪一个社会形态，在它所能容纳的全部生产力发挥出来以前，是决不会灭亡的；而新的更高的生产关系，在它的物质存在条件在旧社会的胎胞里成熟以前，是决不会出现的。所以人类始终只提出自己能够解决的任务，因为只要仔细考察就可以发现，任务本身，只有在解决它的物质条件已经存在或者至少是在生成过程中的时候，才会产生。"①

三、"计划生育"：生育行为国策化

根据马克思主义理论，人类社会有两种生产，一是物质生产，一是人口生产。人口生产便是生育行为。在长期历史上，生育属于个人的自然行为，即不受外力控制和限制。法国的大学者孟德斯鸠根据传教士在中国的见闻，感叹："中国的气候出奇地有利于人口增殖。那里的妇女生殖力之强为世界所仅见。"②中国人生殖力强的原因远远不止气候。在传统中国，由于农业社会生产和家庭血缘传递的需要，对生育，特别是对生育男性持鼓励态度，甚至产生出一种生男崇拜。这种生育崇拜的力量是难以想象的，在一定程度上超过了宗族崇拜。儒家学说最集中地表达了这一传统意识，认为"不孝有三，无后为大"。从生育看，国家与农民的意识是高度吻合的。国家需要人口生产来提交赋税，农民需要人口生产来繁衍和保障。正因为如此，在中国，人口再生产始终快于物质再生产，人口的增长始终快于土地的增长，人地矛盾成为社会的基础矛盾。费正清从中国与美国比较的角度阐释了人多地少问题对于中国的重要性。他说："中国 6/7 的人口不得不密集在 1/3 的土地上。据粗略统计，中国确实有人居住的地区大约只有美国相应地区的一半，而供养的人口达美国的四倍。""太多的人，过分密集在太少的土地上，从而使人们为了维护生

---

①《马克思恩格斯选集》第 2 卷，人民出版社 1995 年版，第 33 页。
②［法］孟德斯鸠：《孟德斯鸠论中国》，许明龙译，商务印书馆 2016 年版，第 239 页。

命,耗竭了土地资源以及人的智慧和耐力。"①而土地占有的不均衡,更加剧了人地矛盾引起的冲突,这是中国传统社会数百年一个周期性动乱的重要原因。国家人口的增减与战乱饥荒密切相关,大体上维系着动态平衡。

1949 年中华人民共和国成立以后,国家进入到一个相对和平的时期,人口增长迅速。1850 年中国人口为 4.3 亿,1949 年为 5.3 亿。1953 年进行了第一次全国人口普查,结果表明,截止到 1953 年 6 月 30 日中国人口总计 601 938 035 人,估计每年要增加 1 200 万人到 1 300 万人,增殖率为 20‰。这次人口普查引起著名经济学家、北京大学校长马寅初的注意。经过 3 年调查研究,他发现,中国人口的增长率是每年增长 22‰以上,有些地方甚至达到 30‰。由于人多地少,恐怕连吃饭都成问题。于是,他将自己的研究成果写成《控制人口与科学研究》一文。1955 年 7月,一届全国人大二次会议召开,马寅初将写好的文章作为发言稿,交人大代表浙江小组讨论征求意见。但是,当时这一意见没有引起重视,甚至被认为是马尔萨斯那一套,显得很不合时宜。因为,西方人根深蒂固的观念是中国人太多造成了贫穷,中共领袖毛泽东曾对此进行过专门批驳。1949 年后实行"一边倒"政策,向苏联学习,包括鼓励生育,视多生育子女的母亲为"英雄母亲"。

只是人口迅速增长的问题还是引起了执政党高层的注意。1956 年,周恩来总理在中共第八次全国代表大会的报告中指出:"为了保护妇女和儿童,很好地教育后代,以利民族的健康和繁荣,我们赞成在生育方面加以适当的节制。"之后,人口和生育问题成为可讨论的问题。1957 年 2月,在最高国务会议第十一次(扩大)会议上,毛泽东发表讲话说:"我看人类对自己最不会管理,对于工厂的生产,生产布匹,生产桌椅板凳,生产钢铁,他都有计划,对于生产人类自己就是没有计划,就是无政府主义。人类要控制自己,做到有计划地增长,有时候使他能够增长一点,有

①［美］费正清:《美国与中国》,张理京译,世界知识出版社 1999 年版,第 5、4 页。

时候停顿一下。提议设一个委员会，节育委员会。"①马寅初再一次就"控制人口"问题发表了自己的主张："我们的社会主义是计划经济，如果不把人口列入计划之内，不能控制人口，不能实行计划生育，那就不成其为计划经济。"著名民主人士邵力子也表示，现代人在生活、学习、工作等方面都可以有计划，在生育方面也必须有计划。"计划生育"的概念因此提了出来，并得到中共最高领导人毛泽东的重视。1959年10月9日，毛泽东在中共八届三中全会上讲话时认为，"计划生育，也来个十年计划。少数民族地区不要去推广，人少的地方也不要去推广。就是在人口多的地方，也要进行试点，逐步推广，逐步达到普遍计划生育。……将来要做到完全有计划的生育"②。但是，当时的执政高层对待人口问题是矛盾的，更加注重人口多干劲大热气高可以多生产的一面。如1950年代末期，马寅初的观点被视为右派言论而受到严厉批判。即使如此，面对补偿性人口生育高峰，1962年，中共中央、国务院还是发出了《关于认真提倡计划生育的指示》，1964年还专门成立了计划生育委员会。只是此时的政策更多的是一种倡导，且贯彻有限。

随着和平年代的持续，人口继续迅速增长。到1970年时，全国人口已达8亿。人口增长过快对执政者造成相当大的压力。一是1949年后出生的大批城镇青年面临就业不足。二是农村人口大量增加，而生产的物品有限，农村贫困状况改善困难。1970年7月8日，国务院转发卫生部、商业部、燃化部《关于做好计划生育的报告》，把控制人口增长的指标首次纳入国民经济发展计划。要求除人口稀少的地区外，各级都要加强对计划生育工作的领导。进入1980年代，随着党和国家工作重心转移到经济建设，对于计划生育给予了前所未有的高度重视，并提升为国家基本政策。1979年3月30日，邓小平发表讲话，认为："要使中国实现四

---

① 中共中央文献研究室编：《建国以来重要文献选编》（第10册），中央文献出版社1994年版，第104页。
② 《毛泽东文集》第7卷，人民出版社1999年版，第308页。

个现代化,至少有两个重要特点是必须看到的:一个是底子薄。……第二条是人口多,耕地少。现在全国人口有九亿多,其中百分之八十是农民。人多有好的一面,也有不利的一面。在生产还不够发展的条件下,吃饭、教育和就业就都成为严重的问题。我们要大力加强计划生育工作,但是即使若干年后人口不再增加,人口多的问题在一段时间内也仍然存在。……耕地少,人口多特别是农民多,这种情况不是很容易改变的。这就成为中国现代化建设必须考虑的特点。"①1980年9月,中共中央发表《关于控制我国人口增长问题致全体共产党、共青团员的公开信》,提倡一对夫妇只生育一个孩子。1981年,全国人大决定成立国家计划生育委员会,并将其正式纳入政府序列。1982年新修订的宪法规定:"夫妻双方有实行计划生育的义务。"1991年,中共中央、国务院作出《关于加强计划生育工作严格控制人口增长的决定》。2001年12月,九届全国人大通过了《中华人民共和国人口与计划生育法》,计划生育基本国策上升为国家基本法律。

计划生育作为国家的基本政策和基本法律,是国家运用一定的手段将人口生育纳入可控制的范围,从而将分散和自主的个人生育行为纳入到统一的国家体系中来。通过计划生育,推动了农民生育行为的国家化。

其一,计划生育将国家引入到农民最深层的生活世界。在传统时代,生育后代特别是生育男孩对于中国农民具有强烈的神圣感,甚至视之为"命根子",在生活世界和心灵世界里具有特别重要的地位,也是国家从未介入的领域。而计划生育政策将国家干预带入到这一领域,生多少、生男女、什么时候生等以往纯粹属于个人行为的自然事务变为国家支配的政治事务,使农民最强烈、最深刻地感受到国家的存在及其强大。"计划"两字就体现着国家意志,并由此将农民视为"命根子"的事务与国家的政策联系在了一起。

---

① 《邓小平文选》第2卷,人民出版社1994年第2版,第163—164页。

其二，当生育由个人行为转换为国家行为时，需要有专人负责落实，由此将国家组织带入农民生活之中。1950年代，执政党高层意识到需要计划生育。1960年代初，国家层面建立了专门机构，但还只是停留在上层。只是到了1980年代以后，为了严格推行计划生育，国家自上而下成立了专门的计划生育机构，一直延伸到农村最基层。县级政府设立有计划生育委员会。乡镇政府设置计划生育办公室。有的乡镇机构，计划生育办公室所占人员达四分之一。① 在农村的村民委员会组织里，设立了专门负责计划生育的专门职位，面对面地与农民交往，直接实施计划生育政策。与此同时，作为国家基层政权与基层组织的乡镇和村的党政负责人都成为计划生育第一责任人，计划生育工作成为其工作考核的主要指标，实行"一票否决制"②。在村干部的工作中，计划生育工作占了相当的部分。③ 国家正是通过基层组织将国家的意志和形象带入到农民生活之中。

其三，执政党以各种方式进行宣传，将国家意识植入到农民意识中。在中国这样一个具有"多子多福"观念和生男崇拜传统的国度里，要推行计划生育，显然会遇到相当大的困难。这是执政党所能够意识到的，由此采取各种方式进行宣传。作为正式宣传，一般是倡导性的。大量的宣传是农民能够直接感受到的基层干部主导的宣传。为了让农民有深刻的印象，基层宣传的文字简单明了，但往往粗暴生硬。如"该流不流扒房牵牛""该引不引株连六亲"。④

其四，基层以强制性手段推行计划生育政策，让农民直接感受到国

① 参见文栋梁《见证计划生育四十年》，收于《中国乡村发现》2018年第1期，湖南人民出版社2018年版。
② "一票否决制"是1990年代农村基层工作的重要机制，其内容是将某项工作纳入考核指标，如果不能够完成，所有工作就会否定，由此引起领导和公务人员对此项工作的重视。
③ 参见牟成文《中国农民意识形态的变迁——以鄂东A村为个案》，湖北人民出版社2008年版，第156页。
④ "流"指"流产"。"引"指违反计划生育政策超生者必须去做"人工引产"。参见《计划生育宣传标语变迁》，腾讯网2013年11月22日。

家的权威性和强制性。要将长期以来的放任生育转变为计划生育,且涉及农民的"命根子",显然是一件非常困难的事,仅仅依靠说服、教育、宣传等,是远远不够的。"计划生育"因此被 20 世纪 90 年代的基层干部视为"天下第一难"的工作。为此,国家采用强制性措施推行计划生育。一是国家通过正式法律予以规定。2002 年 9 月 1 日开始施行《中华人民共和国人口与计划生育法》规定:"不符合本法第十八条规定生育子女的公民,应当依法缴纳社会抚养费。未在规定的期限内足额缴纳应当缴纳的社会抚养费的,自欠缴之日起,按照国家有关规定加收滞纳金;仍不缴纳的,由作出征收决定的计划生育行政部门依法向人民法院申请强制执行。"在此之前则是采用罚款手段。二是基层干部为了完成工作任务,采用了更多显性和隐性的强制性措施,如将计划生育与农民其他权利相捆绑。一位曾经从事计划生育工作的乡镇干部深有体会,他谈道:"县长作报告说,对违反计划生育规定的对象的社会抚养费的征收,可以株连到其任何亲戚,可以兑现他们家的生产生活物资。"①

在农民的自主权和自主意识日益增长的 20 世纪 90 年代,基层对计划生育的强制推行,使得农民对国家的强制性有着强烈的体认。为防止强制性的计划生育造成不良后果,政府主管部门发出了计划生育的若干规定,包括:不准非法关押、殴打、侮辱违反计划生育规定的人员及家属。不准毁坏违反计划生育人员家庭财产、庄稼、房屋。不准不经法定程序将违反计划生育的财产抵缴计划生育费。不准滥设收费项目和乱罚款。不准因当事人违反计划生育规定而株连其亲友、邻居及其他群众。不准对揭发、举报的群众打击报复。不准以完成计划生育工作为由而不允许合法的生育。不准对未婚女青年进行孕检。这些规定从另一个方面说明了国家计划生育工作进入日常生活后存在的实施困难及强制性行为。

---

① 参见文栋梁《见证计划生育四十年》,收于《中国乡村发现》2018 年第 1 期,湖南人民出版社 2018 年版。

四、"超生游击队"：逃避与适应

计划生育作为一项基本国策，由国家通过多种方法加以实施，其力度是极其少见的。在各种强有力的措施下，农民开始调整自己的生育行为，按照计划要求安排自己的生育，长期以来的放任的生育行为开始纳入国家的轨道，并由此从心灵深处强化着农民的国家意识。

但是，要改变长期历史形成的生育行为毕竟是一件十分困难的事。其一，在农村，生育涉及养老等老人生命保障问题。没有子女，特别是没有男孩，意味着老人生活无着，死后无人送终。其二，中国的姓氏血缘意识特别强烈，没有子女，特别是没有男孩，意味着生命难以延续，"香火"难以承接，灵魂难以安宁。其三，中国农村以家庭为生活单位，家庭之间具有很强的竞争关系，如果是本家庭没有子女，特别是没有男孩，会在当地抬不起头来，涉及至关重要的"面子"问题，也涉及产生纠纷后力量不强的问题。在农村日常生活纠纷中，骂人最难听，也最令对方痛苦的话是"断子绝孙"。为此，与国家"提倡生一胎，严禁生二胎，杜绝生三胎"的计划生育有关政策不同，许多农民的意识是"一个太少，两个不够，三个不多，四个合适，还要男孩"。[①] 在计划生育政策的强大压力下，不少农民仍然以各种方式不执行政策，以达到多生特别是生育男孩的目的。所谓"超生游击队"应运而生。

《超生游击队》是一部20世纪90年代流行于中国的文艺小品。内容为一对农村夫妻在生了三个女儿后，为了躲避计划生育政策争取生一个儿子而背井离乡、互相埋怨的对话。该小品于1990年在中国中央电视台元旦晚会播出后，影响非常大，一时间风靡全国。除了演员的演技外，与该作品反映了一些农民逃避计划生育政策的现实生活有关。《人

[①] 参见牟成文《中国农民意识形态的变迁——以鄂东A村为个案》，湖北人民出版社2008年版，第156页。

民日报》有专门报道：贵阳市 8 万多暂住人口，女性中的育龄妇女占了82%；浙江省 1987 年计划外出生的婴儿中，80%是流动人口所生。[1]

"超生游击队"首先反映的是农民超计划生育的行为。计划生育政策本身意味着对生育行为的限制和节制。《中华人民共和国人口与计划生育法》第十八条规定：国家稳定现行生育政策，鼓励公民晚婚晚育，提倡一对夫妻生育一个子女；符合法律、法规规定条件的，可以要求安排生育第二个子女。这一限制性和节制性规定是相当部分农民难以接受的，他们仍然希望达到自己的生育目的，尽管这种生育意图是国家计划生育政策所不允许的。

其次，"超生游击队"也意味着部分农民通过流动的方式达到自己的超生目的。1980 年代农村改革，实行家庭承包制，人民公社被废除，农民有了人身活动的自主性。由此农民可以通过到处流动来逃避计划生育政策，达到超生的目的。小品《超生游击队》中将在外生育的女儿分别以"海南岛""吐鲁番"和"少林寺"三个地名命名，虽然有所夸张，但反映了以四处流动的方式达到超计划生育目的的实际。尽管这种流动非常艰难，但只要能够生育出男孩，再艰难也能够承受。如新疆乌鲁木齐市郊雅玛里克山区光明村（别名"盲流村"）1000 多人，其中只有 1 家有户口，其余的全是到这里超生的流动人口；一位河南籍妇女已经在这里连生了6 个女孩。[2]

当然，"超生游击队"也说明"超生"还是少数人的行为，特别是一种不具有合法性的行为。除此之外，计划生育的执行在实际生活中也会走样变形。在一些地方，只要交钱，便可以获准非计划生育。

尽管有农民逃避计划生育，但在国家强有力的举措下，计划生育政策实施效果明显。人口高速增长的势头得到控制，长期以来的放任的生育行为纳入国家计划的轨道，人口增长进入到一个和缓期。更为重要的

① 李北陵：《管管"超生游击队"》，《人民日报》1989 年 5 月 10 日，第 4 版。
② 李忠辉：《忧患的超生》，《人民日报》1990 年 2 月 28 日，第 6 版。

是,随着计划生育优惠政策的配套,尤其是农村社会的现代化,新一代农民的生育观念得到极大改变,"少生优生"的意识日益强化。这与国家意识是相吻合的。

基于中国人口的变化情况与趋势,国家对计划生育政策进行了调整。一是由限制人口出生到有限度放开。有的地方甚至提倡和鼓励生育。二是对计划生育机构进行了调整,将生育纳入健康卫生日常工作中,不再是强制性的工作考核指标。三是计划生育宣传也更多的是引导性的。2007年,国家启动计划生育口号的"洗脸工程",清理冷漠标语口号,使用新的"更人性"的标语,如"少生优生,幸福一生"。①

随着计划生育政策的调整和农民观念的变化,农民的生育行为进入到与国家意志相适应的时期,国家强制性的生育政策淡出农民的生活世界。

五、爱国卫生运动:医疗下乡

构成国家的要素有人口、领土和政府。没有人口就没有国家。人口的体质状况直接关系到国家的强健与否。有人,就必然会产生疾病。生老病死是与人类相伴的日常生活现象。

疾病与国家的历史都十分久远。但将这两者联系起来却是近代以后的事情。在传统中国,疾病的医治呈官民分治格局。官医主要服务于上层统治者。唐宋期间,官府曾通过"州境巡疗""惠民药局"等方式,让民众能够享受到政府支持的医疗成果。如"十万户以上州,置医生二十人,万户以下,置十二人,各于当界巡疗"。但这一方式的作用很有限且难以持续。② 民众主要是依靠民间的力量进行医治,政府不直接过问民众疾病。如孙中山先生所说:"政府只要人民纳粮,便不去理会他们别的

---

① 参见《计划生育宣传标语变迁》,腾讯网2013年11月22日。
② 参见王香平《"州境巡疗"、"惠民药局"和赤脚医生》,《光明日报》2005年12月1日。

事,其余都是听人民自生自灭。"①由于贫困和缺医少药,中国人口健康状况长期表现为出生率高、死亡率高和平均寿命短。"人活七十古来稀"是一种事实表述。

只是到了近代,疾病才成为国家关注的对象,医治疾病才成为国家行为。进入近代以后,西方世界率先崛起,重要标志就是人口体质大大增强,人口寿命普遍提高。在中世纪及之前,西方世界对疾病更多的也是束手无策。延续达三个世纪的黑死病使当时的欧洲人死去三分之一。伴随着工业化和城市化,特别是现代国家的兴起,人口及其生命成为国家关注的对象,国家开始利用自我的力量医治民众疾病。到19世纪中叶,欧洲人口的平均寿命一举突破40岁。人口健,国力强。西方世界的海外扩张,不仅仅凭借"船坚炮利",更凭借"人强兵壮",否则他们根本无法应对茫茫大海的艰险和异国他乡水土不服的煎熬。

当西方列强进入中国后,展现在他们面前的是所谓"东亚病夫"的面貌。其实,"病夫"由来已久,但中国人对这一状况无能为力,习之为常,甚至熟视无睹。只是"病夫"在列强面前屡战屡败,才引起那些先知先觉者的反思。后者将疾病、人口体质与国力、国运联系起来。近代,尤其是20世纪以来,国家开始设立专门的医疗卫生机构,医治普通人的疾病上升为国家行为。疾病治疗、卫生健康由此与政治、与国家结下不解之缘。

直到21世纪前,农村人口一直占中国人口的主要部分,且是医疗卫生的薄弱环节。早在20世纪上半期,晏阳初等人认为中国农民有四大毛病,即"贫、弱、愚、私"。弱就包括体质弱。他们希望以自己的力量改善农民的健康状况。但这一努力的成效十分有限。中国共产党很早就将医病与政府责任联系起来。1933年,毛泽东在《长冈乡调查》一文中指出:"疾病是苏区中一大仇敌,因为它减弱我们的力量。如长冈乡一样,发动广大群众的卫生运动,减少疾病以至消灭疾病,是每个乡苏维埃的

---

① 孙中山:《三民主义》,岳麓书社2000年版,第89页。

责任"①。在抗日战争和解放战争时期,陕甘宁边区政府把开展全地区卫生运动列为施政纲领。1941 年陕甘宁边区成立了防疫委员会,开展以灭蝇、灭鼠,防止鼠疫、霍乱为中心的军民卫生运动。

　　1949 年以后,民众的卫生健康成为国家高度重视的问题,并与热爱国家紧密联系起来。起因便是中华人民共和国建立初期爆发了朝鲜战争。战争中使用了细菌,极容易伤害人的健康。在保家卫国的浪潮中,群众性卫生防疫运动得到深入发展。这一运动被称为"爱国卫生运动"。中共中央肯定了这个名称,并指示各级领导机构建立专门的"爱国卫生运动委员会"。该运动规模之大,参加人数之多,收效之显著,都是空前的。1957 年 9 月 20 日,中共八届三中全会提出,爱国卫生运动的任务和目的是"除四害,讲卫生,消灭疾病,振奋精神,移风易俗,改造国家"。1958 年 2 月 14 日,《人民日报》发表社论指出,以除"四害"为中心的爱国卫生运动,就是通过群众运动的方式,从除"四害"做起,普及卫生常识,破除迷信,消灭各种疾病和它们的根源,增进人民的健康。在党和政府的领导下,包括农村在内的全国各地大力开展爱国卫生运动,将讲卫生与爱国联系起来。1978 年 4 月,国务院发出《关于坚持开展爱国卫生运动的通知》,要求各地爱国卫生运动委员会及其办事机构,把卫生运动切实领导起来。1989 年,国务院发布了《关于加强爱国卫生工作的决定》,要求各级政府要把爱国卫生工作纳入社会发展规划,切实加强领导,使卫生条件的改善及卫生水平的提高与现代化建设同步发展。2015 年,国务院印发《关于进一步加强新时期爱国卫生工作的意见》,指出,做好新时期的爱国卫生工作,是坚持以人为本、解决当前影响人民群众健康突出问题的有效途径,是改善环境、加强生态文明建设的重要内容,是建设健康中国、全面建成小康社会的必然要求。

　　爱国卫生运动是以中国共产党擅长的群众运动的方式推动的,并在

①《毛泽东农村调查文集》,人民出版社 1982 年版,第 321 页。

执政党和政府的领导下进行。由于这一运动与人民群众的生命健康密切相关,因而受到广泛欢迎。这一运动的持续不断的开展,也是国家意志广泛深入渗透的过程。

爱国卫生运动具有普及性,主要以预防为主。而疾病则具有个体性,需要医治。1949 年以后,全国性的医疗体系得以逐步建立起来。但从全国范围看,医疗资源的分布严重不均衡,主要是广大农村的医疗资源短缺,农村人口疾病治疗较为困难。针对这一问题,1965 年 6 月 26 日,毛泽东发表"把医疗卫生工作的重点放到农村去"的谈话。让医疗资源从城下乡成为全国高度关注的问题。显然,要使占人口大多数的农村人口都能获得必要的医疗,是一件十分困难的事情,完全由国家承担起广大农民的医疗事务也不现实。合作医疗及与之相伴随的"赤脚医生"应运而生。

合作医疗是借助农民集体经济组织,直接面向农民的一种医疗体系。这一体系在农业合作化过程中逐渐产生,于 1960 年代下半期迅速扩展。1958 年,全国合作医疗覆盖率达到 10.00%,1962 年接近 50.00%,1970 年代中期则达到 90.00%。合作医疗前所未有地将医疗资源分布在农村。如公社有卫生院,生产大队有卫生室。医疗卫生人员及其治疗除了国家承担部分外,由集体经济组织负担。要使广大农村人口享受到必要的治疗,除了从城市下派医疗人员以外,就是从农村选拔和培养医疗人员。其来源主要是民间医生、中学毕业且略懂医术病理的人员和上山下乡的知识青年。这些人一般未经正式医疗训练,仍持农业户口,仍然从事部分农业生产劳动并依靠获得工分生活,因此被称为"赤脚医生",以与专门从事医疗工作的专业人员相区别。"到 1977 年底,全国有 85%的生产大队实行了合作医疗,赤脚医生数量一度达到 150 多万名。农村不脱产从事医疗卫生工作的人员达到 500 多万人,超过卫生部系统原有卫生技术人员的总数(220 万人)一倍多。"①

---

① 王香平:《"州境巡疗"、"惠民药局"和赤脚医生》,《光明日报》2005 年 12 月 1 日。

1960 年代启动的从城市下派医疗队到农村和在农村建立合作医疗体系，都是国家推动的行为。这一行为使得长期缺医少药的农村人口获得了必要的治疗，在生命活动中最需要的时刻感受到国家的存在，大大增强了国家意识。乐章通过对合作医疗典型县的深入调查，认为："合作医疗制度在特定条件下具有合理性：① 它迎合了中华人民共和国建立初期资源短缺条件下农民强烈的医疗需求，并缓解了农村的疾病风险；② 它体现了无产阶级专政的共产党政府积极管理社会、解决社会问题的决心；③ 它无须政府直接投入资金而达到维持社会稳定的目的；④ 它在有利于减少疾病的同时促进了农村卫生事业的建设发展；⑤ 它成为政府组织和控制农村社会的又一条途径，并能得到占人口绝大部分的农民对党和政府的拥护。"[1]

同时，乐章在调查中也发现，合作医疗制度在一定程度上具有外部推进性，包括压力机制、强制机制、动员机制和模仿机制等。[2] 更重要的是，支撑合作医疗体系的是集体经济组织。集体经济组织是由组织成员构成的，最终的医疗费用还是由农民个人承担，只是通过集体的力量克服某些个人的不足。此外，医疗毕竟是一门专门技术，简单培养的赤脚医生的治疗水平毕竟有限。1980 年代初，伴随着人民公社体制的废除，原有依托于集体经济组织的合作医疗体系式微。在王胜看来："集体化时期的合作医疗制度是在国家搭建起来的集体化舞台上，由农民创意出演，由国家统一指挥的一幕参与人数众多、场面极为宏大的历史剧。剧终的根本原因，是由于农村经济体制改革拆掉了演出赖以进行的历史舞台，破旧而无立新，结果使合作医疗制度失去了最后的凭借。"[3]

医疗体系与国家建设相伴随。1978 年以后，伴随着国家财力的增

---

[1] 乐章：《制度、组织与组织化制度：长阳合作医疗个案研究》，中国社会科学出版社 2010 年版，第 252 页。

[2] 乐章：《制度、组织与组织化制度：长阳合作医疗个案研究》，中国社会科学出版社 2010 年版，第 272—273 页。

[3] 王胜：《1949—1978 年农村医疗卫生制度的历史考察——以冀中深泽县为中心》，《首都师范大学学报（社会科学版）》，2012 年第 4 期。

长,医疗体系从整体上有了相当大的发展。但历史上长期存在着的城乡医疗差距仍然存在。特别是医疗的市场化取向,更是造成相当部分农村人口得不到应有的治疗。"看病难、看病贵"成为突出问题。

进入新世纪以后,随着国家以工支农战略的推进,农村人口更多享受国家支持成为重要的国家议题,其方式就是建立和推进新型农村合作医疗。它是由政府组织、引导、支持,农民自愿参加,个人、集体和政府多方筹资,大病统筹为主的农民医疗互助共济制度。

新型的合作医疗,是一种新型的"送医下乡"。其突出特点是由国家直接承担农民部分医疗费用,且国家直接承担的费用不断增加。这种医疗下乡更加强化了国家的直接进入。农民依靠国家的补贴可以尽可能地享受到更多和更优质的医疗保障。因为有国家直接补助,农民与政府的直接交往更多,国家的渗透力更强,农民与国家的一体化程度更高。

六、"移风易俗"与文明健康生活

相对于变动的国家而言,人们的吃喝住穿、婚丧嫁娶、生老病死等日常生活是永恒的。人们在日复一日、年复一年的日常生活中是如何维持正常生活运转呢? 在相当程度上依靠的是日常生活积累而成并为人们共同认可的习俗。传统的乡土社会是一个人们生于斯、长于斯,乃至死于斯的村落共同体。在长期的共同体生活中,人们在交往中形成许多规范。这些规范是约定俗成且内化于心的。它是共同体成员的一种社会共识,并依靠共同体成员自觉遵守。一旦共同体成员中有人违背,会被视为"伤风败俗",受到由共同体共识所建构的社会舆论的谴责,使之难以在共同体内立足。因为,乡村社会是以土地为生的社会,人们依靠土地而生存,而土地是无法流动的。人的生命活动也固着在不动的土地上,离开了以土地为根基的村落共同体,人们就难以生存。所以,由村落共同体长期形成的村风民俗对于共同体成员有相当的约束作用。要进入村落共同体之中,并成为村落社会的"自家人",必须"入乡随俗",否则就会被视为"异类"。因此,村风民俗尽管没有正式的文本条例,但对于整合村落共同体成员的行为规范具有至关重要的作用。历史愈是久远,习俗的作用就愈强大。特别是在国家力量鞭长莫及的广大农村地区,人们更多的是通过习俗来调节自己的生活行为。在这一日常生活世界里,国家属于一个外部性的角色。

　　总体来看,在长期历史上,人们的吃喝住穿、婚丧嫁娶、生老病死等日常生活主要是依靠农村习俗进行自我调节的,国家并不直接加以干预,相反还给予保护。这在于村风民俗具有自我约束乡村共同体成员行为的功能,从而成为传统中国治理的重要手段。国家还专门设立相应的部门加以倡导和规范。正如孟德斯鸠所说:"中国的立法者把法律、习俗和风尚混为一谈,不必对此感到惊奇,因为他们的习俗代表法律,他们的风尚代表习俗。""他们把宗教、法律、习俗和风尚融为一体,所有这些都是伦理,都是美德。与宗教、法律、习俗和风尚有关的训诫就是人们所说的礼仪。""只要找到了一丝不苟地遵奉礼仪的方法,中国就可以治理得非常好。"①

　　社会习俗是一种传统的惯性力量,是维系村落共同体的共同心理和行为,具有内向性。进入 20 世纪以来,现代国家的建构要求国家内部的一体化。特别是这种一体化是在革命和改造中进行的。为了将分散封闭的村落整合到政治体系中来,对传统乡村社会进行改造,传统的社会习俗也被视为改造的对象。

　　在近代,改变旧习俗一开始就是与"救亡图存"的国家建构相联系的。随着先进思想的传播,人们开始意识到传统习俗的落后性。许多习俗甚至严重损害人的生命健康,妨碍人的正常生活,如历史上长期存在的女性裹小脚的生活习惯。费正清描述道:"农村妇女普遍是文盲。她们很少有,甚或没有产权。直到本世纪开始后过了好几年,她们的屈从地位还由缠足的陋习表现出来,并为此种陋习所加深。女孩子从 5 岁起

---

① [法]孟德斯鸠:《孟德斯鸠论中国》,许明龙译,商务印书馆 2016 年版,第 251—252 页。

到 15 岁,用布带紧缠双脚而阻止其正常发育,这种使两脚陷于无能的陋习似乎是在 10 世纪左右开始的。"①进入近代,康有为强烈反对女性缠足等习俗,认为"国家积弱,缠足未尝不是主因之一"。他曾给清帝上书:"试观欧美之人,体直气壮,为其母不裹足,传种易强也。回观吾国之民,弱纤偻,为其母裹足,故传种易弱也。今当举国征兵之世,与万国竞,而留此弱种,尤可忧危矣。"②之后,许多有识之士开始呼吁要改变旧的统治秩序,必须改变附着于旧统治秩序之上的生活习俗。国民政府甚至提出并倡导"新生活运动"。只是这种倡导的影响十分有限,基本没有进入农村日常生活。

随着先进的中国共产党人进入农村社会,破除旧的风俗也成为革命的重要内容。早在 1920 年代,毛泽东在《湖南农民运动考察报告》中就描述了湖南农村普遍存在着的"信菩萨、信风水、信八字"等风气。在农民运动中,这些风气受到严重冲击。③ 1949 年中华人民共和国成立后,着手对农村社会进行大规模的改造。这种改造是摧毁旧秩序,建立新秩序。而来自久远传统的社会习俗也被视为旧秩序的附着物和维护者而受到扫荡。其重要口号就是"移风易俗",即清除一切与传统社会相关的风俗习惯,形成与新社会要求相一致的新风尚。自 1950 年代到 1980 年代,"移风易俗"一直作为重要的国家行为而实施。1960 年代,这一行为更是被推向极端。

首先,执政党在革命时期便以反封建为自己的历史使命。影响和支配中国的传统生活习俗被视为封建因素加以反对。如执政党在革命时期推崇的戏剧《小二黑结婚》等就是改变传统生活习俗的,在群众中影响很大。尤其是执政党信奉马克思主义。马克思在著名的《共产党宣言》中提出了"两个彻底决裂"的思想,其中就包括与传统观念作最彻底的决

---

① [美]费正清:《美国与中国》,张理京译,世界知识出版社 1999 年版,第 22—23 页。
② 参见揭爱花《国家话语与中国妇女解放的话语生产机制》,《浙江大学学报(人文社会科学版)》2008 年第 4 期。
③ 参见《毛泽东选集》第 1 卷,人民出版社 1991 年版,第 31—34 页。

裂。如费正清所指出的："中国传统的尊祖、家族一体和孝道等观念早已受到侵蚀。共产党的'解放'加速了这一进程。"[1]

其次，执政党在执政后要求建立一个与传统社会完全不同的新社会。这一新社会的组成者是新人。新人是具有与新社会要求相一致的新观念、新思想的人。要具有新观念、新思想，必须改变旧观念、旧思想，其中包括传统生活习俗构成的旧习惯。

再次，任何人都会面临吃喝住穿、婚丧嫁娶、生老病死等日常生活问题，并养成约定俗成的习惯，支配自己的行为，形成一个自我体认的世界。国家通过改变日常生活习惯，可以深入到最坚固的农民内心世界里。

正是基于以上原因，中华人民共和国建立以后，伴随着农业的社会主义改造，对传统习惯的改变开始了。其重要方式是改变传统生活"陋习"。1950年，国家便颁布了《婚姻法》，以国家法律的方式改造旧的习俗，重新塑造人们的婚姻生活。中共中央为此指出："1950年《婚姻法》的颁布，不仅彻底否定了延续几千年的旧的封建主义婚姻制度，而且要全面建立新婚姻制度、新的家庭关系、新的社会生活和新的社会道德，以促进新民主主义中国的政治建设、经济建设、文化建设和国防建设的发展。"[2]毛泽东在1957年10月9日中共八届三中全会上的讲话提纲中提出："要将大吃大喝、不善持家的风气转变过来，经过大鸣大辩的方法。红白喜事中的陋习和浪费，也要经过鸣辩逐步解决，10年改革完毕，是否可能？"[3]1957年10月26日，中共中央颁发了《1956年到1967年全国农业发展纲要》，明确提出："农村中的红白喜事、人情应酬，应当一切从简，改变原来不合理的风俗习惯。"[4]

1960年代，以阶级斗争为纲的政治运动席卷农村。其中的重要内容

①［美］费正清：《美国与中国》，张理京译，世界知识出版社1999年版，第358页。
②《中共中央关于保证执行婚姻法给全党的通知》，《人民日报》1950年5月1日。
③毛泽东在中共八届三中全会上的讲话提纲（1957年10月9日）。转引自《建国以来重要文献选编》第10册，中央文献出版社1994年版，第592页。
④中共中央：《1956年到1967年全国农业发展纲要》，《人民日报》1957年10月26日。

就是"破四旧,立四新"。1966 年 6 月 1 日,《人民日报》社论《横扫一切牛鬼蛇神》提出"破除几千年来一切剥削阶级所造成的毒害人民的旧思想、旧文化、旧风俗、旧习惯"的口号。1966 年 8 月 1 日至 8 月 12 日召开的中共八届十一中全会通过的《关于无产阶级文化大革命的决定》(简称《十六条》)又明确规定"破四旧""立四新"是"文化大革命"的重要目标。"破四旧"比一般的移风易俗更为激烈。大量承载着传统思想文化的物质和文化表征受到摧毁,家谱、族谱等被认为是封建主义的东西,就连端午、春节、重阳等传统节日也受到批判。

伴随着"文化大革命"的结束,破除旧风俗习惯的激烈政治运动得以停止,但是移风易俗仍然是国家倡导的重要目标,并以建设社会主义精神文明的方式进行。如提倡红白事的新事简办,反对索要彩礼,反对大操大办,提倡勤俭节约。改革开放以后,地方政府的自主性增强。一些地方的领导以各种名义推动一些改变当地传统风俗习惯的活动。如河南省周口市的将坟墓从田地里迁走。一些农村基层组织订立的村规民约也将改变旧的风俗作为重要内容。

1949 年后,国家通过移风易俗改变农村日常生活习惯,使得国家政权的力量第一次进入到日常生活领域,强化了民众的国家意识。人们的吃喝住穿、婚丧嫁娶、生老病死等日常生活不再只是私人领域的私人事务,也成为国家事务,甚至确立有国家标准。

国家在改变人们日常生活习惯的过程中发挥了相当的作用。特别是革除一些陈规陋习,没有国家的推动很难实现。其中,有许多根深蒂固的习惯得到改变,如对女性不尊重甚至歧视的风俗。更重要的是一些传统风俗不再得到法律的支持和默认,反而要受到法律的限制,如遗弃女婴等。"正是借助于对农民婚姻家庭生活的不断介入和塑造,才日渐在他们的心目中留下了党和国家强有力的权威形象。"[1]

---

[1] 常利兵:《塑造婚姻与农民国家观念的形成——以贯彻 1950 年《婚姻法》为考察对象》,《晋阳学刊》2013 年第 3 期。

　　但是，生活习俗是长期历史形成的，不是轻易能够改变的。它渗透在人们日常生活之中，并植根于社会心理结构，具有强大的韧性。列宁在谈到无产阶级革命斗争时感叹："千百万人的习惯势力是最可怕的势力"①。对于长期历史形成的风俗习惯需要在长期历史进程中加以改变。在大革命时期，毛泽东对于风俗习惯的改变就持谨慎态度。他认为对于农民运动中出现的"打菩萨"等行为，共产党的宣传政策"应当是：'引而不发，跃如也。'菩萨要农民自己去丢，烈女祠、节孝坊要农民自己去摧毁，别人代庖是不对的"。② 1949 年以后，国家主要依靠政治运动的方式推动移风易俗。这种群众性的政治运动的力量很强大，但会因为运动的停止使移风易俗的成果难以巩固。"移风易俗"除了是风俗主体的自愿行为，也是一种政治运动中的被迫行为。因为如果不改变原有的风俗习惯，就有可能受到惩罚。如在 1960 年代，农村中被列为政治异己分子的除了原有的"地主富农"以外，又增加了"坏分子"，其中相当一部分就是因为传播所谓"封建迷信"而进入"政治另类"的。具有政治压力性的"移风易俗"可以在较短时间内改变人的意识和行为，但是最终难以消除久远的风俗习惯。这是因为，乡村风俗的存在土壤是乡土社会日常生活。这种日常生活不为剧烈的革命而中断。农村的许多风俗习惯是农村日常生活所需，有深厚的社会历史根基，内生于人们的日常生活之中。如婚丧嫁娶的操办是基于农村"人情社会"。农村以家户为基本生产生活单位。但农民的全部生命和生活活动是不可能完全依靠一家一户完成的，农民还需要与社会建立广泛联系，通过人情往来建立相互信任和亲密关系。逢年过节、婚丧嫁娶活动的操办，在相当程度上是个体家户与外部建立亲密关系的机会。这种习惯不是政府的一个号召和一场政治运动就能轻易改变的。笔者在 1970 年代的农村劳动期间，经常会听到农民说："蒋介石打倒了，讲人情打不倒。"意思是共产党可以打败国民党

① 《列宁全集》第 39 卷，人民出版社 1986 年版，第 24 页。
② 参见《毛泽东选集》第 1 卷，人民出版社 1991 年版，第 33 页。

蒋介石,但讲人情是农民的生活需要,是改变不了的。更重要的是传统风俗的相当一部分具有合理成分。如春节等传统节日是长期农业文明历史形成的,对于保留传统文化、巩固家庭团聚、促进社会和谐,具有重要意义。如果简单地加以否定,甚至连形式都抛弃,很难奏效。

面对国家主导的移风易俗活动,农民的反应是复杂的。除了积极响应以外,还有消极应付的一面。首先是变通。面对强大的国家力量,特别是在政治运动期间,农民一般不会以公开对抗的方式加以抵触,更多的是以变通的方式遵循过往的风俗习惯。如在春节期间,仍然会延续传统的敬重先人的仪式等。这种变通的方式具有普遍性。因为,外部力量再强大,也不可能延伸到每个家庭内部进行监督。其次是复兴。进入改革开放以后,国家主要通过建设和引导的方式促进移风易俗,尤其是高度重视传统文化的积极作用,甚至通过政府法定的方式确立传统节日等。在这一背景下,传统习俗迅速复兴,从隐性的存在走向显性的恢复。面对这一情况,国家提出精神文明建设,在农村主要是文明家庭评选和文明村镇建设。有的地方还建立了"红白理事会"之类的民间组织。其目的就是要在乡村形成与国家精神文明形态相一致的村风民俗。尽管国家没有直接干预农村社会风俗,但仍然试图引导村风民俗合乎国家要求。

当然,任何风俗都是特定社会环境的产物。1980年代以后,农村社会处于深刻的变动之中,并直接影响着村风民俗的形成。一方面,来自传统的村风民俗经历长期政治运动的荡涤日益式微。传统的村风民俗主要依靠代际传递,而在革命和改造过程中成长的一代受传统习俗的影响很小。更重要的是,随着市场经济的发展,农村社会日益开放。传统习俗是以封闭的乡土社会为根基的,附着于土地村落里。而在开放的社会里,农民的价值观念多样化,如果其价值观念不为村落共同体所容忍的话,可以选择离开乡土,寻求新的生存空间。因此,在这种情况下,能够为共同体所共同认可并达致共识的村风民俗很难形成,即使有也难有以往的约束力。这就是改革开放以后许多农村地方所说的"人心散了"

"风气坏了"。

　　尽管农村社会急剧变化，但村风民俗对于乡村的生活整合仍然有着重要而不可替代的作用。正因为如此，2005 年，国家提出建设社会主义新农村的重要内容之一就是"乡风文明"。2017 年中共十九大报告提出了乡村振兴战略，其总要求是"产业兴旺、生态宜居、乡风文明、治理有效、生活富裕"。为此要"加强农村基层基础工作，健全自治、法治、德治相结合的乡村治理体系"。① 乡风文明，即要形成文明的村风民俗。这种村风民俗既要继承传统的"患难相恤，守望相助，尊老爱幼"的社会习俗，又要有新时代"自由平等、公平正义"的要求，上合国家法律，下合村情民意，体现着自治、法治、德治相结合的治理规则。面对市场经济和城镇化的推进，执政者希望通过保留和延续传统文化习俗，让人们不忘故土和根基。如"过年"的年味"淡了"，寄托于乡亲情感的"乡愁"难以保留了，而理想的社会应该是能够留得住"乡愁"的社会。

---

① 本书编写组：《党的十九大报告辅导读本》，人民出版社 2017 年版，第 31、32 页。

第十章　话语、交通与信息：乡村的技术整合

传统农业文明时代，农村和农民远离国家，对国家处于离散状态，相当程度上在于国家缺乏必要的技术手段将国家力量输送到广阔而又分散的农村社会。随着现代国家的建设，技术手段愈来愈先进，国家可以通过强大的技术手段对分散的农村和农民加以整合，将其纳入国家体系。

一、全民扫盲：汉字简化

文字是人类交往的工具，也是民众与国家联系的渠道。国家意志要通过文字的方式向社会传达。在吉登斯看来："书写提供了一种对信息进行编整的工具，这能用于扩大国家机器对物体和个人的行政控制范围。""书写能使社会关系达致口承文化所无法实现的更为广大的时-空范域。"①社会民众也要通过文字了解国家意志。而在中国，文字除是社会交往工具以外，更具有一种国家制度的特性。

中华民族很早就有了文字。但是能够认识文字并与国家交往的人

---

① ［英］安东尼·吉登斯：《民族-国家与暴力》，胡宗泽、赵力涛译，生活·读书·新知三联书店1998年版，第54页。

并不多。一则在于长期历史上的农业社会主要依靠口口相传的经验就可以使生产生活延续下去。在费孝通先生看来，乡土社会是个熟人社会，依靠的是面对面的直接交往，文字并不是生活必需。① 二则在于中国的文字需要通过学校读书才能系统掌握。而一般民众是缺乏条件和能力获得系统读书机会的。费正清通过对中国文字的分析比较，认为："汉文成为几乎是统治阶级的专利品。它具有一种社会制度的性质，而不仅是一种社会工具。"②由于书写和学习需要专人教导，因此，"中国的书写文字并不是中国农民借此可以获得真理和知识的敞开的大门，而是阻拦其上进的拦路虎，需要花费实实在在的大力气才能加以克服——它是钻研学问的障碍而不是助力。""为考试入选所必需的多年寒窗苦读，是普通农民不能逾越的障碍。"③正因为如此，在相当长时间里，绝大多数农民处于文盲状态。仅仅认得的几个字也只是满足简单的生产生活需要。如费孝通所说："中国社会从基层上看去是乡土性，中国的文字并不是在基层上发生。最早的文字就是庙堂性的，一直到目前还不是我们乡下人的东西。"④

民众的文盲状态显然不利于国家意志在社会中推行，农民无法借助文字直接了解国家的意图。吉登斯认为："就农业国家的特性来说，行政力量的话语论说相对有限，它基本上达不到民众那里。"⑤在相当长的历史时期，中国农村社会只能依靠极少数识字的乡绅治理，绝大多数普通农民是外在于政治生活的。这也是农村社会处于一盘散沙状态的重要原因。晏阳初先生将中国传统农村社会的问题归为"贫、弱、愚、私"，"愚"就是广大农民不识字。进入 20 世纪以后，有识之士愈来愈意识到，要唤起广大国民的觉醒，当从让普通民众识字开始。如费正清指出的：

---

① 参见费孝通《乡土中国　生育制度》，北京大学出版社 1998 年版，第 14—16 页。
② ［美］费正清：《美国与中国》，张理京译，世界知识出版社 1999 年版，第 42 页。
③ ［美］费正清：《美国与中国》，张理京译，世界知识出版社 1999 年版，第 43、45 页。
④ 费孝通：《乡土中国　生育制度》，北京大学出版社 1998 年版，第 22—23 页。
⑤ ［英］安东尼·吉登斯：《民族-国家与暴力》，胡宗泽、赵力涛译，生活·读书·新知三联书店 1998 年版，第 254 页。

"由于中国的书写文体,一向是上层阶级借以独享中国文化成果并维护其社会统治地位的工具之一,文体改革以及改革后可能办到的普及识字便成为中国革命的一个基本问题。"①

中华民国建立后,政府开始兴办新式学校,特别是在广大农村兴办学校,让文字下乡,并开始显现初步的政治成效。毛泽东在 1927 年发表的《湖南农民运动考察报告》中描述了湖南农村的状况:"孙中山先生的那篇遗嘱,乡下农民也有些晓得念了。他们从那篇遗嘱里取出了'自由'、'平等'、'三民主义'、'不平等条约'这些名词,颇生硬地应用在他们的生活上。"②1929 年,南京国民政府颁布了《识字运动宣传计划大纲》,提出实行义务教育,推广民众教育及识字运动。但这一运动大多流于形式,未能广泛深入到农村社会。

中国共产党以农村作为自己的革命根据地,以政治宣传动员广大民众作为自己的政治法宝。而要让目不识丁的农民群众知晓党的主张和政策,必须让农民识字。1940 年代,在陕甘宁边区,中国共产党借助人民政权的力量,开展了轰轰烈烈的群众性"扫盲活动"。边区政府指出,要把"广大群众从文盲中解放出来,普遍地进行普及教育,使每个边区人民都有受教育的机会"。边区施政纲领进一步提出"发展民众教育,消灭文盲"的任务。③ 边区政府推行的识字运动,其对象主要是目不识丁的普通农民群众,历时数年,形式多样,并与党和政府的方针政策紧密联系在一起,大大增强了农民的政治意识。当时有一出反映普通群众识字的戏剧《夫妻识字》影响广泛。这出戏中的话语表达了农民识字的动因。如"庄稼人为什么要识字,不识字不知道大事情。旧社会咱不识字,糊里糊涂受人欺。如今咱们翻了身,睁眼的瞎子怎能行,学习文化最当紧"。农民得以识字为参与边区政府的政治活动提供了良好的基础。

---

① [美]费正清:《美国与中国》,张理京译,世界知识出版社 1999 年版,第 216 页。
② 《毛泽东选集》第 1 卷,人民出版社 1991 版,第 34 页。
③ 参见王建华《抗日战争时期陕甘宁边区的识字运动》,《中共党史研究》2010 年第 2 期。

中华人民共和国建立后，鉴于全国人口 80％还是文盲的情况，执政党在全国范围推行扫盲运动。1950 年，党和政府召开全国工农教育会议，确定开展扫盲教育。1952 年 5 月 24 日，国家开展大规模扫盲运动。扫盲运动的高潮一直持续到 50 年代末。由于当时的文盲主要是普通民众，因此扫盲运动是执政党领导的，主要面向一般民众，尤其是农民群众的运动。为了达到目的，扫盲运动与农民的生产生活紧密联系在一起。为了配合国家开展的农业合作化运动，各级政府从本村、本乡的实际出发，经过和群众商量，制定出扫盲规划，力争把整个过程放在合作化的规程之中。当时流行的是"识字记工课本"，从农民自己的姓名学起，然后学土地的名称，各种农活、农具和牲畜的名称，以及记账格式。由于贴近农民的日常生产，仅用两三个月的业余时间，就可以使农民初步掌握记账、记工的本领。这一方式比较好地解决了费孝通先生所说的"文字下乡"要与群众需要相结合的问题。在费孝通看来，"如果中国社会乡土性的基层发生了变化，也只有发生了变化之后，文字才能下乡"①。扫盲运动与农村合作化运动结合在一起，使得农民不识字就无法适应农村基层社会的变化，从而有了内在的动力。此外，妇女占农村人口的一半，但长期以来远离知识与文化，绝大多数处于文盲状态，因此成为扫盲运动的重点对象，成效也最为显著。

为了让更多普通民众容易识字和使用，国家实施了"汉字简化"政策。汉字是在长期历史中形成的，主要为少数人使用。近代以来，参照外国文字，有人认为汉字有"三多五难"："三多"是字数多、笔画多、读音多；"五难"是难认、难读、难记、难写、难用。汉字难写难读在当时被认为是中国识字率低的一个主要原因，并直接关系到国家的兴亡。鲁迅甚至表示"汉字不灭，中国必亡"，并认为"汉字是愚民政策的利器"，是"劳苦大众身上的结核"，"倘不先除去它，结果只有自己死"。② 鲁迅临终前接

---

① 费孝通：《乡土中国　生育制度》，北京大学出版社 1998 年版，第 23 页。
②《鲁迅全集》第 6 卷，人民文学出版社 1991 年版，第 160 页。

受《救亡情报》记者访问时指出:"汉字的艰深,使全国大多数的人民,永远和前进的文化隔离,中国的人民,绝不会聪明起来,理解自身所遭受的压榨,理解整个民族的危机。"毛泽东在 1940 年指出:"文字必须在一定条件下加以改革,言语必须接近民众。"[①]

1922 年,钱玄同等人第一次提出具体的汉字简化方案。1935 年 8 月 21 日,中华民国教育部发布第 11400 号部令,正式公布第一批简体字表。1949 年中华人民共和国成立后,便将改革汉字作为重要工作,并与社会主义发展联系起来。1953 年 10 月 1 日,中共中央还专门成立文字改革机构。经过多次讨论,1956 年,国务院全体会议第 23 次会议通过了《关于公布〈汉字简化方案〉的决议》。汉字简化就是通过减省笔画,把简笔字和俗体字作规范文字使用的汉字改革方式。直到 1980 年代,国家多次出台汉字简化文字。其间也产生了诸多争论。文字简化的效果尽管难以评估,但简化后的文字对于方便普通民众认识文字和掌握文字,迅速扫除和消除文盲有一定的促进作用。

由于总人口多,经济文化不发达,在扫除旧文盲的同时,还会产生新的文盲。因此,扫除文盲成为国家长期坚持的国策,并以法律的形式固定下来。1982 年颁布的《中华人民共和国宪法》中明确规定:"国家发展各种教育设施,扫除文盲。"经过近 50 年的不懈努力,全国文盲比率由 1949 年中华人民共和国成立之初的 80% 以上下降至 2000 年的 6.72%。

1950 年代后的扫盲主要是通过义务教育的方式进行的。其载体是学校。为了达到全民义务教育的目的,各个村都兴办了学校。但在相当长时间,农村兴办的学校财政主要由农民自己负担,即民办学校。由于财力有限和农民负担加重,学校教育与农民的实际生产生活有所脱节,相当部分学生中途辍学,他们成长起来后文化层次相对较低。

"农民识字"不仅为农民与国家建立联系提供了条件,更重要的是识字过程也是国家意识建构过程。在传统社会,文化教育呈多元化,在农

---

① 《毛泽东选集》第 2 卷,人民出版社 1991 年版,第 708 页。

村大量的是私人举办的私塾，还有其他类型的民办学校、教会学校等。而中国共产党推行的扫盲运动，自始至终都渗透着强烈的政治意识。特别是 1949 年以后，学校主要由政府兴办，即使是农村民办学校，也是国家教育体系的一部分，只是财政供给有所不同。从教材，到课堂，到老师，整个教育过程都渗透了政治和国家意识。学生在识字过程中接受了国家话语，学会了"听党话，跟党走"的理念。扫盲和义务教育实际是培养符合国家目标的"政治人"的过程。农民终于从长期外于政治和国家的百姓成为具有政治和国家意识的民众。这是中华人民共和国建立后，国家能够广泛渗透乡村社会的重要基础。

二、推广普通话："官话"与方言

传统农村社会是熟人社会，可以没有文字，但不能没有语言。如费孝通所说的，农村熟人社会里，"有语言而无文字"。① 语言也是人们交往的工具，只是它没有文字那样规范，并需要通过正式学习而习得。可以说，人们一出生，就开始通过语言表达自己的想法和情感，就开始说话和听话。

语言是在特定环境下产生的，并在特定环境下使用。由此就产生出不同的语言。早期人类社会生活在相对狭小的地域空间里，人们使用着不同的语言，只有在一个相对小的范围内知晓。这与当时的国家规模较小相关。秦始皇统一中国以后，所做的重要事情就是"书同文"，即书写文化统一，以便于国家行政管理可以通过统一的文书将国家意志传递到不同的地域。但是，秦始皇可以实现"书同文"，而无法做到"言同声"，这就是在一个国家内的不同地方有着不同的方言。唐代诗人贺知章有诗句"少小离家老大回，乡音未改鬓毛衰"。"乡音就是方言"②。方言不仅

① 费孝通：《乡土中国　生育制度》，北京大学出版社 1998 年版，第 23 页。
② 周振鹤、游汝杰：《方言与中国文化》，上海人民出版社 2006 年版，第 3 页。

具有地域性,而且就是同一地域的不同村庄都有自己才能听懂的方言,即"十里不同音"。这在于传统农村社会的人们日常生活范围大约在"方圆十里",十里之外人们的语音会有所不同。由于长期地域相对封闭,各地方言的差异性太大。距离政治中心愈远的地方,方言的独特性愈强,如广东话。为了有效行使统治权,国家推行"官话",即地方官员要讲能够在一个地方通用的官方话语。但是,在传统社会,"中国官员是在帝国各处流动的一群人,不能扎根于任何单独一块地方。为此,他要依靠官话(即北京话)作为官场通用的混合方言。往往一个官员到达新任所时,发现他不懂当地方言,因此只好更加局限在官署的圈子里"①。体现国家意志的官话毕竟只是供上层社会使用的语言,使用范围非常有限,广大民众使用的仍然是不同的方言。

各种不同的方言显然不利于统一的国家意志的实行。如果民众连官员的话都听不懂,何论"听国家的话"呢?进入 20 世纪后,随着国家的建设,让民众能够听懂国家的声音,便成为有识之士和国家的一项重要使命。

20 世纪初,一些有识之士就提出:"要望中国自强,必先齐人心;要想齐人心,必先通言语。"②随后,在知识分子推动下兴起"国语运动"。刘半农在《国语问题中的一个大争点》一文中表示:"我的理想中的国语,并不是件何等神秘的东西,只是个普及的、进步的蓝青官话。所谓普及,是从前说官话的,只是少数人,现在却要把这官话教育,普及于最多数。所谓进步,是说从前的官话,并没有固定的目标,现在却要造出一个目标来。"因此,"国语"的关键在于其中的现代意识和"国家"意识。③

1920 年代,民国政府开始着手推行统一的"国语"运动。但是,当时

---

① [美]费正清:《美国与中国》,张理京译,世界知识出版社 1999 年版,第 104 页。
② 转引自武春野《"国语"有助于近现代中国的兴起》,《中国社会科学报》2017 年 6 月 20 日,第 3 版。
③ 转引自武春野《"国语"有助于近现代中国的兴起》,《中国社会科学报》2017 年 6 月 20 日,第 3 版。

对于什么是标准的统一语言，怎么样确定标准的统一语言，存在相当大的分歧和争论。加上战乱频仍，推行"国语"的成效甚微，特别是没有能够进入穷乡僻壤的农村社会生活之中。①

让居于穷乡僻壤的广大农民能够听懂体现国家意志的"官话"与对农村社会的改造紧密相关。中国共产党领导的夺取国家政权，是从北方开始的。在这一过程中，大批来自北方的干部进入南方地区，成为当地的领导干部。他们的话相对远离政治中心的南方来说，更容易使人听懂。同时，还有大批知识分子也进入到地方和基层。他们为了取得对当地的领导权，极力让自己的话接近当地的语言。此外，在对农村的改造中，培养了一大批本乡本土的干部。这些干部在与外来干部的经常接触中，也逐渐能够听懂外来干部的话。这是中国第一次使"官话"与"方言"大融合的时期。但从总体上看，"方言"仍然在农村社会生活中占主导地位。根据2005年的调查，全国方言区共有3.1亿人，其中约1.2亿人只能用方言交流。② 这是因为，语言毕竟是交往的工具，只有通过经常性的交往才能相互听懂和沟通。在相当长时间里，人们固定生活在本乡本土，接触更多的是乡里乡亲。由出生开始形成的"方言"因缺乏必不可少的交往而难以改变。

改革开放以后，社会交往愈益广泛和频繁。农民开始离开乡土，走向广阔的社会。方言成为制约人们交往的障碍。在此背景下，国家着手推广普通话。2005年颁布的《中华人民共和国国家通用语言文字法》，规定普通话是国家通用语言。普通话以北京语音为标准音，以北方话为基础方言，以典范的现代白话文著作为语法规范。该法第二条规定："国家通用语言文字是普通话和规范汉字。"第三条规定："国家推广普通话，推行规范汉字。"第四条规定："公民有学习和使用国家通用语言文字的权

---

① 参见崔明海《二十世纪三四十年代关于"国语"统一的思想争论——兼论中共领导下文字改革的理论话语与策略转向》，《中共党史研究》2016年第12期。
② 参见游汝杰《推广普通话 善待方言》，《中国社会科学报》2010年8月10日。

利。国家为公民学习和使用国家通用语言文字提供条件。地方各级人民政府及其有关部门应当采取措施,推广普通话和推行规范汉字。"同时规定:"学校及其他教育机构以普通话和规范汉字为基本的教育教学用语用字。""广播电台、电视台以普通话为基本的播音用语。""提倡公共服务行业以普通话为服务用语。""广播、电影、电视以国家通用语言文字为基本的用语用字"。"凡以普通话作为工作语言的岗位,其工作人员应当具备说普通话的能力。以普通话作为工作语言的播音员、节目主持人和影视话剧演员、教师、国家机关工作人员的普通话水平,应当分别达到国家规定的等级标准;对尚未达到国家规定的普通话等级标准的,分别情况进行培训。"推广普通话的重要宣传口号就是"方言土语难通话,人人都讲普通话"。

国家推广普通话主要是针对政府、学校、传播等领域,但普通农民作为受众,自然会受其影响,逐渐学习掌握普通话,更好地听懂"官话"。在推广普通话中,民众更多的还是受众,可以听懂,但不一定会说。只是随着社会交往的扩大,大量农民离开本乡本土,他们必须借助普通话才能与人交往,普通话才在广大农民日常生活中得到掌握和运用。当然,由于他们是在"方言"环境下生长的,所学习和掌握的普通话,还有诸多"乡音"底色。

同时,语言承载着文化传统,并有历史延续性。在推广普通话中,一些地方还保留着方言作为传播手段,如专门的方言电视广播频道。而在农村社会生活中,"方言"仍然大量存在。人们通过方言获得对乡亲的认同感,方言也由此成为"乡愁"的体现。特别是少数民族地区,不同于汉语的地方语言更有其延续性。因此,在农村社会生活中,事实上存在普通话和方言并存的状态。这种状态将会延续相当长时间,但并不影响国家意志的传递。

三、条条大路通首都:官道与小道

在恩格斯看来,"国家和旧的氏族组织不同的地方,第一点就是它按地区来划分它的国民。……第二个不同点，是公共权力的设立"①。作为地域性的国家，其规模有大有小。公共权力在地域国家空间的构成和影响力是不一样的。马克思认为，"城市已经表明了人口、生产工具、资本、享受和需求的集中这个事实；而在乡村则是完全相反的情况：隔绝和分散"②。从国家的形成看，城市是国家形成的标志。作为国家统治者居住地的首都则是政治中心。在相当长时间里，广大农民生活于分散的边缘地带。如恩格斯所说："在农村居民中，只有贵族才能与外界接触，才有新的欲望；农民群众从来不曾超出最邻近的地方关系以及与此相应的地方眼界的范围。"③造成该状况的重要原因之一是农业生产特点和交通。

作为地域性国家的中国是在漫长的历史时期形成的。早期的国家规模不大，以人口相对集中的城为中心。城被称为"国"，城以外称之为"野"，存在"国"与"野"的分别。郊野属于政治权力的边缘地带。经历数百年的春秋战国时代，至秦始皇，多个诸侯国统一为一个超大规模的帝国。地域规模的急剧扩大，促使国家在中央权力集聚的首都以外的各个地区设立郡县，代为行使中央权力，由此将国家权力传递到各个地方。而国家权力的传递需要交通。包括委派官员、征收赋役、调配军力等，都需要通过交通来完成。正因为如此，秦始皇统一中国后，除了实行"书同文"，就是"车同轨"。它包括两个方面内容，一是修建道路，二是统一规定道路的尺度。公元前 220 年起，秦王朝陆续修建了以首都咸阳为中心的三条驰道：一条向东直通过去的燕、齐地区。一条向南直达吴、楚地区。还有一条为了加强对匈奴的防御而修筑的、从咸阳直达九原的直道，全长 1800 余里。驰道宽 50 步，车轨宽 6 尺。此外，还在今云南、贵州地区修五尺道，在今湖南、江西、广东、广西之间修筑攀越五岭的新道。通过拆除壁垒、修建驰道，形成了以咸阳为中心的四通八达的交通网，把

①《马克思恩格斯选集》第 4 卷，人民出版社 1995 年版，第 170—171 页。
②《马克思恩格斯选集》第 1 卷，人民出版社 1995 年版，第 104 页。
③《马克思恩格斯全集》第 7 卷，人民出版社 1959 年版，第 387 页。

全国各地联系在一起,使我国今日长城以南、以西的地区,除西藏、青海、新疆之外,都包括在这庞大的交通网络内,便利了交通往来,有利于将国家权力传递到各个地方。

但是,由国家修筑的道路及其驿站主要是"官道",即主要担任与国家事务相关的运输和传递。"公文的流转由驿站进行。这些驿站远达帝国四方,但仅限于运送公文、公物(如公款)和因公出差人员之用。"①广大农村尚没有进入国家交通网络体系中。

一则在于国家正式权力组织只是延伸到县这一层次,国家没有能力将道路延伸到国家领土范围内的每个角落。除了"皇权不下县"以外,"皇权不到边"。由于地理原因,大量边疆地区修建道路相当艰难。如吉登斯所说:"中国是那种军队的作用既在于击退入侵者或扩充国家的领土、又在于维持内部治安的少数大型传统国家之一。然而,中国一如其他地方,垄断国家机器的这种暴力工具的愿望,永远只能部分地得以实现。"其重要限制性原因之一就是"运输和传播手段"。② 韦伯也将交通技术条件视为国家难以渗透到乡村的重要原因:"同一切处于不发达的交通技术条件下的世袭制国家组织一样,中国的行政管理的集中化程度也十分有限。"③

二则在于历史上的农村经济属于自给自足的自然经济,农村社会在狭隘的地域范围内生存,没有形成与外部世界广泛的经常性的联系,处于封闭状态。农村人口的交通主要是小范围的乡间小道。乡间小道尽管与大路"官道"相连接,但绝大多数农村人口很少,甚至一生都未经过大道。由于交通原因,国家统治在广大农村处于鞭长莫及状态。如费孝通所说,"广阔的大陆交通网络很差,权力只是名义上集中,而不是事实

---

① [美]费正清:《美国与中国》,张理京译,世界知识出版社 1999 年版,第 103 页。
② [英]安东尼·吉登斯:《民族-国家与暴力》,胡宗泽、赵力涛译,生活·读书·新知三联书店 1998 年版,第 67 页。
③ [德]马克斯·韦伯:《儒教与道教》,洪天富译,商务印书馆 1995 年版,第 98 页。

上集中"①。这也限制了国家力量对农村社会的支配,同时也是国家经常陷入分裂分治的重要原因。

进入近代以后,交通技术迅速进步。一个重要标志就是在传统的陆路、水路之外,便捷迅速的铁路兴起。铁路有助于将以往分散的社会联为一个整体,也有助于政治统治。早在 19 世纪,马克思谈及英国殖民者进入印度时就认为,"农村的孤立状态在印度造成了道路的缺少,而道路的缺少又使农村的孤立状态长久存在下去。在这种情况下,公社就一直处在既有的很低的生活水平上,同其他农村几乎没有来往,没有推动社会进步所必需的愿望和行动。现在,不列颠人把农村的这种自给自足的惰性打破了,铁路将造成互相交往和来往的新的需要"②。

中国进入近代以后,也开始修建铁路,交通条件得以改善,并产生对原有经济基础的改变。如恩格斯所说:"中国的铁路意味着中国小农经济和家庭工业的整个基础的破坏"③。但是,近代中国积弱积贫,交通条件的改善进展缓慢。与此同时,近代中国的铁路修建更多局限于路权的争夺,未能重视铁路在国家整合中的功能。④ 广大农村的交通条件大大落后于城市。正是在这一背景下,毛泽东提出了"农村包围城市"的革命道路。由于交通原因,中国共产党领导的革命可以首先形成"红色割据",在偏远的农村建立革命根据地,再谋发展。

1949 年以后,国家获得了空前的统一。支撑国家统一的重要条件就是交通条件的迅速改善。一则是作为现代交通工具的铁路和公路里程迅速增加。为修建铁路,国家成建制地将原来的部分军队转为铁道部队,通过专门的部队加快铁路建设。进入 21 世纪后,中国成为世界高速铁路最多的国家。公路里程也迅速增长,高速公路更是急剧发展。二则

---

① 费孝通:《中国绅士》,中国社会科学出版社 2006 年版,第 115 页。
②《马克思恩格斯选集》第 1 卷,人民出版社 1995 年版,第 770 页。
③《马克思恩格斯论中国》,人民出版社 2015 年版,第 170 页。
④ 参见马陵合《从救国到治国:国家视野下的近代中国铁路功能演化》,《学术月刊》2018 年第 6 期。

偏远地区的交通条件改善最为明显。以往西藏与内地相互隔绝。中华人民共和国建立后,军队进入西藏的第一件大事就是修筑公路,将偏远的西藏与国家联结在一起。

交通条件的改善大大改变了传统农村的封闭状态,为国家力量进入农村并整合分散的农村社会提供了条件,大大拉近了穷乡僻壤与政治中心的距离。库尔班是新疆于田县维吾尔族的一个贫苦农民。1949 年新疆和平解放后,库尔班决心"骑着毛驴"去见领袖毛泽东。1958 年,他如愿以偿,到北京见着了毛泽东,但已不是"骑着毛驴"到北京的了。这个故事一度广为流传。

四、"村村通":国家与农民的互动

中华人民共和国建立后,交通条件的改善为国家整合分散的农村社会提供了技术条件。但是,在相当长时间里,交通条件的改善主要是大路的修建,农村人口还主要行走在乡间小道上。这一方面在于国家出资兴建道路有一个过程,在一定阶段主要是主干路的修建。另一方面在于农村经济社会与外部的交往不够。在人民公社体制下,人与土地高度合一,农村人口离开了所在的公社土地,根本没有办法生存。因此,除了国家任务以外,农村绝大多数人口与外界没有什么交往,人们日常生活中仍然是每天行走在乡间小道上。

农村改革开放以后,农民有了自主权,开始离开乡土务工经商。尤其是 1990 年代,国家实行社会主义市场经济,农村经济的商品化程度迅速提高,传统的封闭农民转化为社会化小农,即尽管农民仍然以家庭为生产生活单位,但他们的生产生活已日益社会化,与外部世界的交往成为日常生活的内在需要。① 但是,由于交通的阻碍,大量农产品难以外

---

① 参见徐勇《"再识农户"与社会化小农的建构》,《华中师范大学学报(人文社会科学版)》2006 年第 3 期。

运，农民与外部世界的联系受到限制。随着新农村的建设，由国家主导的公共服务下乡，但农民要获得公共服务得翻山越岭，费力费时。这种情况在山区特别突出。正是在此背景下，国家的交通建设推行"村村通"公路工程。

"村村通"公路工程是进入 21 世纪后，国家为统筹城乡发展，支持新农村建设的一项重大举措，又称"五年千亿元"工程。该工程目标是在五年内实现所有村庄通沥青路或者水泥路，能够行驶汽车和大型农机具，以解决广大农民出行难题。这一工程力图打通"最后一公里"。即国家修建的大道已接近农民，联通各县乡，但因为未能进村入户，农民出行仍然困难，因此俗称"最后一公里"。

中国地域辽阔，要让每一个村庄都能够通公路，需要支付大量成本。"村村通"工程明确规定，工程以中央和省出资为主，地方财政（市与县）配套部分资金，决不允许向农民强制摊派资金。但是，中国地方经济发展不平衡，交通条件愈差的地方，地方财政愈困难。同时，"村村通"不仅仅是资金问题，也会涉及占用土地、房屋等一系列问题，农民还需要出工出力。如果说国家出资修建的大道的主体是政府，那么"村村通"工程的主体不仅仅是政府，还包括农民。没有农民的参与，"村村通"难以实施。而农民的参与取决于农民的认识和组织。在一些地方，农民以自治组织为载体，就修路占用土地、房屋问题进行讨论协商，达成一致，修路顺利。而在有些地方，农民更多的是依赖政府，希望完全由政府承担修路事宜。这与农民在过往的生活经验形成的对政府的过分依赖意识有关。因此，"村村通"在各地的实施进度和质量有所不同。其中内含着农民与国家的互动关系。

传统乡村社会的孤立和分散性是多种因素造成的。重要因素是交通的不便。20 世纪，特别是改革开放以后，农村交通条件与商品经济的发展成正比，大大改善了乡村社会的孤立和分散性，促进了国家的一体化。温锐在对赣闽粤交界偏远地区农村的调查中发现，"集体化以前，交通运输速度主要以'天'为计算单位，改革开放以后尤其是世纪之交的今天,通常以'小时'来计算交通运输速度;直达运输距离也大抵如此,集体化以前主要囿于边区内部运行,而八九十年代以来,已经与全国市场连为一体了"①。交通运输带来的开放性必然改变传统的孤立和分散性,也改变着农民与国家的互动关系。

交通是一种中性的条件。国家可以通过便利的交通将国家意志传送到乡村社会,进行有效的乡村整合。与此同时,农民也便于利用发达的交通表达自己的声音。1990年代以来,中国的农民上访事件迅速增多,特别是直接到首都的上访。主要诱因固然是农村社会矛盾,但便利的交通也为农民层层上访,尤其是到首都上访提供了条件。

五、信息传递:直接听到国家声音

国家治理需要发号施令,执政者通过各种传播方式将政令信息传递给对象,从而实现政治目的。信息是国家权力的载体。国家通过信息将权力抵达各个地方,让治理对象听到国家的声音。信息传递是国家整合社会的重要条件。

在传统社会,信息传递主要依靠人工方式,其传递对象和速率十分有限。秦始皇统一中国后修建驰道的重要功能就是将政令传达到四面八方。但是,由于条件有限,国家政权不可能将驰道伸向各个角落,特别是广阔分散的农村。相对作为统治堡垒的城市而言,农村处于国家信息封闭的"孤岛"状态。与此同时,农村的生产生活主要依靠自身,农村社会事务主要由农村内在的力量处理。农村人口通过面对面的口口相传的方式传递他们要了解的信息。这些信息主要限于农民生活的狭小范围内。这正是农村社会外在于国家政治的重要原因之一。

进入近代社会以后,信息传递手段增多。尤其是报纸、书刊的出现,

---

① 温锐、游海华:《劳动力的流动与农村社会经济变迁——20世纪赣闽粤三边地区实证研究》,中国社会科学出版社2001年版,第64页。

使愈来愈多的民众可以接受政治信息。国家开始通过信息传递整合社会。但其能力还相当有限。对于广大农村而言，国家政令仍然处于不通畅的状态。

中华人民共和国建立之后，伴随着自上而下的土地改革，国家委派工作队进村入户，同时也将国家政策法令带到农村。经过农业社会主义改造，国家通过人民公社将农村社会组织起来。人民公社是"政社合一"，即政权组织与经济社会组织合一的组织，并服从国家自上而下的指令。为了让每个农民听到国家声音，国家大力发展有线广播事业。村庄设立广播站，有高音喇叭；家户设立广播箱，可直接接受广播站的信息。由家户的广播箱，到县乡村的广播站，再与国家无线电广播相连接，使得普通农民能够直接听到来自中央的声音。国家通过广播将亿万分散的农民整合为一体，到一定时刻所有农民都能够听到同一个国家声音。人民公社时期的农村可以说是一个"广播社会"。在道路交通不发达和报刊发行有限的条件下，国家主要是通过广播联结千家万户，对农村社会进行整合。何钧力以一个村的案例描述了广播和高音喇叭的政治影响，认为："高音喇叭是国家权力在乡村的一个强象征，其搭建意味着国家权力更加深入乡村社会生活，国家的存在感愈发增强。"[1] 它既"协助权力中心构建了一个庞大辽阔的国家疆域，可以让遥远闭塞的边疆时刻与中心保持紧密联系"，又"利用感染力强、受众面广、没有文字障碍等优势，将所有能听到声音的人集合起来，完成了最广泛的社会动员，强化普通民众对党和社会主义的认同感"。[2]

随着人民公社的废除，广播在农民日常生活中的地位有所弱化。但更为先进的传播工具——电视迅速进入农村。"村村通"工程，除了道路以外，也包括有线电视网。电视因为其可视性和内容的丰富性，大受农

---

[1] 何钧力：《高音喇叭：权力的隐喻与嬗变——以华北米村为例》，《中国农村观察》2018年第4期。

[2] 王华：《农村"高音喇叭"的权力隐喻》，《南京农业大学学报（社会科学版）》2013年第4期。

民欢迎,改变了农民的生活世界。农村由"广播社会"进入"电视社会"。收看电视成为农民的日常生活方式的一部分。通过电视,农民可以每天看到国家和地方领导人的形象,可以每天听到党和政府的声音,大大拉近了农民与国家的距离。在本尼迪克特·安德森看来:"传播科技的进步,特别是收音机和电视,带给了印刷术一个世纪以前不可多得的盟友。"①由于每天必看的电视的普及,国家不再是外在于生活之外,而是内在于生活之中。

电视的普及对于国家整合与农民认同的影响是复杂多元的。一方面,国家的政策可以通过电视直接传播给广大农民,让农民更直接地听到国家声音。自"政策下乡"以来,国家主要是通过各级干部层层传递政府的声音。在这过程中,政策信息难免被截留,甚至扭曲变样。许多地方和基层干部认为国家政策装在他们的口袋里,他们想掏出多少就是多少,想掏出什么就是什么。电视普及后,有助于改变这一状况。中央政策通过电视直接传达到农民那里,地方和基层干部依靠垄断政策信息进行治理的难度增大。如1990年代,中央电视台开辟了《焦点访谈》栏目,经常披露地方和基层干部违反中央政策加重农民负担的事件,使农民能够更多地了解和掌握中央政策。与此同时,农民还利用所掌握的政策和法律对他们认为不符合法律和政策的行为进行抵制,甚至反抗。

六、互联互通:信息主体的生长

从某种意义上讲,信息即权力。谁掌握了信息的发布权力,谁就具有支配地位。在亨廷顿看来:"城市化、识字率、教育和接触传播媒介的水平的提高,都在提高人们的愿望和期待,而如果这些愿望和期待不能

---

① [美]本尼迪克特·安德森:《想象的共同体》,吴叡人译,上海人民出版社2003年版,第126页。

得以满足,就会刺激个人和集团投身于政治。"①在传统社会,农民更多的是被动性的政治参与者,其政治行为相当程度上是基于生存不得已而为之。一个重要原因就是信息的有限性。他们不知外部世界的丰富性,更不知通过自己的努力可以影响,甚至改变外部世界。他们的生产方式、居住方式和信息传递方式决定了"他们不能代表自己,一定要别人来代表他们。他们的代表一定要同时是他们的主宰,是高高站在他们上面的权威,是不受限制的政府权力,这种权力保护他们不受其他阶级的侵犯,并从上面赐给他们雨水和阳光。所以,归根到底,小农的政治影响表现为行政权支配社会"②。长期以来,国家行政权力自上而下地支配着乡村社会。农民与政府沟通困难,更难以将自己的声音传递给国家。只是到了迫不得已,农民才以自己剧烈的行动表达自己的意志,而这种表达与社会动荡紧相伴随。

到了近代,信息环境才开始发生变化。但在相当长时间,信息的发布主要还是为少数人所控制。特别是1949年之后,信息媒体主要由政府执掌,政府成为信息的主要甚至是唯一的传递者,农民则只是单一的信息接受者。这种信息的传递有助于国家自上而下的纵向整合。但农民既然只是信息的接受者,他们的声音便很难自下而上地得以自我表达。

进入21世纪以后,互联网兴起并延伸到农村,使得广大农村由"电视社会"进入"网络社会"。国务院总理李克强认为,手机已成为农村人口的"新农具"③,即农民生产生活必不可少的物件。包括手机在内的互联网作为信息传播工具,其重要特点是互联互通,信息的接受者同时也可以是信息的发布者。在传统的"广播社会"和"电视社会"里,农民只是

---

① [美]塞缪尔·P. 亨廷顿:《变化社会中的政治秩序》,王冠华、刘为等译,生活·读书·新知三联书店1989年版,第44页。

②《马克思恩格斯选集》第1卷,人民出版社1995年版,第678页。

③《国务院:加大对农户信息技术应用培训,使手机成为农民的"新农具"》,中国新闻网2018年6月27日。

被动地接受信息。而在"网络社会"里,农民开始成为信息主体,可以通过网络表达自己的意见。这在于网络为"民间表达和公众参与提供了有效的技术手段,特别是使弱势群体也有可能参与决策"①。信息的开放性和多样性,激发了农民的自主性,他们有了基于自己利益的选择。斯科特用"隐藏的文本"来概括农民这一行为。尽管有国家"公开的文本",但农民用符合自己利益的话语来表达自己的意志。② 由此改变着"他们不能代表自己,一定要别人来代表他们"的政治困境。

"网络社会"有助于国家通过互联网发布政令,影响民众。同时,网络信息发布主体的多元化造成信息繁杂,又制约着国家通过互联网整合农村社会。伴随着"网络社会"的形成,国家加强了对网络的管理,以此引导网络舆论。但是,互联互通的网络毕竟从根本上改变着信息环境,为农民提供了参与政治的条件。国家如何在网络社会里促进农民的政治表达和参与并以此有效整合乡村,成为前所未有的新挑战。

---

① 鲍宗豪:《网络与当代社会文化》,上海三联书店 2001 年版,第 145 页。
② 〔美〕詹姆斯·C. 斯科特:《弱者的武器》,郑广怀、张敏、何江穗译,译林出版社 2007 年版,第 479 页。

结语　成长中的现代国家与消逝中的传统农村

对于中国来讲,20世纪是巨大的历史转折时期。最重要的特点就是一个从未有过的现代国家的成长。成长中的现代国家面临的最大难题之一是面对着一个庞大而又分散的传统农村社会。只有将传统分散的农村社会整合到国家体系中来,成长中的现代国家才能获得坚固的基础;只有通过国家整合将传统分散的农村变为与现代国家体系相协调的新型农村,成长中的现代国家才能完成自己的历史使命。而这势必要经历一个复杂的过程。

一、从国家改造到新农村建设

在相当长的历史时期,中国的文明一直处于世纪前列。这是在世界整体处于农业文明框架之内时的定位。但进入18世纪以后,世界格局正在发生前所未有的变化,中国面对的是"三千年未有之大变局"。这就是世界进入到一个工业文明的资本主宰的时代。在新兴的工业文明面前,处于农业文明前列的中国迅速跌落到文明的后进状态。更重要的是,长期以来的神圣传统受到颠覆性的打击。正如马克思所说:"以手工劳动为基础的中国工业经不住机器的竞争。牢固的中华帝国遭受了社会危机。"①面对强大的工业文明的挑战,已进入下行通道的晚清帝国缺乏足够的能力去应对。伴随帝国数千年的沉疴与惰性在新型工业文明的挑战下暴露无遗。"满族王朝的声威一遇到英国的枪炮就扫地以尽,天朝帝国万世长存的迷信破了产。"②

虽然晚清王朝难以应对前所未有的挑战,但中国并没有消极坐等命运的摆布,而是在"救亡图存""保国保种"的呼唤中生发出强大的自我变革力量。以辛亥革命为标志,一个现代中国开始生长。适应现代工业文明,追逐现代化成为中国人的目标。

在马克思看来:"人们自己创造自己的历史,但是他们并不是随心所欲地创造,并不是在他们自己选定的条件下创造,而是在直接碰到的、既定的、从过去承继下来的条件下创造。"③正在成长的现代中国直接碰到的、既定的、从过去承继下来的重要条件,就是农业人口占国人的绝大多数,农村还沉睡在传统农业文明体系之中,由传统农业文明决定的农村社会与政治国家处于离散状态。这一状况决定了国家没有广泛的社会力量作为支撑,面对列强的挑战,中国处于被动挨打局面。另一方面,不将大变动中的四分五裂、贫困落后的农村社会带入现代社会,也意味着现代国家没有建成。如亨廷顿所说:"城乡区别就是社会最现代部分和最传统部分的区别。处于现代化之中的社会里政治的一个基本问题就是找到填补这一差距的方式,通过政治手段重新创造被现代化摧毁了的那种社会统一性。"④因此,在整个 20 世纪,农业、农村、农民问题成为一切有识之士都需要面对并必须解答的一道难题。

近代中国出现了一批睁眼看世界的先知先觉者。孙中山先生是典型代表。他在建立新国家的构想中,鲜明地提出了"平均地权"和"耕者

---

①《马克思恩格斯全集》第 7 卷,人民出版社 1962 年版,第 264 页。

②《马克思恩格斯选集》第 1 卷,人民出版社 2012 年版,第 779 页。

③《马克思恩格斯选集》第 1 卷,人民出版社 2012 年版,第 669 页。

④ [美]塞缪尔·P. 亨廷顿:《变化社会中的政治秩序》,王冠华、刘为等译,生活·读书·新知三联书店 1989 年版,第 67 页。

有其田"的主张,以解决农村农民问题。辛亥革命之后建立的民国政府,遵循孙中山先生的思想,试图解决农村农民问题。但是,由于外患的干扰,更由于其历史与阶级的局限性,作为执政党的国民党没有能够在解决农村农民问题上取得成效,反而带来沉重的赋税兵役负担。农民的生活更加艰难,农民与国民政府也更加疏离。一个不能包容占绝大多数人口的农民的政府显然难以持续。

近代以来,工业化、城镇化成为先导,与之形成强烈反差的是乡村的衰败。一批有理想且对农业文明怀着深深敬意的文人忧患于乡村衰败导致的中华文明衰败,发起乡村建设运动。这一运动的余火一直延续至今。从民国时期的梁漱溟、晏阳初到新时期的乡建者,他们怀揣着不同的理念,尝试着不同的路径,朝着同一个方向与目标努力。但是,文人救助并未能解决农民亟需的生产发展问题,更未能站到现代化的大背景下考虑农村社会的宏观走向,而是反对工业文明,主张回归到"以农立国",未能激发和调动农村的主体性和积极性。文人救助的情怀令人钦佩,但其实际效果并不理想。乡村建设运动的领袖梁漱溟先生也哀叹十年乡村建设运动,结果是"乡村不动"①。

民国乡村建设运动中,与梁漱溟等文人"文化教育—乡村社会改造"相对应的,还有以卢作孚为代表的实业界"以经济建设为中心"的乡村现代化建设理论,他们也着手实践了一场旨在谋"民生"、保"民享"的乡村建设计划。但时代的背景以及自身的弱点,使得这一最具现代思想元素的乡村建设运动流产。

面对深刻的农村农民危机,局部性改良的效果显然有限。在城市诞生的中国共产党,比较早就认识到农村农民问题的紧迫性。特别是革命重心转向农村之后,中国共产党对农村农民问题有了更为深刻的认识。这就是广大农村人口不仅不是"历史的弃儿",更是革命的主体。正是依靠对农民的组织,依靠亿万农民的力量,中国共产党获得了国家政权,建

---

① 孙诗锦:《启蒙与重建——晏阳初乡村文化建设事业研究》,商务印书馆 2012 年版,第338页。

立了"新"中国。

"新"中国只是就国家政权的更迭而言的,新兴的政权面临的仍然是传统的农村社会。正因为如此,中华人民共和国建立不久,执政党就提出了"一化三改"的总路线,其中的重要内容就是在工业化的总目标下,对农业进行社会主义改造。

国家对农业的社会主义改造是包括经济、社会、文化和政治在内的全面改造,使传统农村能够与社会主义工业化国家相适应。正是在社会主义改造的高潮时期,1958 年中共中央提出了建设社会主义新农村的口号。但是,由于长期历史原因,以及工业化先行战略形成的城乡二元格局,农村和农民没有能够摆脱贫困落后状况,成长中的现代国家也缺乏牢固的基础。

1978 年开启的改革开放,极大地释放出农村农民中蕴含的能量,农民不仅得以实现温饱,而且开始走出乡村,获得新的发展机会。这为国家现代化提供了新的动力。但是,伴随着 1980 年代后期工业化和城镇化的推进,城乡发展不平衡问题日益突出,农业农村农民问题成为执政党工作的重中之重。2006 年,执政党提出建设社会主义新农村。2017 年,执政党提出乡村振兴战略。其目的都是通过统筹城乡发展解决农业农村农民问题。

经过上百年的变革,特别是 1978 年以后的改革开放,中国的社会结构发生了根本性变化,这就是由一个农村人口占绝大多数的乡土中国,转变为农村人口与城镇人口各占一半的城乡中国。更重要的是变革后的农村已不再是与国家处于离散状态的传统农村,而是与国家处于一体状态的社会主义新农村。而传统的农民也在发生重大变化,其自主意识、权利意识日益生长。长期延续的传统农村正在迅速消逝,渗透进现代国家元素的新农村正在迅速兴起。长期延续的传统农民正在迅速终结,渗透进现代要素的新农民正在迅速生长。这都意味着国家与农民的关系正在进入一个崭新的平台上。

二、单向的国家化与复杂的农民性

　　将一个悠久和庞大的传统农村社会变为一个与现代国家处于一体化状态的新型农村，不仅在中国，就是在世界上，都是一件具有重大历史意义的大事。它从根本上奠定了现代国家的政治基础。传统中国曾发生了无数次农民反抗，但始终是"有造反而无革命"[①]。直到具有现代意识的先进政党的出现，才有了创新性的革命，特别是将传统农村社会带入现代轨道。由此也获得更多现代国家的稳定性和持续性。这种稳定性内生于社会结构之中，并与创新性相伴随，而非传统社会那样与"超稳定"相伴随的是"周期性动乱"。从世界历史进程的角度看，在城镇人口占大多数的国家里，基本没有发生过激烈的社会革命；而发生激烈的社会革命的国家，基本上都是农村人口占多数的国家。从这一角度看，对国家整合农村的意义无论作多高的评价都不为过。

　　与此同时，我们也必须注意，在这样一场伟大的历史变革中，也伴随着曲折和挫折，甚至付出了沉重的代价。其代价已经为历史所支付，但其内在的机理却需要进一步探究。从国家整合的角度看，单向的国家化与复杂的农民性的矛盾是重要原因。

　　现代国家是根据一定理想建构起来的国家。执掌国家政权者，有特定的目标，并会根据其设定的目标影响或者改变社会。近代中国，基于"落后就要挨打"的体认，仁人志士将以工业文明为载体的现代化作为自己的目标。中国共产党与一般的现代政党不同，她秉承马克思主义理论，将改造传统社会作为自己的历史使命。中华人民共和国建立不久，中共就提出了"一化三改"的总路线，在推进工业化的进程中，要对农业进行社会主义改造。因此，在中国，现代国家对农村社会的整合是在工

[①]　[美]斯塔夫里亚诺斯：《全球分裂——第三世界的历史进程》(上)，迟越、王红生等译，商务印书馆1993年版，第318页。

业化和共产主义目标下,自上而下的全面国家化过程。

现代国家拥有着前所未有的改造能力的国家。现代国家的成长是一个不断扩大改造社会能力的过程。经历了长期革命战争,并从"落后就要挨打"的格局中争取到国家独立和自主的中国共产党,更是在国家政权建立后获得了世所罕见的政党权威和国家能力。正因为如此,中共甫一执政便提出了雄心勃勃的战略目标,并在强大的政党权威和国家能力的支持下,对农村社会进行全面改造。这种改造具有"翻天覆地"和"惊天动地"的性质,试图通过国家手段达到其目标。因此,在中国,现代国家对农村社会的整合主要是借助于国家手段来实现的,国家是主要的整合力量。

现代国家是能够充分体现人的意志的国家。由于拥有前所未有的国家能力,执政者容易期望在短时间里实现自己的历史使命。中国曾经有过辉煌的历史,近代以来又断崖式地跌落,这使得仁人志士们期待迅速改变"落后就要挨打"的被动局面。特别是中国共产党,更有建立人间理想社会——共产主义的远大目标。历史和未来的双重紧迫感,促使中国共产党有着强烈的时间紧迫感。中共领导人毛泽东所说的"一万年太久,只争朝夕"即反映了执政党的心声。中华人民共和国建立后,执政党通过不断地发动群众运动和掀起运动"高潮"来推进对传统农村社会的改造。因此,在中国,现代国家对农村社会的整合进程具有快节奏的特点。

现代国家对农村社会的整合,从根本上说是对传统农民性的改造,以使具有深厚历史根基的分散农民能够与现代社会连为一体,成为现代国家组织体系的成员。但是,农民性由复杂因素合成,具有多重性。

现代国家对农村社会的整合是现代化进程的产物。现代化是以工业化为基础的。在现代化进程中,作为传统社会因子的农民是受益者、建设者,也可能是牺牲者。同时,农民是在长期历史过程中生存发展的,历史与现实环境赋予其特有的个性。数千年的个体家庭经济塑造出农民的家户私性。高度依赖自然的生产方式和依赖习俗进行自我治理的治理方式使得农民具有对传统的保守性。传统国家统治造成的"民不聊生"又赋予农民以强烈的反抗性。面对具有多重农民性的农村社会,自上而下的单向国家化并不简单和容易,甚至会受到挫折。

首先,国家自上而下推动的大规模建设和改造的阶段性重心有所不同,造成的社会结果也会不一样。特别是现代化起步之初,工业化积累主要依靠传统农村社会提供。工业化优先战略使得农民的利益有可能受到损害。中华人民共和国建立之初,当中共提出"一化三改"总路线时,梁漱溟先生建言,在工业化进程中要考虑农民的利益。但是,这一善意的建言没能引起足够的重视,反而受到批判。在之后的历史进程中,每当农民利益受到损害之时,也是国家对农村社会进行整合受到制约之时。

其次,国家在实现其目标的过程中受主观意志的支配。这种主观意志有可能超越现实,并因为国家能力的强大,不仅不能带给农民收益,反而有可能造成灾难,影响农民对国家的认同。"大跃进"后的1950年代末和1960年代初的经济严重困难,就曾导致农民对国家意志产生怀疑。执政党也不得不调整农村政策,以适应农民的要求。

再次,国家对农村社会的改造尽管是必要的,甚至是必不可少的,但农民的传统是在长期历史中形成的,也需要在长期历史过程中改变。列宁曾经指出:"改造小农,改造他们整个心理和习惯,这件事需要花几代人的时间。"①过急过快地单向度地简单改造,不考虑农民的接受程度和承受能力,并不一定能够收到预期的成效。

三、简单整合与有机整合

费孝通认为:"在社会学,我们常分出两种不同性质的社会:一种并没有具体目的,只是因为在一起生成而发生的社会;一种是为了要完成

---

① 《列宁选集》第4卷,人民出版社1995年版,第447页。

一件任务而结合的社会。"①现代国家对乡村的整合便是为了完成一件任务，即将分散分离的乡村社会整合到具有国家统一性的体系中来，实现国家的一体化。现代国家对农村社会的整合是必然趋势，采用的方式不同，收到的成效也不一样。

1949年以后，国家主要通过对传统农村社会的改造的方式推动整合。这种整合具有强烈的目的性，要对经长期历史形成的传统农村社会进行根本性改造。其重要方式，就是通过集体化，消灭数千年的分散的小农经济，将亿万个体小农统合到人民公社组织中来。

人民公社体制将分散的农民组织起来，统合到一个具有军事化色彩的组织体系中，是国家对乡村社会的体制性整合。但这一整合属于简单整合，就是农民被严格限制在公社体制内。个体农民的组织化是现代国家对乡村社会整合的一般趋势，但这种整合是一个历史过程，需要众多条件。除了物质条件以外，很重要的条件就是农民的自愿。恩格斯在谈到现代化进程中农民的趋势时谈到两个观点：一是"我们预见到小农必然灭亡，但是我们无论如何不要以自己的干预去加速其灭亡"。二是"当我们掌握了国家政权的时候，我们决不会考虑用暴力去剥夺小农（不论有无报偿，都是一样），像我们将不得不如此对待大土地占有者那样。我们对于小农的任务，首先是把他们的私人生产和私人占有变为合作社的生产和占有，不是采用暴力，而是通过示范和为此提供社会帮助。当然，到那时候，我们将有足够的手段，向小农许诺，他们将得到现在就必须让他们明了的好处"②。这一思想体现了历史发展与对人的尊重的双重结合。从历史的角度看，传统农民最终要灭亡，但这是一个过程，特别注意不能简单地用暴力去实现历史的目的。为此，要充分尊重农民的意愿。中华人民共和国建立后的合作化时期，执政党重视农民的自愿，主张农民加入和退出合作社的自由。

---

① 费孝通：《乡土中国 生育制度》，北京大学出版社1998年版，第9页。
②《马克思恩格斯选集》第4卷，人民出版社1995年版，第498—499页。

随着国家对集体化的强力推动，从生产资料到人口，农村的一切都高度统合到人民公社集体组织之中。这种组织体制统合，在很短的时间内就实现了国家对乡村社会的整合。但是，这种整合具有机械的简单整合的特点。也就是主要依靠国家的外部性推动，作为整合对象的农民处于相对被动状态。用美国学者斯科特的话来说，属于"重塑社会的国家简单化"①。农村和农民状态千差万别，用统一的自上而下的管理模式，不可避免会抑制农村的活力和农民的自主性。加上工业化优先战略导致农村贡献过多，农民生活长期得不到改善，公社体制对农民缺乏内在的吸引力。中共中央在《关于建国以来党的若干历史问题的决议》中指出："由于对社会主义建设经验不足，对经济发展规律和中国基本经济情况认识不足，更由于毛泽东同志、中央和地方不少领导同志在胜利面前滋生了骄傲自满情绪，急于求成，夸大了主观意志和主观努力的作用，没有经过认真的调查研究和试点，就在总路线提出后轻率地发动了'大跃进'运动和农村人民公社化运动，使得以高指标、瞎指挥、浮夸风和'共产风'为主要标志的'左'倾错误严重地泛滥开来。"②为了巩固人民公社体制，国家不断发动思想政治运动，试图从思想上解决农民的集体化认同问题。但是，农民毕竟是有自身利益和自主意识的人。外部性强力整合的结果更多的是"整而不合"，一旦外部整合松弛，农民便处于对公社体制的离心状态。

这种强力整合，未能充分实现整合者的目标，使得农村社会长期得不到根本性改变，农民则付出了极为沉重的代价。正是在此基础上，执政党进行了政策调整，以"分"为特点的家庭承包改革得到广大农民的积极响应而迅速推进。"分"正是对以往"统"得过死的强力整合的变革。

以家庭承包为主要内容的农村改革，调动和激发了农民的积极性，

---

① [美]詹姆斯·C.斯科特：《国家的视角——那些试图改善人类状况的项目是如何失败的》，王晓毅译，社会科学文献出版社2004年版，第4页。

②《关于建国以来党的若干历史问题的决议》（注释本），人民出版社1983年版，第23页。

也是现代国家对乡村社会整合方式的转变,即由外部性的简单整合转变为内外结合的有机整合。这就是在现代化进程中,国家将农民作为利益主体,尊重农民的自主性,尊重农民的意愿,尊重农民的创造精神。这种整合力图将农民的利益和意愿与国家的政策和法令结合起来,形成良性互动。建立在这一基础上的整合属于有机整合,即农民对国家整合持积极认同,国家整合能够得到整合对象的支持而不断获得持续性。

总体上看,经历了诸多曲折之后,随着条件的变化,国家对乡村的整合方式发生了重大变化,从主要依靠行政力量、运动力量的整合到强化利益引导、服务整合和法律整合等方式,将国家自上而下的整合与农民自下而上的认同结合起来,从简单整合向有机整合转变。

当然,有机整合是一种理想状态。法国社会学家迪尔凯姆在谈到有机团结组成的社会结构时说:"社会各个要素不仅具有不同的性质,而且具有不同的组合方式。它们并不像环节虫那样排列成行,相互搭嵌,而是相互协调,相互隶属,共同结合成为一个机构并与有机体其他机构相互进行制约。"①实现这样一种理想状态是一个历史过程。随着农民利益和自主意识的增强,国家对乡村社会的整合难度加大,还需要不断调适自己的行为。1949 年以后,农村社会经历了人民公社的"统",到家庭承包的"分",正在进入一个"合"的新阶段。这种"合"不仅仅是农民之间的小"合",更是城乡一体化、国家一体化的大"合"。如何有机整合而不是简单整合,仍然是一个有待不断加以解答的难题!

---

① [法]埃米尔·迪尔凯姆:《迪尔凯姆论社会分工与团结》,石磊编译,中国商业出版社 2016 年版,第 68—69 页。

主要参考文献

陈吉元、陈家骥、杨勋:《中国农村社会经济变迁(1949—1989)》,山西经济出版社1993年版。

陈胜祥:《中国农民土地产权幻觉研究》,中国社会科学出版社2015年版。

陈益元:《革命与乡村——建国初期农村基层政权建设研究:1949—1957》,上海社会科学院出版社2006年版。

杜润生:《杜润生自述:中国农村体制变革重大决策纪实》,人民出版社2005年版。

费孝通、吴晗等:《皇权与绅权》,华东师范大学出版社2015年版。

费孝通:《江村经济》,北京大学出版社2012年版。

费孝通:《乡土中国 生育制度》,北京大学出版社1998年版。

费孝通:《乡土中国·乡土重建》,群言出版社2016年版。

费孝通:《中国绅士》,中国社会科学出版社2006年版。

高王凌:《人民公社时期中国农民"反行为"调查》,中共党史出版社2006年版。

高王凌:《中国农民反行为研究(1950—1980)》,香港中文大学出版社2013年版。

郭于华:《受苦人的讲述:骥村历史与一种文明的逻辑》,香港中文大学出版社2013年版。

黄英伟:《工分制下的农户劳动》,中国农业出版社2011年版。

乐章:《制度、组织与组织化制度:长阳合作医疗个案研究》,中国社会科学出版社

2010 年版。

李德芳、杨素稳：《中国共产党农村思想政治教育史》，中国社会科学出版社 2007 年版。

李德芳：《民国乡村自治问题研究》，人民出版社 2001 年版。

李海金：《身份政治：国家整合中的身份建构——以土地改革以来鄂北洪县为分析对象》，中国社会科学出版社 2011 年版。

李怀印：《乡村中国纪事：集体化和改革的微观历程》，法律出版社 2010 年版。

李书磊：《村落中的"国家"——文化变迁中的乡村学校》，浙江人民出版社 1999 年版。

梁治平：《清代习惯法：社会与国家》，中国政法大学出版社 1996 年版。

林毅夫：《再论制度、技术与中国农业发展》，北京大学出版社 2000 版。

罗平汉：《农村人民公社史》，福建人民出版社 2003 年版。

罗平汉：《农业合作化运动史》，福建人民出版社 2004 年版。

罗平汉：《墙上春秋》，福建人民出版社 2001 年版。

罗平汉：《土地改革运动史》，福建人民出版社 2005 年版。

秦晖：《传统十论》，东方出版社 2014 年版。

秦晖：《农民中国：历史反思与现实选择》，河南人民出版社 2003 年版。

荣敬本：《从压力型体制向民主合作体制的转变》，中央编译出版社 1998 年版。

苏力：《送法下乡——中国基层司法制度研究》，中国政法大学出版社 2000 年版。

孙达人：《中国农民变迁论——试探我国历史发展周期》，中央编译出版社 1996 年版。

孙津：《中国农民与中国现代化》，中央编译出版社 2004 年版。

唐仁健：《"皇粮国税"的终结》，中国财政经济出版社 2004 年版。

田成有：《乡土社会中的民间法》，法律出版社 2005 年版。

田锡全：《国家、省、县与粮食统购统销制度：1953—1957》，上海社会科学院出版社 2006 年版。

王沪宁：《当代中国村落家族文化——对中国社会现代化的一项探索》，上海人民出版社 1991 年版。

魏光奇：《官治与自治——20 世纪上半期的中国县制》。商务印书馆 2004 年版。

温锐、游海华：《劳动力的流动与农村社会经济变迁——20 世纪赣闽粤三边地区实证研究》,中国社会科学出版社 2001 年版。

吴淼:《决裂——新农村的国家建构:江汉平原中兴镇的实践表达(1949—1978)》,中国社会科学出版社 2007 年版。

辛逸:《农村人民公社分配制度研究》,中共党史出版社 2005 年版。

徐勇、吴理财等:《走出"生之者寡,食之者众"的困境——县乡村治理体制反思与改革》,西北大学出版社 2004 年版。

徐勇:《中国农村村民自治》,华中师范大学出版社 1997 年版。

杨开道:《中国乡约制度》,商务印书馆,2016 年版。

张广修、张景峰等:《村规民约论》,武汉大学出版社 2002 年版。

张静:《基层政权:乡村制度诸问题》,浙江人民出版社 2000 年版。

张乐天:《告别理想——人民公社制度研究》,上海人民出版社 2012 年版。

张学强:《乡村变迁与农民记忆——山东老区莒南县土地改革研究(1941—1951)》,社会科学文献出版社 2006 年版。

周振鹤、游汝杰:《方言与中国文化》,上海人民出版社 2006 年版。

科大卫:《皇帝和祖宗》,卜永坚译,江苏人民出版社 2010 版。

[德]韦伯:《中国的宗教;宗教与世界》,康乐、简惠美译,广西师范大学出版社 2004 年版。

[美]巴林顿·摩尔:《民主和专制的社会起源》,拓夫、张东东等译,华夏出版社 1987 年版。

[法]H·孟德拉斯:《农民的终结》,李培林译,社会科学文献出版社 2005 年版。

[美]杜赞奇:《文化、权力与国家:1900——1942 年的华北农村》,王福明译,江苏人民出版社 2003 年版。

[美]塞缪尔·P. 亨廷顿:《变化社会中的政治秩序》,王冠华、刘为等译,上海人民出版社 2008 年版。

[美]J. 米格代尔:《农民、政治与革命:第三世界政治与社会变革的压力》,李玉琪、袁宁译,中央编译出版社 1996 年版。

[美]费正清:《美国与中国》,张理京译,世界知识出版社 1999 年版。

[美]弗里曼、毕克威、塞尔登:《中国乡村,社会主义国家》,陶鹤山译,社会科学文献出版社 2002 年版。

[美]葛凯:《制造中国:消费文化与民族国家的创建》,黄振萍译,北京大学出版社

2007 年版。

[美]黄宗智:《华北的小农经济与社会变迁》,中华书局 1986 年版。

[美]黄宗智:《长江三角洲的小农家庭与乡村发展》,中华书局 2000 年版。

[美]孔飞力:《中国现代国家的起源》,陈兼、陈之宏译,生活·读书·新知三联书店 2014 年版。

[美]李怀印:《华北村治——晚清和民国时期的国家与乡村》,中华书局 2008 年版。

[美]马若孟:《中国农民经济》,史建云译,江苏人民出版社 1999 年版。

[美]诺姆·乔姆斯基、戴维·巴萨米安:《宣传与公共意识》,信强译,上海译文出版社 2006 年版。

[美]詹姆斯·C.斯科特:《国家的视角——那些试图改善人类状况的项目是如何失败的》,王晓毅译,社会科学文献出版社 2004 年版。

[美]詹姆斯·C.斯科特:《弱者的武器》,郑广怀、张敏、何江穗译,译林出版社 2007 年版。

[英]H.K.科尔巴奇:《政策》,张毅、韩志明译,吉林人民出版社 2005 年版。

[英]安东尼·吉登斯:《民族-国家与暴力》,胡宗泽、赵力涛译,生活·读书·新知三联书店 1998 年版。

后记

常言道：十年磨一剑。

本书则已磨了十多年。

"磨"并不是笔懒，恰恰相反，是笔太勤。

笔勤在于社会变化太快，可供思考的问题太多。

本书写作的起源可以说是时代之惑。本世纪初，农业农村农民问题成为主政者和学术界关注的热点问题。特别是日益沉重的农民负担，已造成"民怨沸腾"（时任国务院总理朱镕基的话）。这一问题表明，现代化推进到 21 世纪的中国，沿袭数千年的农业税费体制再也不能沿袭下去了。然而，农业税费不仅仅是经济问题，更牵涉到整个乡村治理。而乡村治理又涉及整个国家治理。当时，对于农村税费改革后乡村治理的变动，学界有多种主张。但绝大多数主张是就事论事，局限于如何操作。

从历史上看，中国学人的经世致用的意识特别强。20 世纪以来，马克思主义理论进入中国。马克思关于"哲学家们只是用不同的方式解释世界，而问题在于改变世界"①的观点对后人的影响甚深。然而，有效改变世界的前提是科学解释世界。学者的使命主要是后者。但由于角色

---

① 《马克思恩格斯选集》第 1 卷，人民出版社 1995 年版，第 57 页。

混同,学者们关注更多的是如何提出改变世界的对策建议,而未能就为什么这样做作出学理性解释。这自然大大削弱了理论的力量。

本人30年前涉足乡村治理研究,前10年关注较多的是村民自治。于21年前出版了《中国农村村民自治》一书。当时收集了大量村民自治起源的资料,并计划撰写《国家化、地方性与草根民主——1980—2000:广西的村民自治进程》一书,与《国家化、农民性与乡村整合》的本书构成系列(现在看来已难以完成,而寄希望于我曾经指导的博士生,相关资料也转赠于他)。在新旧世纪之交,开始从村民自治进入到更为广泛的乡村治理研究,2003年出版《乡村治理与中国政治》一书。随后也参与了新世纪之初有关农村税费与乡村治理体制改革的研究,提出了自己的主张。只是面对当时各种政策主张异彩纷呈的格局,我较早地从一般对策主张超越出来,开始运用现代国家理论解释中国的乡村治理问题。在新旧世纪之交,农村税费及相关乡村治理体制难以为继,从根本上说,是伴随现代化进程的现代国家建设的要求,也是现代化进程中国家整合乡村这一根本性议题的时代表达。而20世纪以来,中国农村改造和建设的各种举措及其成效,都可以置于现代国家建设的视角下加以解释和分析。

本人是从政治学进入乡村治理问题研究的。政治学的核心领域是国家。这一学科的优势是能够超越一般的事实现象,从国家的高度来认识问题。当然,就传统政治学而言,主要是一般性的国家研究,很少以国家为视角研究乡村治理问题。特别是将一般的现代国家建设理论与具体的乡村治理结合起来研究,还较为少见。这不仅要求有理论功底,还要求有扎实的资料。因此,本书的写作面临诸多的挑战。

应该说,从本书动笔开始,就有了一个基本的框架,并按照框架一步步向下写。部分书稿还作为单篇论文发表过。按照最初的进度,应该在数年内便可以完成。但是,写作进程一再推延。原因在于自1998年,我担任着一个学术单位的负责人。特别是从2000年开始,承担教育部重点研究基地的负责工作。正是在写作本书之际,我试图超越常规的学术生产方式,强化基地平台的作用,开启了团队持续不断实地调查的工作。这一超越常规的作业方式费了诸多精力。此外,学术单位受各种项目的牵引。作为一个高端学术单位的负责人,还承担了数个学术项目,切割了系统研究的进程。

更为重要的是,2008 年以后,我的研究兴趣开始超越一般的乡村治理,有了更为宏大的理论关怀。其原因在于,随着学术研究的深化,发现乡村治理总是在一定历史条件下形成的,并受历史条件的制约。本人从政治学的角度研究乡村治理。但过往的政治学有两大缺陷:一是缺乏历史的维度,是没有历史源流的政治学;二是缺乏理论的维度,是没有理论解释的政治学。没有前者,无法了解当下的政治由何而来;没有后者,无法了解当下的政治为何而来。为了弥补这一缺陷,我力图从历史和理论的维度,以中国事实为据,进行乡村治理的国家底色与路径研究。先后运用“农民理性的扩张”解释“中国奇迹”问题;从中国传统出发提出“东方自由主义”的概念,认为改革开放是将蕴藏在社会深层的自由传统激活;从世界比较的角度提出影响中国农村进程的“家户制”这一本源性传统;从大量农村实地调查和文献中发现在中国尚存的久远的宗族社会现象,并提炼出“祖赋人权”这一概念……这一系列具有原创性的研究,耗费了大量时日,以致原计划的本书写作一再延缓。

当然,时间的推延也有一定好处,就是让时间来检验研究的价值。当学术研究更多的是作为一门职业而不是志业的时候,会产生太多的应景而作,应需而作。只有时间才是检验成果价值的最好尺度。等我决定暂时中断乡村治理的国家底色与路径研究,下决心完成本书时,已是十多年过去了。重新再看选题和已完成的书稿,自觉还有价值,能够经得起时间的考验。为此,一鼓作气将所余的一章书稿完成,并对全书作了充实和修订。在对书的清样进行通读和校对时,强烈感受到我们这一代人可能是本书选题的最合适的作者,因是时代的亲历者。

中国的学人特别讲究悟性。人的一生很多时候是在一种混沌的、自觉不自觉的状态中度过的。某种契机会让你突然得到巨大启示和反思。

古圣人言："吾十有五，而志于学。三十而立。四十而不惑。五十而知天命。六十而耳顺。"本人愚钝，对于"六十"之前的岁月门坎没有感觉。只是到了"耳顺"之年，才有了时不我待的强烈冲击。所以，我将微信号名称取为"顿悟"。

"顿悟"在于人生有限，自觉太晚。该做的事情应该做完。本书的完成便属于该做的事情之一。也正是在这一晚到的自觉的驱使下，这本书才得以在武汉极值夏暑状态下完工。

"顿悟"意味着开窍。尽管本人愚钝，不可能"十有五"便有志于学，但自在大学工作以后，志于学便是取向。只是在实现这一取向过程中，经历了不少风风雨雨，许多事情现在看起来是不必要和不值得做的。这自然是未及时开窍支付的代价。

"顿悟"意味着得道。一个学者的"道"就是"学问"。大千世界，芸芸众生，各有天命。一个学者的终极使命是学问本身，其他什么都是浮云。过了"耳顺"之年，最大的好处是进入到自由状态，可以超越凡尘，做自己感兴趣的事情；可以心无旁骛，守正笃实，做点纯粹的学问，纯粹做点学问。

莫管"得道"晚，毕竟已开窍！

感谢所有帮助和支持过我的人，特别是家人和挚友！

因书稿写作时间太长，本书的部分内容已在相关刊物发表，向他们一并致谢！

本书的出版，得到江苏人民出版社的厚爱和鼎力支持，责任编辑做了大量工作。我的学生助理何圣国在书稿校对等方面给予诸多协助。对此，我深怀谢意！

徐勇

2018 年 8 月 15 日于极值夏暑中的武汉顿悟小屋